백엔드 개발을 위한
핸즈온 장고

백엔드 개발을 위한 핸즈온 장고

장고 모델링과 마이그레이션부터 쿼리셋, DRF까지

초판 1쇄 발행 2023년 5월 30일

지은이 김성렬 / **펴낸이** 김태헌
펴낸곳 한빛미디어(주) / **주소** 서울시 서대문구 연희로2길 62 한빛미디어(주) IT출판2부
전화 02-325-5544 / **팩스** 02-336-7124
등록 1999년 6월 24일 제25100-2017-000058호 / **ISBN** 979-11-6921-111-6 93000

총괄 송경석 / **책임편집** 홍성신 / **기획** 강승훈 / **편집** 김대현
디자인 표지 박정우 내지 박정화 / **전산편집** 다인
영업 김형진, 장경환, 조유미 / **마케팅** 박상용, 한종진, 이행은, 김선아, 고광일, 성화정 / **제작** 박성우, 김정우

이 책에 대한 의견이나 오탈자 및 잘못된 내용에 대한 수정 정보는 한빛미디어(주)의 홈페이지나 아래 이메일로
알려주십시오. 잘못된 책은 구입하신 서점에서 교환해드립니다. 책값은 뒤표지에 표시되어 있습니다.

한빛미디어 홈페이지 www.hanbit.co.kr / 이메일 ask@hanbit.co.kr

지금 하지 않으면 할 수 없는 일이 있습니다.
책으로 펴내고 싶은 아이디어나 원고를 메일(writer@hanbit.co.kr)로 보내주세요.
한빛미디어(주)는 여러분의 소중한 경험과 지식을 기다리고 있습니다.

장고 모델링과
마이그레이션부터
쿼리셋, DRF까지

백엔드 개발을 위한

핸즈온 장고

김성렬 지음

HB 한빛미디어
Hanbit Media, Inc.

프레임워크란 재사용이 가능한 모듈의 집합이다. 소프트웨어 엔지니어는 어떤 기술을 구현하는 데 많은 부분을 프레임워크에 맡김에 따라 더 많은 비즈니스 로직 구현 시간을 확보할 수 있게 된다. 프레임워크는 재사용할 수 있는 기술 구현체를 제공하는 형태로 발전해왔다. 프레임워크를 사용하면 내부 동작의 원리를 정확히 몰라도 쉽게 결과물을 만들어낼 수 있지만 반대로 그 내부 동작을 제대로 이해하지 못하면 생성된 결과물을 너무 쉽게 망가뜨릴 수 있다. 풀스택 프레임워크에서는 이런 현상이 두드러진다. 기술적 구현뿐 아니라 아키텍처도 프레임워크로 제어되기 때문이다. 장고는 풀스택 프레임워크이다. 시중에서 찾아볼 수 있는 장고 관련 책들은 장고로 무엇을 만들 수 있는가에 초점이 맞춰져 있지만 이 책은 장고가 어떤 원리로 움직이는지, 어떻게 장고를 활용하는지를 담고 있다. 단순히 장고로 간단한 결과물을 만드는 것이 목적이 아니라 협업으로 더 복잡한 무언가를 만들려고 한다면 이 책이 많은 도움을 줄 것이다. 마지막으로 장고 컨트리뷰터가 된 저자에게 축하의 말을 건넨다.

박오영_ 위대한상상(요기요) | 기술이사

DRF는 마치 레고 블록처럼 동작하는 프레임워크이다. 여러 조각으로 이루어져 있지만 DRF를 적절히 활용하면 매우 빠르고 쉽게 서비스를 구현할 수 있다. 하지만 DRF를 제대로 다루기 위해서는 프레임워크의 철학과 기술적인 부분의 이해가 필요하다. 『백엔드 개발을 위한 핸즈온 장고』는 프레임워크의 근본적인 동작 원리를 이해하는 데 큰 도움을 줄 것이다. 이 책의 저자는 DRF 기반의 마이크로서비스로 대규모 시스템 내부 서비스를 구현해본 경험이 있다. DRF를 제대로 이해하고자 항상 고민하고 공부하며 서비스를 완성시킨 저자의 노하우가 녹아 있기 때문에 이 책이 DRF 입문자가 실무에서 맞닥뜨릴 다양한 문제를 해결하는 데 많은 도움을 줄 것이다.

여현구_ KREAM Corp | 백엔드 엔지니어

장고는 정말 매력적인 프레임워크다. 파이썬 언어 기반이라는 것 외에도 장점이 많다. 기본적으로 내재되어 있는 ORM, DB, 어드민 페이지 등은 생산성을 극대화하는 데 많은 도움을 준다. 나 역시 장고로 프로그래밍에 입문했고 운영 프로덕트를 장고로 개발했던 만큼 짧지 않은 시간을 장고와 함께 보냈다. 이 과정 동안 많은 장고 책을 봤지만 바이블이라 부를 수 있는 책은 찾지 못해 항상 아쉬움이 있었다. 『백엔드 개발을 위한 핸즈온 장고』는 장고의 넓은 활용성과 깊이 있는 내용을 쉽게 설명하는 책이다. 이 책에는 객체 지향적 개념과 장고의 철학은 물론 저자의 가치관도 자연스럽게 녹아 있어 입문자뿐 아니라 시니어 개발자에게도 장고에 대한 많은 인사이트를 줄 수 있을 것이다.

강민성_ 우아한형제들(배달의민족) | 백엔드 엔지니어

이 책은 장고를 실무에서 사용하기 위해 반드시 알아야 하는 기능과 그 기능을 효과적으로 사용하는 방법을 자세히 알려준다. 또한 웹 서비스 구축을 위해 필요한 데이터 처리, RESTful API 개발 등도 다루고 있다. 비교적 무거운 프레임워크인 장고의 메서드를 하나하나 뜯어보며 최적의 성능과 결과 물을 도출하기 위해 컨트리뷰션과 트러블슈팅으로 얻은 노하우가 이 책에 고스란히 담겨 있다. 이 책 은 장고로 웹 서비스를 구축하고 유지 보수를 하려는 백엔드 개발자에게 반드시 필요할 것이다.

김법중_ 위대한상상(요기요) | 도메인 테크 리더

장고는 쉽게 웹 애플리케이션을 개발하게 해주는 프레임워크다. 개발 용이성은 장고의 철학에서 비 롯된 가장 대표적인 특징 중 하나이다. 프로덕션 레벨에서 장고를 좀 더 깊이 있게 사용하려면 장고 에서 제공하는 다양한 기능을 제대로 이해해야 한다. 이 책의 저자는 장고 컨트리뷰터이다. 그만큼 장고를 제대로 이해하고 있으며 저자가 체득한 장고의 특성과 활용법을 책에 그대로 녹여냈다. 나는 비전공자 출신이라 처음 웹 개발을 공부할 때 어려움이 많았다. 인터넷 네트워크 등 전공 지식뿐 아 니라 개발 도구의 이해도 부족해 많은 시간을 허비한 기억이 있다. 이 책에는 장고뿐 아니라 인터넷 네트워크, poetry 등 파이썬 개발에 필요한 유용한 도구 등도 소개하고 있어 이제 막 파이썬 개발을 시작하는 독자에게 매우 유용할 것이라고 생각한다. 나는 저자와 같은 회사에 다니며 저자에게 많은 도움을 받았다. 이 책의 저자는 개발 자체를 좋아하며 특이하지만 따뜻한 사람이다. 이 책으로 독자 들도 내가 저자에게 받았던 도움을 얻기 바란다.

박성환_ 넥슨코리아 | MLOps 백엔드 엔지니어

저자의 말

장고Django는 일정 수준 이상의 인지도와 안정성을 가진 파이썬Python 웹 프레임워크 중 사실상 유일한 풀스택 프레임워크Full Stack Framework이다. 풀스택 프레임워크란 백엔드 개발을 하는 데 필요한 모듈을 전부 지원한다는 의미이다. 장고라는 이름을 단 모듈들은 서로 장고 아키텍처를 공유하고 호환될 수 있도록 만들어졌다. 마치 애플Apple 제품으로 이루어진 완벽한 기술 생태계가 있는 것처럼 장고 계열 프로젝트로 이루어진 훌륭한 기술 생태계가 존재한다.

내가 이 책을 쓴 이유를 여기에서 찾을 수 있다. 장고는 훌륭한 기술 생태계를 가지고 있어 일관성 있는 장고 모듈을 쉽게 찾아볼 수 있기 때문에 백엔드 개발을 배우고자 하는 독자에게 장고가 적절하고 추천할 만한 도구라고 생각했기 때문이다. 다만 단순히 백엔드 개발 도구로서 장고를 다루는 방법에 대해서만 소개하고 싶지 않다. 프레임워크는 그 자체만으로도 구루Guru급 개발자의 설계 방식과 소스 코드가 담긴 좋은 예시라고 볼 수 있다. 따라서 장고의 설계 철학과 동작 원리부터 살펴보면서 새로운 기능을 확장하는 장고 모듈이 어떻게 개발되었는지 전달하고 싶었다.

이 책의 실습 예시를 따라 하고 이해하기 어려운 부분만 다시 찾아보는 방식으로도 백엔드 개발에 대해 배울 수 있을 것이다. 하지만 나는 순서대로 한 장 한 장씩 확실히 이해하며 학습하는 것을 추천한다. 시간이 지나더라도 장고의 동작 방식과 아키텍처는 크게 변하지 않을 것이다. 이 책은 장고 4.x 버전 기준으로 쓰였지만 버전이 높아지더라도 변경되지 않을 주요 기능 중심으로 내용이 구성되어 있다. 이 책에서 설명하는 많은 기능이 1.x 버전부터 존재했던 것이다. 물론 지속적으로 업데이트되면서 개선되고 최적화된 부분도 많지만 아키텍처 본질 자체는 크게 변하지 않았다. 다른 프레임워크의 아키텍처도 크게 바뀌지 않았다는 점은 동일하다. 또한 모든 개발자가 프레임워크에 대해 자세히 알아야 하는 것은 아니다. 특히 신입 개발자에겐 프레임워크에 대한 깊은 이해가 필요할 만큼의 기술적 난도가 높은 업무는 보통 주어지지 않는다. 따라서 프레임워크 사용법 이상의 내용이 크게 중요하지 않을 수도 있다. 일반적으로는 기획자와의 소통, 시니어 개발자와의 협업 같은 커뮤니케이션 기술이 더 중요할 것이다.

하지만 프레임워크 아키텍처를 제대로 이해하려 한다면 개발자로서 성장하는 데 매우 도움이 될 것이다. 이른바 나무가 아닌 숲(전체적인 개발 구조 및 과정)을 볼 수 있는 능력을 향상시킬 수 있다. 그래서 장고를 실무에서 제대로 사용하려면 무엇을 알아야 하는지를 다루고자 했다. 장고와 파이썬을 배우기 위한 정보는 다양하다. 예를 들어 Django Girls나 페이스북 페이지 Django 같은 커뮤니티와 카카오 오픈 채팅 그룹, 개인 기술 블로그 등에서 많은 정보를 접할 수 있다. 하지만 안타깝게도 이러한 곳에서 얻을 수 있는 정보는 튜토리얼 수준에 머무르고 있다.

나는 이 책에 장고의 기본 내용을 포함해 더 깊은 지식을 담고자 했다. 부디 이 책이 당신의 성장에 도움을 주는 매개체가 되길 기대한다.

김성렬

감사의 말

이 책의 첫 독자로 여러 피드백을 준 요기요 Vendor 팀 김동현, 여현구, 유민우 그리고 박지원에게 감사함을 전한다. 집필 기간이 생각한 것보다 너무 많이 걸렸다. 원고를 쓰고 지우기를 반복하다 보니 원래 생각한 일정보다 1년이 더 지나버렸다. 긴 시간 동안 기다려주고 이 책이 세상에 나올 수 있도록 도와준 한빛미디어 김대현 편집자에게 미안함과 감사함을 전한다. 내가 읽었던 많은 책의 저자가 서문에서 담당 편집자에게 전한 감사말이 얼마나 진심 어린 표현이었는지 알게 되었다.

저자에 대하여

지은이 **김성렬** kimsoungryoul@gmail.com

장고 컨트리뷰터이며 PYCON KOREA 2020에서 '장고 ORM(쿼리셋) 구조와 원리 그리고 최적화 전략'이라는 주제로 강연을 했다. 배달 음식 주문 플랫폼 요기요에서 사장님 도메인 관련 시스템을 개발했고 현재는 네이버 Biz CIC에 재직 중이다.

- 깃허브: https://github.com/KimSoungRyoul
- 링크드인: linkedin.com/in/kimsoungryoul

이 책에 대하여

대상 독자

이 책은 주니어 개발자 또는 입문자를 대상으로 하며 장고를 사용한 백엔드 프로그래밍을 학습할 수 있도록 꾸며져 있다.

이 책의 구성

1장_ 장고에 대하여

- 장고의 개념/장고와 함께 사용하는 기술 스택

장고가 무엇인지 그리고 장고를 왜 배워야 하는지 설명한다. 또한 장고와 같이 쓰는 도구를 살펴본다.

2장_ 모델링과 마이그레이션

- ER 모델링/장고 모델 옵션
- 장고 필드/커스텀 필드
- DB 마이그레이션 명령어
- 커스텀 마이그레이션 파일 작성

장고가 어떻게 데이터 테이블과 파이썬 클래스를 매핑하고 어떻게 추가되는 모델링 이력을 관리하고 다루는지 설명한다.

3장_ ORM과 쿼리셋

- ORM의 개념과 필요성
- 쿼리셋의 특징과 활용법
- 지연 로딩과 즉시 로딩
- 쿼리셋의 구조/트랜잭션 관리
- 매니저의 역할과 관계 매니저
- DB 라우터

ORM의 개념을 익히고 장고 모델을 SQL 문으로 만들어주는 장고 ORM인 쿼리셋에 대해 살펴본다.

4장_ 직렬화

- 직렬화 개념
- DRF Serializer 사용법
- DRF Serializer와 Pydantic 비교

직렬화가 무엇인지 살펴보고 DRF에서 제공하는 직렬화 모듈을 어떻게 다루는지 알아본다.

5장_ 뷰

- 웹 프레임워크 직접 구현해보기
- URL dispatcher 모듈 사용법
- 함수 기반 뷰와 클래스 기반 뷰 비교
- DRF 뷰 활용법과 DRF 예외 처리
- drf-spectacular: DRF API 문서 자동화

뷰와 URL dispatcher 모듈을 살펴본다.

NOTE   보충 설명, 관련 용어 등을 본문과 구분해서 정리해두었다.

이 책을 읽으며 참고해야 하는 사항을 본문과 구분해서 정리해두었다.

개발 환경

이 책은 다음과 같은 환경을 기반으로 설명하고 있다.

- 운영체제: 윈도우 10(64비트), macOS
- 파이썬: 3.11.2
- 장고: 4.2
- IDE: 파이참

파이썬 버전을 3.11로 명시해두었으나 3.10 이상이면 책에서 설명하는 예시를 보는 데 문제없다. 3.10을 최소 기준으로 잡아둔 이유는 3.10부터 Union[int, str]과 같은 Union을 대체하는 문법인 int | str과 같은 | 연산자를 이 책에서 사용하고 있기 때문이다. 하지만 이와 같은 타입 힌트를 이해하고 Union으로 치환할 수 있다면 별다른 문제없이 3.10보다 낮은 버전에서도 책을 보는 데 무리가 없을 것이다.

장고 또한 4.2 버전에서의 help_text를 대체하는 신규 기능인 db_comment와 테이블 수준에서의 help_text와 유사한 기능인 db_table_comment를 제외하면 4.2보다 낮은 버전을 사용하더라도 책의 예시를 따라가는 데 큰 문제가 없을 것이다.

애초에 이 책은 최신 버전의 기능을 쫓아가는 게 아니라 장고가 탄생했을 때부터 존재했던 코어 모듈을 설명하고 있기 때문에 버전에 큰 의미를 둘 필요가 없다. 다만 장고를 처음 접하는 독자라면 각 버전별 차이에 대한 혼란을 피하기 위해 가능한 한 최신 버전을 사용할 것을 추천한다.

정오표와 피드백

편집 과정에서 오탈자를 확인하는 절차를 거쳤음에도 미처 발견하지 못한 오탈자나 내용에 대한 오류 문의는 출판사 도서 정보 페이지에 등록하거나 저자의 이메일로 보내주기 바란다. 책에서 사용하는 실습 코드와 토이 프로젝트의 소스 코드는 아래 링크에서 다운로드할 수 있으며 책과 관련한 궁금한 점은 저자나 출판사의 대표 이메일로 문의하기 바란다.

- 저자 이메일 – kimsoungryoul@gmail.com
- 저자 블로그 – https://github.com/KimSoungRyoul
- 실습 코드 – https://github.com/KimSoungRyoul/DjangoBackendProgramming

CONTENTS

CHAPTER 1

장고에 대하여

CONTENTS

CHAPTER 2

모델링과 마이그레이션

CHAPTER 3

ORM과 쿼리셋

CONTENTS

CHAPTER 4

직렬화

CONTENTS

CHAPTER 5

뷰

Appendix

[부록] 배포: Uvicorn, Gunicorn

장고에 대하여

이 장에서는 장고가 무엇이고 어떤 것을 알아야 하며 왜 장고를 배워야 하는지 살펴본다. 또한 장고와 함께 어떤 기술 스택을 사용하는지 알아본다.

1.1 웹 프로그래밍과 백엔드 프로그래밍

웹 프로그래밍은 서버와 클라이언트 개발을 분리하지 않고 양쪽 개발을 한 번에 하는 개발 방식이다. 불과 15여 년 전까지만 하더라도 이러한 개발 방식은 현업에서 가장 보편화된 방법이었다. UI가 그리 복잡하지 않고 다양하지도 않았기 때문에 웹 개발자로 불리는 사람들이 서버 개발(파이썬Python, 자바Java, C++)은 물론 그리 어렵지 않았던 HTML, CSS, 자바스크립트JavaScript를 배워서 겸사겸사 클라이언트 개발까지 하던 시절이 있었다. 이때 가장 많이 사용되던 기술 중 하나가 제이쿼리jQuery[1]였다. 그러나 시간이 흐르면서 시장이 원하는 시스템이 더 복잡해졌고 다양해짐에 따라 시스템을 개발하는 개발자들은 많은 요구 사항을 만족시켜야 했다. 이 과정에서 자바스크립트는 비약적인 발전을 이뤄냈고 최신 자바스크립트는 제이쿼리에서 쓰던 기능을 전부 대체할 수 있을 정도이다.

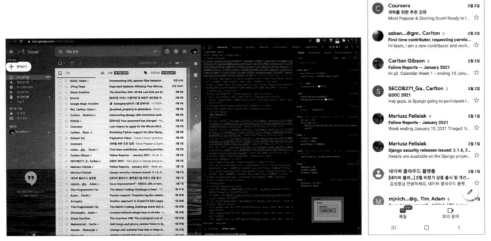

그림 1-1 복잡해지고 정교해진 웹 애플리케이션

웹 페이지 또한 복잡해졌다. 예를 들어 Gmail을 살펴보자. 비 개발자에겐 단순히 이메일을 주고받는 메일함 정도로 보일지 몰라도 개발자 관점에서 보면 Gmail은 복잡하고 정교하게 만들어진 웹 애플리케이션이다. 웹뿐만 아니라 안드로이드 iOS 같은 모바일 환경도 생겨나면서 클라이언트 사이드 환경이 다양해졌다. 또한 SPASingle Page Application 개발이 대세가 되면서 자바스크립트 프레임워크 시장도 여러 도구가 난립하던 춘추전국시대를 거쳐 앵귤러Angular.js, 리액트React.js, 뷰Vue.js 등이 살아남았다.

---

1 HTML 내 스크립트 언어를 단순화하도록 도와주는 자바스크립트의 라이브러리 중 하나이며 아직도 많이 사용되고 있다.

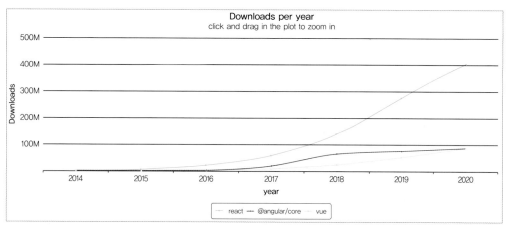

그림 1-2 자바스크립트 3대 프레임워크의 연도별 다운로드 수[2]

웹 개발자는 두 가지 갈림길 중 하나를 선택해야 했다. 이제 더 이상 한 번에 클라이언트와 서버를 동시에 개발하는 방식으로는 복잡한 시스템을 개발할 수 없었기 때문이다. 결국 클라이언트 쪽은 프런트엔드Frontend 개발로 서버 쪽은 백엔드Backend 개발로 분업화되었다. 프런트엔드 개발자는 자바스크립트를 주 언어로 사용하며 위에서 언급한 프레임워크를 활용하고 있다. 백엔드 개발자는 파이썬, 자바, 루비Ruby, 고Go, C++ 등 각자 취향에 맞는 다양한 언어를 사용한다.

이 책은 파이썬과 장고를 중심으로 백엔드 개발을 위한 내용을 다루고 있다. 하지만 백엔드 개발자가 되기 위한 본질적인 내용을 최대한 담고자 노력했다. 백엔드 개발을 중심으로 내용이 구성되어 있기 때문에 프런트엔드 관련 내용은 배제되어 있다. 요즘 시대의 현업에서는 분업화된 개발 방식을 선호한다.[3]

---

2 현재 리액트가 많이 우세한 양상을 띄고 있다.

3 조직의 규모가 크지 않은 경우에는 자바스크립트를 기반으로 하는 풀스택 개발자를 필요로 하기도 한다. 따라서 채용 공고에서 모집하는 개발자가 백엔드 개발자인지 웹 개발자인지 명확하게 확인해야 한다.

1.2 장고 MTV 아키텍처: 템플릿의 한계

장고를 다뤄본 적이 있다면 MTV 패턴 또는 MTV 아키텍처라고 불리는 웹 애플리케이션 개발 방식에 대해 한 번쯤은 들어봤을 것이다. MTV는 각각 모델Model, 템플릿Template, 뷰View를 의미하며 장고의 모듈과 매핑mapping된다.

```python
from django.db import models

class AModel(models.Model):
    ......
```

코드 1-1 모델(Model)

```html
# 출처: <https://docs.djangoproject.com/ko/3.1/intro/tutorial03/>
<!DOCTYPE html>
<html lang="en">

<head>
    <meta http-equiv="Content-Type" content="text/html; charset=utf-8" />
    <title> Title...</title>
</head>

<body>
        {% if latest_question_list %}
            <ul>
            {% for question in latest_question_list %}
                <li><a href="/polls/{{ question.id }}/">{{ question.question_text }}</
a></li>
            {% endfor %}
            </ul>
        {% else %}
            <p>No polls are available.</p>
        {% endif %}
</body>
```

코드 1-2 템플릿(Template)

```python
from django.views.generic import TemplateView

class MainPageTemplateView(TemplateView):
    template_name = 'pages/dashboard/dashboard.html'
```

코드 1-3 뷰(View)

위와 같이 장고에서는 3개의 모듈을 사용해서 애플리케이션을 개발하기 때문에 장고의 개발 방식은 MTV 패턴(또는 아키텍처) 기반으로 이루어진다. 이때 장고의 템플릿은 자바스크립트의 기능 중 하나인 UI(HTML)에 데이터를 전달해주는 역할을 대신 수행한다. MTV 방식의 웹 애플리케이션에서는 템플릿이 데이터를 전달해주기도 하며 자바스크립트가 전달해주기도 한다.

예전에는 자바스크립트의 언어 자체 성숙도가 그리 높지 않았고 자바스크립트가 처리해야 할 기술적 요구 사항이 복잡하지 않았기 때문에 기능적 한계가 있었지만 시대가 변하면서 요구 사항이 복잡해졌다. 이에 맞춰 자바스크립트도 발전했고 그 결과 UI 제어와 데이터 전달과 관련된 모든 로직을 전담할 수 있게 되었다.[4] 이로 인해 서버사이드 언어와 가벼운 자바스크립트 로직을 혼합해서 사용하는 MTV 패턴은 최근의 웹 애플리케이션 개발 트렌드에서 그리 선호되지 않는 개발 방식이 되었다. 물론 현재에도 한 사람이 프런트엔드와 백엔드 개발을 전부 담당한다면 MTV 패턴의 개발 방식은 매우 유용하겠지만 현업에서는 주로 프런트엔드와 백엔드를 나눠서 분업하는 방식을 선호한다. 분업 방식에서는 일정 수준 이상의 복잡도가 요구되는 서비스를 개발하기 위해 MTV 패턴의 템플릿이 해야 하는 역할을 자바스크립트(프런트엔드)가 전부 대체하게 된다.

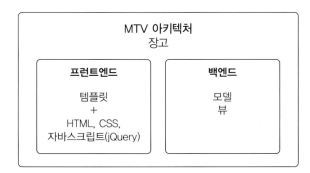

그림 1-3 장고를 사용한 MTV 기반 웹 프로그래밍

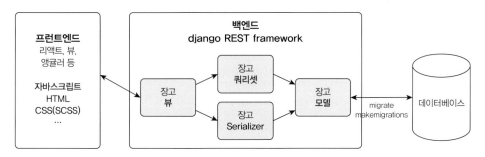

그림 1-4 장고를 사용한 벡엔드 프로그래밍

---

4 기술적으로 복잡한 요구 사항들이 자바스크립트가 UI 제어와 데이터 전달과 관련된 모든 로직을 전담하도록 만든 것이다.

따라서 이 책에서는 템플릿에 대한 내용을 다루지 않는다. 장고에는 템플릿 말고도 중요한 모듈들이 너무나도 많다. 하지만 주변에서 찾아볼 수 있는 장고와 관련한 내용은 지나치게 템플릿에 대한 것들로 집중되어 있다. 앞서 언급했던 것처럼 프런트엔드와 백엔드로 나눠서 분업되어 있는 조직에서는 장고 템플릿 모듈은 실무에서 거의 사용되지 않는다. 이 책에서는 템플릿에 대한 내용 대신에 URL-Resolver, DRF-라우터, 쿼리셋^{QuerySet}, 미들웨어^{Middleware}, Request/Response, DRF-Serializer 등과 같이 실무에서 사용 빈도가 높은 모듈을 중점적으로 다룰 것이다.

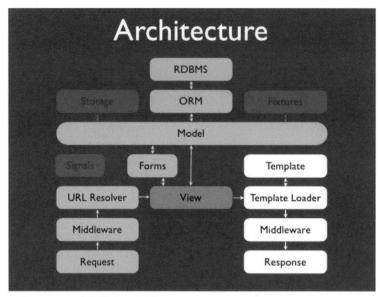

그림 1-5 MTV 아키텍처의 로직 흐름도

💡 이 책에서 템플릿과 템플릿 로더$^{Template Loader}$는 다루지 않는다.

물론 장고 템플릿을 제이쿼리같이 사양화된 기술로 간주하고 완전히 배제하기에는 무리가 따른다.

요즘도 시스템 관리자가 사용하는 관리자 페이지처럼 간단한 UI를 요구하는 경우에는 장고의 템플릿을 사용한 MTV 방식으로 개발한다. 그리고 장고의 기본 내장 모듈 중 하나인 장고 어드민 또한 템플릿으로 개발되어 있으며 지금도 drf-specatcular[5]와 같이 서버사이드가 주도하는 UI 개발이 필요할 때에는 여전히 템플릿을 사용하고 있다. 하지만 템플릿의 활용성과 중요성이 예전에 비해 많이 줄어든 것도 사실이다.

....
5 장고 서버 API 문서 자동화 라이브러리.

1.3 장고란 무엇인가

1.3.1 풀스택 프레임워크

장고는 풀스택 프레임워크다. 이 말은 장고라는 생태계 내부에서 대부분의 기능은 전부 제공이 된다는 뜻이다. 장고는 자체 ORM을 가지는 몇 안 되는 파이썬 웹 프레임워크다. 여기에 필수 모듈 중 하나인 django REST framework를 붙이면 풀스택 웹 프레임워크로 손색이 없다. 장고에서 모든 기능이 제공된다는 것은 장고의 설계 의도에 맞게 기능들이 얽혀 있다는 의미이기도 하다. 따라서 장고를 잘 이해하고 있다면 매우 손쉽게 사용할 수 있지만 그렇지 못할 경우 장고는 오히려 개발 속도를 저해하는 요인이 될 수도 있다. 예를 들어 플라스크^{Flask}나 FastAPI 같은 파이썬 마이크로 웹 프레임워크는 임포트^{import}와 같은 선언을 제외하면 코드 3줄로 API를 하나 만들 수 있다.

```python
from typing import Optional

from fastapi import FastAPI

app = FastAPI()


@app.get("/")
def read_root():
    return {"Hello": "World"}
```

코드 1-4 FastAPI에서의 API 생성[6]

물론 좀 더 의미 있는 기능을 가진 API를 만들려면 3줄로 어림도 없지만 그만큼 API 개발이 간단하다는 것을 볼 수 있다. 하지만 장고에서는 API 하나를 개발하기 위해서 이보다 더 많은 코드를 작성해야 한다.

```python
# settings.py
INSTALLED_APPS = [
    ....
    'study_example_app', # django app 등록

]
```

코드 1-5 장고에서의 API 개발 과정 1 – 장고 앱 등록

---

[6] https://fastapi.tiangolo.com/

```
# study_example_app.views.py

from rest_framework.decorators import api_view


@api_view(http_method_names=['GET'])
def function_based_view_with_drf(request):  # API 개발
    return Response(data={"Hello":"World"})
```

코드 1-6 장고에서의 API 개발 과정 2 – API 개발

```
# config.urls.py
from django.urls import path
from study_example_app.views.drf_views import function_based_view_with_drf

urlpatterns = [
    path('fbv-drf/', function_based_view_with_drf),  # URL Dispatcher에 view 등록
]
```

코드 1-7 장고에서의 API 개발 과정 3 – URL diapatcher에 API 등록

앞의 코드처럼 views.py, urls.py, settings.py 파일을 오가면서 코드를 작성해야 한다. 여기에서 함수 기반 뷰Function Based View가 아닌 클래스 기반 뷰Class Based View를 사용하면 코드의 양은 더 증가한다.

그림 1-6 입문자가 장고를 처음 접했을 때

입문자는 [그림 1-6]과 같이 느껴질 수 있을 것이다. 하지만 장고가 일부러 어려운 방식을 고집하는 것은 아니다. 장고는 풀스택 웹 프레임워크다. 풀스택 웹 프레임워크는 마이크로 프레임워크와 다르게 1가지를 더 고민한다. 그것은 바로 높은 복잡도를 가지는 프로젝트의 각 도메인Domain과 모듈 간 계층Layer[7]이 높은 응집도High Cohesion와 낮은 결합도Low Coupling를 가질 수 있도록 시스템 아키텍처를 분리할 수 있는가이다.

---

7 계층화 아키텍처(Layerd Archticture): 소프트웨어 시스템에는 다양한 동작이 존재하는 데 이를 계층 단위로 분리해서 각 모듈 간 역할을 명확히 한다. 장고는 URL(urls), 모델(models), 직렬화(serializers), 뷰(views)로 계층이 분리되어 있다.(https://www.oreilly.com/library/view/software-architecture-patterns/9781491971437/ch01.html)

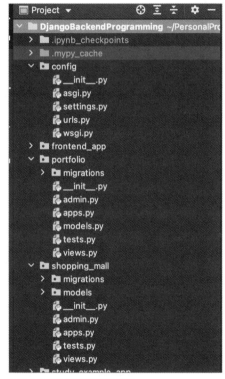

그림 1-7 장고 프로젝트의 구조

시스템 복잡도를 낮추기 위해서는 도메인과 모듈 간 계층을 분리하는 것이 중요한데 장고에서는 이러한 고민을 장고 앱이라는 단위의 분리 방식으로 적용할 것을 제안한다. 마이크로 프레임워크는 개발자가 이러한 분리에 대한 고민을 직접 책임지게 한다. 여기서 장고와 다른 웹 프레임워크들과의 차이점이 발생한다. 장고는 복잡한 시스템을 분리하는 아키텍처를 제공하기 때문에 개발자는 별다른 고민 없이 장고가 제공하는 패턴을 지키면서 개발할 수 있는 장점을 제공한다. 하지만 반대로 장고가 제공하는 패턴을 지키지 않으면 개발할 수 없기 때문에 이를 제약이라고 느낄 수도 있다.

마찬가지로 마이크로 프레임워크가 도메인과 계층을 분리해야 하는 고민을 개발자가 책임지도록 한다는 것은 개발자에게 어떤 제약을 주지 않아 장점이 될 수도 있다. 앞의 예시처럼 API가 간단하다면 마이크로 프레임워크를 사용할 때 군이 이러한 고민을 할 필요도 없다. 하지만 API가 간단하더라도 장고와 같은 풀스택 프레임워크를 사용한다면 장고가 제공하는 방식을 강제로 사용할 수밖에 없기 때문에 앞의 예시처럼 코드의 양이 더 많아지게 된다.

마이크로 프레임워크가 도메인과 계층 분리에 대해서 자유롭기 때문에 프로젝트의 코드 퀄리티는 개발자의 역량과 취향에 따라 달라질 수 있다. 만약에 다수가 참여하는 프로젝트에서 개발자 간 소통이 원활하지 못하다면 코드에 영향이 더 갈 수밖에 없다. 같은 프로젝트 내에서 A라는 개발자가 '가'라는 스타일로 도메인과 계층을 분리하고 B라는 개발자는 '나'라는 스타일로 분리한다고 가정해보자. C라는 개발자가 이 프로젝트에 새로 참여한다면 C는 코드의 일관적인 규칙을 파악할 수 없고 어떤 방식으로 설계된 것인지 이해할 수 없게 된다. 이런 상태에서 추가적으로 개발하고 이와 같은 상황이 반복되면 로직 전체를 이해할 수 없고 함부로 건드리지 못할 정도로 유지 보수가 힘들어지는 레거시 코드가 만들어진다.

물론 풀스택 프레임워크를 사용한다고 해서 레거시 코드가 만들어지지 않는 것은 아니다. 프레임워크는 개발자를 보조해주는 도구일 뿐이다. 건강한 몸을 만드는 데 헬스 장갑, 단백질 보충제, 필라테스, 운동복 등과 같은 것은 그저 보조 역할만 할 뿐이지 더 비싸고 좋은 도구를 사용한다고 해서 반드시 몸이 더 좋아지는 것은 아니다. 결국 개발자의 역량이 가장 중요하다. 단지 동일한 수준의 이해도를 가지고 있다면 풀스택 프레임워크가 마이크로 프레임워크에 비해 상대적으로 코드의 복잡도가 덜 증가한다는 의미이다.

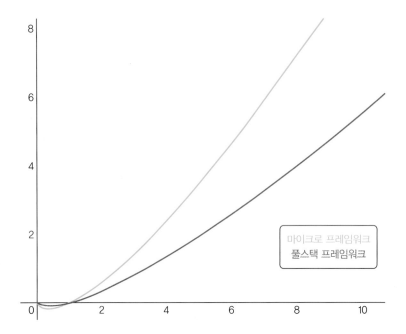

그림 1-8 **코드 복잡도의 증가폭**

프레임워크는 은색 탄환Silver Bullet이 아니다. 장고를 사용한다고 해서 급격히 코드 퀄리티가 좋아지는 것도 아니며 다른 프레임워크를 사용한다고 해서 코드 퀄리티가 나빠지는 것도 아니다. 다시 말하지만 프레임워크는 개발자를 보조해주는 도구일 뿐이다. 따라서 장고와 다른 프레임워크들의 장단점을 고려하여 자신의 상황과 취향에 맞는 적합한 프레임워크를 선택하는 것이 중요하다.

> **NOTE** **은색 탄환**
>
> 소프트웨어 업계의 고전 용어로 '모든 문제를 해결하는 만능 도구 같은 것은 존재하지 않는다'라는 말을 '은색 탄 환은 존재하지 않는다'라고 표현한다.

1.3.2 장고 이외의 다양한 선택지

파이썬 웹 프레임워크에는 다양한 선택지가 존재한다. 그중 장고의 인지도가 가장 높긴 하지만 전지전능한 도구는 아니다. 따라서 개인의 취향이나 개발 목적에 따라 다른 프레임워크를 선택하는 것이 더 적절할 수도 있다.

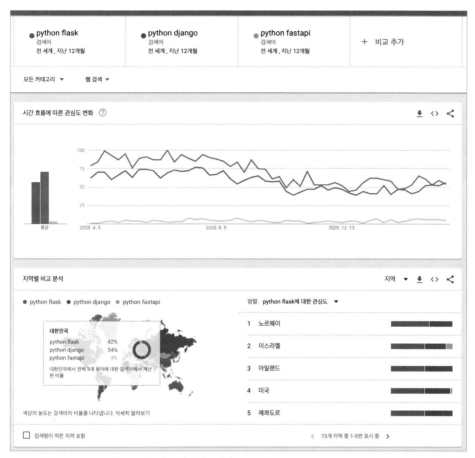

그림 1-9 구글 트렌드로 살펴본 파이썬 프레임워크 관심도

구글 트렌드로 전 세계의 파이썬 프레임워크별 검색량을 살펴보면 대부분 장고와 플라스크가 5:4 또는 4:5로 거의 비슷한 비율을 보여주고 있다. FastAPI는 소개된 지 오래된 프레임워크가 아니기 때문에 검색량은 매우 적은 수준이다.

플라스크

가장 인기 있는 파이썬 마이크로 프레임워크로 가볍고 간결하다는 장점을 가지고 있다. 하지만 자체 ORM을 가지고 있지 않아서 SQLAlchemy라는 ORM 프레임워크와 함께 사용하는 경우가 많다. 가장 대중적인 풀스택 프레임워크가 장고라면 대중적인 마이크로 프레임워크는 플라스크다.

FastAPI

2018년 12월에 탄생한 프레임워크다. FastAPI는 이름처럼 파이썬 프레임워크 중 가장 빠른 성능을 보여주며 문법도 간결해서 쉽게 사용할 수 있다. 성능 측면에서는 Node.js 또는 고 언어와 견주어볼 만하다. 출시와 동시에 급부상해서 많은 파이썬 백엔드 개발자들이 FastAPI에 관심을 보이고 있다. 현업 파이썬 진영에서는 이미 비주류 취급을 벗어났지만 관련 지식 검색과 공식 문서를 찾아보는 데 아직 미흡한 입문자에게는 당장 추천하지는 않는다. 또한 장고와 FastAPI는 서로를 완벽하게 대체할 수 있는 관계가 아니다. 하지만 여러분이 파이썬 백엔드 개발자로 커리어를 이어간다면 FastAPI는 지속적으로 선택지 중 하나로 남아 있을 것이다.

1.3.3 주니어 개발자가 장고를 선택해야 하는 이유

앞에서 프레임워크는 그저 보조 도구일 뿐이라고 언급했기 때문에 장고를 배워도 그만 안 배워도 그만이라고 생각할지도 모르겠다. 하지만 주니어 개발자 또는 파이썬으로 백엔드 개발자가 되고자 하는 학생이라면 반드시 장고를 학습하라고 추천하고 싶다. 왜냐하면 다른 프레임워크보다 접근성이 좋을 뿐 아니라 기술적인 성숙도도 가장 높기 때문이다.

대중성

어떠한 기술 스택을 선택할 때 절대 무시할 수 없는 요인이 바로 대중성이다. 조직 관점에서 보면 기술적인 장단점보다 중요하다고도 볼 수 있다. 아무리 좋은 기술이더라도 조직 내에서 혼자만 알고 있는 기술이고 그 기술을 지원하는 공식 문서마저 형편없다면 환영받기 힘들다. 새로운 기술을 조직 내 시스템에 반영하고 싶다면 가장 먼저 해야 할 일은 스터디 등을 통해 해당 기술에 대한 지식을 조직 구성원에게 전파하는 일이다. 조직이 가장 두려워하는 것은 유지 보수할 대체 인력이 없는 시스템이다. 혼자만 아는 새로운 기술 스택으로 시스템을 만들고 당사자가 퇴사해버리면 남은 조직 구성원 입장에서는 당황스러울 수밖에 없다. 한 명의 개발자 입장에서 보면 새로운 기술은 달콤한 열매처럼 느껴질 수 있지만 조직의 입장에서는 먹어도 괜찮은 과일인지 알 수 없는 불안한 존재다.

장고는 높은 대중성을 가졌기에 이러한 측면에서 볼 때 조직에게 신뢰를 줄 수 있는 과일과 같다. 특정 기술 스택의 대중성은 경력자에게 해당 기술 스택의 높은 숙련도를 기대하기 마련이다. 비주류 프레임워크[8]를 주된 기술 스택으로 사용하는 조직에서 장고만 사용해본 경력자를 바라볼 때 '괜찮아 들

---

8 플라스크와 fastAPI가 비주류 프레임크라는 뜻은 아니다.

어와서 금방 배우면 되지'라는 생각을 가질 수 있다. 장고를 주된 기술 스택으로 사용하는 조직에서는 주류 프레임워크(장고)에 대한 높은 숙련도를 내심 기대한다. 파이썬 진영에서는 그나마 주류 기술 스택 쏠림 현상이 덜하지만 자바 진영에서는 스프링Spring이라는 프레임워크가 압도적인 점유율을 차지하며 가장 도드라지게 특정 기술 스택 쏠림 현상이 나타나고 있다. 국내에서는 자바 개발자를 채용할 때 거의 스프링 프레임워크에 대한 경험 또는 높은 숙련도를 요구한다. 또한 자바 기반 개발자 양성 사업이나 대부분의 정부 시스템 프로젝트에서는 스프링을 당연한 전제로 두고 진행하는 경우가 많다.

풀스택 프레임워크

풀스택 프레임워크는 학습하고자 하는 입문자에게 동일한 커리큘럼을 제공한다. 마이크로 프레임워크에서는 개발자의 기술 숙련도에 따라 프레임워크와 라이브러리 간의 관계성 또는 여러 장단점 등을 공식 문서나 다양한 예시 등을 검색하여 특정 부분의 내용을 자신의 필요에 따라 직접 찾아볼 수 있지만 입문자에게 이러한 과정은 어렵게 다가올 것이다. 따라서 지나친 자유도는 오히려 입문자에게 혼란을 야기한다. 다행히도 장고는 웹 개발에 필요한 대부분의 기능을 장고 생태계에서 제공한다.

거대한 커뮤니티 조성/트러블슈팅 정보량의 차이

어느 정도 기술에 숙련되면 공식 문서를 읽거나 오픈소스를 직접 열어보면서 오류의 원인을 찾을 수 있지만 입문자가 그렇게 하기 힘들기 때문에 다른 사람 또는 커뮤니티의 도움이 필요하다. 이러한 측면에서 장고는 다른 사람의 도움을 받기 매우 쉽다. 카카오톡 오픈 채팅, 슬랙Slack 등 다양한 익명 커뮤니티와 유명한 전 세계 개발자 커뮤니티인 스택오버플로Stack OverFlow[9]에서 이미 많은 사람들이 경험한 오류 발생 사례와 그에 대한 해결 방법을 찾을 수 있기 때문이다. 가장 보편적인 정보 검색 방법인 구글링으로도 장고와 관련한 상세한 정보를 얻을 수 있다.

1.3.4 시니어 개발자 또는 테크 리더가 장고를 선택해야 하는 이유

다음은 예전부터 전해오던 유명한 이야기 중 하나인 '돌멩이 수프'의 내용이다.

---

9 https://stackoverflow.com/

어떤 여행객이 한 마을에 들러서 먹을 것을 구하고자 했는데 마을 인심이 야박하여 아무것도 얻지 못했다. 그래서 그 여행객은 돌멩이를 끓여서 수프로 만들어 먹어야겠다고 혼잣말을 했다. 돌멩이를 끓여서 수프를 만든다는 기이한 말에 마을 사람들은 관심을 가지기 시작했고 여행객은 돌멩이를 넣고 끓인 물을 한 숟갈 먹더니 "음 기가 막힌 맛이군! 여기에 양파를 넣으면 더 완벽하겠어"라고 말하며 능청을 떨었다. 그 말을 들은 마을 사람 중 한 사람이 양파를 가져왔고 양파를 돌멩이 끓인 물에 넣은 여행객은 계속해서 능청을 떨면서 파, 소금, 당근, 고기 같은 재료를 계속해서 요구했다. 결국 그 돌멩이 수프는 정말로 맛있는 요리가 되었고 마을 사람들은 돌멩이로 만든 수프 맛에 감탄했다.

2018~2019년 당시 FastAPI가 급부상하기 시작했을 때 많은 사람들이 FastAPI를 사용하고 나서 파이썬 웹 프레임워크로 장고를 굳이 써야 할 이유가 없다고 주장하기 시작했다. 하지만 장고와 FastAPI는 서로 추구하는 방향이 다르다. 구현해야 하는 서비스가 복잡하여 비즈니스 로직에 대응하는 API 개수가 많을 때 그리고 비즈니스 로직을 구현하기 위해 다양한 종류의 인프라[10]를 사용해야 할 때에는 장고를 사용하는 것이 적절하다.

비즈니스 로직이 상대적으로 덜 방대하거나 특정 영역에 집중해야 하는 서비스는 FastAPI 같은 마이크로 웹 프레임워크로 구축하는 것이 유리하다. 구현해야 하는 서비스의 특징을 파악하지 않고 무턱대고 구현이 쉽다는 이유로 마이크로 프레임워크로 프로젝트를 시작하면 앞에서 언급한 돌멩이 수프를 끓이는 과정과 비슷하게 되어버릴 것이다.

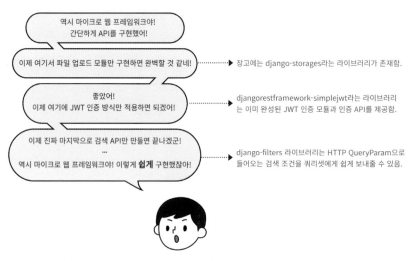

그림 1-10 마이크로 프레임워크로 프로젝트 진행 시 겪게 되는 경험의 예

10 예를 들면 관계형 DB, 인메모리 DB, MessageQueue, FileStorage 등을 들 수 있다.

[그림 1-10]처럼 마이크로 프레임워크로 프로젝트를 진행하다 보면 장고 생태계에서는 이미 라이브러리로 제공되는 기능을 일일이 구현하느라 시간을 소비하는 경우도 생긴다. 마이크로 프레임워크는 이름 그대로 최소의 기능만을 제공한다. 따라서 기능을 확장하는 데 매우 보수적이다. **10여 년 이상 관리되어 온 플라스크의 기능은 정말 간소하다. 플라스크를 개발한 오픈소스 컨트리뷰터의 실력이 부족해서가 아니다. 기능 확장을 거듭하다 보면 제2의 장고가 되어버리기 때문이다.** 따라서 플라스크는 마이크로 웹 프레임워크라는 콘셉트를 지켜왔다. FastAPI 또한 마찬가지다.

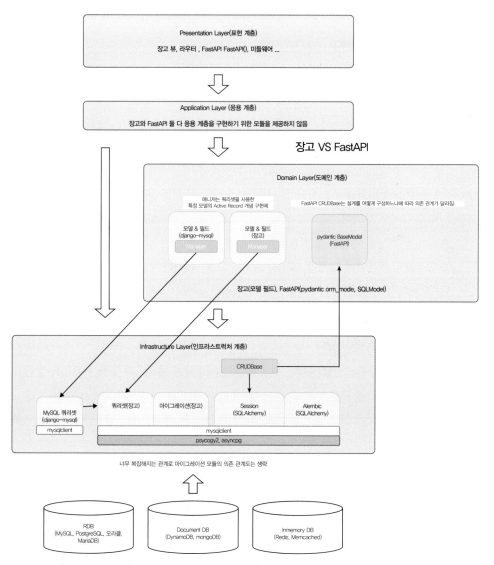

그림 1-11 장고 VS FastAPI(ORM 관련 모듈 상세 계층 구조)

장고 공식 문서에는 장고 개발 팀의 설계 철학이 언급되어 있다. 이것은 프레임워크 개발자가 일관된 아키텍처를 만들기 위해 정해놓은 설계 철학이지만 장고를 사용하는 개발자도 설계 철학에 어긋나지 않게 장고를 활용할 줄 알아야 좋은 코드를 생산해낼 수 있다.

장고의 설계 철학에 대한 내용은 방대하기 때문에 전부 언급하지는 않겠지만 'Django Design Philosophies'를 검색하면 쉽게 찾아볼 수 있으니 한번 읽어보기 바란다.

낮은 결합도(Loose coupling)

'결합도는 낮게 응집도는 높게'라는 목표는 장고뿐만이 아니라 거의 모든 소프트웨어 아키텍처에 통용된다. 장고 프레임워크의 각 계층 모듈은 서로 모르게 설계되어 있다.

소프트웨어에서 '**서로가 모른다**'라는 추상적인 표현은 '**언제든 다른 모듈로 교체가 가능하다**'라는 뜻이다. 장고의 인증 모듈을 예로 들 수 있다. 인증 방식은 여러 가지가 있는데 장고에서는 처음 프로젝트를 생성하면 기본 인증 방식으로 cookie&session 인증 모듈을 만들어서 제공한다. 하지만 언제든지 내가 원하는 인증 모듈을 구현해서 교체할 수 있다. 인증 모듈을 직접 구현할 수도 있지만 이미 만들어진 모듈을 제공하는 장고 라이브러리도 존재한다. 대표적으로 **drf-simple-jwt, django-oauth-toolkit**이 있다. 이것이 낮은 결합도의 대표적인 예이다. 인증 모듈은 장고의 다른 모듈에 의존하지 않는다. 인증 모듈을 수정하거나 교체할 때 뷰 모듈의 코드를 변경하지 않아도 된다. 그저 장고에서 제공하는 인증 모듈의 몇몇 메서드와 객체를 구현하고 settings에서 교체하면 된다.

암시적인 것보다 명시적인 것이 낫다

이 문장은 파이썬에서도 명시하고 있는 내용이다. 장고는 개발자가 예상하지 못하는 마법과 같은 동작을 일으키지 않아야 한다. 장고를 다룰 때 흔히 범하는 실수가 있는데 모델의 save() 메서드를 오버라이딩Overriding해서 과도하게 많은 동작을 하게 만들거나 장고의 시그널을 오남용하는 코드를 작성하는 것이다.

모델의 save() 메서드를 호출하면 해당 모델 객체에 매핑되는 데이터베이스Database 테이블에 데이터를 저장한다. 하지만 코드를 간단하게 만들기 위해 개발자는 다음과 같이 save() 메서드를 오버라이딩하는 경우가 있다.

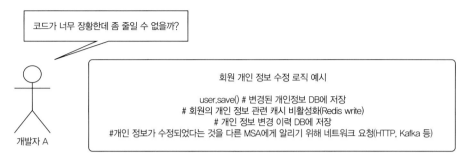

그림 1-12 save() 메서드 오버라이딩

개발자 A는 장고 모델의 save() 메서드를 오버라이딩해서 [코드 1-8]과 같이 만들었다.

```
def save(self, *args, **kwargs   ) -> None:
    from django.core.cache import cache

    cache.set("key", "캐싱되어야 하는 값...", timeout=25)
    CustomLogs.objects.create(~~~~)
    # ....

    super().save(*args, **kwargs)
```

코드 1-8 save() 메서드 오버라이딩

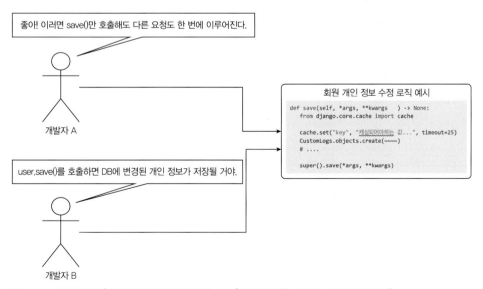

그림 1-13 잘못된 선택(코드를 간결하게 하기 위해 save() 메서드가 암시적으로 동작하도록 만듦)

개발자 A는 save() 메서드가 암시적으로 너무 많은 동작을 수행하도록 만들었다. 암시적으로 동작하는 코드를 만들면 이를 다른 개발자가 직관적으로 파악할 수 없게 된다. 따라서 이러한 내용을 알지 못하는 개발자 B는 서비스 장애를 일으킬 수 있다. 장고를 학습한 사람은 save() 메서드가 단순히 데이터베이스에 데이터가 저장되는 동작이라고 save라는 이름으로 추측할 것이다. save() 메서드를 이렇게 암시적으로 동작하도록 오버라이딩해버리면 장고의 save() 메서드의 동작이 이러할 것이라는 약속을 깨버리는 것이다. save() 메서드를 오버라이딩하는 행위는 가급적 피해야 한다.

장고에서 제공하는 기본 모델인 User 모델의 매니저가 대표적인 사례이다. User를 생성할 때는 password가 단방향 암호화되어야 하는데 장고는 User의 save() 메서드를 오버라이딩하지 않고 매니저에서 이 기능을 구현했다. 따라서 장고의 User를 생성할 때는 User 매니저에서 장고가 커스텀하게 선언해둔 User.objects.create_user()를 사용해야 한다. 그 이유는 아래와 같이 말하는 상황을 만들지 않기 위해서이다.

> "User의 save()나 create()는 특별히 password라는 필드를 단방향 암호화해. 그것도 몰랐어?"

암시적인 동작을 만들기보다 차라리 커스텀한 메서드를 새로 만드는 게 낫다는 것이 장고의 원칙이자 철학이다. [그림 1-13]과 같은 상황에서는 모델의 save() 메서드를 오버라이딩하기보다 상위 모듈인 DRF Serializer의 save() 메서드를 오버라이딩하거나 매니저에 update_user() 같은 것을 새로 구현해서 명시적으로 동작하게 하는 것이 좋다. 아니면 장고의 시그널을 활용하는 방법도 있다.

장고의 시그널

암시적인 수행이 바람직하지 않다는 위의 내용과 별개로 save() 메서드를 오버라이딩해야 하는 상황이 불가피하다면 장고의 시그널django signals을 사용하는 것이 좋다. post_save 시그널을 받아서 수행할 로직을 작성하면 된다. 시그널은 어떠한 동작이 수행되었을 때 이를 신호로 받아서 다른 동작을 수행하도록 해주는 기능이다. 예를 들어 계좌와 같은 민감한 데이터는 항상 변경될 때마다 변경 전 잔고와 변경 후 잔고 값을 이력으로 저장해놓아야 한다면 [코드 1-9]와 같이 시그널을 사용해서 코드를 작성한다.

```
# accounts.models.signals.py 패키지를 생성

from django.db.models.signals import post_save # pre_save도 존재한다. save() 수행 직전을 의미함
from django.dispatch import receiver
from accounts.models import Account


@receiver(post_save, sender=Account)
def log_the_balance_after_save(sender, **kwargs):
    # 로그를 쌓는 로직 작성
    print("Account 모델이 .save() 될 때마다 print됩니다.")
```

코드 1-9 시그널 사용 예시

이렇게 작성하면 save() 메서드를 오버라이딩하지 않고도 모델이 save()를 수행한 다음 [코드 1-9]의 함수를 수행한다. [코드 1-9]는 장고 모델의 시그널을 사용한 예시를 나타낸 것이며 장고는 각 모듈마다 시그널을 가지고 있다.

뷰에는 [코드 1-10]과 같은 3개의 시그널이 있다.[11]

```
request_started // API 요청이 들어왔을 때
request_finished // API 요청이 끝났을 때
got_request_exception // API 요청이 수행 도중 실패했을 때
```

코드 1-10 뷰의 시그널

시그널을 잘 사용하면 매우 유용하지만 남발한다면 지옥을 경험할 수 있다. 소스 코드를 읽는 사람 입장에서는 로직에 존재하지 않는 동작이 자꾸 발생하는 것처럼 보이기 때문이다. 또한 시그널이 많이 걸려 있으면 어떤 시그널이 또다른 시그널을 호출하는 식으로 로직이 동작할 수도 있다.

이런 오류가 발생했을 때 로직이 너무 복잡해서 UML을 그려가며 작정하고 로직부터 파악해야 하는 경우가 생기기도 한다. 장고의 시그널은 암시적인 동작이다. 암시적인 동작을 만드는 것은 피해야 하지만 암시적으로 동작해야 코드가 간결해질 때도 있다. 시그널을 사용할 때에는 팀 내에서 원칙을 정해놓고 사용하는 것이 좋다.

다음은 시그널 사용 원칙의 예시이다.

- 시그널 로직은 반드시 models/signals.py 또는 views/signals.py 패키지 안에서만 작성하자.
- 이력을 쌓아야 하는 경우에만 시그널을 사용한다.

----

11 settings_changed라는 시그널도 존재하지만 장고 프레임워크 구현에만 사용하며 외부에서 거의 쓸 일이 없다.

모델 모듈이 도메인 로직을 캡슐화하도록 작성

장고에는 Fat Model 패턴이 있다. 특정 모델과 관련된 데이터 조작 메서드를 모델 내부에 구현하여 모델을 사용하는 외부 모듈이 가벼워지게 하는 방식인데 예시를 들면 [그림 1-14]와 같다.

```python
from django.contrib.auth.hashers import PBKDF2PasswordHasher
from django.contrib.auth.models import User

user = User.objects.get(id=1)
# 비밀번호 변경 로직
hasher = PBKDF2PasswordHasher()
salt = hasher.salt()
encoded_password = PBKDF2PasswordHasher.encode(password="1234", salt=salt)
user.password = encoded_password
user.save()
```

Fat Model 패턴 적용 전: 비밀번호 변경 로직 작성 예시

```python
class User(models.Model):
    ...

    def set_password(self, raw_password):
        hasher = PBKDF2PasswordHasher()
        salt = hasher.salt()
        encoded_password = PBKDF2PasswordHasher.encode(password="1234", salt=salt)
        user.password = encoded_password


user = User.objects.get(id=1)
# 비밀번호 변경 로직
user.set_password(raw_password="1234")
user.save()
```

Fat Model 패턴 적용 후: 비밀번호 변경 로직을 모델 내부에서 관리

그림 1-14 Fat Model 패턴의 적용

모델 모듈이 도메인 로직을 캡슐화하는 것은 위와 같이 단순하게 모델과 연관된 로직들을 모델 내부에서 관리하라는 의미다.

User 모델의 User.set_password(raw_password="password1!") 메서드는 장고 User가 기본적으로 제공하는 메서드이기 때문에 위 예시처럼 직접 구현할 필요 없이 장고가 제공해주는 set_password() 메서드를 사용하면 된다. [코드 1-11]은 set_password() 메서드를 사용한 예시를 나타낸 것이다.

```python
from django.contrib.auth.models import User

from django.test import TestCase


class UserTest(TestCase):

    def test_django_set_password_example(self):
        # 절대 이렇게 django User를 생성하지 말 것!!
        wrong_user: User = User.objects.create(
                        username="i_am_user", password="init_password1!!",
                    )
        # 단방향 암호화 처리가 되어 있지 않다.
        print(wrong_user.password)

        # django User는 반드시 create_user()
        # 또는 create_superuser() 메서드를 사용해서 생성할 것
        user: User = User.objects.create_user(
                        username="i_am_user", password="init_password1!!"
                    )
        # create_user()로 생성된 User의 비밀번호는 단방향 암호화되어 있다.
        print(user.password)

        # set_password() 메서드는 비밀번호 수정과 함께 단방향 암호화 처리도 함께 수행해준다.
        user.set_password("password1!")
        user.save()
        print(user.password)


        # 비밀번호를 수정할 때는 절대 이렇게 하지 말 것!!
        # django가 제공하는 set_password() 메서드를 사용하지 않으면
        # password가 평문으로 저장되어 버린다
        user.password = "password1!"
        user.save()
```

코드 1-11 set_password() 메서드 사용 예시

효율적인 SQL 수행

SQL 수행은 프레임워크 관점에서는 굉장히 무거운 동작이기 때문에 가능한 한 적게 수행되어야 하고 내부적으로 최적화되어야 한다. 장고의 쿼리셋^{QuerySet}은 이러한 철학을 따르고 있다. 자세한 내용은 3장에서 다룰 것이다.

1.3.6 장고 어드민

장고를 처음 접할 때 편하게 웹 페이지를 만들어주는 장고의 어드민admin이라는 모듈을 보고 감탄할지도 모른다. 하지만 장고 어드민은 실무에서 사용하기가 매우 어렵다. 장고 어드민은 설계 목적대로 내부 직원이 사용하는 간단한 툴을 만들고자 할 때 정말 유용하다.[12] 고정된 UI에서 다양한 장고의 모델 기반으로 데이터를 제어할 수 있는 것이 장고 어드민이다. 따라서 설계 목적에 맞게 장고 어드민이 제공하는 모델 어드민 옵션을 사용한다면 매우 적은 코드량으로도 데이터를 CRUD 처리할 수 있다. 하지만 프런트엔드로의 확장은 불가능하다.[13]

> **NOTE** **CRUD**
>
> 데이터 제어의 기본이 되는 다음과 같은 4가지 행위를 말한다.
>
> C: Create(생성)
> R: Read(읽기)
> U: Update(갱신)
> D: Delete(삭제)

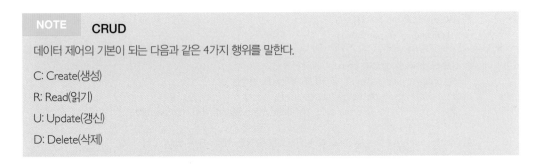

그림 1-15 장고 어드민의 사용 예시 페이지

---

12 장고 공식 사이트에서도 조직의 내부 관리 도구로만 사용할 것을 권장하고 있다.
(https://docs.djangoproject.com/en/dev/ref/contrib/admin/)
13 확장이 필요하다면 템플릿을 오버라이딩해야 한다.

장고 어드민은 [코드 1-12]와 같이 단 3줄로 위와 같은 웹 서비스를 만들어준다.

```python
@admin.register(DjangoModel)
class ExampleUserAdmin(admin.ModelAdmin):
    list_display = ("str_field", "int_field", "float_field", "date_field")
```

코드 1-12 장고 어드민 사용 예시

장고 어드민을 실무에서 사용하기 까다로운 이유 중 하나는 프런트엔드(UI 컴포넌트)로 확장하기 어렵다는 것이다. 조직이 성장하면 그만큼 시스템이 복잡해지고 그에 맞춰 프런트엔드도 복잡해진다. 장고 어드민을 처음 배울 때 보았던 UI가 어드민에서 사용 가능한 UI의 전부라는 점을 반드시 인지해야 한다. UI를 확장하기 위해서는 장고 어드민이 구현해놓은 템플릿을 오버라이딩해야 하는데 단순히 1~2개 정도면 괜찮지만 계속 쌓이다 보면 기존 장고 어드민은 사라지고 결국 MTV 패턴으로 UI를 새로 전부 구현해야 할 수도 있다.

조직은 장고 어드민으로 쓸 만한 관리자 페이지를 빠르게 만들어주는 것을 보고 감탄할지도 모른다. 그러고 나서 아래처럼 지속적으로 시스템에 추가 기능을 요구할 것이다.

- 여기에 xxx 버튼을 하나만 더 넣어주세요.
- 리스트를 조회할 때 마우스를 가져다 대면 상세한 데이터 볼 수 있게 해주세요.

이러한 UI 개선 요구 사항을 반영하다 보면 어느 순간 문득 프런트엔드 개발자가 필요할 수도 있겠다라는 생각이 들 수도 있는데 그때는 이미 늦었다. 웹 템플릿 코드가 덕지덕지 붙은 HTML 페이지는 프런트엔드 개발자가 매우 기피하는 대상이며 이것을 떼내기 위해서는 새로운 프런트엔드 프로젝트를 진행해서 개발해야 한다.

장고 어드민으로 만들어진 페이지에 버튼 추가, 이벤트 추가처럼 계속적으로 기능을 추가하다가 시스템이 너무 복잡해져서 관리자에게 페이지의 프런트엔드 분리가 필요하다고 주장해봤자 '잘 돌아가는 페이지에 기능 하나만 추가하면 되는데 새로운 리소스를 투입하는 것은 낭비다'라는 식의 답변을 들을지도 모른다. 결국 백엔드 개발자가 프런트엔드 개발에 필요한 수준의 UI 개발까지 담당해야 하는 상황이 올 수도 있다.

이러한 최악의 상황을 막기 위해서는 장고 어드민은 설계 목적에 맞게 단순 관리자 페이지로 사용할 수 있도록 CRUD 이외의 기능은 요구 사항으로 받지 않아야 한다.[14] 그 이상으로 활용하고자 한다면 유지 보수가 가능한 애플리케이션으로 사용할 수 있도록 설계부터 다시 고민해야 한다. 장고 어드민의 활용성은 정말 무궁무진하고 효율적이지만 입문자가 사용하기에는 다소 까다롭고 그 내용이 방대하다. 따라서 이 책에서는 자세한 장고 어드민 사용법은 다루지 않는다. 하지만 알아두면 실무에서 유용하게 사용할 수 있기 때문에 관심이 있다면 아래의 링크를 참조해서 학습하기 바란다.

🔗 https://docs.djangoproject.com/en/2.0/ref/contrib/admin/

1.4 이 책에서 사용하는 라이브러리

개발 프로젝트를 설정할 때 또는 새로운 오픈소스를 도입하려고 할 때 비공식적인 수치인 깃허브 Github의 별Star 개수를 참고하여 오픈소스의 성숙도를 대략적으로나마 파악할 수 있다.

그림 1-16 장고 깃허브 페이지[15]

별 개수가 높다는 것은 그만큼 사람들에게 많이 관심을 받고 있다는 뜻이기 때문에 오픈소스 개선 기여자도 많고 상대적으로 더 다듬어졌다고 볼 수 있다. 이 책에서 사용하는 라이브러리는 준수한 별 개수를 나타내고 있거나 장고의 공식 문서에서 소개하는 것들이다. 장고를 사용해서 백엔드 프로그래밍을 하다 보면 언젠가는 이 라이브러리들을 접하고 사용하게 될 가능성이 높다.

이 책에서 사용하는 라이브러리는 다음과 같다.

- poetry
- mypy
- black
- django
- django-restframework

----

14 현실적으로 쉽지 않은 일이다. 장고 어드민을 모르는 비 개발자에게 기능 추가를 더 이상 하지 말고 새로 만들어야 한다고 설득하는 것은 생각보다 어렵다.

15 장고의 별 개수는 55.9K 개이다.

- django−extensions
- drf−spectacular

파이썬 프로젝트 의존성 관리 도구(requirements.txt 대체재)

🔗 https://python−poetry.org/docs/

가벼운 파이썬 프로젝트의 라이브러리 의존성 관리는 pip & requirements.txt라는 문자열 파일로
packages(라이브러리)를 관리해도 충분하지만 프로젝트 규모가 커지거나 라이브러리 간 의존성이
복잡해지면 한계에 부딪힌다.

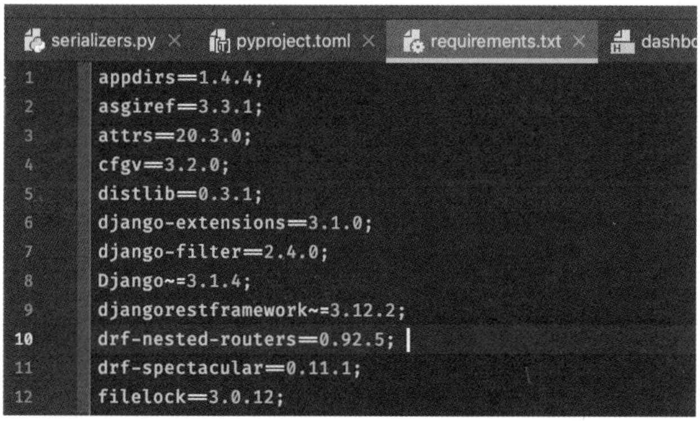

```
serializers.py ×    pyproject.toml ×    requirements.txt ×    dashb

1    appdirs==1.4.4;
2    asgiref==3.3.1;
3    attrs==20.3.0;
4    cfgv==3.2.0;
5    distlib==0.3.1;
6    django-extensions==3.1.0;
7    django-filter==2.4.0;
8    Django~=3.1.4;
9    djangorestframework~=3.12.2;
10   drf-nested-routers==0.92.5; |
11   drf-spectacular==0.11.1;
12   filelock==3.0.12;
```

그림 1-17 requirements.txt

```
serializers.py   pyproject.toml ×   requirements.txt ×   dashboard.html

1    [tool.poetry]
2    name = "djangobackendprogramming"
3    version = "0.1.0"
4    description = "한빛미디어 '처음 시작하는 장고' 학습용 예제 코드"
5    authors = ["SoungRyoul Kim <KimSoungRyoul@gmail.com>"]
6
7    [tool.poetry.dependencies]
8    python = "^3.9.1"
9    django = "^3.1.3"
10   djangorestframework = "^3.12.2"
11   django-filter = "^2.4.0"
12   drf-spectacular = "^0.11.1"
13   django-extensions = "^3.0.9"
14   drf-nested-routers = "^0.92.1"
15   mypy = "^0.790"
16   pre-commit = "^2.9.3"
17
18
19   [tool.poetry.dev-dependencies]
20   pytest = "^6.1.2"
21   pytest-django = "^3.10.0"
22   pytest-tipsi-django = "^2.6.0"
23   black = "^20.8b1"
24   pytest-mock = "^3.4.0"
25   pytest-freezegun = "^0.4.2"
26
27
```

그림 1-18 poetry의 프로젝트 설정 파일[16]

poetry의 기본적인 명령어 소개

- poetry show → 현재 프로젝트에 설치된 패키지 정보를 전부 보여준다.
  (pip list와 동일한 동작)

- poetry install → 현재 프로젝트에서 pyproject.toml 파일이 선언되어 있는 패키지를 설치한다.
  (pip install −r requirement.txt와 동일한 동작)

- poetry add "라이브러리명=^2.25.1" → 라이브러리 설치
  (pip install "라이브러리명=^2.25.1"과 동일한 동작)

- poetry update 라이브러리명 → 현재 프로젝트에서 사용하는 해당 라이브러리의 버전을 현재 사용 가능한 가장 최신 버전으로 업데이트한다.

- poetry remove 라이브러리명 → 현재 프로젝트에서 해당 라이브러리를 삭제한다.
  (poetry uninstall 라이브러리명과 동일)

---

16 requirementx.txt 파일과 달리 프로젝트 운영 시 필요한 라이브러리와 개발에만 필요한 라이브러리를 따로 분리해서 관리할 수 있다.

1.4.2 mypy

선택적 정적 타입 검사기(optional static type checker)

https://mypy.readthedocs.io/en/stable/index.html

개발을 새로 배우는 사람들에게 파이썬이 환영받는 이유는 문법이 매우 쉽고 인간 친화적이기 때문이다. 타입을 강하게 제약하지 않는 것은 큰 장점 중 하나로 뽑히지만 실무에서는 오히려 개발자의 실수[human error]를 유발하는 요인이 되기도 한다. 이러한 문제 때문에 파이썬과 비슷하게 엄격하지 않은 언어인 자바스크립트 진영에서는 타입을 강하게 제약하는 타입스크립트[TypeScript]를 만들었고 현재는 자바스크립트를 사용하는 실무 개발자 대부분이 타입스크립트를 사용하고 있다고 해도 과언이 아니다.

> **NOTE** **엄격하지 않은 언어**[non strict language]
>
> 언어 문법상 타입에 대한 제약이 엄격하지 않은 언어로 파이썬, 루비, PHP 등이 있다. 반대되는 개념인 엄격한 언어[strict language]가 있으며 대표적으로 자바, C++, 고 등이 있다.

> **NOTE** **타입스크립트**
>
> 동적 타입의 인터프리터 언어인 자바스크립트에 정적 타입을 사용할 수 있도록 기능이 추가된 자바스크립트의 확장형 언어이다.

파이썬에서는 3.5 버전부터 타입 힌트[type hint]라는 문법을 지원하기 시작했고 mypy라는 정적 타입 체크 도구를 제공했다. mypy는 파이썬 창시자인 귀도 반 로섬[Guido van Rossum]이 참여한 프로젝트로 귀도 반 로섬이 드롭박스[Dropbox]에 있을 때 당시 조직 구성원과 함께 만들었다. mypy는 타입이 명확하지 않으면 런타임 이전 개발 단계에서 경고(또는 에러)를 표시하는 기능을 가지고 있다. mypy의 경고를 받은 코드를 개선하지 않으면 프로젝트에 코드를 반영하지 못하게 할 수도 있다. mypy는 다수의 개발자가 참여하는 큰 규모의 큰 프로젝트에서 유용하게 쓸 수 있다. 앞서 언급했듯이 파이썬 3.5 버전부터 타입 힌트라는 문법이 지원되기 시작했는데 이 문법으로 함수, 변수 등에 타입을 명시할 수 있다.

```
def test_type_hint_사용 예시:
    num_list: List[int] = [1, 2, 3, 4, 5]
    num_list2: List[int | float] = [1, 1.2, 2, 2.8, 3, 3.3, 4, 5]
```

```
def 함수에_타입 명시_예시(a: str, b:str) -> bool:
    return a == b
```

코드 1-13 파이썬에서의 타입 명시

하지만 타입 힌트 문법은 강제성이 전혀 없다. 따라서 [그림 1-19]와 같이 코드를 작성하더라도 아무 문제없이 코드가 수행된다.

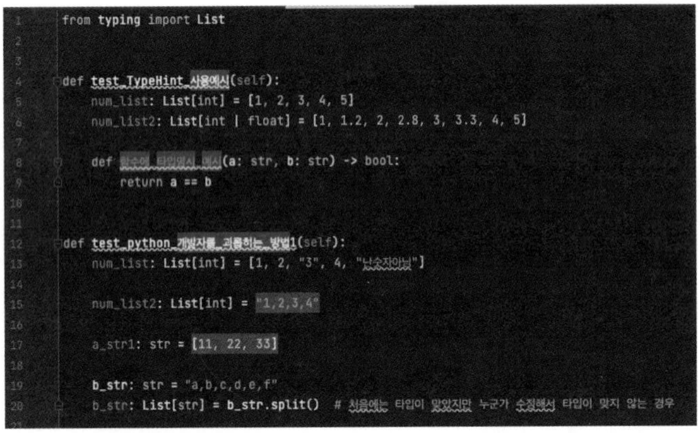

그림 1-19 명시된 타입이 하나도 일치하지 않는 상황/변수 타입이 개발자 마음대로 변하는 상황

mypy는 이러한 문제를 해결한다. 바로 동적 타입 언어인 파이썬의 자유로운 동작에 정적인 제약 검사를 수행하는 것이다. mypy는 [코드 1-14]와 같이 사용한다.

```
┌ mypy apps/mypy_example.py
apps/mypy_example.py:13: error: List item 2 has incompatible type "str"; expected "int"
apps/mypy_example.py:13: error: List item 4 has incompatible type "str"; expected "int"
apps/mypy_example.py:15: error: Incompatible types in assignment (expression has type "str",
variable has type "List[int]")
apps/mypy_example.py:17: error: Incompatible types in assignment (expression has type
"List[int]", variable has type "str")
apps/mypy_example.py:20: error: Name "b_str" already defined on line 19
Found 5 errors in 1 file (checked 1 source file)
```

```
num_list: List[int] = [1, 2, "3", 4, "난 숫자 아님"]
```

```
apps/mypy_example.py:13: error: List item 2 has incompatible type "str"; expected "int"
```

코드 1-14 mypy 사용 예시 1

mypy는 13번째 라인에 선언된 num_list의 2번째 아이템("3")이 int(정수)가 아니라 str(문자열)이라고 경고하고 있다.

```
b_str: str = "a,b,c,d,e,f"
b_str: List[str] = b_str.split()
```

```
apps/mypy_example.py:20: error: Name "b_str" already defined on line 19
Found 5 errors in 1 file (checked 1 source file)
```

코드 1-15 mypy 사용 예시 2

mypy는 20번째 라인에 선언된 b_str이 이미 과거에 선언된 변수라고 경고하고 있다(19번째 라인에 b_str 변수의 타입을 이미 문자열(str)로 선언했기 때문에 다른 타입으로 재선언해서는 안 된다는 경고).

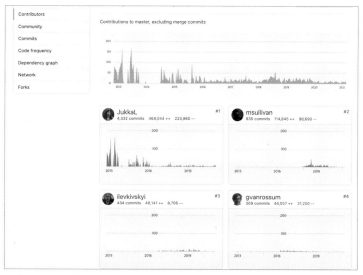

그림 1-20 mypy 프로젝트

백엔드 개발자가 되고자 공부하는 사람들에게 이 정도의 실무 코드 퀄리티 관리 수준의 제약을 가하는 것은 학습하는 데 방해가 될 것이다. 하지만 Pycharm mypy Plugin[17]을 사용하면 mypy로 코드를 검사하고 수정이 필요한 부분을 확인할 수 있다. 이 정도만 참고해도 파이썬 백엔드 개발 학습을 하는 데 큰 도움이 되니 설치해서 사용해보는 것을 추천한다.

----

[17] mypy 프로젝트 팀에서 관리하는 툴이다.

1.4.3 black

코드 포매터(Code Formatter)

🔗 https://github.com/psf/black

개발자가 공감할 수 있는 다음과 같은 코드 유머가 있다.

```
이 세상에는 2가지 유형의 소스 코드가 있다.
public void method1(){
    // 이런 식으로 선언하거나
}

public void method2()
{
    // 이런 식으로 선언하거나

}
```

코드 1-16 2가지 유형의 소스 코드

탕수육을 먹는 방법인 찍먹과 부먹처럼 개발자의 코딩 취향에 따라 나타나는 차이로 어떻게 작성해도 문제가 되지는 않는다. 하지만 실무에서는 개발자들의 다양한 코딩 스타일 차이로 인해 프로젝트 소스 코드의 통일성을 해치는 상황이 발생할 수 있다. 각자의 코딩 스타일로 인한 소모적인 논쟁은 불필요한 시간 낭비를 가져올 뿐이다. 또한 팀 내 코딩 스타일을 지키기 위한 자잘한 커밋^{commit}은 프로젝트의 소스 코드를 관리하는 데 오히려 방해가 되기도 한다. black은 이러한 문제를 해결하기 위해 프로젝트 내 모든 코드를 **black의 방식대로 강제 포매팅해버린다.** 이러한 강제적인 포매팅 방식 때문에 black을 싫어하는 개발자도 있지만 프로젝트 관점에서 보면 소스 코드의 통일성을 유지하는 데 큰 도움을 주는 매력적인 도구이다.

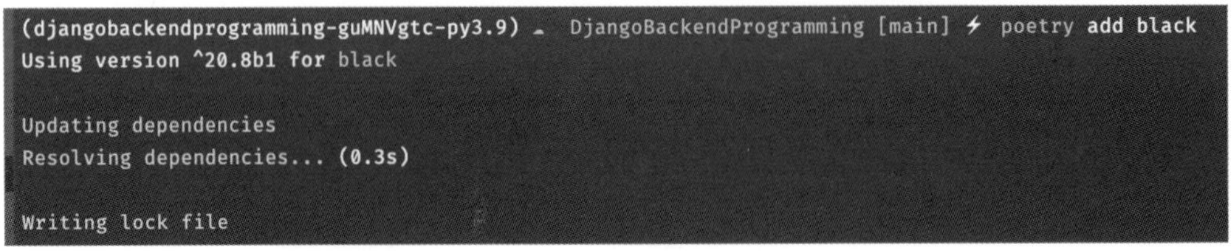

```
(djangobackendprogramming-guMNVgtc-py3.9) _ DjangoBackendProgramming [main] ⚡ poetry add black
Using version ^20.8b1 for black

Updating dependencies
Resolving dependencies... (0.3s)

Writing lock file
```

그림 1-21 black 라이브러리 다운로드

```
(djangobackendprogramming-guMNVgtc-py3.9)  ▲  DjangoBackendProgramming [main] ⚡ black ./config/settings.py
All done! ✨🍰✨
1 file left unchanged.
(djangobackendprogramming-guMNVgtc-py3.9)  ▲  DjangoBackendProgramming [main] ⚡ █
```

그림 1-22 특정 파일을 black으로 강제 포매팅

1.4.4 장고

파이썬 풀스택 웹 프레임워크

🔗 https://docs.djangoproject.com/en/dev/

대부분의 파이썬 웹 프레임워크는 웹 개발에 필요한 모든 기능을 제공하지 않는다. 장고는 사실상 유일한 파이썬 풀스택 프레임워크이다. 이 책 주제가 장고인 만큼 여기서 자세한 설명은 생략한다.

1.4.5 django REST framework(DRF)

장고 백엔드 프로그래밍을 위한 필수 모듈

🔗 https://www.django-rest-framework.org/

장고는 MTV 패턴을 기반으로 웹 프로그래밍에 유용한 기능을 제공한다. 하지만 웹 프로그래밍에서 좀 더 세분화된 분야인 백엔드 프로그래밍은 API로 프런트엔드와 통신하는 방식으로 개발하기 때문에 장고의 템플릿 모듈과 템플릿 뷰를 잘 사용하지 않는다.

DRF는 장고의 템플릿 뷰TemplateView를 대신하여 API 방식으로 개발하기 위한 다양한 뷰 구현체를 제공한다. (APIView, GenericView, ViewSet) 웹 프로그래밍을 하기 위해서라면 장고만으로도 충분하지만 백엔드 프로그래밍을 위해서는 장고가 제공하는 기능만으로는 부족한데 DRF가 이 부분을 채워주는 역할을 한다.

💡 이 책에서 말하는 장고 지식은 장고뿐만 아니라 DRF의 내용도 포함한다.

1.4.6 django-filter

🔗 https://github.com/carltongibson/django-filter

장고 템플릿을 개발할 때 데이터 검색 기능을 손쉽게 개발 가능하게 해주는 라이브러리다. 또한 템플릿뿐만 아니라 DRF와 연계해서 검색 API를 만들 때 검색 조건을 개발할 수 있게 해준다. 이 책에서는 더 자세하게 설명하지는 않지만 유용한 라이브러리이므로 관심이 있다면 위의 링크를 참고해서 학습하기 바란다.

1.4.7 django-extensions

🔗 https://github.com/django-extensions/django-extensions

장고 개발에 반드시 필요한 필수 모듈들은 아니지만 많은 편의성을 제공해준다. 개인적인 견해로 django-extensions은 매우 유용하기 때문에 사용해볼 것을 추천한다.

간단한 예시 중 하나로 runserver_plus를 들 수 있다. [코드 1-17]은 기존 runserver로 수행 시 로그를 나타낸 것이다.

```
python manage.py runserver 8000  # django 기본 개발용 서버 start 명령어

----
System check identified no issues (0 silenced).
February 11, 2021 - 10:02:28
Django version x.1.4, using settings 'config.settings'
Starting development server at <http://127.0.0.1:8000/>
Quit the server with CONTROL-C.
[11/Feb/2021 10:02:31] "GET / HTTP/1.1" 200 56533
[11/Feb/2021 10:02:31] "GET /static/frontend_app/img/favicon/logo_hanbit.png HTTP/1.1" 200
3981
```

코드 1-17 runserver로 수행 시의 로그

django-extension이 제공하는 runserver_plus를 사용하면 개발용 서버 start 명령어와 서버 로그가 좀 더 깔끔하게 찍힌다.

```
# django-extensions가 제공하는 runserver_plus
python manage.py runserver_plus 8000


Development server is running at http://[127.0.0.1]:8000/
Using the Werkzeug debugger (<http://werkzeug.pocoo.org/>)
Quit the server with CONTROL-C.
 * Debugger is active!
 * Debugger PIN: 925-837-484
127.0.0.1 - - [11/Feb/2021 10:00:08] "GET / HTTP/1.1" 200 -
```

코드 1-18 runserver_plus 사용 예시

runserver_plus와 비슷한 shell_plus --print-sql 같은 기능도 있다.

```
python manage.py shell_plus --print-sql
```

코드 1-19 shell_plus --print-sq 사용 예시

shell_plus를 사용하면 장고 settings가 읽힌 상태로 셸shell을 사용할 수 있게 해준다. 실제 서버 환경과 동일한 settings가 임포트된 셸을 제공하는 것이다.

--print-sql 옵션을 사용하면 실제 발생하는 SQL을 로깅해주기 때문에 쿼리셋의 성능을 체크할 때 유용하다. 그 외에도 유용한 기능이 많지만 전부 소개하기엔 한계가 있기 때문에 이 내용에 관심이 있다면 django-extenstions의 공식 문서를 확인하기 바란다.

๑ https://django-extensions.readthedocs.io/en/latest/index.html

> **NOTE** **공식 문서를 찾아보는 연습의 중요성**
>
> 개발자는 언제나 필요한 정보를 스스로 찾아서 배우고 그 지식을 바탕으로 문제를 해결해야 한다. 어떤 기술에 대한 필요한 정보를 담고 있는 기본 자료는 공식 문서이다. 직접 공식 문서를 살펴보면서 원하는 정보를 찾는 것은 입문자에게 굉장히 낯설고 어려운 과정일 수 있다. 따라서 종종 오픈 채팅방 등에 참여하여 모르는 것을 물어보고 그에 대한 답을 얻기도 하는데 이와 같은 과정에 익숙해지다 보면 단순히 특정 부분의 해결책만 얻을 수 있을 뿐 전반적으로 왜 그렇게 되는지 이해하기 어려울 수 있다.
>
> 처음엔 시간이 많이 걸리더라도 공식 문서를 읽고 원하는 정보를 찾는 연습을 해보자. 공식 문서를 살펴보는 습관은 그 기술에 대한 전반을 이해할 수 있게 해주는 것은 물론 개발자로서 성장하는 데 도움을 줄 수 있다.

1.4.8 drf-spectacular

• OAS(OpenAPI Specification) 지원 라이브러리

API 문서 자동화 도구(Swagger Redoc)를 지원해준다. 이 라이브러리를 사용하면 DRF로 개발한 API를 drf-spectacular가 자동으로 문서화해준다.

예를 들어 DRF의 뷰를 사용해서 [코드 1-20]과 같이 API를 하나 만들면 [그림 1-23]과 같이 OpenAPI 문서에 자동으로 API가 문서화되어 추가된다.

```python
from drf_spectacular.utils import extend_schema
from rest_framework.viewsets import GenericViewSet
# ...

class DjangoModelViewSet(GenericViewSet):
    queryset = DjangoModel.objects.all()
    serializer_class = DjangoModelSerializer


    def list(self, request, *args, **kwargs):
        queryset = self.filter_queryset(self.get_queryset())

        page = self.paginate_queryset(queryset)
        if page is not None:
            serializer = self.get_serializer(page, many=True)
            return self.get_paginated_response(serializer.data)

        serializer = self.get_serializer(queryset, many=True)
        return Response(serializer.data)
```

코드 1-20 DRF를 사용한 API 생성

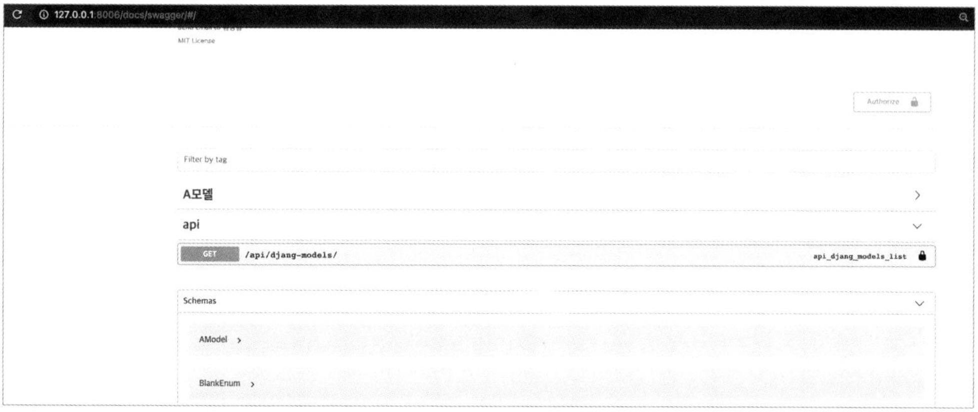

그림 1-23 API가 자동으로 문서화

문서에 추가하고 싶은 내용이 있다면 [코드 1-21]과 같이 코드를 작성한다.

```python
from drf_spectacular.utils import extend_schema
from rest_framework.viewsets import GenericViewSet
# ....

class DjangoModelViewSet(GenericViewSet):
    queryset = DjangoModel.objects.all()
    serializer_class = DjangoModelSerializer

    @extend_schema(
        summary="자동으로 만들어지는 API 문서 (이 API 사용 시에 주의해야 할 점 블라블라....)",
    )
    def list(self, request, *args, **kwargs):
        queryset = self.filter_queryset(self.get_queryset())
        serializer = self.get_serializer(page, many=True)
        return self.get_paginated_response(serializer.data)
```

코드 1-21 추가 내용 작성

그림 1-24 문서에 내용이 추가된 모습

API 문서 자동화 도구를 사용하기 이전의 백엔드 개발자는 프런트엔드 개발자와 소통을 하기 위해 먼저 API를 개발하고 나서 API 문서를 작성하는 과정을 거쳐야 했다. 하지만 API 문서 자동화 도구를 사용하면 **'소스 코드가 곧 API 문서'**라는 이상ideal을 실현할 수 있다. API 문서 자동화 도구에 대해 더

많은 내용을 알고 싶다면 요기요 기술 블로그에 이와 관련한 내용이 있으니 참고하기 바란다.[18]

1.5 프로젝트 환경 설정

1.5.1 pyenv와 poetry 설치

pyenv

pyenv는 다양한 버전의 파이썬을 관리하는 명령어 툴이다. 파이썬 프로젝트를 만들려고 하면 로컬 컴퓨터에 파이썬이 설치되어 있어야 하는데 이때 사용하는 것이 pyenv다. 만약 pyenv를 사용하지 않는다면 새로운 파이썬 프로젝트를 만들 때마다 파이썬을 다운로드해야 하는 불편함이 생긴다. 파이썬 프로젝트에서 사용하는 파이썬 환경을 붕어빵이라고 한다면 pyenv는 다양한 파이썬 버전을 미리 로컬에 저장해두고 복사할 준비가 되어 있는 붕어빵 틀과 같다.

> **NOTE** **python virtual environment(파이썬 가상 환경)**
>
> 파이썬 프로젝트에서 사용하는 파이썬 환경을 python virtual environment(파이썬 가상 환경)라고 부른다. 이를 줄인 venv라는 축약어도 자주 쓰이니 알아두기 바란다.

pyenv 명령어 사용법은 [코드 1-22]와 같다. 먼저 현재 로컬에 설치된 파이썬 버전을 조회한다.

```
pyenv versions

  system
  3.8.11
* 3.9.14 (set by /Users/user/.pyenv/version)
  3.10.4
  3.10.9
  3.11.1
```

코드 1-22 로컬에 설치된 파이썬 버전 조회

pyenv 설치 직후에는 시스템 이외의 버전은 조회되지 않는다. 현재 설치 가능한 파이썬 목록은 [코드 1-23]과 같다.

---

18 https://techblog.yogiyo.co.kr/django-rest-framework-api-document-generator-feat-drf-spectacular-585fcabec404

```
pyenv install -list

...
3.9.14
3.9.15
3.9.16
3.10.0
3.10-dev
3.10.1
3.10.2
3.10.3
3.10.4
3.10.5
3.10.6
3.10.7
3.10.8
3.10.9
...
```

코드 1-23 설치 가능한 파이썬 목록

특정 버전의 파이썬을 설치한다.

```
pyenv install 3.11.1
```

코드 1-24 특정 버전의 파이썬 설치

로컬 컴퓨터 내에서 기본으로 사용할 파이썬 버전을 설정한다.

```
pyenv global 3.11.1
```

코드 1-25 로컬 내 기본으로 사용할 파이썬 버전 설정

로컬 컴퓨터 내에서 특정 폴더 하위에서만 사용할 파이썬 버전을 설정한다.

```
pyenv local 3.11.1
```

코드 1-26 로컬 내 특정 하위폴더에서 사용할 파이썬 버전 설정

위와 같이 설정하면 터미널에서 해당 폴더 하위로 접근 시 파이썬 버전이 달라진다. [코드 1-27]은
pyenv로 로컬 개발 환경을 설정하는 예를 나타낸 것이다.

```
pyenv install 3.11.1
pyenv install 3.10.9
pyenv versions # 3.10과 3.11 설치되었는지 확인
pyenv global 3.11.1 # 특별한 이유가 없다면 3.11.1을 기본으로 사용하도록 선언
```

코드 1-27 pyenv로 로컬 개발 환경 설정 예시

poetry

poetry도 pyenv와 동일하게 로컬 컴퓨터에 한 번만 설치해놓고 사용하기 때문에 pyenv와 비교해서 설명하겠다. pyenv는 로컬 컴퓨터 내에 다양한 버전의 파이썬을 미리 저장해놓는 저장소의 역할을 한다. 새로운 파이썬 프로젝트를 생성[19]할 때 pyenv에 설치된 여러 버전의 파이썬 중 하나를 복사해서 사용하기 때문에 직접 건드리지 않는 것이 좋다.

그렇다면 새로운 파이썬 프로젝트를 생성할 때 pyenv로 설치한 파이썬에서 어떻게 venv를 설정하고 관리할 수 있을까? 바로 이러한 역할을 해주는 것이 poetry다. [코드 1-28]은 poetry로 새로운 파이썬 프로젝트를 생성하는 예시이다.

```
poetry new hello_new_python_project # 파이썬 프로젝트 생성
cd hello_new_python_project # 프로젝트 폴더로 접근
poetry shell  # pyproject.toml 파일에 명시된 파이썬 버전으로 venv를 찾거나 없으면 생성
```

코드 1-28 poetry로 새로운 파이썬 프로젝트 생성 예시

poetry new 명령어로 프로젝트를 생성해보자.

```
poetry new 프로젝트명
```

코드 1-29 poetry new로 프로젝트 생성

그리고 나면 [코드 1-30]과 같은 구조의 파이썬 프로젝트를 만들어준다.

----

19 virtualenv(venv)를 생성한다고 표현한다.

```
> tree hello_new_python_project
hello_new_python_project
├── README.md
├── hello_new_python_project
│   └── __init__.py
├── pyproject.toml
└── tests
    └── __init__.py

3 directories, 4 files
```

코드 1-30 생성된 파이썬 프로젝트

여기서 중요한 것은 pyproject.toml 파일이다. 이 파일은 해당 파이썬 프로젝트에 사용되는 파이썬 버전, 프로젝트 이름, 사용하는 라이브러리와 같은 모든 정보를 담아두고 관리한다. [코드 1-31]은 pyproject.toml 파일 내부의 모습을 나타낸다.

```
[tool.poetry]
name = "hello-new-python-project"
version = "0.1.0"
description = ""
authors = ["kimsoungryoul <kimsoungryoul@gmail.com>"]
readme = "README.md"
packages = [{include = "hello_new_python_project"}]

[tool.poetry.dependencies]
python = "^3.10"


[build-system]
requires = ["poetry-core"]
build-backend = "poetry.core.masonry.api"
```

코드 1-31 pyproject.toml 파일 내부

이 프로젝트의 파이썬 버전을 변경하고 싶다면 pyproject.toml 파일에서 [코드 1-32]와 같이 수정한다.

```
[tool.poetry]
name = "hello-new-python-project"
version = "0.1.0"
description = ""
authors = ["kimsoungryoul <kimsoungryoul@gmail.com>"]
readme = "README.md"
packages = [{include = "hello_new_python_project"}]

[tool.poetry.dependencies]
python = "^3.11" # 3.10을 3.11로 수정


[build-system]
requires = ["poetry-core"]
build-backend = "poetry.core.masonry.api"
```

코드 1-32 파이썬 버전 변경

그러고 나서 아래 커맨드 라인을 다시 수행한다.

```
poetry env use $(which python3.11)
poetry shell # pyproject.toml 파일에 맞는 venv를 찾거나 없으면 새로 생성해
```

코드 1-33 커맨드 라인 재수행

이때 파이썬 3.11은 로컬에 pyenv로 설치된 다양한 버전의 파이썬 중에 존재해야 한다.

macOS에서의 pyenv 설치

macOS에서의 pyenv 설치 방법은 [코드 1-34]와 같다.

```
brew install pyenv
```

코드 1-34 macOS에서의 pyenv 설치

pyenv를 설치하는 방법은 다양하지만 brew를 사용해서 설치하는 방법이 가장 수월하며 이후 pyenv가 업데이트되어도 관리하기에 용이하다. 만약 자신의 mac 환경에 개발 환경 관련 설정을 한 번도 한 적이 없다면 기초 개발 툴부터 전부 설치한 다음에 pyenv를 설치해야 한다.

그림 1-25 기타 폴더 내부

런치패드LunchPad로 들어가서 기타 폴더를 열면 터미널terminal이라는 앱이 나온다.

그림 1-26 터미널의 명령어 입력창

터미널을 열면 [그림 1-26]과 같은 명령어 입력창이 나타나는데 여기에 [코드 1-35]와 [코드 1-36]
과 같은 설치 명령어를 입력해준다.

xcode 설치

```
xcode-select --install
```

코드 1-35 xcode 설치

brew 설치

```
/bin/bash -c "$(curl -fsSL https://raw.githubusercontent.com/Homebrew/install/HEAD/install.
sh)"
```

코드 1-36 brew 설치

brew를 설치할 때 위와 같은 커맨드 라인(명령 줄)을 직접 입력하지 말고 homebrew의 공식 페이지[20]에서 제공하는 커맨드 라인을 복사해서 설치할 것을 권장한다. brew의 업데이트가 자주 있는 것은 아니지만 시기에 따라 위에 적혀 있는 커맨드 라인이 제대로 동작하지 않을 수도 있기 때문이다.

그림 1-27 homebrew의 메인 페이지

xcode와 brew를 설치하고 나면 pyenv를 설치할 수 있다. (brew install pyenv)

macOS에서의 poetry 설치

macOS에서 poetry를 설치하려면 [코드 1-37]처럼 커맨드 라인 1줄만 입력하면 된다.

```
curl -sSL https://install.python-poetry.org | python3 -
```

코드 1-37 macOS에서의 poetry 설치

----

20 https://brew.sh/index_ko

설치를 완료했다면 [코드 1-38] 같은 커맨드 라인을 사용해서 poetry로 새로운 파이썬 프로젝트를 만든 뒤 테스트해보자.

```
poetry new hello_new_python_project # 프로젝트 생성
poetry shell # virtualenv 생성
```

코드 1-38 poetry로 새로운 파이썬 프로젝트 생성

윈도우에서의 pyenv 설치

먼저 윈도우Windows의 파워셸Windows PowerShell로 명령어 입력 화면에 접근한다.

그림 1-28 윈도우의 파워셸

윈도우에는 winget이라는 패키지 관리 도구가 존재한다. macOS의 **brew** 리눅스에는 이와 비슷한 **apt**나 **yum**과 같은 패키지 관리 도구가 있다. 예전에는 윈도우의 관리 도구가 부실해서 개발할 때에는 macOS를 사용하는 것이 편하다는 인식이 많이 강했지만 요즘에는 윈도우 기반으로 개발해도 이전만큼 불편하지는 않다. 바로 winget 덕분에 마우스를 쓰지 않고도 명령어만으로 개발 도구를 설치할 수 있기 때문이다. 검은 바탕의 파워셸 화면이 처음엔 어색하게 느껴질지도 모르겠다. 하지만 개발을 하다 보면 이러한 커맨드 라인으로 작업을 처리하는 일에 익숙해질 것이다.

pyenv를 설치하기 위해서는 우선 파이썬과 깃^{Git}이 설치되어 있어야 한다. winget을 사용해서 pyenv를 설치하는 방법은 매우 간단하다.

```
winget install python
winget install Git.Git
```

코드 1-39 파이썬과 깃 설치

그림 1-29 파워셸에서의 파이썬 설치

그림 1-30 파워셸에서의 깃 설치

[그림 1-29]와 [그림 1-30]과 같이 커맨드 라인을 1줄씩 차례대로 입력하면 파이썬과 깃이 설치된다.

NOTE **파이썬 구분**

여기서 설치하는 파이썬은 개발 도구들이 사용하는 것이다. 개발자는 pyenv으로 설치한 파이썬을 사용한다. 두 파이썬 간 기능상 차이는 없지만 다양한 버전의 파이썬을 관리하기 위해 pyenv를 사용하는 것이 편하다.

---

pyenv를 설치하는 방법 또한 간단하다. [코드 1-40]과 같이 커맨드 라인을 수행하면 된다.

```
winget install pyenv
```

코드 1-40 윈도우에서의 pyenv 설치

다만 현재 시점(2023년 5월)에서 pyenv는 아직 winget의 패키지로 관리되고 있지 않다.

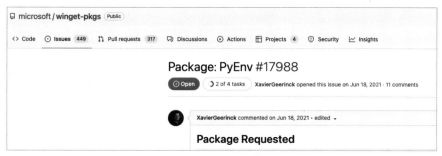

그림 1-31　winget 깃허브 페이지에 나온 패키지에 대한 이슈[21]

만약에 winget install pyenv를 수행하는 데 실패한다면 아직 winget에서 pyenv 패키지를 관리
하고 있지 않은 것이니 [코드 1-41]의 커맨드 라인으로 설치해야 한다.

```
Invoke-WebRequest -UseBasicParsing -Uri "https://raw.githubusercontent.com/pyenv-win/
pyenv-win/master/pyenv-win/install-pyenv-win.ps1" -OutFile "./install-pyenv-win.ps1"; &"./
install-pyenv-win.ps1"
```

코드 1-41　winget install pyenv로 설치 실패 시 사용하는 커맨드 라인

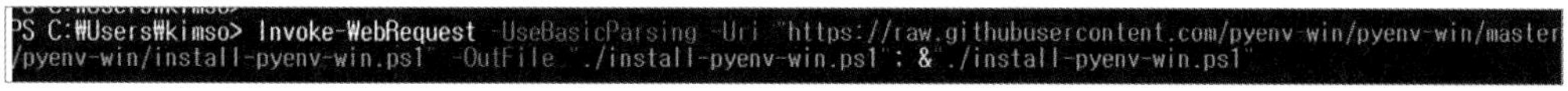

```
PS C:\Users\kimso> Invoke-WebRequest -UseBasicParsing -Uri "https://raw.githubusercontent.com/pyenv-win/pyenv-win/master
/pyenv-win/install-pyenv-win.ps1" -OutFile "./install-pyenv-win.ps1"; &"./install-pyenv-win.ps1"
```

그림 1-32　winget에서 pyenv 설치를 위한 커맨드 라인

커맨드 라인을 일일이 손으로 입력하지 말고 포털에서 'pyenv-win Github'를 검색하면 [그림
1-33]과 같은 사이트에 접근할 수 있다.

21　마이크로소프트의 winget 관리 팀에서 pyenv를 패키지로 추가하려는 업무가 진행 중이다.

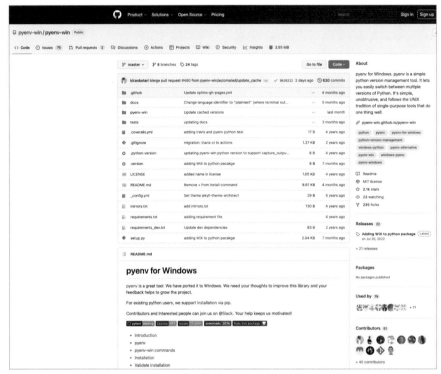

그림 1-33 윈도우용 pyenv 깃허브 페이지[22]

이곳의 'Quick Start'에서 설치 커맨드 라인을 손쉽게 복사해서 붙여 넣을 수 있다.

그림 1-34 Quick Start

이렇게 pyenv를 설치하고 나면 [그림 1-35]와 같이 자유롭게 다양한 버전의 파이썬을 설치할 수 있다.

---

22 https://github.com/pyenv–win/pyenv–win

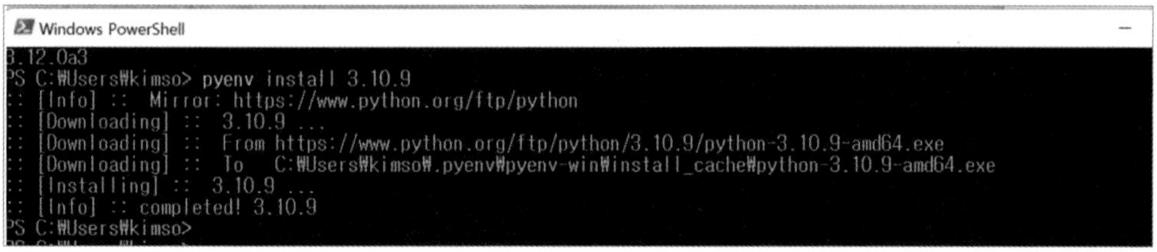

그림 1-35 pyenv 설치 후 파이썬 설치

만약에 권한 또는 Security Warning 등이 발생해서 설치하지 못했다면 [코드 1-42]의 커맨드 라인을 입력해서 해결하기 바란다.

```
Set-ExecutionPolicy -ExecutionPolicy RemoteSigned -Scope CurrentUser
```

코드 1-42 권한 또는 Security Warning 발생 시 사용하는 커맨드 라인

윈도우에서의 poetry 설치

[코드 1-43]과 같은 커맨드 라인을 사용해서 pyenv로 설치한 특정 버전의 파이썬을 기본으로 사용하는 파이썬으로 등록하자.

```
pyenv global 3.x.xx
```

코드 1-43 기본으로 사용할 파이썬 등록

그러고 나면 별다른 옵션을 가하지 않는 이상 기본으로 사용하게 되는 파이썬은 pyenv에서 관리하고 있는 해당 버전의 파이썬이 된다.

그다음 [코드 1-44]의 커맨드 라인을 수행해서 poetry를 설치한다.

```
(Invoke-WebRequest -Uri https://install.python-poetry.org -UseBasicParsing).Content | py -
```

코드 1-44 윈도우에서의 poetry 설치

[코드 1-44]의 커맨드 라인 또한 당연히 poetry 공식 사이트에서 손쉽게 복사하여 붙여 넣기를 할 수 있다.

그림 1-36 poetry 공식 사이트[23]

설치를 완료했다면 [코드 1-45]의 커맨드 라인을 수행해서 poetry로 새로운 파이썬 프로젝트를 만들고 테스트해보자.

```
poetry new hello_new_python_project # 프로젝트 생성
poetry shell # virtualenv 생성
```

코드 1-45 poetry로 새로운 파이썬 프로젝트 생성

----

23 https://python-poetry.org/docs/#installation

1.5.2 개발 환경 설정

파이썬 버전을 관리하는 도구인 pyenv와 프로젝트를 관리하는 도구인 poetry를 설치했다면 소스 코드를 작성할 때 필요한 통합 개발 환경Integrated Development Environment(IDE)인 파이참PyCharm을 다음 링크에서 다운로드한다.

🔗 https://www.jetbrains.com/pycharm/download

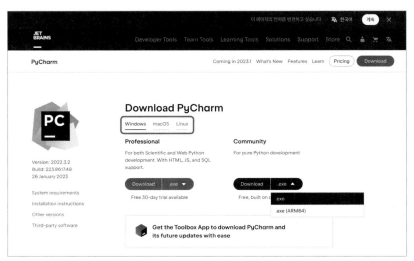

그림 1-37 파이참 다운로드

자신의 운영체제에 맞는 파이참 커뮤니티Community 버전을 설치해보자.

파이참의 툴바 메뉴 중 'File'의 하위 메뉴인 'Open'에서 이전에 생성한 파이썬 프로젝트인 'hello_new_python_project'를 열어보자. [그림 1-38]처럼 'Open'에서 'hello_new_python_project' 폴더를 찾은 다음 [OK]를 클릭한다.

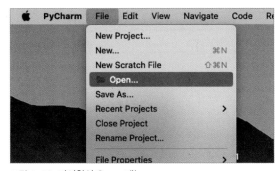

그림 1-38 파이참의 Open 메뉴

hello_new_python_project 프로젝트가 열리면 [그림 1-39]와 같이 터미널 창을 열고 poetry shell 명령어를 입력하자. 그러면 poetry가 virtualenv를 찾거나 생성한다.

💡 poetry가 생성한 virtualenv 경로는 잘 기억해두자.

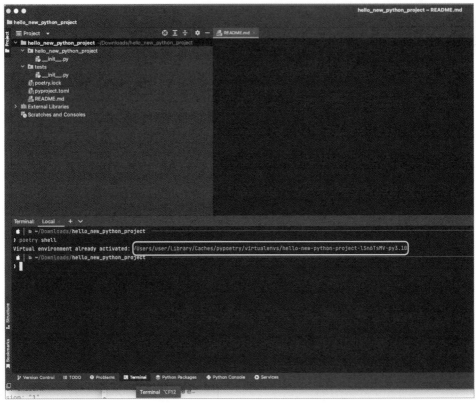

그림 1-39 터미널 창에 poetry shell 명령어 입력

파이참에는 윈도우의 파워셸이나 macOS의 터미널과 같은 자체 터미널이 존재한다. 여기에서 poetry shell을 수행해서 현재 프로젝트(hello_new_python_project)의 파이썬 virtualenv 를 찾자. poetry 설치 후 poetry shell이 이미 한 번 수행된 적이 있다면 미리 생성된 virtualenv가 존재하기 때문에 poetry가 알아서 잘 찾을 것이다. 이때 [그림 1-39]에서 녹색 네모 박스로 표시된 virtualenv 설치 경로를 잘 기억하기 바란다.

우리는 virtualenv가 설치된 경로를 알고 있지만 파이참은 알지 못한다. 따라서 이 경로를 파이참에 등록해줘야 파이참 환경에서 편하게 개발할 수 있다.

그림 1-40 파이참 Settings 메뉴

[그림 1-40]과 같이 'PyCharm' 메뉴에서 'Settings'를 선택하고 [그림 1-41]처럼 'Python Interpreter'에서 'Show All'을 선택한다.

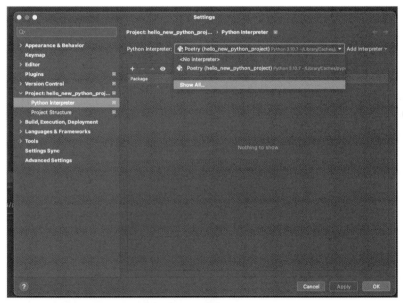

그림 1-41 Python Interpreter에서 Show All 선택

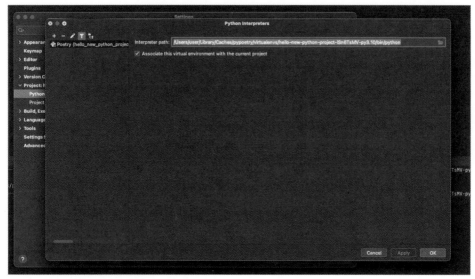

그림 1-42 virtualenv 설치 경로와 bin/python 입력

그다음 [+] 버튼을 누른 뒤 Interpreter Path에 virtualenv가 설치된 경로와 'bin/python'을 입력하고 [OK] 버튼을 누르면 개발 환경 설정이 끝난다.

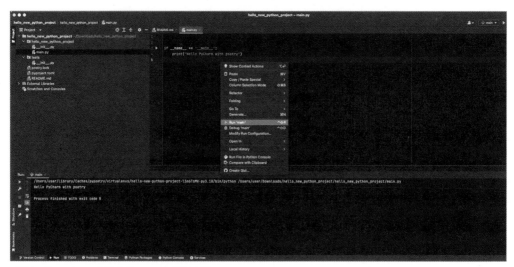

그림 1-43 main.py 생성 후 Run main으로 수행

앞의 과정이 모두 끝났다면 main.py라는 파일을 만들고 [코드 1-46]과 같이 코드를 작성하자. 마우스 오른쪽 버튼을 누르면 나타나는 도구 창에서 'Run main'을 선택하여 잘 수행되는지 확인해보자.

```
if __name__ == '__main__':
    print("Hellp Pycharm with poetry")
```

코드 1-46 main.py

1.6 이 책의 토이 프로젝트

다음 링크는 이 책에 나오는 실습 코드와 학습용 토이 프로젝트의 소스 코드가 담겨 있는 깃허브 페이지다.

🔗 https://github.com/KimSoungRyoul/DjangoBackendProgramming

앞서 언급했다시피 이 책은 백엔드 프로그래밍에 집중하고 있다. 따라서 장고를 중점적으로 설명하며 프런트엔드 부분에 대한 언급은 최소화했다. 하지만 토이 프로젝트를 완성하기 위해서는 자바스크립트로 개발된 UI가 필요하다. 이를 위해 이 책의 토이 프로젝트에는 이미 완성된 프런트엔드 개발 결과물을 만들어서 제공한다. 위의 깃허브에서 [그림 1-44]와 같이 완성된 프런트엔드 결과물이 저장되어 있는 것을 볼 수 있다. 토이 프로젝트를 로컬 환경에서 구동하는 매뉴얼은 해당 프로젝트의 README.md 파일에 작성해두었다. 또한 이 책에서 사용하는 학습 예시 코드도 확인할 수 있다.

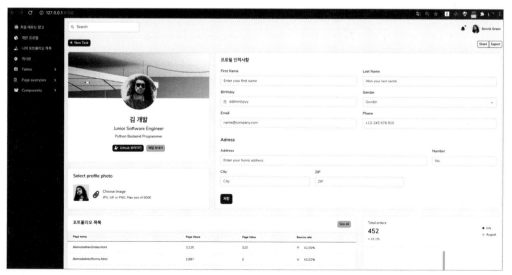

그림 1-44 실습 코드 및 토이 프로젝트의 깃허브 페이지

💡 부트스트랩 5(Bootstrap 5)와 자바스크립트로 만든 UI를 제공함으로써 장고를 중점적으로 학습한다.

그림 1-45 스웨거(Swagger)라고 불리는 API 자동화 문서

💡 이 프로젝트에서는 drf-spectacular를 사용한다.

Tip1: 신입 또는 주니어 개발자에게 필요한 이력서

회사 생활을 하다 보면 신입 또는 주니어 개발자들의 이력서를 보게 되는 일이 종종 생긴다. 어느 조직이든 채용할 수 있는 인원은 한정되어 있기 때문에 인사팀으로부터 입사 지원자 중에서 이력서 한 장만으로 ○○명 미만으로 추려달라는 요청을 받을 때가 있다.

고작 이력서 한 장만으로 어떤 사람의 커리어 전부를 알기 힘들고 그 내용들이 진짜인지 아닌지 확인할 수 없기 때문에 이러한 과정을 진행하는 것 자체가 안타깝지만 현실적으로 모든 입사 지원자를 정확하게 파악하는 것도 한계가 있기 때문에 나는 이력서에 기재되어 있는 내용을 최대한 긍정적으로 해석하려고 노력한다. 나 역시 지금 생각하면 학생 때 부끄러운 이력서를 작성했던 경험이 있어서 그때를 떠올리면서 다른 사람들의 이력서를 살펴본다.

그동안의 경험을 토대로 우선적으로 제외했던 이력서 유형을 써보려 한다. 개인마다 또는 조직마다 생각이 다를 수 있지만 내가 경험한 조직 구성원 사이에서는 나름 공감대를 형성했던 기준이기에 다소 민감할 수 있지만 솔직하게 이야기를 풀어보겠다.

피해야 할 서류 유형 1: 획일화된 포트폴리오

국비 지원 학원, 잘 알려진 부트 캠프 그리고 대기업의 소프트웨어 개발자 양성 아카데미를 수료한 사람들의 이력서에서 이러한 경향이 짙게 나타난다. 같은 교육 기관에서 커리큘럼상 같은 프로젝트를 진행했던 구성원의 이력서는 완전히 동일하거나 비슷한 포트폴리오를 첨부하는 경우가 많다.

더욱 난감한 것은 학원 등에서 포트폴리오 템플릿을 제공해주기도 하는데 이것을 그대로 가져다 써서 이름만 다를 뿐 다른 부분은 다를 게 없는 포트폴리오를 볼 때도 있다.

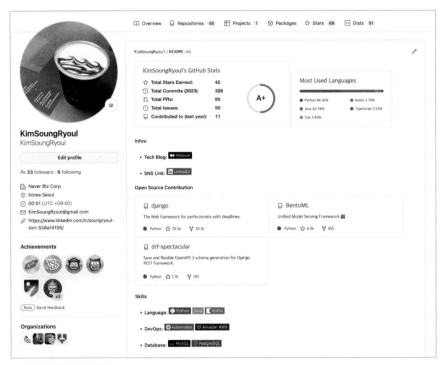

▶ 저자의 깃허브 페이지

💡 교육 기관에서 깃허브 계정을 생성하라고 해서 NBox나 iCloud에 사진 올리듯 소스 코드만 올린 깃허브 계정은 아무런 도움이 되지 않는다.

한 번에 수십 명씩 수료하는 교육 기관에서 수료생들이 지원하는 회사의 정보도 서로 공유하기 때문에 보통 한 회사에 획일화된 포트폴리오가 기재된 이력서가 적으면 3~4개 많으면 수십 개씩 들어온다. 이것을 평가하는 사람은 난감할 수밖에 없다. 이력서를 통과시키기 위해서는 근거가 명확한 평가가 이루어져야 한다. 이런 포트폴리오를 꼼꼼히 읽어보면서 장점을 찾더라도 같은 기관 출신 지원자의 포트폴리오와 거의 차이점이 없기 때문에 찾아낸 장점을 평가의 근거로 내세우다 보면 전부 다 통과시키거나 전부 다 떨어뜨릴 수밖에 없는 상황이 생긴다. 따라서 종종 특정 교육 기관 출신의 이력서는 한 번에 탈락시키는 경우도 발생한다.

일반적으로 어떤 회사에서 채용을 위한 서류 평가 업무에 투입이 된다고 해도 각자의 기존 업무를 줄여주는 경우는 매우 드물 것이다. 따라서 이력서를 살펴보는 데 물리적 시간의 한계가 있고 자신의 기존 업무에 최대한 영향을 주지 않기 위해 빠르게 서류를 살펴보게 되는데 이럴 때 가장 먼저 제외하는 유형은 획일화된 포트폴리오가 기재된 이력서다.

"포트폴리오나 이력서를 보면 엄청 고생하면서 공부한 게 눈에 보여서 통과시키려고 해도 다른 이력서의 포트폴리오에 적힌 소스 코드와 똑같아서 떨어뜨릴 수밖에 없는 상황이 참 안타까워!"

다른 동료 개발자와 대화를 나누다 보면 이런 얘기를 자주 듣는다. 다른 회사에서도 이와 비슷한 상황을 겪었을 것이다. 따라서 어떤 교육 기관을 다니면서 개발자로 취업을 준비하고 있다면 기관에서 제공해주는 포트폴리오 양식을 자신만의 방식으로 커스터마이징하거나[24] 그 외 자신만의 프로젝트 등을 추가해서 남들과는 차별성을 두는 게 좋다.

피해야 할 서류 유형 2: 도떼기시장 같은 기술 스택

신입 개발자의 이력서에 적힌 기술 스택의 면면을 보면 정말 화려하고 풍성하다.

이러한 내용이 흥미로워 기술 면접 때 이력서에 기재된 기술에 대해 자세히 질문하면 답변을 제대로 못하는 경우가 많았다. 예를 들어 아래와 같이 단순히 설치만 해보고 예제만 따라해본 경험을 부풀려 기재하는 경우가 허다했다.

이력서에 기재 된 내용	현실
• 텐서플로TensorFlow를 활용한 XXX 머신러닝 경험	• pip install tensorflow를 해봤음
• 빅데이터 XXXX 분석 경험	• pip install pandas를 해봤음

이력서에 기재된 내용이 이 정도 수준으로밖에 설명이 안 된다면 차라리 기재하지 않는 것이 좋다. 그게 아니라면 이러한 경험을 증명하기 위한 소논문 또는 블로그 포스팅, 소스 코드(깃허브) 등을 반드시 첨부해야 한다. 그리고 다양한 기술 스택을 나열하는 경우도 많은데 그리 도움이 되지 않는다. 대다수의 실무자는 이력서를 살펴볼 때 입사 지원자가 열심히 공부를 했는지 확인할 수 있는 근거를 찾으려고 한다. 학습 기간이 그리 길지 않아 어떤 기술에 대한 깊이가 부족하다고 느끼고 풍성하게 보이려고 해서 그저 설치만 해본 정도의 경험을 가지고 억지로 다양한 기술 스택을 나열하는 경우가 많은 것 같다. 정말 자신이 중점적으로 공부한 것을 기재하자.

```
기술 스택 : Python, HTML5, CSS, JQuery, Java, MySQL, postgreSQL, Redis
사용한 프레임워크 or 도구 : Django, Flask, Tensorflow, Pandas
```

▷ 기술 스택 기재의 나쁜 예

----

24 새로운 기능을 추가하는 등의 방법이 있다.

또한 되도록이면 HTML5와 CSS는 자신의 기술 스택으로 포함시키지 말자. HTML과 CSS가 기술 스택으로 의미가 있으려면 SCSS나 CSS 프레임워크와 같은 기술의 이해가 동반되어야 한다고 생각한다. 이러한 지식은 백엔드 개발자에게는 필수가 아니며, 프런트엔드 개발자에겐 자바스크립트나 타입스크립트를 공부하면 자연스럽게 습득되는 지식이다. 기술 스택에 HTML5나 CSS가 끼어 있는 것을 수학 지식에 비유하면 편미분 방정식, 라플라스 변환, 푸리에 변환 사이에 덧셈 또는 곱셈이 끼어 있는 꼴이다.

그리고 자신이 이력서에 언급한 특정 기술 스택에 대해서는 자신 있게 답변할 수 있어야 한다. 면접관은 절대 이력서에 적혀 있지 않은 내용에 대해 질문하지 않고 이력서에 기재된 내용을 기반으로 질문한다. HR 부서에서 주도하는 전통적인 대기업의 공채 방식이 아니라면 현업 개발자가 면접관으로 참여해서 이력서에 기재된 내용을 바탕으로 기술 면접을 진행할 것이다. 입사 지원자의 이력서는 다음과 같은 의지를 보여주는 것이 좋다.

> • 나 이렇게 열심히 공부했어요!
> – 깃허브나 개인 기술 블로그에서 제가 열심히 공부한 흔적을 확인해보세요.
> – 입사 후에도 XX을 열심히 공부할 준비가 되어 있어요.

다소 유치해보일 수 있지만 이 부분을 중요하게 생각하는 사람들이 정말 많다. 심지어 어떤 시니어 개발자들은 신입 개발자 간의 기술 역량 차이에 크게 의미를 두지 않는다. 어차피 신입 개발자의 기술력은 현업 수준에서 보면 큰 차이가 없다고 여기기 때문이다. 따라서 이미 가지고 있는 기술력만큼 무언가를 배우려고 하는 열정적인 태도도 정말 중요하다.

면접관은 전문 면접관이 아니다.

학교를 다니던 시절을 떠올려보자. 자신이 속한 동아리에 새로운 사람이 들어온다고 해서 면접을 진행해야 한다면 생각보다 무언가 대단한 것을 준비하지는 않았을 것이다. 회사의 면접관들도 면접 자체에 대한 전문성은 부족한 경우가 많다. 무엇을 질문해야 할지 몰라서 긴장하기도 하고 HR팀에서 작성해준 질문 리스트 내용을 그대로 읊기도 한다. 따라서 기술 면접 역시 이력서에 기재된 내용 범위에서만 질문하는 경우가 많다. 그렇기 때문에 자신이 정말 자신 있는 기술 스택만 기재하라는 것이다. 내가 잘 알고 있는 기술 내용을 질문받는다면 기술 면접의 주도권을 면접자가 가져올 수도 있다.

모델링과 마이그레이션

백엔드 개발의 시작은 모델링이다. ER^Entity Relation 모델링이 완성된 데이터베이스 테이블을 장고 모델에 매핑하거나 장고 ORM을 사용해서 새로운 ER 모델링을 진행하는 것이 백엔드 프로그래밍의 첫 단계이다. 장고는 최초 모델링이 진행된 후에 추가되는 모델링 이력을 관리할 수 있는 모듈인 장고 마이그레이션^Django Migration을 제공한다. 이 장에서는 장고가 어떻게 데이터 테이블과 파이썬 클래스를 매핑하는지 그리고 어떻게 추가되는 모델링 이력을 관리하고 다루는지를 배울 것이다.

2.1 ER 모델링

백엔드 개발 실무 프로젝트를 진행할 때 가장 먼저 하게 되는 작업이다. 데이터베이스 관점에서는 테이블을 정의하고 테이블 간의 관계relation를 매핑하는 것이며 장고에서는 이 테이블 간의 관계를 어떻게 모델로 가져올 것인지를 고민하는 작업을 말한다. 실무와 관련된 예시를 살펴보자.

2.1.1 주소

쇼핑몰의 서버 시스템을 개발하는 백엔드 개발자 A는 주소address란 문자열 형태의 데이터라고 생각한다. 왜냐하면 쇼핑몰 시스템에서의 주소는 사용자가 입력한 문자열이며 이것을 그대로 받아서 저장한 뒤 택배 업체 시스템에게 전달해주는 데이터이기 때문이다. 따라서 A는 [코드 2-1]과 같이 모델링하겠다는 결론을 냈다.

```
from django.db import models

...
address = models.CharField(max_length=256, blank=False)
```

코드 2-1 개발자 A의 주소 모델링

하지만 우체국 서버 시스템을 개발하는 백엔드 개발자 B의 의견은 다르다. 우체국 서버 시스템은 주소를 좀 더 세분화해서 다루기 때문에 주소는 '시', '도', '구', '군' 과 같은 여러 문자열 형태의 데이터를 모아 만든 **객체**라고 생각한다. 따라서 B는 [코드 2-2]와 같이 모델링을 했다.

```
from django.db import models

class Address(models.Model):
    """
    서울"시", 경기"도", 횡성"군" 과 같은 주소를 구분하는 명칭은
    영어로 대체 번역할 만한 변수명이 마땅치 않음
    따라서 한국 발음을 영어로 받아 적어서 변수명으로 사용함
    """

    si = models.CharField(max_length=32)
    do = models.CharField(max_length=32)
    gu = models.CharField(max_length=64)
    detail = models.CharField(
```

```
        max_length=128,
        help_text="사용자가 입력한 정식 주소체계 이외 상세주소 ex: 서초 마제스타시티 타워2 15층 문
앞",
    )
```

코드 2-2 개발자 B의 주소 모델링

ER 모델링 단계에서 백엔드 개발자는 고객의 요구 사항 또는 기획자가 작성한 기획서를 살펴보고 여러 고민을 하고 판단해서 모델을 설계한다. 물론 쇼핑몰 시스템이라고 해서 무조건 주소는 문자열, 우체국 시스템에서는 무조건 주소는 객체라고 판단해서는 안 된다. 쇼핑몰 시스템에서도 시스템 복잡도에 따라 객체가 더 적절할 수 있다. 따라서 백엔드 개발자가 요구 사항 또는 기획서를 잘못 분석해서 적절하지 못한 ER 모델링이 이루어진다면 개발 작업을 처음부터 다시 해야 할 수도 있다.

> **NOTE 장고에서의 DB 마이그레이션 수행 주체**
>
> ER 모델링같이 데이터베이스 구조에 변화를 주는 작업인 DB 마이그레이션은 DBA^{Database Administrator}(데이터베이스 관리자)의 영역이다. 조직의 규모나 업무 프로세스에 따라 백엔드 개발자가 ER 모델링에 참여하지 않는 경우도 있다. 하지만 장고에서는 백엔드 개발자가 DB 마이그레이션을 주도할 수 있는 구조로 설계되어 있다. 장고 마이그레이션^{Django Migration} 모듈이 파이썬으로 SQL(DDL[1])을 제어할 수 있게 해주기 때문이다. 따라서 최초 DB 마이그레이션 진행 이후에도 장고가 지속적으로 DB 마이그레이션을 관리할 수 있다.
>
> 보통은 DB 마이그레이션을 담당하는 주체는 DBA인 경우가 많지만 이러한 장고의 특성 때문에 장고를 사용하여 개발하는 경우에는 DB 마이그레이션을 담당하는 주체가 백엔드 개발자가 될 수도 있다.

ER 모델링은 정말 어렵고 중요한 작업이다. ER 모델링을 자세히 배우려면 책 한 권 분량 이상의 내용을 익혀야할 수도 있다. 이 책에서는 ER 모델링을 잘하는 방법이 아닌 의사결정이 완료된 ER 모델링을 어떻게 장고로 표현할 수 있는지에 대해 설명한다. 자신이 모델링한 것을 장고의 모델로 표현할 수 있어야 장고를 제대로 사용한다고 말할 수 있다. ER 모델링의 중요성을 강조하는 이유는 그만큼 실무에서 가장 중요한 과정으로 여겨질뿐더러 개발자의 역량을 평가하는 요소로 사용되기 때문이다. ER 모델링은 상황에 따라 많이 변하기 때문에 경험이 많은 선배 개발자나 DBA의 모델링 작업을 보며 어깨너머로 배우는 게 좋다.

---

1 DDL(Data Definition Language): SQL에서 CREATE DROP ALTER와 같이 데이터베이스를 정의하는 문법을 가리킨다. 참고로 INSERT UPDATE DELETE와 같은 문법은 DML(Data Manipulation Language)이라고 부른다.

2.2 장고의 모델

2.2.1 모델과 필드를 사용해야 하는 이유

파이썬으로 클래스class를 선언하려면 [코드 2-3]과 같이 작성한다.

```python
from datetime import datetime

class PythonModel:
    str_attr: str = "기본값" # 최대 길이를 32자로 제한해주세요.
    int_attr: int = 0
    bool_attr: bool = False
    datetime_attr: datetime = datetime.now()
```

코드 2-3 파이썬 클래스 선언 예시

그리고 데이터베이스에서 테이블을 생성하는 방법은 [코드 2-4]와 같다.

```sql
create table database_table(
    str_column      varchar(32) not null default '',
    int_column      integer     not null default 0,
    bool_column     bool        not null,
    datetime_column datetime    not null default CURRENT_TIMESTAMP
);
```

코드 2-4 데이터베이스에서의 테이블 생성 예시

백엔드 개발에서 모델링이 끝났다면 클래스 선언과 테이블을 생성하는 작업이 이루어져야 한다. 하지만 각각에서 사용하는 언어가 다르기 때문에 한 번에 관리하기가 쉽지 않다. 하지만 장고는 2가지 작업을 한 번에 처리할 수 있도록 도와준다. 이때 사용되는 장고 객체가 모델Model과 필드Field다.

```python
from django.db import models

class IamDjangoModel(models.Model):
    str_attr = models.CharField(
                max_length=32,help_text="최대 길이를 32자로 제한해주세요",
                default="기본값", db_column="str_column"
            )
    int_attr = models.IntegerField(default=0, db_column="int_column")
    bool_attr = models.BooleanField(default=False, db_column="bool_column")
```

```
    datetime_attr = models.DateTimeField(auto_now_add=True)

    class Meta:
        db_table = "i_am_django_model"
```

코드 2-5 모델과 필드를 사용해 한 번에 클래스 선언과 테이블 생성

[코드 2-5]와 같이 모델과 필드를 사용하면 IamDjangoModel이라는 이름을 가진 클래스 선언과 i_am_django_model이라는 이름을 가진 테이블 생성 작업을 한 번에 처리할 수 있다. 파이썬으로 클래스를 선언만 해줘도 데이터베이스에서 테이블을 설계할 수 있는 SQL로 컨버팅해주기 때문이다.

즉 **장고를 사용해서 코딩하면[2] 파이썬으로 작성해야 할 작업과 SQL로 작성해야 하는 작업을 한 번에 해결할 수 있다.** 모델링의 깊이 있는 지식을 얻기 위해서는 '데이터베이스 개론', '객체 지향 프로그래밍' 같은 CS^{Computer Science} 지식이 필요하다. 이 절에서는 장고를 사용해서 모델링하면 명료하게 코딩하는 데 어떤 도움을 받을 수 있는지 알아볼 것이다.

2.2.2 다양한 옵션

장고의 모델이라는 객체는 앞에서 언급한 것처럼 데이터베이스 테이블 설계를 동시에 할 수 있도록 도와주는 역할을 한다. 장고는 모델을 커스터마이징할 수 있는 다양한 옵션을 지원하는데, Meta라는 내부 클래스^{inner Class}를 통해 장고의 모델을 제어할 수 있는 기능을 제공한다. [코드 2-6]을 살펴보며 다양한 옵션이 어떻게 사용되는지 알아보자.

```
from django.db import models
from django.core import validators

class Student(models.Model):

    name = models.CharField(max_length=128, help_text="학생 이름")
    phone = models.CharField(
        max_length=32, help_text="연락처",
        validators=[validators.RegexValidator(regex=r"\d{2,3}-\d{3,4}-\d{4}")]
    )
```

---

2 정확하게는 장고의 ORM 모듈을 사용해서 코딩하는 것을 말한다.

```
    age = models.PositiveIntegerField(help_text="나이", default=0)
    major = models.CharField(max_length=32, help_text="전공")
    student_serial_num = models.CharField(max_length=64, help_text="학번")

    created_at = models.DateTimeField(auto_now_add=True, help_text="생성 날짜")
    modified_at = models.DateTimeField(auto_now=True, help_text="수정 날짜")

    class Meta:
        abstract = False
        managed = True
        proxy = False

        db_table = "student_db_table"
        get_latest_by = ("created_at", "name")
        ordering = ("-modified_at", "name")
        # ordering = [F("phone").asc(nulls_last=True)]

        indexes = (
            models.Index(fields=("modified_at",), name="student_modified_at_idx"),
            models.Index(fields=("name", "age"), name="name_age_composite_idx"),
        )
        constraints = (
            models.CheckConstraint(check=Q(age__gte=140), name="constraint_abnormal_age"),
            models.UniqueConstraint(fields=("phone",), name="constraint_unique_phone"),
        )
```

코드 2-6 Meta를 사용한 예시

abstract

- 기본값: False

abstract 값이 True가 되면 해당 모델을 추상 모델로 취급한다. 추상 모델로 취급되면 DB 마이그레이션을 수행할 때 제외된다. 다시 말해 abstract = True인 모델은 데이터베이스에 테이블로 반영되지 않는다는 의미이다.

```
class Human(models.Model):
    name = models.CharField(max_length=32)
    age = models.IntegerField()

class Human(models.Model):
```

```python
    name = models.CharField(max_length=32)
    age = models.IntegerField()

    class Meta:
        abstract = True
        # abstract=True인 경우 db_table을 지정할 수 없습니다.


class Man(Human):
    class Meta:
        db_table = "man"


class Woman(Human):
    class Meta:
        db_table = "woman"
```

코드 2-7 Human 모델의 abstract 값이 True이기 때문에 테이블에 반영되지 않음

[코드 2-7]처럼 모델 작성 후 migrate[3]를 수행하면 Human 모델은 테이블로 생성되지 않는다. Human을 상속받은 모델만이 Human이 가진 속성을 전부 받은 상태로 테이블을 생성한다.

그림 2-1 실제 데이터베이스에 반영 후 생성된 테이블

[코드 2-6]에서는 abstract 값이 False이기 때문에 테이블이 생성된다. 참고로 기본값이 False이기 때문에 굳이 abstract = False라고 선언할 필요는 없다. abstract = True로 선언할 때만 사용하면 된다.

---

3 장고의 명령어이다. migrate 명령어를 수행해야 파이썬으로 작성된 모델이 데이터베이스에 반영된다.

managed

> • 기본값: False

managed 값이 False이면 해당 모델이 DB 마이그레이션에서 아예 제외된다. 즉 managed = False이면 해당 모델은 장고가 관리하지 않는 것이라고 이해하면 된다. managed는 장고로 생성한 모델이 아니라 이미 생성된 데이터베이스 테이블에 매핑하고 싶거나 장고가 특정 테이블을 수정하는 것을 방지하고자 할 때 사용한다.

- 장고로 개발하기 전부터 존재했던 데이터 테이블을 사용하고 싶은 경우
- DBA와 소통하면서 장고가 특정 테이블을 제어하지 못하게 막고 싶은 경우
- 특정 테이블이 아닌 SELECT 쿼리를 모델에 매핑하는 경우(주로 통계 쿼리)

예를 들어 DBA 또는 다른 조직이 데이터베이스에 주문 통계 테이블을 만들어 놓았다면 장고에서 그 테이블에 접근해야 하는 상황이 생길 수 있다. 이때 실수로 장고의 마이그레이션이 진행되는 도중에 주문 통계 테이블을 수정하게 된다면 큰 사고로 이어질 수 있다. 이럴 때 모델에 managed = False 옵션을 사용한다.

장고 모델은 데이터베이스 테이블에 매핑할 때 주로 사용되지만 반드시 모델과 테이블이 1:1 매핑되는 것은 아니다. 모델이 장고 매니저^{Manager} 객체를 사용해서 특정 SELECT 쿼리 또는 데이터베이스 뷰 테이블^{View Table}과도 매핑될 수 있는데[4] 좀 더 자세한 내용은 2.3.8절에서 예시를 들어 다룰 예정이다.

proxy

> • 기본값: False

proxy는 하나의 테이블을 2개 이상의 모델로 나눠서 표현하고 싶을 때 사용한다. [코드 2-8]은 proxy를 사용하는 예시다.

---

4 Martin fowler, PoEAA

```python
class Product(models.Model):
    class ProductType(TextChoices):
        GROCERY = "grocery", "식료품"
        FURNITURE = "furniture", "가구"
        BOOKS = "books", "책"

    name = models.CharField(max_length=128, help_text="상품명")
    price = models.IntegerField(help_text="상품 가격")
    created_at = models.DateTimeField(auto_now_add=True)
    product_type = models.CharField(choices=ProductType.choices, max_length=32)
    store = models.ForeignKey(to="Store", on_delete=models.CASCADE, help_text="이 상품을 판매
하는 가게")


class GroceryProductManager(models.Manager):
    def get_queryset(self):
        return super().get_queryset().filter(product_type=Product.ProductType.GROCERY)


class GroceryProduct(Product): # proxy 모델은 이런 식으로 반드시 구현이 완료된 Model(Product)을
상속받아야 한다.
    objects = GroceryProductManager()

    class Meta:
        proxy = True

    # 각종 식료품 상품 관련 메서드들 ...
    # ex: is_3_days_before_to_expired() 유통기한이 3일 남은 상품인가?


class FurnitureProductManager(models.Manager):
    def get_queryset(self):
        return super().get_queryset().filter(product_type=Product.ProductType.FURNITURE)


class FurnitureProduct(Product):
    objects = FurnitureProductManager()

    class Meta:
        proxy = True

    # 각종 가구 상품 관련 메서드들
    # ex: is_heavy() 대형 가구인가?
```

코드 2-8 proxy 사용 예시

[코드 2-8]은 실제 데이터베이스에 product라는 테이블만 존재하는 상황에서 product 테이블에 GroceryProduct, FurnitureProduct라는 2가지 proxy 모델을 새로 선언해서 매핑하는 모습을 보여준다. 상품(Product)이라는 모델은 product_type마다 사용되는 메서드가 다르기 때문에 위와 같이 모델을 분리해서 메서드를 구현하는 것이 좀 더 적절하다고 판단했다. 이것이 proxy = True 옵션을 사용한 예시 중 하나이며 반드시 이런 식으로 사용해야 하는 것은 아니다. 1개의 테이블을 2개 이상의 모델과 매핑하고 싶다면 proxy를 사용하자.

db_table

- 기본값: f"{app_label}_{model_name}"

장고는 개발자가 작성한 모델을 기반으로 테이블 이름을 짓는다.

장고 앱 이름 + 장고 모델 이름

예를 들어 [코드 2-9]와 같이 모델을 선언했다면

```python
# shopping_mall.models.py

class Product(models.Model):
    ...
```

코드 2-9 모델 선언

테이블 이름은 다음과 같이 지어진다.

shopping_mall_product

장고의 작명 센스가 마음에 들지 않는다면 [코드 2-10]처럼 개발자가 수정할 수 있다.

```python
# shopping_mall.models.py

class Product(models.Model):
    ...
    class Meta:
        db_table = "product"
```

코드 2-10 테이블 이름 수정

[코드 2-10]과 같이 수정하면 테이블 이름이 product로 변경된다. 장고 앱의 이름을 포함하는 장고의 테이블 작명법은 그리 좋은 방법이 아니다. 데이터베이스는 장고만 사용하는 시스템이 아니기 때문에 장고를 전혀 알지 못하는 다른 사용자(예: DBA, 데이터 분석가 등) 입장에서는 뜬금없이 느껴질 것이다. 따라서 실무에서는 db_table 명을 항상 선언해줄 것을 권장한다.

db_table_comment

SQL에는 comment라는 문법이 있다. 장고 모델 또는 데이터베이스의 테이블을 설명하는 주석을 달고 싶다면 [코드 2-11]처럼 db_table_comment를 사용하면 된다.

```
class Product(models.Model):
    store = models.ForeignKey(
                    Store, on_delete=models.CASCADE,
                    db_comment = "해당 상품을 가지고 있는 상점입니다.")
    name = models.CharField(db_comment="상품명")

    class Meta:
        db_table_comment = "상점의 상품입니다."
```

코드 2-11 db_table_comment 사용 예시

모델뿐만 아니라 필드에도 db_table_comment와 동일한 역할을 하는 db_comment 인자가 존재한다. help_text도 db_comment와 같은 목적으로 사용되는데 둘의 차이점은 help_text는 장고 모델에서만 볼 수 있고 db_comment는 데이터베이스 테이블에서도 동일한 주석을 볼 수 있다는 것이다. 데이터베이스 관리를 백엔드 개발자가 직접 하고 있다면 굳이 db_comment와 db_table_comment를 쓸 필요가 없겠지만 팀 내에 DBA나 데이터 분석가가 있다면 db_table_comment로 설명을 달아주고 help_text 대신 db_comment를 사용하자.

get_latest_by

- 기본값: pk

이 옵션은 장고 쿼리셋의 latest() 호출 시 사용된다. 표현 그대로 쿼리셋으로 latest()를 호출할 때 가장 최근 값의 기준을 어떤 필드로 사용할 것인지를 명시하는 옵션이다. 예를 들어 Student 모델에 get_latest_by 옵션을 [코드 2-12]와 같이 선언했다고 가정해보자.

```python
from django.db import models
from django.core import validators

class Posting(models.Model):

    owner_name = models.CharField(max_length=128, help_text="작성자 이름")
    contents = models.CharField(max_length=32, help_text="게시물 내용")

    created_at = models.DateTimeField(auto_now_add=True, help_text="생성 날짜")
    modified_at = models.DateTimeField(auto_now=True, help_text="수정 날짜")

    class Meta:
        db_table = "posting"
        get_latest_by = ("modified_at", "created_at")
```

코드 2-12 get_latest_by 사용 예시

[코드 2-12]와 같이 선언하면 Posting 모델에서 어떤 것을 가장 최근 데이터라고 할 것인지를 정할 때 modified_at이 가장 최근 날짜인 경우 그리고 modified_at이 동일한 경우 created_at이 더 최근 날짜인 경우를 명확하게 정의한다.

```python
In [8]: Posting.objects.create(id=1, owner_name="김성렬", content="")

In [8]: Posting.objects.create(id=2, owner_name="김동현", content="")

In [8]: Posting.objects.create(id=3, owner_name="여현구", content="")

# Posting 모델에 get_latest_by를 기준으로 "가장 최근"을 정의하기 때문에
# 아래와 같은 경우 modified_at이 가장 최근 날짜인, 즉 가장 최근에 수정한 게시물을 가져온다.
In [1]: Posting.objects.latest()
Out[2]: <Posting: Posting object (3)> # 여현구

In [3]: p1 = Posting.objects.get(id=1)

In [4]: p1.owner_name="여성렬"

In [5]: p1.save()

In [6]: p= Posting.objects.latest() # 가장 최근에 수정한 데이터가 조회된다.
Out[7]: <Posting: Posting object (1)> # 여성렬

# 이름이 김으로 시작하는 사람이 가장 최근에 수정한 게시물
In [8]: p= Posting.objects.filter(name__startswith="김").latest()
Out[9]: <Posting: Posting object (1)> # 김동현
```

```
# latest()에 아래와 같이 기준을 재정의하면 get_latest_by는 무시된다.
In [10]: p= Posting.objects.filter(name__startswith="여").latest("created_at")
Out[11]: <Posting: Posting object (3)> # 여현구
```

코드 2-13 get_latest_by가 선언된 모델 사용 예시

ordering

- 기본값: None

장고 ORM으로 데이터 조회 시 정렬 방법을 설정할 때 사용한다. ordering에 아무것도 설정되지 않으면 데이터베이스의 기본 정렬 값인 id(pk) 오름차순으로 정렬해서 데이터를 조회한다.

💡 장고에서는 id와 pkprimary key를 동일한 값으로 사용한다.

```
class Product(models.Model):
    class ProductType(TextChoices):
        GROCERY = "grocery", "식료품"
        FURNITURE = "furniture", "가구"
        BOOKS = "books", "책"

    name = models.CharField(max_length=128, help_text="상품명")
    price = models.IntegerField(help_text="상품 가격")
    created_at = models.DateTimeField(auto_now_add=True)
    product_type = models.CharField(choices=ProductType.choices, max_length=32)
    store = models.ForeignKey(to="Store", on_delete=models.CASCADE, help_text="이 상품을 판매
하는 가게")

    class Meta:
        ordering = ("-created_at",) # 가장 최근에 등록된 상품순으로 정렬해서 조회
```

코드 2-14 ordering 사용 예시

[코드 2-14]와 같이 ordering에 어떠한 조건이 설정되었다면 쿼리셋에서 발생하는 SQL에 별다른 조건이 설정되지 않아도 [코드 2-15]처럼 정렬 방법이 지정된다.

```
In [2]: Product.objects.all()
Out[2]: SELECT "product"."id",
        "product"."name",
        "product"."price",
        "product"."created_at",
        "product"."product_type",
        "product"."store_id"
   FROM "product"
  ORDER BY "product"."created_at" DESC
```

코드 2-15 ordering의 조건 설정으로 항상 지정되는 정렬 옵션(ORDER BY)

indexes

- 기본값: []

장고가 3.0 버전으로 업데이트되면서 추가된 옵션이다. 2.3절에서도 설명하겠지만 기존 방식인 Field(index=True) 옵션을 대체할 수 있으며 더 상세하고 다양하게 표현할 수 있다.

그리고 indexes는 데이터베이스에 DDL로 생성되어 반영되는 옵션이다.

> **NOTE** **인덱스**index
>
> 특정 칼럼을 조건절로 사용할 때 SQL의 조회 성능을 훨씬 더 빠르게 해주는 데이터베이스의 기능이다. 하지만 조회 성능이 빨라지는 만큼 생성 및 수정 속도가 느려진다. [코드 2-16]에서는 created_at 필드에 인덱스를 생성했기 때문에 created_at의 조건으로 데이터를 조회하면 조회 성능(속도)이 더 향상되는 효과를 얻을 수 있다. 마찬가지로 "name", "product_type" 필드에도 인덱스가 생성되었기 때문에 이 2개의 필드를 사용해서 데이터를 조회할 때도 조회 성능이 향상된다.

```python
class Product(models.Model):
    class ProductType(TextChoices):
        GROCERY = "grocery", "식료품"
        FURNITURE = "furniture", "가구"
        BOOKS = "books", "책"

    name = models.CharField(max_length=128, help_text="상품명")
    price = models.IntegerField(help_text="상품 가격")
    created_at = models.DateTimeField(auto_now_add=True)
    product_type = models.CharField(choices=ProductType.choices, max_length=32)
```

```
    store = models.ForeignKey(to="Store", on_delete=models.CASCADE, help_text="이 상품을 판매
하는 가게")

    class Meta:
        indexes = (
            models.Index(fields=["created_at"], name="created_at_index"),
            models.Index(fields=["name", "product_type"], name="name_pt_composite_index"),

            # 각 database별로 Index의 종류가 다양한데 postgres의 경우 django가 선택할 수 있도록 기능
을 제공한다.
            # 잘 모르면 이런게 있다는 것 정도만 알아두면 된다.
            HashIndex(fields=["name"], name="name_hash_index"), # only postgres에서만 동작함


        )
```

코드 2-16 indexes 사용 예시

created_at = models.DateTimeField(auto_now_add=True, db_index=True)와 같이 db_index=True를 설정하면 동일한 DB 인덱스가 생성된다. 하지만 인덱스 이름까지 정확하게 지정해주고 싶다면 models.Index(fields=["created_at"], name="created_at_index")처럼 선언해야 한다.

복합 인덱스Composite Index를 선언해야 한다면 indexes 옵션을 사용해야 한다.

비록 Field()에 db_index=True 옵션 하나로 간단하게 인덱스 생성이 가능하더라도 [코드 2-16]처럼 **indexes 옵션을 사용해서 생성할 것을 추천한다.** 인덱스는 데이터베이스의 기능이기 때문에 Field()라는 객체가 이 정보를 들고 있으면 그 의미가 어색해진다. 또한 인덱스를 생성하는 데에 db_index=True 또는 indexes만을 사용하면 인덱스에 대한 정보가 한 곳에 모이지 않아서 협업하는 다른 개발자가 인덱스 관련 정보를 놓칠 수도 있다.

장고 3.0 미만 버전에서는 index_together라는 옵션을 사용했는데 3.0 버전 이후부터 indexes 옵션으로 완전히 대체되었다. 또한 공식 문서에 따르면 index_together는 향후에 제거될 예정이다.[5] index_together를 사용한다고 성능 상의 문제나 동작하지 않는 것은 아니지만 언제 사라질지 모르는 옵션을 굳이 사용할 이유는 없다.

---

5 https://docs.djangoproject.com/en/3.2/ref/models/options/#index-together

constraints

> • 기본값: []

데이터베이스 수준에서 어떠한 조건을 제한하는 옵션이다. indexes처럼 DDL로 생성되어 반영된다.

```python
class Product(models.Model):
    class ProductType(TextChoices):
        GROCERY = "grocery", "식료품"
        FURNITURE = "furniture", "가구"
        BOOKS = "books", "책"

    name = models.CharField(max_length=128, help_text="상품명")
    price = models.IntegerField(help_text="상품 가격")
    created_at = models.DateTimeField(auto_now_add=True)
    product_type = models.CharField(choices=ProductType.choices, max_length=32)
    store = models.ForeignKey(to="Store", on_delete=models.CASCADE, help_text="이 상품을 판매
하는 가게")

    class Meta:
        constraints = (
            models.CheckConstraint(
              check=models.Q(price__lte=100_000_000),
              name="check_unreasonalbe_price",
            ),
            models.UniqueConstraint(
                fields=["store", "name", "product_type"],
                name="unique_in_store",
            ),
        )
```

코드 2-17 constraints 사용 예시

[코드 2-17]에는 비상식적인 금액이 책정되는 것을 제한하는 옵션(상품의 가격이 1억을 초과할 수 없다)과 한 상점에서 동일한 유형의 상품 이름이 중복되는 것을 제한하는 옵션이 주어져 있다. 인덱스를 Field(db_index=True)로 표현 가능했던 것처럼 UniqueConstraint()를 Field(unique=True)로 표현할 수도 있다. 다만 indexes의 경우처럼 **Field(db_index=True)보다 CheckConstraint를 사용하는 것을 추천한다.** unique_together는 장고 3.0 미만 버전에서 사용했던 옵션인데 index_together와 마찬가지로 사라질 예정이다.

2.3 장고의 필드

이 절에는 모델링할 때 가장 자주 쓰이는 장고의 필드Field를 사전식으로 정리해두었다. 사용 목적에 따라 필요한 필드 내용을 언제든지 찾아볼 수 있게 구성했으니 앞으로 잘 활용하기 바란다.

💡 2.3절의 내용 전부를 암기할 필요는 없다.

2.3.1 Primary Key 관련 필드

장고 모델로 생성되는 테이블은 primary key를 반드시 가지도록 설계되어 있다. primary key를 지정해주지 않으면 장고가 알아서 primary_key = True 옵션을 가지는 필드를 생성한다. 암묵적으로 생성되는 필드라서 직접 선언할 일은 거의 없지만 장고 내부에 이러한 필드가 생성된다는 것은 알아두자.

AutoField

- 파이썬 자료형: int
- 데이터베이스 자료형: int

AutoField는 [코드 2–18]과 같이 선언한다. 하지만 굳이 선언하지 않더라도 장고는 primary_key = True인 필드가 존재하지 않으면 AutoField를 알아서 생성한다.

```
class DjangoModel(Model):
    id = models.AutoField(
          auto_created=True, primary_key=True, serialize=False, verbose_name='ID',
    )
```

코드 2-18 AutoField 선언

```
class DjangoModel(Model):
    # id = models.AutoField(
    #         auto_created=True, primary_key=True, serialize=False, verbose_name='ID',
    # )
```

코드 2-19 주석 처리

primary_key=True 옵션을 가지는 필드가 모델 내부에 존재하지 않는다면 [코드 2-19]처럼 주석 처리를 해도 primary_key=True를 가진 필드를 자동^{Auto}으로 생성하기 때문에 결국 주석 처리 안 한 것과 동일한 결과를 보여준다.

BigAutoField

- 파이썬 자료형: int
- 데이터베이스 자료형: bigint

AutoField에 비해 더 많은 자릿수를 보장한다. (1 to 9223372036854775807)

장고 3.2 이후 버전부터는 AutoField보다는 BigAutoField를 사용할 것을 권장한다.

```
class DjangoModel(Model):
    id = models.BigAutoField(
            auto_created=True, primary_key=True, serialize=False, verbose_name='ID',
    )
```

코드 2-20 BigAutoField 선언

개발자가 직접 AutoField와 BigAutoField를 직접 선언해주는 일은 많지 않다. 장고의 settings.py 에서 [코드 2-21]과 같이 pk로 쓰일 필드를 지정할 수 있다. 이 또한 장고 4.x 이하 버전에서만 지정 해야 하고 5.x부터는 장고의 기본 설정값이 BigAutoField로 선언될 예정이라서 [코드 2-21] 같은 settings 값 수정도 한시적으로 사용될 것이다.

```
# settings.py

default_auto_field = 'django.db.models.BigAutoField' # ← 이렇게 사용할 것을 권장한다.
default_auto_field = 'django.db.models.AutoField' # django 기본 세팅 값
```

코드 2-21 settings.py에 어떤 타입의 AutoField를 사용할지 선언

2.3.2 문자열 자료형 관련 필드

CharField

- 파이썬 자료형: str(문자열)
- 데이터베이스 자료형: varchar

```python
from django.db.models import Model, CharField


class DjangoModel(Model):
    # ...

    str_field = CharField(
        help_text="주석을 대체하는 Argument다. DB(Table)에 전혀 영향을 주지 않는다.",
        db_comment= "주석을 대체하는 Argument다. DB(Table)에도 동일한 주석이 생성된다. ",

        blank=True,  # 빈 문자열 ""을 저장하는 것을 허용할 것인가?
        max_length=127,  # 문자열 최대 길이
        null=False,  # database에 null 허용 여부
        primary_key=False,  # True인 경우 해당 필드를 기본 키로 사용 (거의 사용 안 함)
        unique=False,  # True인 경우 db Unique 제약(Constraint) 생성
        db_index=False,  # True인 경우 db Index 생성
        default="값을 채우지 않으면 이 값을 db를 채운다.",
        # Model의 Field 변수명과 db Table의 column명을 다르게 주고 싶은 경우 이 값을 사용
        db_column="str_field",
        validators=(),  # 해당 필드 값의 유효성 검증이 필요한 경우 사용
        error_messages={
        # 해당 필드에 불순한 값이 들어온 경우 어떤 에러 메시지를 보낼지
        # 여기서 재정의 가능하다. 아래 값들은 django가 제공하는 기본 에러 메시지
            "invalid_choice": "Value %(value)r is not a valid choice.",
            "null": "This field cannot be null.",
            "blank": "This field cannot be blank.",
            "unique": "%(model_name)s with this %(field_label)s " "already exists.",
        },
    )
```

코드 2-22 CharField 사용 예시

TextField

- 파이썬 자료형: str(문자열)
- 데이터베이스 자료형: PostgreSQL − TEXT | MySQL − LONGTEXT

파이썬 자료형은 CharField와 동일한 str이지만 데이터베이스의 자료형이 다르다. 매우 긴 문자열을 저장할 때 사용하며 PostgreSQL에서는 1GB 크기의 문자열까지 저장이 가능하고[6] MySQL에서는 4GB 크기의 문자열을 저장할 수 있다[7].

TextField로 매우 큰 문자열을 저장할 수 있지만 데이터베이스의 성능은 떨어질 수 있다. 따라서 어쩔 수 없이 데이터 문자열 길이를 제한할 수 없는 경우에만 사용해야 한다. 또한 TextField에 db_index 옵션을 설정하거나 unique 제약을 거는 것도 데이터베이스 성능에 좋지 않은 영향을 줄 수 있으므로 신중하게 고려해서 진행해야 한다.

```python
from django.db.models import Model, TextField


class DjangoModel(Model):
    # ...

    text_field = models.TextField(
        blank=True,   # 빈 문자열 ""을 저장하는 것을 허용할 것인가?
        # CharField와 다르게 문자열 최대 길이 제한(max_length)이 존재하지 않는다.
        null=False,
        unique=False,  # TextField에는 unique 제약과 더불어 db_index 옵션을 부여할 수는 있지만 권장하지 않는다.
        db_index=False,
        db_column="text_field",  # Model의 Field 변수명과 db Table의 column명을 다르게 주고 싶은 경우 이 값을 사용
        validators=(),  # 해당 필드 값의 유효성 검증이 필요한 경우 사용 3장에서 자세히 설명함
        error_messages={  # 해당 필드에 불순한 값이 들어온 경우 어떤 에러 메시지를 보낼지 여기서 재정의 가능 아래 값들은 django가 제공하는 기본 에러 메시지
            "invalid_choice": "Value %(value)r is not a valid choice.",
            "null": "This field cannot be null.",
            "blank": "This field cannot be blank.",
            "unique": "%(model_name)s with this %(field_label)s " "already exists.",
        },
    )
```

코드 2-23 TextField 사용 예시

---

6 https://wiki.postgresql.org/wiki/FAQ#What_is_the_maximum_size_for_a_row,2C_a_table,2C_and_a_database,3F, What is the maximum size for a row, a table, and a database?

7 https://dev.mysql.com/doc/refman/8.0/en/storage-requirements.html#data-types-storage-reqs-strings, String Type Storage Requirements

TextChoices

- 장고 문자열 타입 Enum (장고 3.0 이상에서만 지원되는 기능)

장고에서 enum을 사용하고 싶을 때는 파이썬에서 기본적으로 제공하는 enum보다 XXXXChoices로 사용하는 것을 추천한다. 사용 방법은 **변수명 = "실제 db에 들어가는 값", "라벨 값(사람이 읽기 편한 값 [8])"**와 같은 식으로 선언해주고 TextField와 CharField의 choices라는 옵션에 명시하면 된다.

장고 모델은 choices 옵션을 사용하는 CharField나 TextField가 존재하면 get_필드명_display() 메서드를 묵시적으로 생성한다.

```python
from django.db import models
from django.db.models import (
    CharField,
    Model,
    TextChoices,
)

class DjangoModel(models.Model):
    class ProductType(TextChoices):
        GROCERY = "grocery", "식료품"
        FURNITURE = "furniture", "가구"
        BOOKS = "books", "책"
        FOOD = "food", "음식"

    str_choices_field = models.CharField(choices=ProductType.choices, max_length=32)


    text_choices_field = models.TextField(
        choices=ProductType.choices,
    )


In [1]: d = DjangoModel()

In [2]: d.str_choices_field = 'books'

In [3]: d.str_choices_field # 실제 DB에 들어가는 값입니다.
Out[4]: 'books'
```

---

8 예로 한국어가 있다.

```
In [5]: d.get_str_choices_field_display() # 사람이 읽기 편한 값을 가져옵니다.
Out[6]: "식료품"
```

코드 2-24 choices 옵션 사용 예시

choices 옵션을 가진 필드가 존재한다면 모델은 get_필드명_field_display() 메서드를 묵시적으로 가지게 된다. 예를 들어 [코드 2-24]와 같이 1개의 모델에 choices 옵션이 설정된 2개의 필드(str_choices, text_chioces)가 있다면 get_str_choices_field_display() 메서드와 get_text_choices_field_display() 메서드가 묵시적으로 생성된다. get_필드명_field_display() 메서드는 데이터베이스에는 영문 또는 숫자를 넣지만 API 또는 장고의 내부 로직에서 한글로 값을 받고 싶을 때 유용하게 사용할 수 있다.

2.3.3 숫자 자료형 관련 필드

IntegerField

- 파이썬 자료형: int
- 데이터베이스 자료형: PostgreSQL — integer | MySQL — int(11)

int에 해당하는 필드로 [코드 2-25]와 같이 사용할 수 있다.

```
class DjangoModel(Model):

    int_field = IntegerField(
        help_text="주석을 대체하는 Argument다. DB에 영향을 전혀 주지 않는다.",
        db_comment= "주석을 대체하는 Argument다. DB(Table)에도 동일한 주석이 생성된다. ",
        null=False,
        primary_key=False,  # True인 경우 해당 필드를 기본 키로 사용(거의 사용 안 함)
        unique=False,  # True인 경우 db Unique 제약(Constraint) 생성
        db_index=False,  # True인 경우 db Index 생성
        default=0,  # 값을 채우지 않으면 이 값을 db를 채운다.
        error_messages={"invalid": "'%(value)s' value must be an integer.",},
    )
```

코드 2-25 IntegerField 사용 예시

FloatField

- 파이썬 자료형: float
- 데이터베이스 자료형: double

int형은 정수만 저장할 수 있지만 float는 소수점까지 저장할 수 있다.

```
class DjangoModel(Model):

    float_field = FloatField(help_text="옵션 값들이 IntegerField와 동일하다")
```

코드 2-26 FloatField 사용 예시

DecimalField

- 파이썬 자료형: Decimal
- 데이터베이스 자료형: decimal(max_digits, decimal_places)

파이썬 Decimal은 실수의 정밀한 연산을 보조해주는 모듈이다. 해당 필드에 저장되는 값에 정밀한 연산이 필요하거나 저장하고자 하는 소수점 자릿수와 정수 크기가 제한되어 있다면 FloatField보다는 DecimalField를 사용하는 것이 더 적절하다.

float는 다음과 같은 문제를 야기할 수 있다. 아래 계산은 당연한 결과다. 하지만 파이썬으로 계산하면 엉뚱한 결괏값을 얻게 된다.

- 0.045 − 0.01 = 0.035

```
a: float = 0.045
b: float = 0.01
print(f"a-b: {a-b}") # a-b: 0.034999999999999996

# 기묘하게 보일 수 있지만 값이 조금만 달라지면 정상적인 결과가 나온다.
a: float = 0.046
b: float = 0.01
print(f"a-b: {a-b}") # a-b: 0.036
```

코드 2-27 float 계산 오차 예시

이것은 파이썬 언어 자체의 문제가 아니라 데이터를 2진수로 저장할 수밖에 없는 현대 컴퓨터에서 발생하는 자연스러운 현상이다. 10진수 데이터를 2진수로 변환하는 과정에서 무한 소수(예: 0.010101010…)가 발생해서 생기는 문제다. 따라서 Decimal이라는 파이썬 자료구조가 존재하게 되었고 장고는 FloatField와 마찬가지로 DecimalField를 제공한다.

참고로 [코드 2-27]의 float 계산 오차 문제는 [코드 2-28]과 같이 Decimal을 사용하면 해결할 수 있다.

```
a: Decimal = Decimal("0.045")
b: Decimal = Decimal("0.01")
print(f"a-b: {a-b}") # a-b: 0.035
```

코드 2-28 float 계산 오차 해결 예시

💡 '은행의 이자율 계산 시 소수점 xx자리 이하는 절삭한다' 또는 '할인율 적용(10% 할인)'과 같이 돈과 관련된 정밀한 연산이 필요한 경우라면 FloatField보다 DecimalField가 적절하다.

```
class DjangoModel(Model):

    decimal_field = DecimalField(
        # floatField와 Argument와 동일함 + 고정 소수점을 사용함 DecimalField
        help_text="아래와 같이 옵션이 부여되는 경우 해당 필드에 들어올 수 있는 값은 999.99 ~ 000.00
입니다.",
        max_digits=5, # 최대 5자릿수를 저장합니다.
        decimal_places=2, # 5자리 중에 2자리는 소수점입니다.
    )
```

코드 2-29 DecimalField 사용 예시

IntegerChoices

- 장고 Integer 타입 Enum(장고 3.0 이상에서만 사용 가능)

사용 방법은 **변수명 = 실제 db에 들어가는 Int 값, "라벨 값(사람이 읽기 편한 값)"**식으로 선언해주고 Integer Field에 choices라는 옵션을 명시하면 된다. TextChoices와 동일하게 choices 옵션이 부여된 Integer Field가 존재하면 get_필드명_display() 메서드를 묵시적으로 생성한다.

```python
from django.db.models import (
    IntegerChoices,
    IntegerField,
    Model,
)

class DjangoModel(Model):

    class NumberChoices(IntegerChoices):
        ONE = 1, "일"
        TWO = 2, "이"
        THREE = 3, "삼"


    int_choices_field = IntegerField(
        help_text="주석을 대체하는 Argument다. DB에 영향을 전혀 주지 않는다.",
        choices=NumberChoices.choices


In [1]: d = DjangoModel()

In [2]: d.int_choices_field = DjangoModel.NumberChoices.TWO

In [3]: d.int_choices_field # 실제 DB에 들어가는 값입니다.
Out[4]: <NumberChoices.TWO: 2>

In [5]: d.get_int_choices_field_display() # 사람이 읽기 편한 값을 가져옵니다.
Out[6]: "이"
```

코드 2-30 IntegerChoices 사용 예시

2.3.4 날짜 자료형 관련 필드

날짜 관련 자료형 필드는 장고 settings의 영향을 받는다. 우리는 먼저 UTC^{Universal Time Coordinated}(국제 표준 시간)와 TIME_ZONE을 알아야 한다.

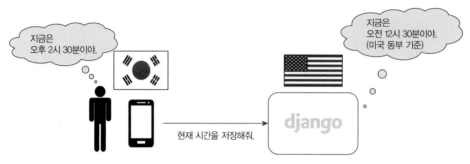

그림 2-2 서버에 현재 시간 저장 요청

[그림 2-2]와 같이 클라이언트가 서버에게 '현재 시간을 저장해줘'라는 요청을 보냈을 때 서버는 자신이 위치한 지역의 현재 시간을 저장한다. 클라이언트는 오후 2시 30분이 저장되기를 기대했지만 실제로 저장되는 값은 오전 12시 30분이다.

이러한 문제를 해결하기 위해 국제 표준 시간인 UTC를 사용한다. UTC의 기준점이 되는 지역은 영국의 수도인 런던이기 때문에 런던의 시각을 사용하기로 약속한 것이다.[9] [그림 2-3]과 같이 UTC를 사용할 수 있다.

그림 2-3 UTC를 사용한 현재 시간 저장

---

9 UTC는 정확히는 지구 자전에 의한 하루 회전을 주기로하며 이 시간의 흐름을 원자 시계를 사용해서 정확하게 계산되고 이때 지구 한바퀴의 기준점이 되는 지점이 영국의 그리니치 천문대이다. 위 내용들이 UTC의 정의에 대해서 비교적 부정확한 내용일수는 있지만 UTC에 대한 정확하고 자세한 설명은 오히려 주제를 해칠수 있어 매우 뭉뚱그려서 설명했다.

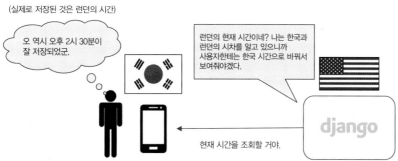

지금은 오전 5시 30분이야.

(실제로 저장된 것은 런던의 시간)

오 역시 오후 2시 30분이 잘 저장되었군.

런던의 현재 시간이네? 나는 한국과 런던의 시차를 알고 있으니까 사용자한테는 한국 시간으로 바꿔서 보여줘야겠다.

django

현재 시간을 조회할 거야.

그림 2-4 UTC를 사용한 현재 시간 조회

장고는 UTC를 사용할지 말지를 선택하는 옵션을 제공한다.

```python
# config/settings.py

# https://docs.djangoproject.com/en/3.1/topics/i18n/

TIME_ZONE = 'Asia/Seoul'    # 어느 지역의 시간으로 보기를 원해?

USE_TZ = True    # UTC 표준 시간을 사용해서 TIME_ZONE 값으로 시간을 변환하는 방식을 사용할 것인가?
```

코드 2-31 장고에서의 UTC 사용 예시

[코드 2-31]과 같이 설정하면 UTC를 기준으로 계산된 한국 지역의 시간이 조회된다. 이때 주의할 점이 있는데 현재 시간을 계산할 때 파이썬의 datetime 객체 대신 장고에서 제공하는 timezone 객체를 사용해야 한다는 것이다. USE_TZ = True를 유지한 상태로 DateTimeField에 파이썬 datetime 객체를 사용하면 [코드 2-33]과 같이 경고가 나타난다. 다만 현재 시간이라는 기준을 잡는 과정에서만 발생하는 이슈이기 때문에 USE_TZ = True를 유지한다고 해서 파이썬의 날짜 객체인 date(), time()를 사용하지 못하는 것은 아니다. 장고의 유틸리티^{Django Utils} 중 하나인 timezone 은 그저 장고 프로젝트의 UTC, timezone 설정값에 맞게 datetime()과 date() 객체를 생성해주는 역할을 할 뿐이다.

```
In [1]: from datetime import datetime, date, time
In [2]: from django.utils import timezone


# 현재 날짜+시간 datetime.now() 대신 사용
In [3]: timezone.now()
Out[3]: datetime.datetime(2021, 4, 11, 4, 39, 43, 330429, tzinfo=<UTC>)

# 현재 날짜 date.now() 대신 사용
In [4]: timezone.localdate()
Out[4]: datetime.date(2021, 4, 11)

# 현재 시간 datetime.now().time() 대신 사용
In [5]: timezone.localtime()
Out[5]: datetime.datetime(2021, 4, 11, 13, 39, 52, 547895, tzinfo=<DstTzInfo 'Asia/Seoul'
KST+9:00:00 STD>)

# 특정 날짜+시간
In [6]: timezone.datetime(year=2003, month=8, day=23, hour=11, minute=11, second=59)
Out[6]: datetime.datetime(2003, 8, 23, 11, 11, 59)
```

코드 2-32 장고 timezone 사용 예시

```
In [8]: q.datetime_field = datetime(2020,1,23)

In [9]: q.save()
/.../-py3.11/lib/python3.11/site-packages/django/db/models/fields/__init__.py:1367:
RuntimeWarning: DateTimeField DjangoModel.datetime_field received a naive datetime (2024-
01-23 00:00:00) while time zone support is active.
  warnings.warn("DateTimeField %s received a naive datetime (%s)")

In [13]: from django.utils import timezone

In [14]: q.datetime_field = timezone.now() # datetime.now()대신 timezone.now()를 권장함

In [15]: q.save()
```

코드 2-33 tzinfo(timezone) 정보가 없는 datetime을 저장하려 시도했을 때 발생하는 경고

앞에서 언급했듯이 timezone을 사용해서 생성하지 않거나 tzinfo의 설정 없이 datetime을 사용하면 [코드 2-33]과 같은 경고가 나타난다.

서버가 한국에 있고 자신이 만든 서비스가 한국 이외 지역에서 사용될 일이 없다고 확신할 수 있다면 [코드 2-34]와 같이 USE_TZ = False로 설정해도 된다. 이렇게 설정하면 파이썬 datetime 객체를

자유롭게 사용할 수 있다.

```
# config/settings.py

# TIME_ZONE = 'Asia/Seoul' # 주석 처리

USE_TZ = False    # 사용 안 함 처리
```

코드 2-34 USE_TZ = False로 설정

DateTimeField

- 파이썬 자료형: datetime
- 데이터베이스 자료형: PostgreSQL − timestamp | MySQL − datetime(6)

- auto_now=True이면 해당 모델이 .save()될 때 마다 최신 날짜 값으로 갱신해준다.(updated_at)
- auto_now_add=True이면 해당 모델이 최초로 .create()될 때 최신 날짜 값을 채워준다.(created_at)
- auto_now 옵션과 auto_now_add 옵션 그리고 default 옵션은 서로 다 같이 선언될 수 없다. (반드시 셋 중 하나만 선언되어야 한다.)

위 옵션들은 주로 생성 날짜, 최근 수정 날짜를 로깅하기 위한 목적으로 사용한다. 장고의 날짜 관련 필드는 문자열로 입력하더라도 날짜 포맷만 맞는다면 정상적으로 동작한다. 다만 문자열로 날짜 포맷을 맞춰서 입력하는 [코드 2-35]와 같은 방식은 USE_TZ=False인 경우에만 가능하다.

```
class DjangoModel(Model):

    datetime_field = DateTimeField(  # date_field와 동일
        help_text="",
        auto_now=True, # auto_now=True이므로 .save()가 수행될 때 마다 datetime이 현재 시간으로 갱신된다.
        # auto_now_add=True,
        error_messages={
            "invalid": "%(value)s value has an invalid format. It must be in YYYY-MM-DD HH:MM[:ss[.uuuuuu]][TZ] format.",
            "invalid_date": "%(value)s value has the correct format (YYYY-MM-DD) but it is an invalid date.",
        },
    )
```

```
In [1]: q = DjangoModel.objects.first()
In [2]: q.date_field = "1991-03-23"
In [3]: q.save()

In [3]: q = DjangoModel.objects.first()
In [4]: q.date_field
Out[5]: datetime.date(1991, 3, 23)
```

코드 2-35 문자열로 날짜 값 저장

USE_TZ=False라면 [코드 2-35]와 같이 문자열로 날짜 값을 저장할 수 있다.

DateField

- 파이썬 자료형: date
- 데이터베이스 자료형: date

시, 분, 초 값을 제외하고 년, 월, 일 값만 저장한다.

```
class DjangoModel(Model):
    date_field = DateField(
        help_text="error_message가 약간 다른 것을 제외하고는 datetimeField와 옵션이 동일하다.",
    )
```

코드 2-36 DateField 사용 예시

TimeField

- 파이썬 자료형: time
- 데이터베이스 자료형: time

시, 분, 초 값을 저장한다.

```
class DjangoModel(Model):
    time_field = TimeField(
        auto_now=True, auto_now_add=False, default=timezone.localtime
    )
```

코드 2-37 TimeField 사용 예시

DurationField

- 파이썬 자료형: timedelta
- 데이터베이스 자료형: bigint(20)

시간 차이를 저장한다.

```
class DjangoModel(Model):

    duration_field = DurationField(
        help_text="python의 timedelta(days=3)를 저장할 수 있다.",
        error_messages={
            "invalid": ""%(value)s" value has an invalid format. It must be in [DD] [[HH:]
MM:]ss[.uuuuuu] format.",
        },
    )
```

코드 2-38 DurationField 사용 예시

날짜와 시간은 지구상에 위치한 지역에 따라 달라지지만 시간의 차이는 항상 같다. 그렇기 때문에
DurationField에 값을 저장할 때는 파이썬의 timedelta를 자유롭게 사용해도 문제가 없다.

```
d_model = DjangoModel()

d_model.duration_field = timedelta(weeks=1,days=2,hours=3, minutes=4, seconds=5)
```

코드 2-39 일주일 + 2일 + 3시간 4분 5초라는 시간 차이를 저장하는 예시

2.3.5 파일 업로드 관련 필드

파일[File]은 byte 배열이다. 장고에서는 txt, jpg, pdf, docs, csv와 같은 파일은 File()이라는 객체로 취급한다.[10] 그중에 이미지를 취급하는 방식이 특수한데 장고에서는 이미지를 다루기 위한 Image Field라는 필드를 제공한다. 일반적으로 파일은 데이터베이스에 저장하지 않는다. 장고는 파일 저장소를 지정하고(setting.py에서 선언) 그곳에 파일을 저장한 뒤 파일이 위치한 주소 경로를 데이터베이스에 저장하는 방식을 사용한다.

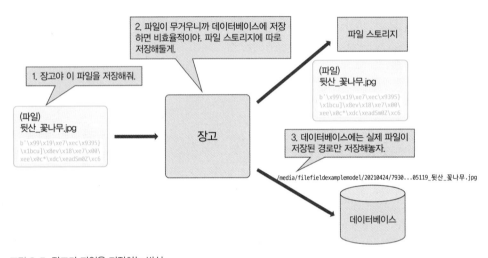

그림 2-5 장고가 파일을 저장하는 방식

이때 실제 파일을 어디에 저장할지를 선택해야 한다. 실제 파일을 저장하는 곳을 파일 스토리지[File Storage]라고 부르며 장고는 다양한 파일 스토리지를 제공한다. 직접 구현해도 되고 장고의 기본 스토리지를 사용해도 되지만 django-storage 라이브러리를 사용하면 settings.py를 수정하는 것만으로도 다른 개발자가 만들어 놓은 다양한 파일 스토리지를 사용할 수 있다.

> **NOTE** **django-storage 라이브러리**
>
> 🔗 https://django-storages.readthedocs.io/en/latest/index.html
>
> django-storage 공식 문서를 살펴보면 많은 예시와 함께 친절하게 설명되어 있기 때문에 스토리지에 대한 지식이 없어도 예시만 따라서 해봐도 실제로 사용할 수 있을 것이다.

---

10 다른 언어도 파일을 byte 배열 덩어리로 취급한다. csv, xls와 같은 확장자를 가진 파일은 파이썬에서 데이터 분석 목적으로 많이 사용되기 때문에 단순 byte 배열 덩어리가 아닌 데이터로 취급해서 사용자에게 편의성을 제공하는 것이 판다스(Pandas)나 넘파이(Numpy) 같은 라이브러리다.

```
$ pip install django-storage # virtualenv를 사용한다면 이 커맨드 라인을 사용
$ poetry add django-storage # poetry를 사용한다면 이 커맨드 라인을 사용
```

코드 2-40 django-storage 설치

FileSystemStorage가 아닌 다른 스토리지를 사용하고 싶다면 [코드 2-40]에 나온 대로 django-storage를 설치해야 한다. 이 책에서는 장고에 기본적으로 내장되어 있는 FileSystemStorage를 사용할 것이기 때문에 django-storage를 설치하지 않아도 된다. 하지만 실제 서버를 운영하게 되면 업로드되는 물리적인 파일의 용량은 어마어마하다. 이러한 용량을 감당하고 제어하려면 FileSystemStorage로는 어렵기 때문에 실제 서비스에 파일 스토리지를 운영하려 한다면 사실상 django-storage가 필요하다.

장고 스토리지

FileSystemStorage

⊚ https://docs.djangoproject.com/en/3.2/ref/files/storage/#the-filesystemstorage-class

```
# settings.py

# 아래 옵션은 기본값이기 때문에 굳이 선언할 필요는 없다.
# DEFAULT_FILE_STORAGE= "django.core.files.storage.FileSystemStorage"


MEDIA_URL = "/media/" # 업로드되는 파일을 조회할 경로를 선언.
MEDIA_ROOT = os.path.join(BASE_DIR, "media") # 실제 서버가 수행되었을 때(runserver) 파일에 대한
접근이 요청되면 django에게 실제 파일이 위치한 곳이 어디인지 알려주기 위해서 선언
```

코드 2-41 FileSystemStorage 사용 예시

장고의 기본 파일 스토리지로 로컬 파일 시스템을 사용해서 파일을 저장한다. 다른 외부 시스템과 연동하지 않고 사용이 가능하기 때문에 개발 단계에서 주로 사용된다.

S3BotoStorage

⊚ https://django-storages.readthedocs.io/en/latest/backends/amazon-S3.html

```
# settings.py
DEFAULT_FILE_STORAGE = 'storages.backends.s3boto3.S3Boto3Storage'

AWS_STORAGE_BUCKET_NAME = '저장될_파일 경로(폴더)이름'
AWS_ACCESS_KEY_ID = "....."
AWS_SECRET_ACCESS_KEY = "...."
```

코드 2-42 S3BotoStorage 사용 예시

AWS S3^{Simple Cloud Storage}를 스토리지로 사용한다. 따라서 S3BotoStorage를 사용하기 위해서는 AWS 계정과 API 키가 필요하다.

GoogleCloudStorage

⊖ https://django-storages.readthedocs.io/en/latest/backends/gcloud.html

```
# settings.py
from google.oauth2 import service_account

DEFAULT_FILE_STORAGE = 'storages.backends.gcloud.GoogleCloudStorage'
GS_BUCKET_NAME = '저장될_파일 경로(폴더)이름'

# Google Cloud는 파일로 인증 정보를 관리한다.
GS_CREDENTIALS = service_account.Credentials.from_service_account_file(
    "파일_경로/credentials.json"
)
```

코드 2-43 GoogleCloudStorage 사용 예시

구글^{Google}도 AWS처럼 파일 스토리지 서비스를 제공한다. 따라서 GoogleCloudStorage를 사용하기 위해서는 구글 클라우드^{Google Cloud} 계정과 구글 클라우드가 생성한 credentials.json 파일이 필요하다.

이 밖에도 DropboxStorage, AzureStorage[11], FTPStorage와 같은 다양한 선택지가 더 있다. 이 중에서 각자의 취향과 조직의 상황에 맞게 선택해서 사용하면 된다. FileSystemStorage를 제외하고 나머지는 외부 클라우드 서비스를 사용하는 것이기 때문에 사용료가 발생할 수 있다. 하지만 실제 서비스 수준의 트래픽이 발생되는 것이 아니라 학습 목적으로 사용하고자 한다면 대부분의 클라우스 서비스를 무료로 사용할 수 있는 여러 방법이 있으니 잘 찾아보기 바란다.

----
11 마이크로소프트의 클라우드 서비스

파이썬으로 파일 객체를 다루는 방식을 간단히 살펴보고 장고의 파일 관련 필드로 넘어가자.

```
In [1]: txt_file = open('./i_am_file.txt','rb')
In [1]: txt_file.name
In [1]: './i_am_file.txt'


In [2]: txt_bytes = txt_file.read()


In [3]: txt_bytes
Out[3]: b'Hello I AM File for upload test \xed\x95\x98\xed\x95\x98'


In [4]: txt_bytes.decode()
Out[4]: 'Hello I AM File for upload test 하하'
```

코드 2-44 파이썬에서 파일 객체를 다루는 법(.txt)

```
In [5]: jpg_file = open('./뒷산_꽃나무.jpg', 'rb')


In [6]: jpg_file.name
Out[6]: './뒷산_꽃나무.jpg'


In [7]: jpg_bytes = jpg_file.read()


In [8]: jpg_bytes
Out[8]: b'\x99\x19\xe7\xec\x93@9q\x83\xe3\x85E\xd4\xaa\x06\x0c\x00g\x95}\x1bcu]\
x8ev\x18\xe7\x00\xee\x0c*\xdc\xeadSm0Z\xc6\xf2D\x92{\xab\x9bt\xea5\x00\x03Sc\xe0\
xacZ\x8bz\xed;qr\x1feL\x06\x01\x0e\x8f\x0b\x9b0^\xb1\x18\x0be\xcdqP\x96\xd2n\x86;\
x0e\x1d\xd5t\xea\xd2\xa6\x1c\xd1Kc\x1d\xd2_F\xad\x82\x06\xd1\xc4e\x04\x82}\xa3\n
\xe4\x19\xddL:\x03\x88\xf6\xf1\x84G\xff\xd9 .....
........
```

코드 2-45 파이썬에서 파일 객체를 다루는 법(.jpg)

장고에서 파일 업로드 관련 필드는 [코드 2-46]과 같이 선언하면 된다. 기본적인 옵션은 앞에서 설명한 필드와 비슷하다. 하지만 함수를 인자로 받는 upload_to라는 옵션이 생소해보일 것이다. upload_to에 선언되는 함수는 실제 파일이 저장되는 경로를 생성하는 함수다. 이 함수를 설계할 때 가장 중요한 점은 절대 중복된 경로가 생성되어서는 안된다는 것이다. 물론 장고의 기본 스토리지인 FileSystemStorage에서는 중복된 경로를 생성하면 별도의 에러 표시가 뜨거나 기존 파일을 삭제하지 않고 스스로 파일 이름에 난수를 넣어서 중복 문제를 해결한다. 중복된 경로를 처리하는 방법은 각 스토리지 구현체마다 다를 수 있기 때문에 가급적 경로가 중복되지 않도록 설계하는 것이 좋다.

```
import os
from uuid import uuid4

from django.db import models
from django.utils import timezone


# 이 예제는 uuid라는 고유식별자 생성기를 사용해서 파일경로의 중복을 방지하고 있다.
def upload_filepath(instance: models.Model, filename: str):
    today_str = timezone.now().strftime("%Y%m%d")
    # ex: filename = "./i_am_file.txt""
    file_basename:str = os.path.basename(filename)
    # ex: file_basename = "i_am_file.txt"
    return f"{instance._meta.model_name}/{today_str}/{str(uuid4())}_{file_basename}"


class FileFieldExampleModel(models.Model):
    file = models.FileField(upload_to=upload_filepath, null=True, max_length=256)

    image = models.ImageField(upload_to=upload_filepath, null=False, max_length=256)
```

코드 2-46 파일 업로드 관련 필드 선언

FileField

- 파이썬 자료형: FieldFile(django.db.models.fields.files.FieldFile)
- 데이터베이스 자료형: varchar()

```
In [1]: from django.core.files.base import  File

In [2]: txt_file = open('./i_am_file.txt','rb')

In [3]: jpg_file = open("./뒷산_꽃나무.jpg", "rb")

In [4]: FileFieldExampleModel.objects.create(file=File(txt_file),image=File(jpg_file))
INSERT INTO "study_example_app_filefieldexamplemodel" ("file", "image")
VALUES ('filefieldexamplemodel/20210424/ef4072bd-750b-4042-887f-52e8cb098d26_i_am_file.
txt', 'filefieldexamplemodel/20210424/79302bb7-e7c9-4ed6-89d5-76c9e0517519_뒷산_꽃나무.jpg')

Out[4]: <FileFieldExampleModel: FileFieldExampleModel object (6)>
```

코드 2-47 FileField에 파일 객체를 저장하는 예시

[코드 2-47]에서 볼 수 있듯이 장고에서는 파이썬 파일 객체를 단독으로 사용할 수 없다. 대신에 from django.core.files.base import File 객체를 사용해서 파이썬 파일 객체를 file=File(txt_file) 형태로 감싸줘야 한다.

```
In [17]: model_instance
Out[7]: <FileFieldExampleModel: FileFieldExampleModel object (6)>

In [18]: model_instance.file
Out[18]: <FieldFile: filefieldexamplemodel/20210424/ef4072bd-750b-4042-887f-52e8cb098d26_i_am_file.txt>

In [19]: model_instance.file.name
Out[19]: 'filefieldexamplemodel/20210424/ef4072bd-750b-4042-887f-52e8cb098d26_i_am_file.txt'

In [20]: model_instance.file.path
Out[20]: '..../DjangoBackendProgramming/media/filefieldexamplemodel/20210424/ef4072bd-750b-4042-887f-52e8cb098d26_i_am_file.txt'

In [21]: txt_bytes = model_instance.file.read()

In [21]: txt_bytes
Out[21]: b'Hello I AM File for upload test \xed\x95\x98\xed\x95\x98'

In [31]: txt_bytes.decode()
Out[34]: 'Hello I AM File for upload test 하하'
```

코드 2-48 저장된 파일을 FileField에서 꺼내서 다루는 예시

ImageField

- 파이썬 자료형: ImageFieldFile(django.db.models.fields.files.ImageFieldFile)
- 데이터베이스 자료형: varchar()

ImageField를 사용하기 위해서는 파이썬 이미지 라이브러리인 Pillow를 설치해야 한다.

```
$ pip install Pillow # virtualenv를 사용한다면 이 커맨드 라인을 사용
$ poetry add Pillow # poetry를 사용한다면 이 커맨드 라인을 사용
```

코드 2-49 Pillow 설치

```
In [1]: from django.core.files.base import File
        from typing import TextIO, BinaryIO

In [2]: txt_file: TextIO = open('./i_am_file.txt','rb')

In [3]: jpg_file: BinaryIO = open("./뒷산_꽃나무.jpg", "rb")

In [4]: FileFieldExampleModel.objects.create(file=File(txt_file),image=File(jpg_file))

# 데이터베이스에는 file이 저장된 경로를 문자열로 저장한다.
# 실제 파일은 settings.MEDIA_URL에 명시된 곳에 저장된다.
INSERT INTO "study_example_app_filefieldexamplemodel" ("file", "image")
VALUES ('filefieldexamplemodel/20210424/ef4072bd-750b-4042-887f-52e8cb098d26_i_am_file.
txt', 'filefieldexamplemodel/20210424/79302bb7-e7c9-4ed6-89d5-76c9e0517519_뒷산_꽃나무.jpg')

Out[4]: <FileFieldExampleModel: FileFieldExampleModel object (6)>
```

코드 2-50 ImageField와 FileField에 File() 객체를 각각 저장하는 예시

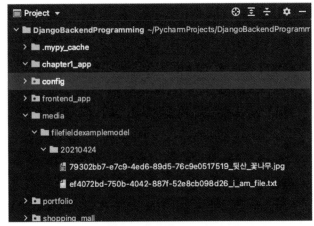

그림 2-6 MEDIA_ROOT에 선언된 경로 하위 폴더에 파일 저장

장고의 FileSystemStorage를 사용하면 [그림 2-6]처럼 settings.py의 MEDIA_ROOT에 선언된 경로의 하위 폴더에 파일이 저장된다. [그림 2-6]에서는 MEDIA_ROOT = os.path.join(BASE_DIR, "media")라고 선언했기 때문에 프로젝트 경로의 하위 폴더인 media에 파일이 저장된다.

```
In [23]: model_instance.image
Out[23]: <ImageFieldFile: filefieldexamplemodel/20210424/79302bb7-e7c9-4ed6-89d5-
76c9e0517519_뒷산_꽃나무.jpg>

In [24]: model_instance.image.name
Out[24]: 'filefieldexamplemodel/20210424/79302bb7-e7c9-4ed6-89d5-76c9e0517519_뒷산_꽃나
무.jpg'

In [25]: model_instance.image.path
Out[25]: '..../DjangoBackendProgramming/media/filefieldexamplemodel/20210424/79302bb7-e7c9-
4ed6-89d5-76c9e0517519_뒷산_꽃나무.jpg'


http://127.0.0.1:8000/media/filefieldexamplemodel/20210424/79302bb7-e7c9-4ed6-89d5-
76c9e0517519_뒷산_꽃나무.jpg
```

코드 2-51 데이터베이스에 저장된 파일 경로로 접속

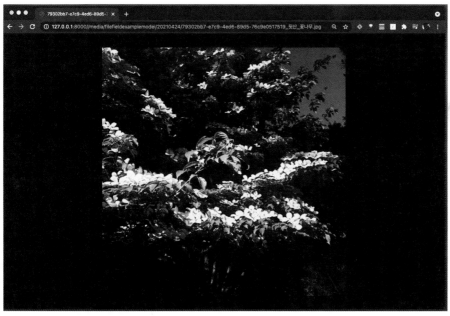

그림 2-7 실제 저장된 파일 조회

python manage.py runserver를 수행한 뒤 http://127.0.0.1:8000/media/{데이터베이스에 저
장된 파일 경로}에 접속하면 실제 저장된 파일을 조회할 수 있다. [코드 2-51]에서는 settings.py에
MEDIA_URL = "/media/"라고 선언했기 때문에 URL 경로의 /media/가 사용된다.

2.3.6 그 외 자료형 관련 필드

보편적인 데이터 타입이라면 이 책에서 언급한 필드만 알아도 표현하는 데 큰 어려움이 없을 것이다. 하지만 장고는 훨씬 더 다양한 데이터 타입을 지원한다. 데이터베이스에 저장된 값을 파이썬에서 편하게 사용하기 위한 필드도 있고(예: EmailField), 데이터베이스에서 제공하는 특수한 데이터 타입을 지원하는 필드도 있다. (예: ArrayField)

다양한 필드

🔗 https://docs.djangoproject.com/en/dev/ref/models/fields/#field-types

이 책에서 언급한 것들 외의 더 다양한 장고 필드 타입을 알고 싶다면 공식 문서를 참고하기 바란다.

PostgreSQL에서만 사용 가능한 필드

🔗 https://docs.djangoproject.com/en/dev/ref/contrib/postgres/fields/

모든 데이터베이스가 그렇듯 PostgreSQL도 자신만의 데이터 타입이 있다. 이러한 데이터 타입을 장고에서 사용할 수 있게 해주는 필드도 있다.

그림 2-8 PostgreSQL만의 데이터 타입을 지원하는 장고 필드를 설명하는 문서

PostGIS

- 좌표 공간 정보 관련 Field

∞ https://docs.djangoproject.com/en/dev/ref/contrib/gis/model-api/

PostgreSQL에는 좌표와 지도상 공간polygon 정보를 데이터베이스에 저장할 수 있는 PostGIS라는 확장 모듈이 존재한다. 장고는 PostGIS에서 사용하는 좌표와 공간 정보의 데이터 타입을 지원하는 필드를 제공한다. 이와 관련한 필드를 알고 싶다면 공식 문서를 참고하기 바란다.

그림 2-9 PostGIS를 지원하는 장고 필드

MySQL과 MariaDB 관련 필드

∞ https://django-mysql.readthedocs.io/en/latest/exposition.html#model-fields

장고는 PostgreSQL, 오라클Oracle, MySQL, MariaDB를 지원한다. 그중에서도 특히 PostgreSQL에 대한 지원이 많은 편이다. PostGIS는 PostgreSQL의 확장 모듈이지만 장고가 공식적으로 지원하고 있다. 그러나 MySQL과 MariaDB에만 존재하는 특수한 옵션이나 기능은 장고가 공식적으로 지원하지 않는다. 하지만 장고의 핵심 컨트리뷰터 중 한 명이 운영하는 django-mysql 라이브러리를 사용하면 이러한 문제를 해결할 수 있다. 사실상 장고 측에서도 MySQL과 MariaDB의 새로운 기능에 대한 지원은 django-mysql에 전적으로 위임하고 있다. 핵심 컨트리뷰터가 주도하는 라이브러리인 만큼 장고의 공식 라이브러리라고 해도 무방하다.

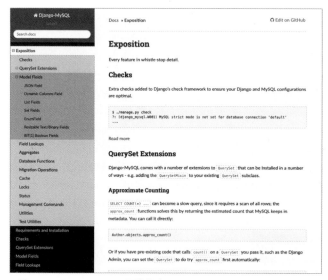

그림 2-10 django-mysql 공식 문서

정리

데이터베이스에는 요구 사항을 받기 위한 다양한 데이터 타입이 존재한다. 장고의 필드는 이러한 데이터베이스의 데이터 타입을 개발자가 쉽게 사용할 수 있게 해준다. 데이터베이스의 데이터 타입은 SQL로 데이터를 조회하는 성능에 영향을 줄 수 있기 때문에 사용할 때 파이썬의 데이터 타입뿐만 아니라 데이터베이스의 데이터 타입이 무엇인지 확인하는 습관을 길러야 한다. 이 책에서 설명한 필드 중 TextField를 제외하면 데이터베이스의 데이터 타입으로 인해 성능 이슈를 발생시킬 필드는 없다. 하지만 앞서 말한 대로 데이터베이스 데이터 타입으로 인한 성능 이슈를 발생시킬 필드도 있으므로 장고 공식 문서 외에도 각 데이터베이스별 공식 문서를 꼼꼼하게 살펴보는 것이 좋다.

2.3.7 모델 간 매핑 필드

앞에서는 다양한 종류의 필드에 대해 배웠다. 지금부터는 필드가 아닌 모델과 모델 사이의 관계를 매핑하는 방법을 알아보자.

ForeignKey(1:N 관계 매핑)

ForeignKey는 모델 간 관계가 1:N일 때 사용한다. 다음은 ForeignKey를 사용하는 상황 예시다.

- 1개의 상점(Store)은 N 개의 상품(Product)을 가지고 있다.

```python
class Product(models.Model):

    store = models.ForeignKey(
        to="Store", null=False, on_delete=models.CASCADE,
    )
```

코드 2-52 ForeignKey 사용 예시 1

- 1명의 고객(Customer)은 N 개의 주문(Order)을 가지고 있다.

```python
class Order(models.Model):

    customer = models.ForeignKey(
        to="Customer", null=False, on_delete=models.SET_NULL,
    )
```

코드 2-53 ForeignKey 사용 예시 2

- 1명의 점주 회원(ShoppingMallUser)은 N 개의 상점(Store)을 가지고 있다.

```python
class Store(models.Model):

    owner = models.ForeignKey(
        to="ShoppingMallUser", null=False, on_delete=models.SET_NULL,
    )
```

코드 2-54 ForeignKey 사용 예시 3

그다음 ForeignKey의 요소를 하나씩 살펴보자.

- **to**: 모델 간 관계가 1:N일 때 1에 해당하는 쪽에 to 옵션을 주게 된다. [코드 2-54]에서는 점주가 1이 되고 상점이 N이 되므로 to="ShoppingMallUser"처럼 옵션을 주면 된다. to="ShoppingMallUser" 같은 문자열로 선언하는 방식이 아니라 to=ShoppingMallUser과 같이 객체를 직접 매핑할 수도 있다. 하지만 가급적 문자열로 모델 클래스명을 매핑하기 바란다. models.py 간 임포트(import)가 하나둘씩 생기면 향후에 순환 참조 에러circular import error가 발생할 수 있다. 따라서 models.py 간의 임포트는 최대한 줄이는 게 좋다.

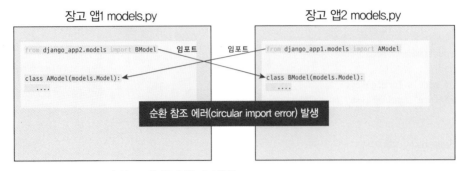

장고 앱1 models.py   장고 앱2 models.py

```
from django_app2.models import BModel    임포트      임포트    from django_app1.models import AModel


class AModel(models.Model):                               class BModel(models.Model):
    ....                                                      ....
```

순환 참조 에러(circular import error) 발생

그림 2-11 models.py 간 임포트 증가로 인한 에러 발생

객체를 직접 매핑하는 게 아니라 문자열로 모델 이름을 매핑하는 이유는 이와 같은 순환 참조 에러를 방지하기 위해서다.

- **on_delete**: 1에 해당하는 모델의 데이터가 삭제되었을 때 N에 해당하는 모델 데이터를 어떻게 해야 할지를 정하는 옵션이다.

  - on_delete=models.CASCADE: 1에 해당하는 모델 데이터가 삭제되었을 때 이와 매핑되어 있는 N에 해당하는 모델 데이터도 삭제한다. [코드 2−55]에 CASCADE 옵션을 부여하면 사장님이 삭제(탈퇴)될 때 사장님이 소유하고 있는 상점도 데이터베이스에서 전부 삭제된다.

  - on_delete=models.PROTECT: 1에 해당하는 모델 데이터를 삭제하려고 할 때 N에 해당하는 모델이 이미 1을 참조하고 있다면 삭제하지 못하도록 데이터를 보호한다. [코드 2−55]에 PROTECT 옵션을 부여하면 사장님을 삭제(탈퇴)하려고 할 때 사장님이 상점을 1개라도 소유하고 있으면 사장님 삭제 시도가 실패하고 에러가 발생한다.

  - on_delete=models.SET_NULL: 1에 해당하는 모델 데이터가 삭제되었을 때 이와 매핑되어 있는 N에 해당하는 모델 데이터를 null로 채운다. 이 정책은 null=True 옵션이 있어야만 사용할 수 있다. [코드 2−55]에서 SET_NULL 옵션을 부여하면 사장님이 삭제(탈퇴)될 때 사장님이 소유하고 있던 상점의 owner 값에 null이 채워진다.

  - on_delete=models.SET_DEFAULT: 1에 해당하는 모델 데이터가 삭제되었을 때 이와 매핑되어 있는 N에 해당하는 모델 데이터를 default 값으로 채운다. 이 정책은 default 옵션이 있어야 사용할 수 있다. 예를 들어 ForeignKey(default=−1, on_delete=models.SET_DEFAULT)와 같이 옵션을 부여하면 사장님이 삭제(탈퇴)될 때 상점의 owner 값에 −1이 채워진다.

  - on_delete=models.SET: 1에 해당하는 모델 데이터가 삭제되었을 때 미리 설정된 함수를 사용해서 가져온 값 또는 미리 설정한 값으로 채운다.

```
def set_deleted_owner():
    return -1111
...
class Store(models.Model):
```

```
...
owner = models.ForeignKey(
  to="ShoppingMallUser", null=False,
  on_delete=models.SET(set_deleted_owner), # 이런 식으로 함수를 인자로 부여할 수도 있다.
)
```

코드 2-55 on_delete= models.SET() 사용 예시

OneToOne(1:1 관계 매핑)

OneToOneField는 모델 간 관계가 1:1일 때 사용한다. 다음은 OneToOneField를 사용하는 상황 예시다.

- 1명의 학생(Student)는 1개의 라커룸을 가질 수 있다.

```
class Locker(models.Model):

    student = models.OneToOneField(
        to="Student", null=True, on_delete=models.SET_NULL,
    )
```

코드 2-56 OneToOneField 사용 예시 1

- 1명의 직원은 1개의 주차 공간을 배정받을 수 있다.

```
class ParkingSpace(models.Model):

    employee = models.OneToOneField(
        to="Employee", null=True, on_delete=models.SET_NULL,
    )
```

코드 2-57 OneToOneField 사용 예시 2

- 1개의 상점(Store)은 1개의 상점 정보(StoreInfo)를 가지고 있다.

```
class Store(models.Model):

    store_info = models.OneToOneField(
        to="StoreInfo", null=True, on_delete=models.CASCADE,
    )
```

코드 2-58 OneToOneField 사용 예시 3

OneToOneField는 ForeignKey를 상속받은 장고 필드다. 그렇기 때문에 ForeignKey에서 언급했던 옵션들을 전부 사용할 수 있다.

```
class OneToOneField(ForeignKey):
    """
    A OneToOneField is essentially the same as a ForeignKey, with the exception
    that it always carries a "unique" constraint with it and the reverse
    relation always returns the object pointed to (since there will only ever
    be one), rather than returning a list.
    """
```

코드 2-59 OneToOneField 설명(실제 장고 소스 코드)

데이터베이스 관점에서 보면 OneToOneField는 unique=True라는 고정된 옵션을 가진 장고 ForeignKey와 같다. 따라서 **다음 두 가지 표현 방식은 데이터베이스 관점에서 보면 동일하다.**

```
store_info = models.OneToOneField(
        to="StoreInfo", null=True,
        on_delete=models.CASCADE
    )
```

코드 2-60 평범한 OneToOneField 사용 방식

```
store_info = models.ForeignKey(
        to="StoreInfo", null=True,
        on_delete=models.CASCADE,
        unique=True, # OneToOneField는 이 옵션이 강제로 True로 설정된 ForeignKey와 같다.
    )
```

코드 2-61 OneToOneField 역할을 흉내 내는 ForeignKey 사용 방식

하지만 OneToOneField를 사용하지 않고 ForeignKey로 대체하려는 것은 좋지 않은 방법이다. 데이터베이스 입장에서 보면 완전히 동일하지만 OneToOneField는 개발자의 설계 의도를 좀 더 명확하게 해줄뿐더러 좀 더 간결한 코드를 작성할 수 있게 해준다.

ForeignKey로 매핑된 경우에는 1 : N 개의 관계이기 때문에 개발자는 양쪽 모델이 서로 1개씩만 가질 수 있다는 것을 알 수 있지만 코드상으로는 알 수 없기 때문에 store_set을 호출해서 매번 리스트 list로 감싸줘야 한다. OneToOneField로 매핑된 경우라면 바로 store 객체를 가져올 수 있다.

```
store_info.store   # OneToOneField으로 매핑 시 바로 Object를 가져올 수 있음

store_info.store_set.all()[0] #ForeignKey로 매핑 시 매번 list()로 감싼 다음에 0번째 값을 호출해야 함
```

코드 2-62 OneToOneField와 ForeignKey의 차이

설계 의도상 Store(상점)에 매핑된 StoreInfo(상점 정보) 모델은 1개뿐이어도 .all()[0][12]과 같은
코드를 매번 작성해야 하는 상황은 바람직하지 않다.

ManyToMany(M:N 관계 매핑)

ManyToManyField는 모델 간 관계가 M:N일 때 사용한다. 다음은 ManyToManyField를 사용하
는 상황 예시다.

- 주문(Order)과 상품(Product)은 서로 여러 개를 가질 수 있다. 1개의 주문에는 N 개의 상품을 가지고 있고 반대
  로 1개의 상품은 N 개의 주문에 포함될 수 있다.

```python
class Product(models.Model):
    name =  models.CharField(max_length='128', help_text="상품명")
    class Meta:
        db_table = 'product'


class OrderedProduct(models.Model):
    """ 주문된 상품들 """
    order = models.ForeignKey(to='Order', on_delete=models.CASCADE)
    product = models.ForeignKey(to='Product', on_delete=models.CASCADE)
    count = models.IntegerField(help_text='주문한 해당 상품의 개수', default=1)

    class Meta:
        db_table = 'ordered_product'


class Order(models.Model):
    # ...
    product_set = models.ManyToManyField(to='Product', through='OrderedProduct')
    class Meta:
        db_table = 'orderz'
```

코드 2-63 ManyToManyField 사용 예시 1

----

12 Store가 가진 모든 StoreInfo 중 1번째.

- 게시글(Board)과 해시태그(HashTag)는 서로 여러 개를 가질 수 있다. 하나의 게시글에 N 개의 해시태그가 달릴 수 있고 동일한 해시태그 1개가 N 개의 게시글에 달릴 수도 있다.

```python
class Board(models.Model):
    # ...
    hashtag_set = models.ManyToManyField(to='HashTag', through='BoardHashTagRelation')


class BoardHashTagRelation(models.Model):
    board = models.ForeignKey(to='Board', on_delete=models.CASCADE)
    hashtag = models.ForeignKey(to='HashTag', on_delete=models.CASCADE)

    class Meta:
        db_table = board_hashtag_relation


class HashTag(models.Model):
    name = models.CharField(max_length=128)

    class Meta:
        db_table = "hash_tag"
```

코드 2-64 ManyToManyField 사용 예시 2

1명의 학생(Student)은 여러 개의 수업(Lesson)을 수강할 수 있고 1개의 수업은 여러 명의 학생이 수강할 수 있다. 학생과 수업은 M:N의 관계다.

```python
class Lecture(models.Model):
    # ...
    class Meta:
        db_table = "lecture"
```

```python
class StudentLectureRelation(models.Model):
    lecture = models.ForeignKey(to="Lecture", on_delete=models.CASCADE)
    student = models.ForeignKey(to="Student", on_delete=models.CASCADE)

    class Meta:
        # 이 db_table 작명법은 through를 사용하지 않았을 때 django가 자동으로 생성하는 table 이름 입니다.
        # 데이터베이스 입장에서 보면 through를 제거해도 이런 작명으로 직접 선언한 것과 동일한 결과를 얻습
니다. 하지만 이러한 네이밍은 직관적이지 않기 때문에 클래스명과 동일하게 가져갈 것을 추천합니다.
        db_table = "student_lecture_set"


class Student(models.Model):
    lecture_set = models.ManyToManyField(to="Lecture", through="StudentLectureRelation")

    class Meta:
        db_table = "student"
```

코드 2-65 ManyToManyField 사용 예시 3

그다음 [코드 2-65]에 나온 through를 살펴보자.

- **through** : M:N 매핑은 구조상 매개 테이블이 생성되어야만 한다. 장고는 이 중간 매개 테이블을 알아서 생성해주지만 개발자가 이것을 정확히 명시하고 싶다면 through 옵션을 사용해서 직접 선언할 수 있다. Order와 Product 간 M:N 매핑에서는 '주문한 해당 상품의 개수'라는 개념을 표현하기 위해 매개 테이블을 개발자가 직접 생성해야 했지만 Board와 HashTag, Lecture와 Student 관계에서는 굳이 매개 테이블을 직접 선언할 필요가 없을지도 모른다. 하지만 **ManyToManyField()를 사용한다면 반드시 through=를 선언할 것을 권장한다.** 그 이유는 다음과 같다.

  1. 예측할 수 없는 확장 가능성: 당장은 매개 테이블이 비즈니스 개념을 표현하는 것이 쓸모없어 보일 수 있지만 향후 이 테이블에 어떤 기능이 추가될지 알 수 없다. 미리 매개 테이블을 선언해두어도 성능이나 설계 등에 문제가 생기지 않는다.

  2. 직관적이지 않은 테이블명: 앞에서 언급했던 것처럼 장고의 작명 센스는 그리 좋지 않다. 장고는 **테이블명이 중복되는 상황을 방지하는 작명을 한다.** 따라서 간결한 이름을 지어주지 않는다. 장고가 지은 테이블 이름인 "student_lecture_set"은 그리 적절해보이지 않는다. db_table을 다루는 부분에서 언급했듯이 장고가 지은 테이블 이름을 그대로 쓰지 말고 직접 선언할 것을 권장한다.

  💡 set은 파이썬의 예약어이자 복수형을 나타내는 단어다. 따라서 테이블 이름으로는 적합하지 않다.

  3. 장고가 존재 여부를 알 수 없는 테이블: 당장은 through=로 매개 테이블을 생성하지 않고 필요할 때 생성하면 되는거 아닐까 하고 생각할 수 있다. 하지만 ManyToManyField 선언 후 매핑된 테이블을 장고의 모델로 등록하려면 번거로운 마이그레이션 작업을 거쳐야 한다.

through 없이 ManyToManyField를 선언하고 나서 through로 모델을 등록할 때 발생할 수 있는 문제를 그림으로 살펴보자.

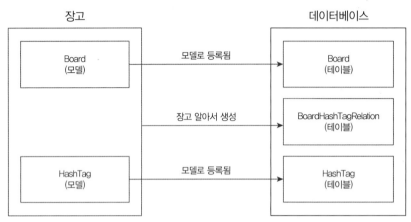

그림 2-12 through 선언 없이 ManyToManyField를 사용할 때 수행되는 마이그레이션

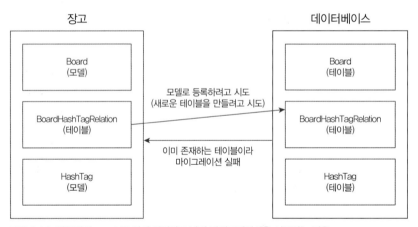

그림 2-13 나중에 through를 다시 선언하고 나서 마이그레이션을 시도하는 경우

[그림 2-12]와 [그림 2-13]에서 본 것처럼 through를 선언하지 않고 ManyToManyField를 사용한 뒤 나중에 through를 선언하고 마이그레이션을 수행하면 에러가 발생한다. 이 문제를 어떻게 해결할 수 있는지 그림으로 살펴보자.

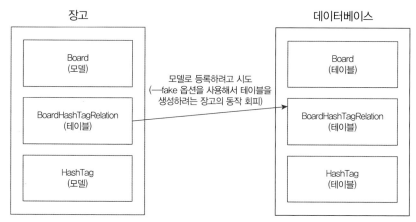

그림 2-14 예시 명령어: python manage.py migrate study_example_app 0008 —fake

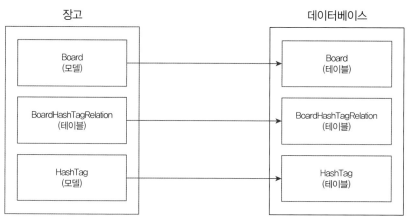

그림 2-15 매핑 테이블이 모델로 등록됨

이와 같은 해결책은 해당 프로젝트를 시작하는 모든 개발자가 한 번씩 수행해줘야 한다. 이제 더 이상 python manage.py migrate와 같이 단 1줄의 깔끔한 명령어 수행으로 이 프로젝트의 개발 환경을 설정할 수 없게 된다. 물론 마이그레이션 파일을 커스터마이징해서 해결할 수도 있지만 애초에 이러한 상황을 안 만드는 것이 가장 좋다. 특히 초심자가 이러한 상황에 빠졌을 때 문제를 해결하지 못하고 마이그레이션 파일을 전부 삭제한 뒤 다시 생성하는 최악의 선택을 할 수도 있다.

2.3.8 장고 모델의 모듈 사용

관리되지 않는 모델(UnManaged Model)

장고 모델은 데이터베이스 테이블과 매핑하기 위해 주로 사용되지만 반드시 모델이 테이블과 1:1로 매핑되는 것은 아니다. 모델이 장고 매니저 객체를 사용하면 특정 SELECT 쿼리 또는 데이터베이스 뷰 테이블database View Table이라는 객체와도 매핑될 수 있다.

```python
class Order(models.Model):
    class Status(models.TextChoices):
        WAITING = "waiting", "주문 수락 대기 중"
        ACCEPTED = "accepted", "주문 접수 완료"
        REJECTED = "rejected", "주문 거절"
        DELIVERY_COMPLETE = "delivery complete", "배달 완료"

    status = models.CharField(max_length=32, choices=Status.choices, help_text="주문 상태 값",
default=Status.WAITING)
    total_price = models.IntegerField(default=0)
    store = models.ForeignKey(to="stores.Store", on_delete=models.CASCADE)
    product_set = models.ManyToManyField(to="products.Product", through="OrderedProduct")
    created_at = models.DateTimeField(auto_now_add=True, help_text="주문이 생성된 시간")
```

코드 2-66 Order 모델이 존재할 때

예를 들어 [코드 2-66]과 같이 Order 모델이 존재할 때 Order에 대한 통계 정보를 장고 ORM으로 관리하고 싶다면 [코드 2-67]과 같은 방식으로 통계 쿼리(SQL)를 매핑하는 관리되지 않는 모델 UnManaged Model을 만들면 된다.

```python
class DailyReportManager(models.Manager):
    """
        통계 쿼리 Manager :  django Manager와 QuerySet에 대한 자세한 내용은 3장을 참고하라
    """

    def get_list_by_created_at(self, created_at__gte, created_at__lt) -> List[DailyReport]:
        return list(self.raw(raw_query="""
        SELECT DATE_TRUNC('day', O.created_at) AS day,
            COUNT(*) AS total_cnt,
```

```
            SUM(O.total_price) as total_sales
        FROM orders_order O
        WHERE O.created_at >= %s AND O.created_at < %s
        group by DATE_TRUNC('day', O.created_at);
        """, params=[created_at__gte, created_at__lt]))


class DailyReport(models.Model):
    """
        일별 통계
    """

    day = models.DateField(help_text="날짜", primary_key=True)
    total_sales = models.IntegerField(help_text="일 주문 총매출")
    total_cnt = models.IntegerField(help_text="일 주문 건수")

    objects = DailyReportManager()

    class Meta:
        managed = False # managed=False옵션이 부여된 Model을 UnManaged Model이라 부른다.

    def __repr__(self) -> str:
        return f" {self.day.strftime('%Y-%m-%d')}:DailyReport(total_cnt:{self.total_cnt}
total_sales: {self.total_sales})"
```

코드 2-67 관리되지 않는 모델을 사용한 통계 쿼리 관리 구현 예시

```
report_list: List[DailyReport] = DailyReport.objects.get_list_by_created_at(
    created_at__gte=date(2022,10,15),created_at__lt=date(2022,10,19)
)

[ 2022-10-16:DailyReport(total_cnt:13 total_sales: 350000),
  2022-10-17:DailyReport(total_cnt:21 total_sales: 467500),
  2022-10-18:DailyReport(total_cnt:9 total_sales: 250500)]
```

코드 2-68 관리되지 않는 모델 사용 예시

장고 모델은 primary key가 반드시 필요하다. 그렇기 때문에 관리되지 않는 모델을 선언할 때 primary key를 대체할 필드 하나를 지정해줘야 한다. [코드 2-67]에서는 일별 주문 통계 쿼리의 day 값이 고유하기 때문에 primary key의 역할을 대체할 수 있으므로 primary_key=True 옵션을 부여했다.

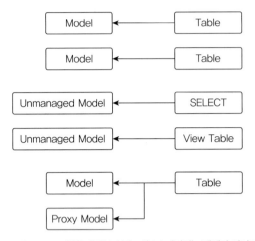

그림 2-16 모델은 테이블과 반드시 1:1 매핑되는 객체가 아니다

장고 모델은 데이터베이스 테이블과 반드시 1:1 매핑되는 객체가 아니다. 예를 들어 1개의 테이블을 2개 이상의 모델에 매핑시키는 프록시 모델Proxy Model, 특정 쿼리(예: 통계 쿼리), 뷰 테이블View Table 그리고 장고 마이그레이션 모듈의 제어를 받지 않는 테이블을 모델에 매핑시키는 관리되지 않는 모델도 존재한다. 다시 말하지만 모델은 테이블과 1:1로 매핑하기 위해 주로 사용하지만 단순히 이 목적으로만 사용되는 것이 아님을 꼭 기억하자.

2.3.9 커스텀 필드 개발하기

암복호화 필드(Encrypted Field)

개인 정보에 속하는 데이터는 데이터베이스에 저장할 때 반드시 암호화되어야 하며 조회할 때는 장고 애플리케이션에서 이 값을 복호화해야 한다. 이러한 암복호화 로직이 소스 코드 내에 어지럽게 사용되고 있으면 안 된다.

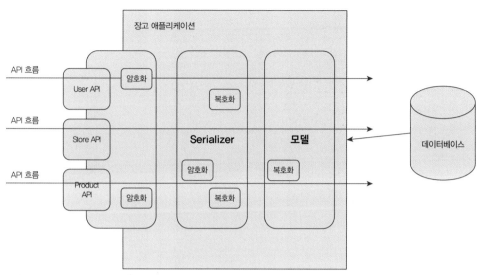

그림 2-17 소스 코드 내 여기저기에서 수행되는 암복호화 로직

예를 들어 주민등록번호와 같은 개인 정보를 담은 칼럼Column이 존재한다고 하자. 이것을 데이터베이스에 저장할 때 매번 암호화해야 한다면 프로젝트의 소스 코드에서 [코드 2-69]와 같은 로직이 빈번하게 사용될 것이다.

```
encrypted_data = encrypt("010823-3234567")
User.objects.create_user(
    username="username111", password="1234", registration_number=encrypted_data, ...
)
```

코드 2-69 암복호화 작성 예시

누군가 실수로 개인 정보를 암호화하지 않고 평문plain text 상태로 저장하는 로직을 작성해서 실제 서버에 배포한다면 그 조직은 개인정보법 위반과 관련한 법적 문제를 겪을 수도 있다. 이런 실수는 주로 아무것도 모르는 신입 개발자나 입사한지 얼마 안 돼서 조직의 도메인 지식이 부족한 개발자에게 나타날 수 있다. 사람은 언제나 실수할 수 있다. 누구나 완벽할 수 없다는 것을 인정하고 이러한 실수를 최대한 막을 수 있는 조직 문화와 절차를 만들어야 한다. 암복호화 로직 설계가 소스 코드상에 존재하면 실수에 의한 리스크가 생길 수 있다. 프로젝트 기술 책임자라면 이런 리스크를 줄이기 위한 구조 개선에 대해 고민해야 한다. 지금부터 장고 필드 모듈을 사용해서 이 문제를 개선해보자.

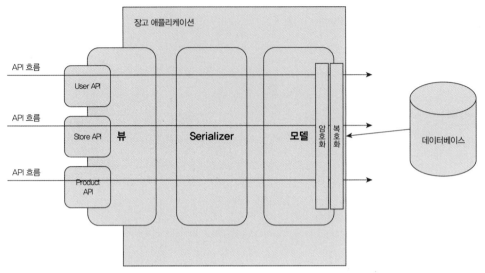

그림 2-18 문제 해결을 위한 장고 커스텀 필드(Encry) 생성

커스텀 필드를 만들기 전에 우선 암복호화 모듈부터 개발해야 한다. 암복호화를 위한 라이브러리는 cryptography를 사용한다.

```
→ poetry add cryptography
```

코드 2-70 암복호화 라이브러리 설치

```python
# settings.py
...
AES256_ENCRYPTION_KEY = b"d40e150996e5e6c10f08ba4efab746a3"
# 필요 시 추가
# SEED256_ENCRYPTION_KEY = b"bd9fc900714c1f94"


# cipher.py
from __future__ import annotations

import base64
import os
from typing import Protocol

from cryptography.hazmat.backends import default_backend
from cryptography.hazmat.primitives import padding
```

```python
from cryptography.hazmat.primitives.ciphers import Cipher, algorithms, modes
from django.conf import settings


class ABCCipher(Protocol):
    """
    대칭 키 암호화 Absctract(줄여서 abc) 추상 구현체
    """

    _algorithm = None
    _encryption_key: bytes

    @classmethod
    def get_init_vector(cls) -> bytes:
        raise NotImplementedError("암호화 알고리즘과 size에 맞는 난수")

    @classmethod
    @property  # python 3.9부터 classmethod와 property 혼합 사용이 가능합니다.
    def _padding(cls):
        return padding.PKCS7(cls._algorithm.block_size)

    @classmethod
    def _cipher(cls, iv: bytes) -> Cipher:
        return Cipher(
            algorithm=cls._algorithm(key=cls._encryption_key),
            mode=modes.CBC(iv),
            backend=default_backend(),
        )

    @classmethod
    def encrypt(cls, plaintext: str) -> bytes:
        iv = cls.get_init_vector()
        encryptor = cls._cipher(iv=iv).encryptor()
        padder = cls._padding.padder()
        padded_data = padder.update(plaintext.encode("utf-8")) + padder.finalize()
        encrypted_text = encryptor.update(padded_data) + encryptor.finalize()
        return base64.b64encode(encrypted_text + iv)

    @classmethod
    def decrypt(cls, ciphertext: bytes) -> str:
        decoded_str = base64.b64decode(ciphertext)
        iv_len = len(cls.get_init_vector())
        encrypted, iv = decoded_str[:-iv_len], decoded_str[-iv_len:]
        decryptor = cls._cipher(iv=iv).decryptor()
        padded_data = decryptor.update(encrypted) + decryptor.finalize()
        unpadder = cls._padding.unpadder()
```

```
            return (unpadder.update(padded_data) + unpadder.finalize()).decode("utf-8")


class AES256Cipher(ABCCipher):
    """
    프로젝트 내 Column 암복호화 목적으로 사용
    """

    _algorithm = algorithms.AES256
    _encryption_key = settings.AES256_ENCRYPTION_KEY

    @classmethod
    def get_init_vector(cls) -> bytes:
        return os.urandom(16)


# 필요 시 추가
# class SEED256Cipher(ABCCipher):
#     """
#     한국에서 자체적으로 개발한 암호화 알고리즘, 주로 은행, 공공 기관에서 사용
#     """
#
#     _algorithm = algorithms.SEED
#     _encryption_key = settings.SEED256_ENCRYPTION_KEY
```

코드 2-71 암복호화 모듈 예시

[코드 2-71]의 암복호화 모듈은 ABCCipher를 상속받아서 다양한 암호화 알고리즘을 사용할 수 있도록 설계되었다. 새로운 암호화 알고리즘 모듈을 만들고 싶다면 [코드 2-72]처럼 algorithm, encryption_key 값을 변경해서 작성하면 된다.

```
class XXXCipher(ABCCipher):
    """
    이 암호화 알고리즘에 대한 doc string
    """

    _algorithm = algorithms.원하는 알고리즘 선택
    _encryption_key = 알고리즘에 사용할 암호화 키 값
```

코드 2-72 새로운 암호화 알고리즘 모듈 생성 시 필요한 값

이 모듈을 사용하는 방법은 [코드 2-73]처럼 간단하다.

```
from django.test import TestCase

from study_example_app.models import ciphers


class CipherExampleTest(TestCase):
    def test_aes_encrypt_decrypt(self):

        plaintext = "안녕하세요... Hello @#$%^&"
        ciphertext: bytes = ciphers.AES256Cipher.encrypt(plaintext=plaintext)
        print(ciphertext)
        # b'T8CSPoJPEnVEhdlh/94KU7O9axkQuaaow5spyYrlff0='

        decrypted_data: str = ciphers.AES256Cipher.decrypt(ciphertext=ciphertext)
        print(decrypted_data)
        # 안녕하세요... Hello @#$%^&

    def test_seed_encrypt_decrypt(self):
        plaintext = "안녕하세요... Hello @#$%^&"
        ciphertext: bytes = ciphers.SEED128Cipher.encrypt(plaintext=plaintext)
        print(ciphertext)
        # b'ul4NKY88oqT8D1zLSmxMUvwQK0uYyG4Buu+ctpLbLBU='

        decrypted_data: str = ciphers.SEED128Cipher.decrypt(ciphertext=ciphertext)
        print(decrypted_data)
        # 안녕하세요... Hello @#$%^&
```

코드 2-73 암복호화 모듈 사용 예시

사용법이 편리한 암복호화 모듈을 만들었다. 이제 이 암복호화 모듈을 사용해서 장고 EncryptedField
를 만들어보자.

```
import math
from typing import Optional

from django.db.models import CharField

__all__ = ["EncryptedField", "encrypt_max_length"]

from study_example_app.models import ciphers


def encrypt_max_length(max_length):
    """
```

```
        CharField max_length를 DB max_length로 환산한다.
        * AES + PKCS : (plain_text/32 +1) *32
        * base64encoding : 4/3
        """
        return math.ceil(4 * (max_length / 32 + 1) * 32 / 3)


    class EncryptedField(CharField):
        _cipher = ciphers.AES256Cipher

        def get_db_prep_save(self, value: str, connection) -> Optional[bytes]:
            value = super().get_db_prep_save(value, connection)
            if value is not None:
                return self._cipher.encrypt(value).decode("utf-8")
            return value

        def from_db_value(self, value, expression, connection, *args) -> Optional[str]:
            return self.to_python(self._cipher.decrypt(value) if value else value)

        def to_python(self, value: str) -> Optional[str]:
            if value is None:
                return value
            return value

        def get_prep_value(self, value: str) -> Optional[bytes]:
            value = super().get_prep_value(value)
            if value is not None:
                return self._cipher.encrypt(value).decode("utf-8")
            return value

        def get_db_prep_value(self, value, connection, prepared=False) -> Optional[str]:
            value = super().get_db_prep_value(value, connection, prepared)
            if not prepared and value is not None:
                return self._cipher.decrypt(value)
            return value
```

코드 2-74 EncryptedField 예시

[코드 2-74]를 살펴보자. 장고 필드의 메서드를 오버라이딩해서 중간 과정에 암복호화 로직을 추가
했다. 각 메서드는 save() 메서드를 수행할 때, 검색 조건으로 데이터베이스에서 값을 질의할 때, 파
이썬 값으로 조회할 때, 파이썬 값을 데이터베이스로 가져갈 때, 데이터베이스 값을 파이썬으로 가져
올 때에 데이터 값을 암호화하거나 복호화하도록 작성했다.

```
# aggregate.users.models.py
from study_example_app.models import fields as custom_fields

class User(AbstractUser):
    ...
    registration_number = custom_fields.EncryptedField(
        max_length=encrypt_max_length(16), help_text="주민등록번호", blank=True
    )

    class Meta:
        db_table = "user"


# test.py
def test_user_create(self):

    # Model을 create() get() 하기만 해도 알아서 DB에서 전달하고 받는 데이터는 암복호화가 이루어집니다.
    created_u: User = User.objects.create_user(
        username="userna3me145", password="1234",
        registration_number="930823-1233456", name_kor="김파울러",
    )
    print(created_u.registration_number)
    selected_user = User.objects.get(username="userna3me145")
    print(selected_user.registration_number)

    # 하지만 DB에는 암호화된 데이터가 저장되어 있는 것을 확인할 수 있습니다.
    with connections["default"].cursor() as cursor:
        cursor.execute(
            """SELECT "user"."username",  "user"."registration_number"
                FROM "user" WHERE username='userna3me145'
            """,
            [],
        )
        row = cursor.fetchone()
    print("DB에 저장된 registration_number:", row[1])
    print("DB에 저장된 registration_number 직접 복호화:",
        ciphers.AES256Cipher.decrypt(row[1].encode("utf-8"))
    )
```

코드 2-75 EncryptedField 사용 예시

[코드 2-75]의 test_user_create를 보면 알 수 있다시피 EncryptedField가 선언된 모델을 생성
(create)하고 조회(get)할 때 암복호화 로직에 어떠한 개입도 없다. 하지만 실제로 데이터베이스에
접근해서 조회해보면 암호화된 데이터가 저장되어 있는 것을 볼 수 있다. 장고 필드 모듈을 사용해서
모델에 EncryptedField를 선언하는 것만으로도 암복호화 수행이 이루어지도록 설계를 개선한 것이

다. 이 예시는 실무에서 사용할 수 있는 수준의 커스텀 필드다. 하지만 실무에서 사용하기 전에 좀 더 고려해야 할 부분이 있다.

max_length

암호화 수행 결괏값은 byte다. 이때 한글(3byte), 영어, 숫자, 특수 문자는 byte 타입에서 크기가 다르다. 또한 암호화 수행 과정에서 패딩^{padding} 값이 추가될 수도 있고 안 될 수도 있기 때문에 암호화 데이터의 max_length를 정확하게 예측하는 것은 어렵다. 앞의 예시는 주민등록번호라는 고정된 길이의 숫자를 저장하기 때문에 이 문제를 고려하지 않아도 되지만 범용적으로 사용하기 위해 encrypt_max_length()를 만들었다. 이 함수는 평문 길이가 암호화되었을 때 가질 수 있는 **최대 길이**를 계산한다. 따라서 숫자 또는 영어로만 구성된 평문 값이거나 암호화 알고리즘 수행 중 패딩 값이 추가될 때 이 구현 예시에서는 평문이 EncryptedField에 선언된 max_length보다 크더라도 저장될 수 있는 문제가 생길 수 있다.

EncryptedFIeld로 선언된 경우 검색 조건으로 사용 불가

양방향 암호화 시 초기화 벡터 값이라고 부르는 값을 사용하는 이유는 암호화를 수행할 때 동일한 평문이더라도 다른 암호화 결괏값을 만들기 위해서다. 만약 [코드 2-71]에서 구현한 AES256Cipher의 get_init_vector(cls)가 고정된 값을 반환하도록 수정한다면 동일한 평문일 때 동일한 암호화 결괏값을 반환한다. 이는 보안상 문제가 생길 수 있다. 따라서 init_vector를 암호화할 때마다 매번 서로 다른 난수를 사용하게 함으로써 보안상 취약점이 생기지 않도록 구현했다. 하지만 이로 인해 현재 구현 예시에서는 User.objects.filter(registration_number="930823-1233456")를 검색할 때 원하는 값을 찾을 수 없다. 이 문제는 예시를 수정하면 해결할 수 있지만 암복호화 관련 지식을 추가로 이해해야 하며 구현 분량이 예시 수준을 넘어서기 때문에 넣지 않았다. 또한 일반적인 상황에서는 암호화되는 필드를 검색 조건으로 사용하는 경우가 흔치 않기 때문에 현재의 예시를 사용하더라도 크게 문제 되지 않을 수도 있다.

💡 ORM에서 해결하지 않고 데이터베이스의 내장 함수를 사용하면 검색이 가능하지만 이마저도 조회 성능은 급격히 떨어진다.

이러한 이유 때문에 일부 보안 문제를 안고 있는 예시를 사용했다. 무엇을 선택할지는 개발자의 몫이다.

2.4 마이그레이션

장고에서 모델링을 하면 SQL(DDL)로 해당 모델 기반의 플랜Plan을 작성해준다.

> **NOTE** **DDL**Data Definition Language**(데이터 정의어)**
>
> SQL 중에서 데이터베이스를 정의하는 문법이다. 예를 들어 테이블 같은 데이터 골격을 만드는 데 사용되는
> SQL을 의미한다. (예: CREATE, ALTER, DROP, TRUNCATE 등)

장고에서는 이 작업을 마이그레이션migration 또는 DB 마이그레이션이라고 부른다. 장고에서는 DB 마이그레이션을 하기 위한 다음과 같은 명령어를 제공한다.

> **NOTE** **마이그레이션**
>
> 마이그레이션을 직역하면 '이주'라는 뜻이지만 컴퓨터 분야에서는 보통 시스템의 변화 또는 시스템의 이동을 의미한다. 따라서 DB 마이그레이션이라 하면 데이터베이스의 구조 변화를 의미한다. 이와 같은 맥락으로 데이터 마이그레이션은 데이터베이스가 가지고 있는 데이터에 일괄적인 변화를 주는 작업이다. (예: 2년 이상 로그인하지 않은 회원을 휴면 계정으로 처리하는 데이터 마이그레이션을 내일 새벽에 진행합니다.)

- python manage.py makemigrations
- python manage.py sqlmigrate study_example_app 0001 # {장고 프로젝트 이름} {마이그레이션 파일 번호}
- python manage.py showmigrations
- python manage.py migrate

각 명령어와 마이그레이션에 사용되는 장고 객체가 어떤 역할을 하는지 하나씩 알아보자.

2.4.1 makemigrations

- 장고에게 DDL을 자문 받는 명령어

makemigrations는 장고 프로젝트의 migrations 폴더의 하위 파일들과 models.py와의 차이를 비교하는 명령어이다. 장고는 makemigrations로 이전에 수행된 migrations 폴더의 하위 파일을 전부 읽어서 현재 models.py에 존재하는 모델과 비교해서 차이가 있는지 검사하고 만약 차이

가 있다면 이를 일치시키기 위해 새로운 마이그레이션 파일을 생성한다. 이 안에는 models.py와 migrations 정보를 일치시키기 위한 DDL이 포함되어 있다. 여기서 주의해야 할 점은 이 DDL은 장고가 제안해주는 정보일 뿐이지 완벽하지 않을 수도 있다는 것이다.

makemigrations는 마치 개발자가 장고라는 이름을 가진 DBA에게 DDL 수행 계획을 자문하는 것과 같은 역할을 한다. 다시 말해 makemigrations를 수행했을 때 생성되는 00xx_auto_xxxx.py 파일이 장고라는 DBA에게 자문으로 얻은 DDL 수행 계획인 것이다.

> 개발자: 장고야! DDL 수행 계획 좀 뽑아봐.
>
> 장고: OK. 알겠어. 내 생각에는 이렇게 DDL을 수행하면 문제없이 일치시킬 수 있을 것 같아!

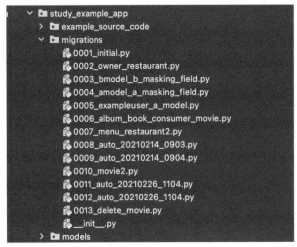

그림 2-19 마이그레이션 파일 생성

💡 makemigrations를 수행할 때마다 각 장고 앱에서 모델 변경 사항이 발견되면 1개의 마이그레이션 파일이 생성된다.

하지만 장고는 무수한 if else 문으로 도배된 DBA일뿐이다.

예를 들어 field_a = models.CharField(max_length=128, index=True)와 같은 필드를 field_a222 = models.CharFIeld(max_length=129, index=True)처럼 변경하면 개발자는 데이터베이스의 칼럼명이 field_a에서 field_a222로 수정되길 기대하지만 장고는 이런 식으로 인식하지 못하고 아래와 같이 DDL을 제안한다.

- field_a (max_length=128)인 필드가 사라졌네? (DROP COLUMN)
- field_a222 (max_length=129)라는 필드가 새로 생겼네? (ADD COLUMN)

실제 서비스를 운영할 때 이러한 DDL을 반영하면 대참사가 발생한다. 기존 필드인 field_a에 담겨 있던 데이터가 전부 삭제되기 때문이다. 이처럼 장고가 제안한 DDL을 100% 신뢰할 수는 없다. 장고가 제안한 DDL은 개발자가 살펴보고 적절한지 판단해야 한다. 이러한 이유 때문에 장고가 제안한 DDL은 데이터베이스에 즉시 반영되지 않게 설계되어 있다.

비슷한 맥락으로 장고의 makemigrations, migrate 명령어도 100% 신뢰할 수 없다는 것을 인지해야 한다. 이러한 한계 때문에 장고의 마이그레이션 파일을 읽을 줄 알아야 하며 이것을 커스터마이징할 줄도 알아야 한다. 구체적으로 makemigrations 명령어 수행 시 생성되는 마이그레이션 파일에 어떤 내용이 담겨 있는지 살펴볼 필요가 있다.

2.4.2 Operations

Operation이란 장고 마이그레이션 모듈이 가지고 있는 명령어다. 장고가 가지고 있는 Operation의 종류는 [코드 2-76]과 같다.

```
[ 'CreateModel', 'DeleteModel', 'AlterModelTable', 'AlterModelTableComment',
  'AlterUniqueTogether', 'RenameModel', 'AlterIndexTogether', 'AlterModelOptions',
  'AddIndex','RemoveIndex', 'AddField', 'RemoveField', 'AlterField', 'RenameField',
  'AddConstraint', 'RemoveConstraint', 'SeparateDatabaseAndState', 'RunSQL', 'RunPython',
  'AlterOrderWithRespectTo', 'AlterModelManagers' ]
```

코드 2-76 장고의 Operation

모든 것을 일일이 분석하는 것은 불필요하다. 몇몇 operation만 예시로 알아보기 위해 마이그레이션 파일을 분석해보자. [코드 2-77]은 실제 존재할법한 마이그레이션 파일을 임의로 작성한 것이다.

```
# 0002_auto_202xxxxx_xxxx.py

class Migration(migrations.Migration):

    dependencies = [
        ('study_example_app', '0001_initial'),
```

```
        ]

    operations = [
        migrations.CreateModel(
            name='Bmodel',
            fields=[
                ('id', models.AutoField(auto_created=True, primary_key=True,
 serialize=False, verbose_name='ID')),
                ('b_field', models.CharField(max_length=16)),
                ('b_int_field', models.IntegerField(default=3)),
            ],
        ),
        migrations.AddField(
            model_name='amodel',
            name='a_111_field',
            field=study_example_app.models.fields.CharField(
                default='aa', max_length=32
            ),
        ),

    ]
```

코드 2-77 마이그레이션 파일 예시

dependencies란 [코드 2-77]의 마이그레이션 파일이 수행되려면 반드시 dependencies에 언급 된 마이그레이션 파일이 먼저 수행되어야 한다는 제약을 말한다.

```
dependencies = [
        ('study_example_app', '0001_initial'),
    ]
```

코드 2-78 dependencies 예시

[코드 2-78]을 보면 알 수 있듯이 [코드 2-77]의 마이그레이션 파일이 수행되기 위해서는 study_ example_app이라는 장고 앱이 가지고 있는 0001_initial.py 마이그레이션 파일이 먼저 수행되어 야 한다.

CreateModel

```
migrations.CreateModel(
        name='Bmodel',
        fields=[
            ('id', models.AutoField(
                            auto_created=True,
                            primary_key=True,
                            serialize=False,
                            verbose_name='ID')),
            ('b_field', models.CharField(max_length=16)),
            ('b_int_field', models.IntegerField(default=3)),
        ],
        options={
            'db_table': 'b_model',
        },

    ),
```

코드 2-79 CreateModel 사용 예시

CreateModel은 장고 모델에 명시된 옵션 값을 토대로 [코드 2-80]처럼 테이블을 생성하는 DDL을 만들어준다.

```
-- 위 옵션 값을 가진 CreateModel Opertaion은 아래와 같은 DDL을 만들어준다.

CREATE TABLE "b_model" (
        "id" serial NOT NULL PRIMARY KEY,
        "b_field" varchar(16) NOT NULL,
        "b_int_field" integer NOT NULL
);
```

코드 2-80 CreateModel로 DDL 생성

AddField

```
migrations.AddField(
        model_name='amodel',
        name='a_111_field',
        field=models.fields.CharField(
            default='aa', max_length=32
```

```
            ),
        ),
```

코드 2-81 AddField 사용 예시

AddField는 장고 필드에 명시된 옵션 값을 토대로 [코드 2-82]와 같이 새로운 칼럼을 생성한다.

```
-- 위 옵션 값을 가진 AddField Operation은 아래와 같은 DDL을 만들어준다.
ALTER TABLE "b_model" ADD COLUMN "a_111_field" varchar(32) DEFAULT 'aa' NOT NULL;
ALTER TABLE "b_model" ALTER COLUMN "a_111_field" DROP DEFAULT;
```

코드 2-82 AddField로 생성된 DDL

CreateModel이 깔끔하게 1개의 DDL을 만들어준 것과 달리 AddField는 DDL이 하나 더 생성되어 있다. 장고 필드에 default='aa'라는 옵션을 부여했지만 왜 2번째 DDL을 추가해서 굳이 DROP DEFAULT를 하는 것인지 이해하기 어려울 것이다. 우리는 여기서 장고 ORM의 특징을 이해해야한다.

> **NOTE** **DROP DEFAULT**
>
> 칼럼에 부여된 default='aa' 옵션을 제거하는 DDL이다.

장고 마이그레이션은 SQL의 DEFAULT 옵션을 사용하지 않는다. 장고 ORM은 데이터에 대한 제어권을 장고가 전부 가지고 있기를 원한다.

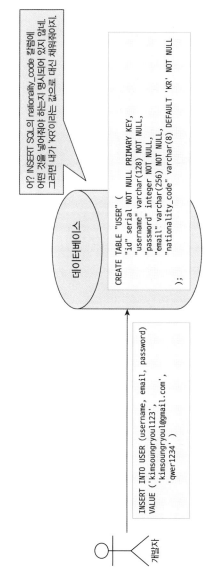

어? INSERT SQL의 nationality_code 컬럼에 어떤 것을 넣어줘야 하는지 명시되어 있지 않네. 그러면 내가 'KR'이라는 값으로 대신 채워줘야지.

데이터베이스

```
CREATE TABLE "USER" (
    "id" serial NOT NULL PRIMARY KEY,
    "username" varchar(128) NOT NULL,
    "password" integer NOT NULL,
    "email" varchar(256) NOT NULL,
    "nationality_code" varchar(8) DEFAULT 'KR' NOT NULL
);
```

```
INSERT INTO USER (username, email, password)
VALUE ('kimsoungryoul123',
    'kimsoungryoul@gmail.com',
    'qwer1234' )
```

개발자

그림 2-20 SQL DEFAULT 옵션을 사용하는 경우

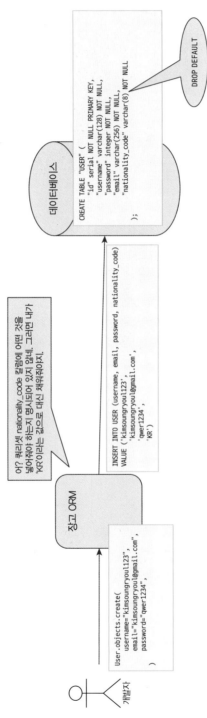

그림 2-21 장고가 DEFAULT 옵션을 사용하는 방법

앞의 그림처럼 DEFAULT라는 옵션을 제어하는 주체가 다르다. 장고는 데이터베이스에 입력하는 데이터를 스스로가 제어하고 싶어한다.[13] DEFAULT 옵션이 데이터베이스에 여전히 존재한다면 장고가 입력하지 않은 데이터가 데이터베이스에 저장될 수도 있다. 장고는 이를 원하지 않기 때문에 AddField가 수행될 때 ALTER TABLE "b_model" ALTER COLUMN "a_111_field" DROP DEFAULT;라는 쿼리를 추가해 데이터베이스 칼럼에서 이미 만들어진 DEFAULT 옵션을 제거하는 DDL 1줄을 더 수행한다. 장고로 데이터를 제어하는 경우라면 앞의 두 그림 간의 차이가 무엇인지 체감할 수 없다. 하지만 장고 애플리케이션으로 데이터베이스에 데이터를 입력하는 방법 외의 경로로 데이터가 들어오게 되면 문제가 발생한다.

```
operations = [
    migrations.AddField( # AddField Operation
        model_name="store",
        name="name2222",
        field=models.CharField(default="fff", help_text="음식점 가게명", max_length=128),
    ),
    migrations.AlterField( # AlterField Operation
        model_name="store",
        name="tel_num",
        field=models.CharField(default="070-000-0000", help_text="음식점 연락처", max_
length=16),
    ),
]
```

코드 2-83 Operations 예시

[그림 2-22]와 같이 개발자가 DEFAULT 옵션이 데이터베이스에 걸려 있다고 착각해서 데이터베이스에서 직접 SQL을 수행하거나 장고 이외의 애플리케이션으로 SQL을 작성해서 보내면 불안정한 데이터가 데이터베이스에 쌓이게 된다. 따라서 **장고 ORM은 항상 데이터베이스에서 DEFAULT 옵션을 걷어낸다는 것을 인지하고 있어야 한다.** 만약 데이터베이스 레벨에서 DEFAULT 옵션을 여전히 유지하고 싶다면 마이그레이션 파일을 [코드 2-84]와 같은 방식으로 커스터마이징해야 한다.

---

[13] 언어 또는 프레임워크와 관계없이 ORM이라는 개념은 데이터를 자체적으로 제어하려고 한다. 따라서 다른 언어나 프레임워크에서도 이러한 개념이 존재한다.

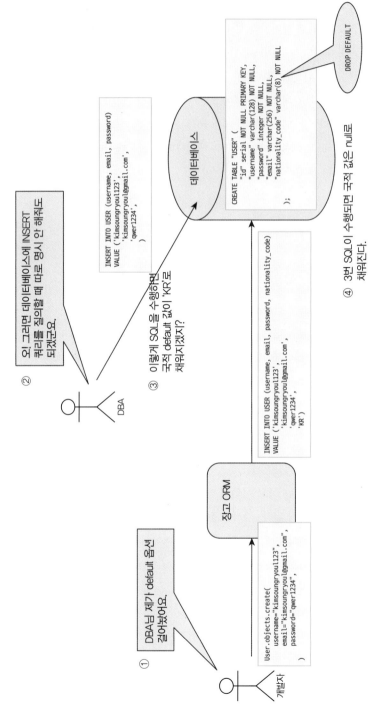

그림 2-22 불안정한 데이터가 데이터베이스에 쌓이는 과정

```
operations = [

    migrations.RunSQL(
        sql="""
          ALTER TABLE store ADD COLUMN name2222 varchar(128) DEFAULT 'fff' NOT NULL;
        """,
        # AddField Operation을 여기 그대로 옮기고
        # 이 operation 수행을 대체할 DDL을 직접 작성하면 된다.
        state_operations=[
            migrations.AddField(
                model_name="store",
                name="name2222",
                field=models.CharField(default="fff", help_text="음식점 가게명", max_
length=128),
            ),
        ],
    ),

    migrations.RunSQL(
        sql="""
            ALTER TABLE store ALTER COLUMN tel_num SET DEFAULT '070-000-0000';
            UPDATE store SET tel_num = '070-000-0000' WHERE tel_num IS NULL;
            """,
        # AlterField Operation도 다른 점은 없다. 이 operation을 대체할 DDL을 직접 작성하면 된다.
        state_operations=[
            migrations.AlterField( # AddField Operation을
                model_name="store",
                name="tel_num",
                field=models.CharField(
                  default="070-000-0000", help_text="음식점 연락처", max_length=16),
            ),
        ],
    )
]
```

코드 2-84 Raw SQL을 수행하는 방식으로 커스터마이징

ADDField가 전달하고자 하는 내용은 다음과 같다.

- makemigrations는 장고가 수행할 DDL 계획을 제안해주는 작업이다.
  ADDField에서 DEFAULT 옵션이 드롭되는 것처럼 **장고가 원하는 방식대로 DDL을 계획한다.**

- makemigrations로 생성된 마이그레이션 파일이 그 결과물이고 항상 개발자가 기대하는 DDL이 수행되는지 알 수
  없기 때문에 **개발자는 생성된 마이그레이션 파일을 직접 읽어보고 문제없는지 판단해야 한다.**

- 의도하지 않는 DDL이 마이그레이션 파일 내에 계획되어 있다면 이를 커스터마이징해야 한다.

앞서 언급한 것처럼 모든 Operation을 전부 분석하고 암기해야 할 필요는 없다. 왜냐하면 다음 절에서 sqlmigrate라는 명령어로 각 마이그레이션 파일의 Operation을 확인하는 방법을 알아볼 것이기 때문이다.

> • 마이그레이션 수행 계획 검토(출력) 명령어

makemigrations를 사용해서 장고에게 DDL 수행 계획 파일을 받았다면 이제 마이그레이션 파일을 검토해야 한다. 앞에서 언급했던 것처럼 마이그레이션 Operation들이 수행하는 SQL을 전부 외우는 것은 불필요하다. **sqlmigrate 명령어는 각 마이그레이션 파일이 수행될 때 발생하는 DDL을 출력해서 개발자에게 보여주는 역할을 한다.**

```
$ DjangoBackendProgramming [main] python manage.py sqlmigrate study_example_app 0001
BEGIN;
--
-- Create model DjangoModel
--
CREATE TABLE "django_model" ("id" integer NOT NULL PRIMARY KEY AUTOINCREMENT, "str_choices_
field" varchar(128) NOT NULL, "text_choices_field" text NULL, "str_field" varchar(127) NOT
NULL, "text_field" tinytext NOT NULL, "int_field" integer NOT NULL, "float_field" real NOT
NULL, "decimal_field" decimal NOT NULL, "bool_field" bool NOT NULL, "date_field" date NOT
NULL, "datetime_field" datetime NOT NULL, "time_field" time NOT NULL, "duration_field"
bigint NOT NULL, "file_field" varchar(256) NOT NULL);
--
-- Create model ExampleUser
--
CREATE TABLE "study_example_app_exampleuser" ("id" integer NOT NULL PRIMARY KEY
AUTOINCREMENT, "username" varchar(150) NOT NULL, "first_name" varchar(150) NOT NULL, "last_
name" varchar(150) NOT NULL, "email" varchar(254) NOT NULL, "is_staff" bool NOT NULL, "is_
active" bool NOT NULL, "date_joined" datetime NOT NULL);
--
-- Create model FileFieldExampleModel
--
CREATE TABLE "study_example_app_filefieldexamplemodel" ("id" integer NOT NULL PRIMARY KEY
AUTOINCREMENT, "file" varchar(100) NULL, "image" varchar(100) NOT NULL);
--
-- Create model PythonModel
--
```

```
CREATE TABLE "database_table" ("id" integer NOT NULL PRIMARY KEY AUTOINCREMENT, "str_
column" varchar(32) NOT NULL, "int_column" integer NOT NULL, "bool_column" bool NOT NULL,
"datetime_attr" datetime NOT NULL);
COMMIT;

$ DjangoBackendProgramming [main]
```

코드 2-85 sqlmigrate 수행 예시

```
python manage.py sqlmigrate {장고 앱 이름} {마이그레이션 파일 번호}
```

코드 2-86 sqlmigrate 명령어 사용법

sqlmigrate에서 사용 가능한 옵션

- --backwards: 장고의 마이그레이션은 migrate라는 명령어로 수행되는데 --backwards로 롤백rollback[14]을 수행할 수 있다. 즉 특정 마이그레이션 파일 수행으로 인해 시스템에 문제가 생겼을 때 데이터베이스를 원상 복구하는 것이 가능하다는 말이다. 이 옵션을 부여하면 롤백 시 발생하는 DDL을 출력한다.

sqlmigrate는 시스템에 영향을 주지 않는 단순 검토용 명령어이다. makemigrations는 장고 마이그레이션 파일을 생성하고 migrate는 실제 데이터베이스의 테이블 구조 변화를 일으키는 명령어이기 때문에 명령어 수행 이전에 검토할 게 없는지 살펴봐야 하지만 sqlmigrate는 여러 번 수행해도 시스템에 전혀 영향을 주지 않는 명령어이기 때문에 부담 없이 사용해도 된다.

2.4.4 migrate

- 실제 데이터베이스에 마이그레이션을 반영하는 명령어

makemigrations를 사용해서 마이그레이션 파일을 생성하고 필요하다면 이를 커스터마이징한다. 그리고 sqlmigrate를 사용해서 데이터베이스에서 수행될 DDL을 확인했다면 이제는 실제로 데이터베이스에 반영해야 한다. migrate는 이름 그대로 데이터베이스에 마이그레이션 파일을 반영한다.

---

14 특정 SQL이 수행되기 이전 상태로 되돌리는 것.

```
$ DjangoBackendProgramming [main]  python manage.py migrate

Operations to perform:
  Apply all migrations: admin, auth, contenttypes, sessions, shopping_mall, study_example_app
Running migrations:
  Applying contenttypes.0001_initial... OK
  Applying contenttypes.0002_remove_content_type_name... OK
  Applying auth.0001_initial... OK
  Applying auth.0002_alter_permission_name_max_length... OK
  Applying auth.0003_alter_user_email_max_length... OK
  Applying auth.0004_alter_user_username_opts... OK
  Applying auth.0005_alter_user_last_login_null... OK
  Applying auth.0006_require_contenttypes_0002... OK
  Applying auth.0007_alter_validators_add_error_messages... OK
  Applying auth.0008_alter_user_username_max_length... OK
  Applying auth.0009_alter_user_last_name_max_length... OK
  Applying auth.0010_alter_group_name_max_length... OK
  Applying auth.0011_update_proxy_permissions... OK
  Applying auth.0012_alter_user_first_name_max_length... OK
  Applying shopping_mall.0001_initial... OK
  Applying admin.0001_initial... OK
  Applying admin.0002_logentry_remove_auto_add... OK
  Applying admin.0003_logentry_add_action_flag_choices... OK
  Applying sessions.0001_initial... OK  # 여기까지가 django 기본 app의 Migration 파일들

  Applying study_example_app.0001_initial... OK
  Applying study_example_app.0002_auto_20210428_2207... OK

$ DjangoBackendProgramming [main]
```

코드 2-87 migrate 수행 예시

참고로 처음 migrate 명령어가 수행될 때 장고 기본 앱에 존재하는 마이그레이션도 함께 수행되기 때문에 우리가 만든 장고 프로젝트에 보이지 않는 마이그레이션 파일들도 함께 수행된다.

```
python manage.py migrate {장고 앱 이름} {마이그레이션 파일 번호}
```

코드 2-88 migrate 명령어 사용법

migrate는 마이그레이션 파일 단위로 수행이 가능하다.

💡 장고 마이그레이션은 마이그레이션 파일 단위로 수행이 가능하다.

만약 {장고 앱 이름}만 명시하고 {마이그레이션 파일 번호}를 명시하지 않았다면 해당 장고 앱에 존재하는 아직 수행되지 않은 모든 마이그레이션 파일을 수행해서 데이터베이스에 반영한다. 마찬가지로 {장고 앱 이름}을 명시하지 않고 migrate를 수행한다면 해당 장고 프로젝트에 존재하는 아직 수행되지 않은 모든 마이그레이션 파일을 수행해서 데이터베이스에 반영한다. [코드 2-88]에서는 별다른 명시를 하지 않았기 때문에 해당 장고 프로젝트 내에 존재하는 모든 마이그레이션 파일이 수행되었다.

migrate에서 사용 가능한 옵션

* --fake: --fake 옵션이 부여되면 migrate 수행 시 실제 데이터베이스에 DDL을 반영하지 않고 수행 완료 처리한다. 왜 이런 옵션이 있는지 의아할 수도 있겠지만 실제 시스템을 운영하다 보면 매우 많이 사용된다. 장고는 자기 자신만 데이터베이스를 완전히 제어할 수 있는 능력을 가지고 있지만 실제 시스템의 데이터베이스에는 장고 이외에 다양한 시스템이 붙어 있는 경우가 많다.

* --fake 옵션을 사용해야 하는 상황 예시

  ○ 장고의 제어 범위 밖에서(예: DBA가 직접 수행) DDL이 반영되었고 이것을 장고에 마이그레이션 이력으로 기록해야 하는 경우

  ○ 조직의 정책이 데이터베이스에 대한 제어권을 DBA가 주도하는 방향으로 운영되어서 모든 마이그레이션 파일을 --fake 처리 해줘야 하는 경우(로컬 개발 환경이나 Staging 서버에서는 개발자가 장고의 마이그레이션을 사용하지만 실제 서버에서는 DBA가 직접 DDL을 수행하는 방식)

  ○ 시스템 성능에 큰 영향을 줄 수 있는 DDL Optimizing과 분할 수행이 필요한 경우

  ○ PostgreSQL에는 DDL 수행 시 하나라도 실패하면 데이터베이스가 알아서 롤백해주는 기능이 존재하지만 MySQL의 경우 이러한 기능이 없다. 따라서 특정 마이그레이션 파일이 수행되다가 중간에 에러가 발생한다면 해당 마이그레이션 파일을 --fake 처리해주고 데이터베이스에 접근해서 나머지 DDL을 직접 수행해야 한다.

> **NOTE** **마이그레이션 파일 수행 중 에러 발생 시**
>
> 입문자는 데이터베이스 지식이 부족하기 때문에 이런 문제가 발생하면 대처하기 어려울 것이다. 이런 문제를 이를 해결하기 위해 데이터베이스를 초기화하고 마이그레이션 파일을 전부 삭제하는 행동을 많이 하는 데 이것은 땜질식 처방에 불과하다. 실제 시스템은 잘 돌아갈 수도 있지만 데이터베이스를 이해하는 데 도움이 되지 않는다. 개발자라면 이른바 삽질을 해봐야 한다.
>
> 또는 이러한 상황을 최대한 방지하기 위해 MySQL보다는 PostgreSQL을 사용할 것을 추천한다. PostgreSQL은 DDL 수행 시 마이그레이션 파일 단위로 트랜잭션을 보장한다. 따라서 migrate가 수행 중 실패하더라도 문제를 수정하고 실패한 마이그레이션 파일(예: 0002_auto_20220222)을 재수행할 수 있다.

* --plan : migrate 수행 계획을 출력해준다. sqlmigrate와 차이점은 sqlmigrate는 DDL을 직접 출력하지만 migrate --plan은 장고 Operation의 수행 계획을 출력한다는 것이다.

```
$ DjangoBackendProgramming [main] python manage.py migrate study_example_app --plan
Planned operations:
study_example_app.0002_auto_20220428_2207
    Alter field file on filefieldexamplemodel
    Alter field image on filefieldexamplemodel
$ DjangoBackendProgramming [main]
```

코드 2-89 migrate —plan 옵션 수행 예시

입문자 눈에는 sqlmigrate보다 migrate ——plan의 출력 결과가 더 간결해서 보기 편하겠지만 실무에서는 실제 수행되는 DDL을 정확히 아는 것이 중요하기 때문에 이 명령어는 거의 사용되지 않는다.

2.4.5 showmigrations

- 마이그레이션 이력 조회하기

migrate 명령어를 수행하기 전이나 수행한 이후 지금까지 수행한 마이그레이션의 이력history을 확인하고 싶을 때가 있다. showmigrations 명령어는 지금까지 수행된 마이그레이션 파일과 아직 실행되지 않은 마이그레이션 파일을 검토해주는 역할을 한다.

```
$ DjangoBackendProgramming [main] python manage.py showmigrations

admin
 [X] 0001_initial
 [X] 0002_logentry_remove_auto_add
 [X] 0003_logentry_add_action_flag_choices
auth
 [X] 0001_initial
 [X] 0002_alter_permission_name_max_length
 [X] 0003_alter_user_email_max_length
 [X] 0004_alter_user_username_opts
 [X] 0005_alter_user_last_login_null
 [X] 0006_require_contenttypes_0002
 [X] 0007_alter_validators_add_error_messages
 [X] 0008_alter_user_username_max_length
 [X] 0009_alter_user_last_name_max_length
 [X] 0010_alter_group_name_max_length
 [X] 0011_update_proxy_permissions
 [X] 0012_alter_user_first_name_max_length
```

```
contenttypes
 [X] 0001_initial
 [X] 0002_remove_content_type_name
frontend_app
 (no migrations)
sessions
 [X] 0001_initial
shopping_mall
 [X] 0001_initial
study_example_app
 [X] 0001_initial
 [ ] 0002_auto_20210428_2207 # X 표시가 되지 않은 Migration 파일은 아직 수행 안 된 파일이다.

$ DjangoBackendProgramming [main]
```

코드 2-90 showmigrations 명령어 수행 예시

showmigrations 명령어 수행 시 출력되는 결과에서 X 표시가 되지 않은 마이그레이션 파일은 아직 수행되지 않은 파일이라는 의미다. showmigrations로 migrate를 수행하면 study_example_app의 0002 파일이 데이터베이스에 반영될 것이라는 예측을 할 수 있다. showmigrations도 sqlmigrate와 마찬가지로 단순 조회 용이기 때문에 여러 번 수행해도 시스템에 변화를 주지 않는다.

2.4.6 squashmigrations

> • 마이그레이션 이력 통합하기

장고 프로젝트를 오랜 기간 운영하다 보면 마이그레이션 파일이 너무 많이 쌓이게 된다. 아무리 데이터베이스의 변경 이력이 중요하다고는 하지만 1년 전에 새로운 필드 하나 추가하고 10개월 전에는 새로운 테이블이 생겼다는 이력 등을 굳이 알고 있어야 할 필요는 없다. 이때 squashmigrations를 사용한다. **squashmigrations는 여러 개의 마이그레이션 파일을 1개의 마이그레이션 파일로 합쳐주는 명령어이다.**

```
$ DjangoBackendProgramming[main] python manage.py squashmigrations study_example_app 0001
0002

Will squash the following migrations:
 - 0001_initial
 - 0002_auto_20210428_2207
Do you wish to proceed? [yN] y

Optimizing...
  Optimized from 6 operations to 4 operations.
Created new squashed migration /Users/KimSoungRyoul/PycharmProjects/
DjangoBackendProgramming/study_example_app/migrations/0001_initial_squashed_0002_
auto_20210428_2207.py
  You should commit this migration but leave the old ones in place;
  the new migration will be used for new installs. Once you are sure
  all instances of the codebase have applied the migrations you squashed,
  you can delete them.
# 의역: squashmigrations가 잘 수행되어서 새로 생성된 squash migration 파일 이외에는 삭제해도 된다는
뜻

$ DjangoBackendProgramming [main]
```

코드 2-91 squashmigrations 수행 예시

```
python manage.py squashmigrations {장고 앱 이름} {마이그레이션 파일 번호1} {마이그레이션 파일 번호2}
```

코드 2-92 squashmigrations 명령어 사용법

특정 장고 앱에 존재하는 마이그레이션 파일을 {마이그레이션파일 번호1}부터 {마이그레이션파일 번호2}까지 1개의 마이그레이션 파일로 만든다.

squashmigrations에서 사용 가능한 옵션

- --squashed-name: 해당 옵션과 함께 문자열을 부여하면(예: squashmigrations --squashed-name squashed_file) 합쳐진 마이그레이션 파일 이름으로 사용된다.

그림 2-23 squashmigrations 수행 직후 migrations 폴더 상태

[그림 2-23]에서 squashmigrations로 생성된 가운데 파일만 빼고 0001, 0002 파일은 삭제하면
된다.

2.4.7 커스텀 마이그레이션 파일 작성하기

데이터 마이그레이션

장고 마이그레이션 모듈은 주로 DDL(데이터베이스 구조를 제어하는 언어)을 관리하기 위해 사용하
지만 개발을 하다 보면 데이터베이스에 저장된 데이터를 일괄 제어해야 하는 경우가 생기기도 한다.
다음은 이러한 상황의 예시이다.

> 데이터베이스가 조직, 카테고리와 같은 데이터를 기본 데이터로 들고 있어야 한다면?
> - 음식점의 카테고리 유형(한식, 일식, 치킨, 피자) 데이터를 반드시 가지고 있어야 함.
> - 회사 직원 조직 정보(인사팀, 개발팀, 재무팀)와 같은 데이터를 반드시 가지고 있어야 함.
> - 시스템 권한 관련 데이터는 서비스가 시작하는 시점에 반드시 채워져 있어야 함.

이러한 데이터는 장고 마이그레이션 모듈로 데이터 마이그레이션 파일을 만들어서 관리할 수 있다.

우선 장고 makemigrations를 사용해서 비어 있는 마이그레이션 파일을 생성한다.

```
python manage.py makemigrations {장고 앱 이름} --name="생성될 마이그레이션 파일명" --empty
```

코드 2-93 makemigrations -empty 사용 포맷

```
> python manage.py makemigrations users --name="insert_init_organization_data" --empty

Migrations for 'users':
  users/migrations/0007_insert_init_organization_data.py
```

코드 2-94 makemigrations -empty 사용 예시

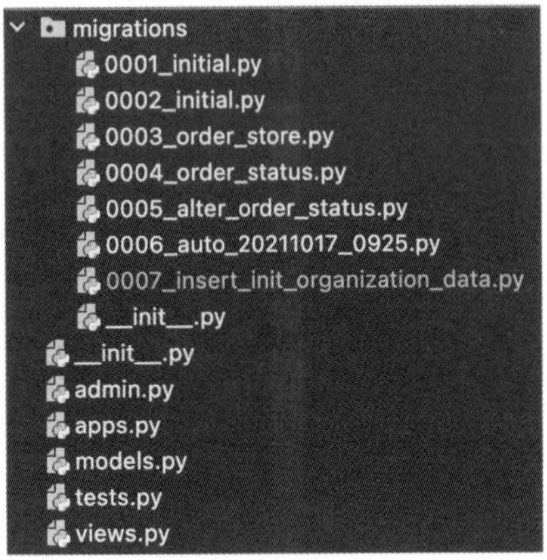

그림 2-24 makemigrations -empty 사용 결과

그러면 [그림 2-24]처럼 djangoApp users 하위의 migrations 폴더에 비어 있는 마이그레이션 파일이 생성된다. 이렇게 만들어진 마이그레이션 파일 내부에 내가 원하는 동작을 작성하면 된다. 내가 원하는 동작이 Organization(조직) 모델이 가지고 있어야 할 데이터를 생성하는 것이라면 [코드 2-95]와 같이 작성하면 된다.

```
# 0007_insert_init_organization_data.py

from django.db import migrations

from users.models import Organization


def bulk_create_organization_data(apps, schema_editor):
    Organization.objects.bulk_create(
      objs=[
          Organization(name="인사팀"),
          Organization(name="개발팀"),
          Organization(name="재무팀"),
          Organization(name="디자인팀"),
          Organization(name="영업팀"),
      ]
    )



def bulk_delete_organization_data(apps, schema_editor):
    Organization.objects.filter(
```

```
            name__in=["인사팀", "개발팀", "재무팀", "디자인팀", "영업팀"],
        ).delete()




class Migration(migrations.Migration):

    dependencies = [
        ('users', '0006_auto_20211017_0925'),
    ]

    operations = [
        migrations.RunPython(
            code=bulk_create_organization_data, # migrate 수행 시 데이터 생성
            reverse_code=bulk_delete_organization_data, # migrate 롤백 시 데이터 삭제
        )
    ]
```

코드 2-95 migrations.RunPython 사용 예시

만약 파이썬으로 필요한 동작을 구현하는 것이 까다롭다면 RunSQL을 사용할 수도 있다.

```
from django.db import migrations

class Migration(migrations.Migration):

    dependencies = [
        ('orders', '0006_auto_20211017_0925'),
    ]

    operations = [
        migrations.RunSQL(
            # migrate 수행시 데이터 생성
            sql="""INSERT INTO organization(`name`)
                    VALUES ('인사팀', '개발팀', '재무팀', '디자인팀', '영업팀');
            """,
            # migrate 롤백시 데이터 삭제
            reverse_sql="""DELETE FROM organization
                WHERE name IN ('인사팀', '개발팀', '재무팀', '디자인팀', '영업팀');
            """

        )
    ]
```

코드 2-96 migrations.RunSQL 사용 예시(앞의 RunPython 사용 예시와 동작이 동일하게 작성)

이렇게 작성하면 python manage.py migrate 수행 시 DDL이 수행될 뿐만 아니라 Organization 모델의 데이터가 같이 생성된다.

커스텀 마이그레이션 파일은 더 복잡한 방법으로도 사용할 수 있다. 이러한 데이터 마이그레이션 목적으로는 빈번하게 사용되므로 아래 2가지 명령어만 잘 기억해두었다가 나중에 필요할 때 사용해보자.

```
migrations.RunSQL(
        sql="""필요한 SQL 작성
        """,
        reverse_sql="""롤백 시 수행할 SQL 작성"""

)

migrations.RunPython(
        code=수행할 python 함수명, # migrate 수행시 데이터 생성
        reverse_code=롤백 시 수행할 python 함수명, # migrate 롤백 시 데이터 삭제
        )
```

코드 2-97 커스텀 마이그레이션 파일 작성을 위한 2가지 명령어

마이그레이션 오버라이딩

지금까지 배운 것을 정리하면 장고 makemigrations 명령어로 생성된 장고 마이그레이션 파일은 모델의 변화(생성, 수정, 삭제)를 파악해서 이 변화를 따라갈 수 있는 DDL을 만들어준다. 하지만 이 DDL은 그저 장고 마이그레이션 모듈이 제안하는 것일 뿐 개발자의 의도와 다르게 동작할 수 있다. 이럴 때에는 마이그레이션 파일에서 발생하는 DDL을 오버라이딩할 수 있다. 다음은 대표적인 마이그레이션 오버라이딩 사례다.

1. 장고 마이그레이션 모듈이 제안해준 AddField(...)는 DEFAULT 옵션이 포함되어 있더라도 실제로 데이터베이스에 반영되는 DDL에서는 DEFAULT 옵션을 제거하는 경우
2. ManyToManyField()를 모델에 선언 시 through="OrderedProduct"와 같이 through 옵션을 주지 않아 장고에서 존재 여부를 알지 못하는 테이블이 생성되어 최적화된 SQL을 작성할 수 없는 상황이 생기는 경우

2.4.8 정리

파이썬 이외의 언어를 포함한 여러 프레임워크와 비교해봐도 장고의 마이그레이션 모듈만큼 프레임워크가 데이터베이스를 제어해주는 모듈은 별로 없다. 이러한 특성 때문에 장고를 잘 사용하기 위해서는 마이그레이션 모듈을 충분한 이해해야 한다. 장고에서 제공하는 데이터베이스 마이그레이션 관련 명령어는 앞에서 설명한 6가지 명령어 말고도 더 많이 있지만 실무에서 유용하게 자주 사용하는 것은 이 정도로 추릴 수 있다.

- makemigrations: 마이그레이션 파일 생성
- sqlmigrate: 특정 마이그레이션 파일에서 수행되는 SQL(DDL) 조회
- migrate: 마이그레이션 파일을 데이터베이스에 반영
- showmigrations: 지금까지의 마이그레이션 수행 이력 조회
- squashmigrations: N 개의 마이그레이션 파일을 1개로 통합
- makemigrations --empty: 커스텀 마이그레이션 파일 생성, 주로 데이터 마이그레이션에 사용

실제 데이터베이스에 영향을 주는 명령어는 migrate 하나뿐이다. 나머지 명령어는 상태를 확인하거나 데이터베이스에 반영하기 전에 장고 프로젝트에 파일을 생성 또는 변경하는 것이라서 몇 번을 반복해서 수행해도 문제가 없다. 반대로 migrate와 makemigrations는 실제 시스템에 영향을 줄 수 있는 명령어이기 때문에 수행을 할 때 신중해야 한다.

> **makemigrations**: (장고)개발자야. 내가 봤을 때 DDL을 이렇게 수행하면 될 것 같아. 내가 만든 DDL은 마이그레이션 파일로 생성해둘게. 네가 보고 확인해줘.
> **migrate**: 개발자야. 마이그레이션 파일에 있는 DDL을 진짜 데이터베이스에 반영한다.

Tip2: 신입, 주니어 개발자를 위한 기술 면접 팁

개인적으로 기술 면접은 70%의 운과 30%의 실력으로 당락이 결정된다고 생각한다. 실력이 형편없어도 운이 있으면 된다는 뜻이 아니다. 기술 면접은 지원자 10명 중 가장 실력이 좋은 1명이 합격하는 것이 아니라 실력을 갖췄다고 여겨져서 추려진 3명 중 면접관의 가치관과 그 회사의 가치관에 근접한 1명이 합격하는 전형이라는 의미다.

지원자의 역량은 다음과 같이 단순화할 수 있다.

- 기초 전산 지식(CS 지식, 알고리즘)
- 프로젝트 경험(포트폴리오)
- 협업 능력(지원자의 사회성, 성격)

간단한 ER 모델 설계 요구

ER 모델을 즉흥적으로 설계해보라고 요구하기도 한다. 이럴 때 게시판과 같이 짧은 시간 내에 할 수 있는 간단한 모델링을 요구하며 해당 모델 설계를 토대로 기술 면접을 진행한다.

- 게시판 모델링
- 쇼핑몰 모델링
- 도서관 모델링

ER 모델 설계는 실무에서 백엔드 개발 시 가장 먼저 하게 되는 작업이다. 이 말은 설계하고 나면 수정이 어렵기 때문에 신중하게 고민해야 하는 작업이라는 의미이기도 하다. 이러한 모델링에 대해 물어보는 것은 학부 또는 학원 등에서 데이터베이스 관련 정규 과목을 잘 이수했는지를 확인하기 위한 것이기도 하다.

장고 파일 필드를 사용했을 때 파일이 업로드되는 과정을 설명해줄 수 있나요?

이와 같은 질문을 받았다는 것은 이력서에 '장고, S3(또는 Google Cloud Storage)를 연동한 쇼핑몰 시스템 구축'과 같은 문장을 기재해놓았기 때문일 것이다. 이 질문의 속뜻은 '당신이 S3를 단순히 인터넷에 떠돌아다니는 소스 코드를 복붙해서 만든 게 아니라 파일 업로드의 동작 방식을 정확히 이해하고 만든 것인가요?'이다. 2.3.5절에서 파일 업로드 관련 필드를 설명했었다. 무엇보다 실제 파일은 스토리지 솔루션에 저장되고 데이터베이스에는 저장 경로만 저장된다는 사실과 왜 데이터베이스에 파일을 저장하면 안 되는지를 설명할 수 있어야 한다.

ORM과 쿼리셋

개발자가 SQL을 전혀 몰라도 SQL 퍼포먼스 문제에 발생하지 않는 ORM 프레임워크가 존재한다면 매우 이상적일 것이다. 하지만 아쉽게도 현시점에서 그런 ORM은 존재하지 않는다. 동일한 테이블을 설계할 때도 각 시스템의 특성에 따라 어떤 SQL이 더 나은 성능을 보여주는지 그때그때 달라진다. 가까운 미래에 훨씬 더 발전된 ORM이 등장하더라도 기존 ORM 프로젝트가 확연하게 개선된 형태가 아닌 시스템의 트래픽 로그를 머신러닝으로 SQL을 제안하는 것처럼 인공지능 DBA의 역할을 하는 모습 등을 보여줄 것이다. 현재 시점의 ORM은 단지 SQL을 대신 작성해주면서 보일러 플레이트 코드를 줄여줄 뿐 SQL의 성능은 담보해주지 않는다. 이처럼 성능과 관련한 부분은 여전히 개발자(인간)의 영역으로 남아 있기 때문에 ORM을 사용하더라도 SQL을 배워야 한다. 이 점을 염두에 두고 3장을 학습하기 바란다. 이 장에서는 먼저 ORM의 개념을 익히고 장고 모델을 SQL 문으로 만들어주는 장고의 ORM인 쿼리셋에 대해서 다룬다.

CHAPTER

03

3.1 ORM

먼저 데이터베이스(관계 지향형)와 파이썬(객체 지향형)과 같은 언어 사이에 ORM[Object Relational Mapping]이라는 기술이 왜 생겨났는지 이해해야 한다. 관계 지향형 패러다임은 데이터를 중심으로 실세계를 바라보며 객체 지향형 패러다임은 객체를 기준으로 실세계를 바라본다. ORM의 장점은 다음과 같이 정리할 수 있다.

> ORM은 객체 지향형과 관계 지향형 패러다임 간 차이 때문에 복잡해질 수 있는 로직을 객체 지향적인 코드로 작성할 수 있도록 보조해준다. 이렇게 OMR으로 만들어진 로직은 더 직관적이며 개발자가 비즈니스 로직에만 집중할 수 있도록 도와준다.

💡 기술 면접에서 ORM의 장점에 대한 질문을 받았을 때 위와 같이 말하면 가장 명료한 답변이 될 것이다.

ORM을 처음 배우는 입문자는 종종 ORM에게 SQL을 위임했기 때문에 SQL의 깊은 지식을 알 필요 없다고 착각하기도 한다. 개발자는 자신이 작성한 로직에서 어떤 SQL이 발생하는지 반드시 알아야 한다. 즉 ORM을 잘 활용하기 위해서는 ORM 자체를 잘 알아야 하는 것은 물론 SQL에 대해서도 잘 이해하고 있어야 한다. 이미 SQL을 잘 다루는 시니어 개발자 중 일부는 이러한 이유 때문에 ORM을 싫어하기도 한다.[1] 일반적인 프레임워크 기술 스택에서 ORM은 필수 요소가 아니다. 하지만 장고에는 장고 ORM과 얽혀서 제공되는 기능이 워낙 많기 때문에 장고로 개발하기 위해서는 반드시 장고 ORM이 필요하다. 따라서 장고 ORM에 대해 제대로 이해해야 한다. 백엔드 프로그래밍의 흐름은 아래와 같이 단순화할 수 있다.

- 클라이언트 애플리케이션(안드로이드, iOS, 웹 등)에서 요청이 들어온다.
- 원하는 데이터를 가공하거나(INSERT, UPDATE, DELETE) 조회한다(SELECT).
- 요청의 처리 성공 여부를 클라이언트 애플리케이션에 전달하고 다른 요청이 들어올 때까지 대기한다.

---

1 SQL 지식을 많이 가지고 있어 숙련도가 높은 시니어 개발자 중 일부는 ORM의 필요성에 대해 공감하지 못하기도 한다.

SQL로 원하는 데이터를 조작

```
SELECT * FROM AUTH_USER WHERE ID=1
INSERT INTO(username, password, name) VALUES('aaa0823', 'password1234', '김성렬)
UPDATE….
DELETE….
```

서버 → 데이터베이스

그림 3-1 일반적인 백엔드 프로그래밍의 흐름

단순해보이지만 구체적으로 살펴보면 다음과 같다.

- 클라이언트 애플리케이션(안드로이드, iOS, 웹 등)에서 요청이 들어온다.
- 원하는 A 데이터를 가공하거나(INSERT, UPDATE, DELETE) 조회한다(SELECT).……①
  - 원하는 B 데이터를 가공하거나(INSERT, UPDATE, DELETE) 조회한다(SELECT). ②
  - 원하는 C 데이터를 가공하거나(INSERT, UPDATE, DELETE) 조회한다(SELECT). ③
    - 원하는 D 데이터를 가공하거나(INSERT, UPDATE, DELETE) 조회한다(SELECT). ③-1
    - 원하는 E 데이터를 가공하거나(INSERT, UPDATE, DELETE) 조회한다(SELECT). ③-2

      ….
  - 원하는 F 데이터를 가공하거나(INSERT, UPDATE, DELETE) 조회한다(SELECT). ④
  - 원하는 G 데이터를 가공하거나(INSERT, UPDATE, DELETE) 조회한다(SELECT). ⑤
    - 원하는 H 데이터를 가공하거나(INSERT, UPDATE, DELETE) 조회한다(SELECT). ⑤-1
    - 원하는 I 데이터를 가공하거나(INSERT, UPDATE, DELETE) 조회한다(SELECT). ⑤-2

      ….
- 요청 처리 성공 여부를 클라이언트 애플리케이션에 전달하고 다른 요청이 들어올 때까지 대기한다.

> 원하는 데이터를 가공(INSERT, UPDATE, DELETE)하거나 조회(SELECT)한다.

이 문장을 소스 코드로 구현해보자. 이 문장처럼 실행하기 위해서는 먼저 PostgreSQL이 설치되어 있어야 한다.

```python
# ORM 없이 database에서 원하는 데이터를 조회하기
from dataclasses import dataclass
from datetime import datetime
from typing import Any, Tuple

import psycopg2 as pg2

@dataclass
class ExampleUser:
    id: int
    username: str
    password: str
    last_login: datetime
    is_superuser: bool
    first_name: str
    last_name: str
    email: str
    is_staff: bool
    is_active: bool
    date_joined: datetime

def get_user(id) -> User:
    with pg2.connect(
        # 데이터베이스에 접속하기 위해서는 데이터베이스가 접속하기 위한 정보가 필요하다.
        dbname="django_backend_programming_db", user="postgres", password="1234",
host="127.0.0.1", port=5436,
    ) as conn:
        with conn.cursor() as cur:
        # SQL은 데이터베이스에서 사용하는 프로그래밍 언어이지만 python이라는 언어는 SQL의 문법을 이해하
지 못하기 때문에 SQL을 그냥 문자열로 취급한다.
            sql = f"SELECT id,username, password,last_login, is_superuser,first_name,last_
name,email, is_staff,is_active,date_joined FROM auth_user where id={id}"
            cur.execute(sql) # 데이터베이스에 위 SQL을 수행해
            row: Tuple[Any] = cur.fetchone() # 수행 결과를 1줄 가져와

            # database에서 가져온 데이터를 python의 instance에 담는다
            user = ExampleUser(
                id=row[0],
                username=row[1],
                password=row[2],
                last_login=row[3],
                is_superuser=row[4],
                first_name=row[5],
                last_name=row[6],
                email=row[7],
                is_staff=row[8],
                is_active=row[9],
```

```
                date_joined=row[10],
            )

    return user

if __name__ == "__main__":

    # 데이터베이스에서 user의 id가 1인 데이터를 가져오는 함수를 만들었다! get_user()
    user: ExampleUser = get_user(id=1)

    print("user: ", user)
```
코드 3-1 ORM 없이 데이터베이스에서 원하는 데이터를 조회하는 예시

[코드 3-1]과 같이 작성하고 정상적으로 동작하는 것을 확인했다면 뿌듯함을 느껴도 좋다. 하지만 아직 해결해야 할 문제가 남아 있다. 10개가 넘는 '원하는 데이터를 가공하거나 조회한다'라는 동작 중에서 고작 1개만 완료한 것뿐이다.

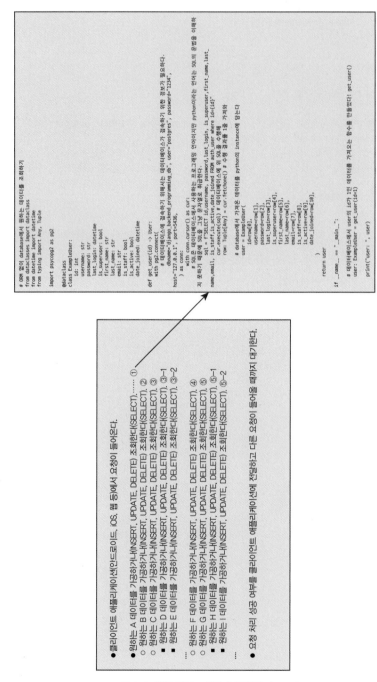

그림 3-2 회원 정보 조회하기 구현(완료)

나머지 동작을 구현하려면 [그림 3-2]와 같은 작업을 9번 반복해야 한다.

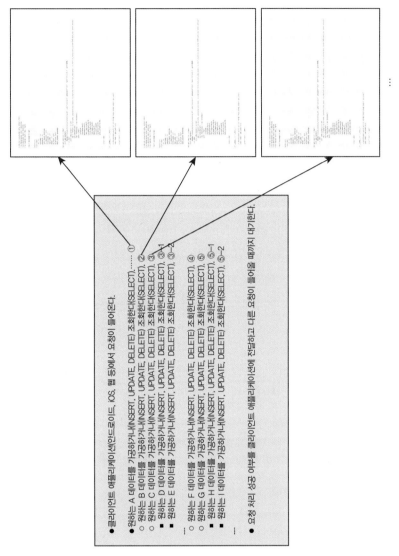

그림 3-3 남은 동작 구현하기

이렇게 코딩해도 정말 괜찮을까? 프로그래밍이란 단순히 돌아만 가는 소스 코드를 짜는 게 아니다. 이러한 방식으로 개발하면 크게 다음과 같은 3가지 문제점이 발생한다.

- 약간의 변형만 가한 비슷비슷한 코드의 반복
- 개발자의 시간 및 자원 낭비
- 관계 지향형과 객체 지향형의 이질성

이와 같은 문제점에 대해 자세히 살펴보자.

3.1.1 지루하게 반복되는 코드들

비슷한 코드가 여러 곳에서 반복적으로 사용되는 문제를 살펴보자. 지루한 코드의 반복은 단순히 개발자의 흥미를 떨어뜨리는 수준의 문제가 아니다. 소프트웨어를 개발할 때 중요하게 고려해야 하는 요소인 유지 보수를 어렵게 만든다. 반복되는 코드를 수정해야 경우가 생긴다면 큰 리스크를 감수해야 한다. 개발자가 반복된 코드가 10개라고 생각하고 10개만 수정했는데 나중에 알고 보니 12개였다면 놓친 2개의 로직 때문에 시스템 장애가 발생할 것이다. 이렇게 작성된 시스템을 유지 보수하는 개발자에게는 마치 숨은 그림 찾기를 하듯 반복된 코드를 찾아야 하는 어려움이 생긴다.

3.1.2 개발자의 시간 및 자원 낭비

[코드 3-1]처럼 모든 동작의 소스 코드를 작성하기 위해서는 아무리 숙련된 개발자라 하더라도 코드 라인수가 길어지기 때문에 어쩔 수 없이 물리적인 시간을 소비할 수밖에 없다. 또한 이 과정에서 자잘한 실수가 발생하면 소스 코드를 작성하는 시간보다 잘못된 곳을 찾는 데 더 많은 시간이 걸리게 된다.

```
# 자잘한 실수 예시
sql_str = "SELECT id. username, password, email, FORM auth_user where id=1;"
```

코드 3-2 오탈자가 있는 SQL 예시

[코드 3-2]에서 오탈자가 몇 개인지 찾아보자. 이 SQL 쿼리에서는 다음과 같이 3곳이 잘못되었다.

- id. username, → id, username,
- FORM → FROM
- email. FROM → email FROM

파이썬은 SQL 쿼리를 단순 문자열로 취급하기 때문에 이런 사소한 문법의 오류를 잡지 못한다.[2] 이러한 자잘한 실수가 개발자의 시간을 야금야금 잡아먹는다. 파이썬만의 문제가 아니라 모든 애플리케이션 언어(자바, 고, 자바스크립트 등)는 SQL을 단순 문자열로 취급한다. [코드 3-2]에서 오탈자를 바로 찾아내지 못했다면 여러분도 같은 이유로 시간을 낭비하게 될 것이다. 지루하고 반복되는 코드를 작성하다 보면 자잘한 실수가 생기기 마련이고 자연스레 물리적인 시간이 소비될 수밖에 없다.

....

2 파이참 유료 버전을 사용하면 파이썬 문자열로 취급되더라도 SQL 문법을 자동으로 인식해서 검토해주기는 하지만 단순히 개발 도구에 의존하는 것이 아니라 소프트웨어 설계 관점에서 이를 해결하는 것이 필요하다.

3.1.3 관계형 데이터베이스와 객체 지향형 언어 간의 이질성

우리가 흔히 RDBMS^{Relational Database Management System}라고 부르는 PostgreSQL, MySQL, 오라클 등은 관계 지향형 데이터 구조를 가진다. 그리고 파이썬은 알다시피 객체 지향형 언어이다. 이렇게 서로 다른 패러다임이 만나게 되면 다음과 같은 고민을 가져온다.

- 파이썬에서는 모델 간 상속 구조를 가지도록 설계할 수 있지만 관계 지향형에는 상속이라는 개념이 존재하지 않는다.
- 관계 지향형에는 데이터 간 관계 구조를 ForeignKey(외래 키)로 표현하지만 객체 지향형에서는 직접 객체를 매핑한다

예를 들어 '식당 주인(Owner)은 여러 개의 음식점(Restaurant)을 가질 수 있다. 그리고 식당은 1명의 주인을 가진다'라는 문장을 [코드 3-3]과 같이 파이썬으로 표현할 수 있다.

```python
from __future__ import annotations
# __future__ 는 forward referencing 이슈를 해결하는 python 3.7 이상에서 사용 가능한 기능
# 참고만 할 것


class Restaurant:
    name :str
    owner: Owner

class Owner:
    name: str
    restaurants: List[Restaurant]
```

코드 3-3 파이썬의 클래스 생성 예시

하지만 관계 지향형 데이터베이스로 표현하면 [코드 3-4]와 같다. [코드 3-4]에서 Owner 테이블은 자신이 restaurant 테이블과 어떤 관계가 매핑되어 있는지 알 수 없다. 또한 객체가 아닌 FK(외래 키) 숫자로 연결되어 있다는 것도 객체 지향형과 관계 지향형의 큰 차이점 중 하나다.

```sql
create table owner
(
    id    serial      not null constraint owner_pkey primary key,
    name varchar(127) not null
);

create table restaurant
(
    id     serial      not null constraint restaurant_pkey primary key,
```

```
    name    varchar(127) not null,
    owner_id integer    not null constraint re_owner_id_c0b7b5c9_fk
            references owner
    deferrable initially deferred
);
```

코드 3-4 관계 지향형 데이터베이스에서의 테이블 생성 예시

이러한 패러다임 차이를 직접 소스 코드로 구현 및 매핑하려 한다면 꽤나 골머리를 앓게 된다. ORM 은 이러한 문제를 해결해준다.

💡 완전히 해결할 수는 없다. 그렇기 때문에 SQL에 대한 지식이 필요하다.

3.1.4 ORM의 필요성

SQL을 사용하는 소스 코드는 지루해지기 쉽다. SQL의 특성상 약간씩 변경만 되어 반복적으로 쓰이기 때문이다.

```
SELECT * FROM auth_user where id=1;
SELECT * FROM auth_user where name="김성렬";
SELECT * FROM auth_user u inner join auth_user_info aui on u.id =aui.user_id where name="김
성렬";
....
....
```

코드 3-5 SQL 소스 코드 예시

수많은 개발자가 SQL에서 반복되는 소스 코드를 해결하기 위해 노력했고 그 결과 ORM이 등장했다. 현재는 ORM의 개념이 녹아 있는 각 언어별 ORM 프레임워크가 오픈소스로 공개되어 있다. 각 언어별 대표적인 ORM 프레임워크는 [표 3-1]과 같다.

언어	ORM 프레임워크
자바	히버네이트(Hibernate)
파이썬	SQLAlchemy , 장고[3]
자바스크립트	Sequelize.js, TypeORM
루비	ActiveRecord

표 3-1 언어별 대표적인 ORM 프레임워크

이처럼 ORM은 장고에만 존재하는 기능이 아니다. 무엇보다 ORM이 왜 등장하게 되었는지, 어떻게 동작하는지를 아는 것이 중요하다. ORM의 탄생 배경과 개념에 대해 알지 못하면 ORM을 사용하기 전에 겪었던 문제를 똑같이 겪을 수도 있다.

3.1.5 장고 ORM으로 지루한 코드 개선

앞에서 백엔드 프로그래밍의 흐름에 대해 설명하던 시점으로 되돌아가보자.

> 원하는 데이터를 가공하거나(INSERT, UPDATE, DELETE) 조회한다(SELECT).

이 문장을 장고의 ORM으로 구현해보자.

```python
# settings.py
# Django가 데이터베이스에 연결하기 위해서는 데이터베이스의 접속 정보가 필요하다.
DATABASES = {
    'default': {
        'ENGINE': 'django.db.backends.postgresql',
        'NAME': 'django_backend_programming_db',
        'USER': 'postgres',
        'PASSWORD': '1234',
        'HOST': '127.0.0.1',
        'PORT': '5432',
    },
}
```

코드 3-6 장고 ORM으로 데이터베이스에 접속하기 위한 정보 생성

----

3 장고는 자체 ORM을 가진 몇 안 되는 풀스택 프레임워크다.

[코드 3-1]에서는 파이썬으로 User 모델을 선언했지만 이번에는 2장에서 배운 장고의 모델과 필드를 사용해서 구현해보자.

```python
# models.py에 작성

from django.db import models

class ExampleUser(models.Model):
    # Model을 상속받으면 이 Field는 기본적으로 선언되기 때문에 따로 작성 안 해도 된다.
    # id = models.AutoField(primary_key=True,)
    username = models.CharField(max_length=150,)
    first_name = models.CharField(max_length=150, blank=True)
    last_name = models.CharField(max_length=150, blank=True)
    email = models.EmailField(blank=True)
    is_staff = models.BooleanField(default=False,)
    is_active = models.BooleanField(default=True,)
    date_joined = models.DateTimeField(auto_now=True)
```

코드 3-7 장고의 모델과 필드로 모델 선언

그리고 데이터베이스에서 user의 id가 1인 데이터를 가져오는 코드를 [코드 3-8]과 같이 작성해보자.

```python
user: User = ExampleUser.objects.get(id=1)
```

코드 3-8 데이터베이스에서 user의 id가 1인 데이터를 가져오는 코드

단 1줄이면 충분하다. 이전에 수십 줄에 걸쳐서 작성해야 했던 소스 코드가 1줄로 줄어들었다. 또한 SQL이 소스 코드에 드러나지 않으며 추가적인 함수의 구현 없이도 재사용이 가능하다.[4]

```python
user: User = ExampleUser.objects.get(name="김성렬")
# 필요한 질의 값만 바꿔서 넣어주기만 하면 됨
```

코드 3-9 별도의 함수 구현 없이 재사용 가능

User라는 장고 모델에는 objects라는 변수명을 가진 객체가 기본적으로 내장되어 있다. 장고에는 ORM이라는 개념을 구현하기 위한 모듈로 쿼리셋^{QuerySet}과 매니저^{Manager}가 존재하는데 objects에는 장고의 매니저 모듈이 들어가 있다.

....

4 예를 들어 get_user_with_id(), get_user_with_name() 같은 함수를 여러 번 구현하는 번거로운 작업이 더 이상 생기지 않는다.

```python
from django.db import models
from django.db.models import Manager

class ExampleUser(models.Model):
    username = models.CharField(max_length=150,)
    first_name = models.CharField(max_length=150, blank=True)
    last_name = models.CharField(max_length=150, blank=True)
    email = models.EmailField(blank=True)
    is_staff = models.BooleanField(default=False,)
    is_active = models.BooleanField(default=True,)
    date_joined = models.DateTimeField(auto_now=True)

    # objects = ModelManager()
```

코드 3-10 objects에 포함되어 있는 매니저 모듈

2장에서 언급했듯이 장고는 모델을 상속받은 클래스에 정말 많은 기능을 부여한다. 그중 하나가 objects 변수에 들어 있다. 장고가 미리 구현해놓은 모델의 클래스를 상속받는 것만으로도 objects 라는 ExampleUser 모델 매니저에서 다양한 기능을 사용할 수 있었다. 또한 objects라는 변수에는 장고가 미리 구현해놓은 매니저라는 객체가 들어 있기 때문에 단 1줄로 데이터베이스에서 원하는 데 이터를 가져올 수 있었다. 3장에서는 쿼리셋을 사용해서 데이터를 관리하는 방법을 배운다.

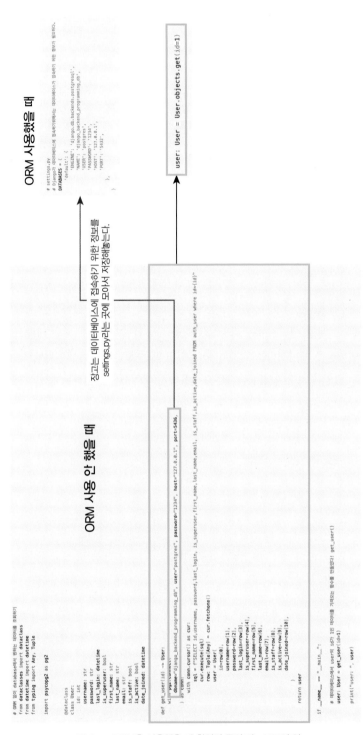

그림 3-4 ORM을 사용했을 때 확연히 줄어드는 코드의 양

3.2 쿼리셋

장고는 쿼리셋이라는 객체로 구현되었다. 주니어 개발자가 장고를 배울 때 모델과 관련된 부분은 이 책과 공식 문서에 명시된 매뉴얼대로 개발하는 데 필요한 필드와 모델의 옵션을 적절히 선택해서 사용하면 되고 마이그레이션과 관련된 부분은 python manage.py makemigrations라는 명령어가 만들어주는 migrations 폴더의 하위 파일들이 무엇인지만 이해하면 된다. 따라서 2장에서 배운 내용은 자신이 속한 조직 구조와 규모에 따라 실무에서 많이 사용되지 않을 수도 있다. 하지만 쿼리셋은 장고 개발에서 가장 많이 접하게 될 객체이다. 그렇기 때문에 ORM을 얼마나 잘 알고 사용하는지에 따라 스스로 느끼는 개발 역량의 체감이 다를 것이다.

QuerySet is evaluated.

장식 공식 문서에 'QuerySet is evaluated'라는 표현이 자주 등장한다. 한국어로 '쿼리셋이 평가되었다' 정도로 직역할 수 있는데 '쿼리셋 내부에서 SQL 연산이 발생했다' 정도로 이해하면 된다.

💡 이 책에서는 '쿼리셋이 평가되었다'라고 표현하지 않고 '쿼리셋이 풀렸다' 또는 '쿼리셋 내부에서 연산이 발생했다'라고 표현할 것이다.

Evaluate는 일반적으로 '평가하다'라는 뜻으로 인식되고 있지만 '값을 구하다(find)' 또는 '문제를 풀다(solve)'와 같은 뜻으로 쓰이기도 한다. 예를 들어 'evaluate expression'이라고 하면 '수식을 풀어라'라고 해석하는 것이 더 자연스럽다.[5]

> **NOTE** **사회적 약속**
>
> '쿼리셋이 평가되었다'라는 표현 자체가 어색하다. 하지만 이 자체가 그렇게 중요한 것은 아니다. 모두가 빨간색을 파란색이라고 부르기로 약속했다면 그 순간부터 우리가 알고 있는 빨간색은 파란색이 된다. 즉 사회적인 약속이 있다면 어떠한 표현 자체가 어색하게 보이더라도 맞는 것이다. 따라서 evaluate를 어떻게 번역하다라도 의미만 통한다면 큰 차이는 없다. 이와 비슷한 대표적인 사례 중 하나로 TCP를 배우면 알게 되는 'graceful close(우아한 종료)'란 표현이 있다.

---

5 영문 원서로 수학 공부를 해본적이 있다면 이 표현을 자주 봤을 것이다.

3.2.1 쿼리셋이란

쿼리셋은 모델로 데이터베이스의 데이터를 제어할 수 있도록 해주는 객체이다.

```
User.objects.filter(username="abc1234") # 이렇게 작성된 객체를 QuerySet이라고 부른다.
```

코드 3-11 쿼리셋 예시

참고 ORM의 대표적인 구현체인 쿼리셋의 내부 동작을 이해하지 못한다면 'SQL을 사용하면 이렇게 편한데 대체 왜 ORM 같은 불편한 도구를 쓰는거지'라고 생각할 수도 있다.

앞서 언급했다시피 ORM은 SQL을 대체하는 도구가 아니다. ORM을 배우기 위해서는 ORM 지식은 물론 SQL 지식까지 요구되기 때문에 더 많은 학습을 필요로 한다. 다시 말하지만 ORM을 사용하는 이유는 여러 가지가 있다. 무엇보다 개발자가 객체 관점에서 데이터에 접근하는 코드를 작성할 수 있게 도와준다.

3.2.2 쿼리셋과 List[모델]의 명확한 구분

쿼리셋에 대해 [코드 3-12]와 같이 잘못 이해하는 경우가 있다.

```
user_list = User.objects.all() # user_list라는 변수에는 List[User]라는 데이터가 들어가지 않는다.
```

코드 3-12 잘못된 변수명 예시

흔히 변수 선언을 [코드 3-12]처럼 하는데 이때 user_list라는 변수에 [User(1), User(2),......]와 같은 UserList가 들어 있다고 착각하는 것이다. 실제로는 User 객체 리스트가 아닌 쿼리셋이 들어 있다.

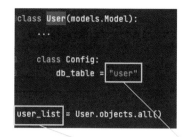

말풍선: 왜 내 이름(변수명)을 user_list라고 지은 거야?
나는 실제로 List[User]가 아니라 QuerySet[User]야.
나는 데이터베이스에 SQL을 질의해서 user 리스트를 가져올
준비가 된 쿼리셋일뿐이지.. 실제 user 리스트가 아니야.

```
user_list : QuerySet[User]
        query = "select * from user"
```

그림 3-5 user_list 변수에 담긴 QuerySetUser 객체

장고를 처음 접한 사람은 User.objects.all()를 호출하면 List[User]를 반환할 것이라고 착각한다. 하지만 실제 할당된 값은 데이터베이스에 언제든지 SQL을 요청해서 user 목록을 가져올 준비가 된 쿼리셋이지 List[User]가 아니다. 따라서 정확한 변수명을 정의하려면 [코드 3-13]과 같이 해야 한다.

```
user_queryset: QuerySet[User] = User.objects.all()
```

코드 3-13 정확한 변수명 정의

실제 user 목록을 변수로 선언하고 싶다면 [코드 3-14]처럼 해야 한다.

```
user_queryset: QuerySet[User] = User.objects.all()

# 실제 user 목록을 가져오는 시점은 QuerySet을 수행하는 시점이다.
user_list :List[User] = list(user_queryset)
```

코드 3-14 실제 user 목록을 변수로 선언

쿼리 연산을 지연시키고 싶지 않다면 [코드 3-15]처럼 즉시 수행되도록 선언할 수도 있다.

```
# QuerySet을 선언과 동시에 list() 함수로 묶어서 즉시 연산을 유도함.
user_list :List[User] = list(User.objects.all())
```

코드 3-15 쿼리셋 선언과 동시에 list() 함수로 묶어서 즉시 연산 수행

어떤 것이 쿼리셋인지 실제 데이터인지 구분하는 방법은 다음절에서 배울 것이다.

3.2.3 쿼리셋의 특징

앞의 예시에서 언급한 것처럼 입문자는 쿼리셋을 SQL과 동일한 것으로 이해하고 사용하는 경우가 많다. 쿼리셋이 단순한 SQL이 아니라는 것을 예시를 살펴보며 로직을 분석해보자. [코드 3-16]에서 실제로 SQL이 데이터베이스에 질의되는 부분은 몇 군데일까?

```python
def test_example_01(self):
    user_queryset: QuerySet[User] = User.objects.filter(username="abc1234")  # (1번)

    if user_queryset.exists(): # (2번)
        user_queryset: QuerySet[User] = user_queryset.filter(first_name="김예제") # (3번)
        user_list: List[User] = list(user_queryset) # (4번)
        user1: User = user_queryset[0]  # (5번)
```

코드 3-16 SQL이 데이터베이스에 질의하는 예시

답을 알기 위해서 쿼리셋의 특징을 이해해야 한다.

쿼리셋은 정말 필요한 시점에 SQL 질의를 한다.

```python
user_queryset: QuerySet[User] = User.objects.filter(username="abc1234")  # (1번)
```

코드 3-17 1번 로직

1번 로직에서는 SQL이 호출되지 않는다. 1번 로직의 경우 SQL을 호출할 준비가 된 상태인 쿼리셋에서는 연산이 일어나지 않고 user_queryset이라는 변수에 할당되어 대기 중일 뿐이다.

쿼리셋은 정말 필요한 만큼만 SQL 질의를 한다.

```python
if user_queryset.exists(): # (2번)
```

코드 3-18 2번 로직

2번 시점에는 어떨까? 쿼리셋에게 데이터가 존재하는지를 묻고 있다. exists() 함수는 '쿼리셋아, 네가 가지고 있는 조건에 해당하는 데이터가 존재하니?'라고 물어보는 역할을 수행한다. 이 경우에 쿼리셋에서 연산이 일어나게 되는데 이때 [그림 3-7]과 같이 동작한다. 여기서 중요한 점은 필요한 만큼만 SQL을 질의하기 때문에 발생하는 쿼리셋의 조건에 해당하는 데이터가 존재하는지 아닌지만 알 수 있는 True/ False 값 만을 가져오는 SQL이 질의된다는 것이다.

`user_queryset: QuerySet[User] = User.objects.filter(username="abc1234")  # (1번)`

어떤 데이터가 필요한지 알려주기만 했지 그 데이터를 가져오려고 한 게 아니잖아. 지금은 네(개발자)가 명시해준 조건(filter(username="abc1234"))을 기억해두기만 할게.

데이터베이스

user_queryset : QuerySet[User]

+ filter(username="abc1234")

query = "select * from user" + "where username = 'abc1234'"

_result_cache = None

그림 3-6 1번 로직 시각화

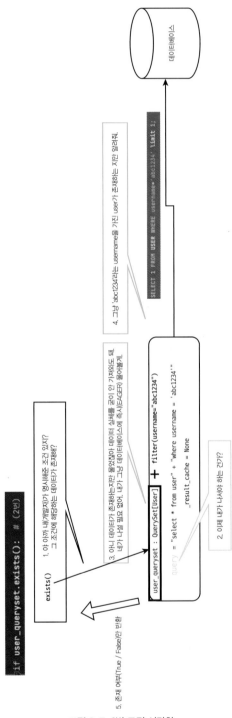

그림 3-7 2번 로직 시각화

```
    if user_queryset.exists(): # (2번) 로직에서는 아래와 같은 sql이 질의된다.
    #  SELECT 1 FROM USER WHERE username='abc1234' limit 1;
```

코드 3-19 필요한 부분만 SQL로 질의

[코드 3-16]의 로직이 수행된 이후에 쿼리셋은 별다른 SQL을 호출한 적이 없다. 따라서 아직 쿼리셋은 별다른 정보를 알고 있지 못하다. [그림 3-7]의 과정을 거치면서 2번 시점에는 select 1 from user where username='abc1234' limit 1이라는 SQL을 호출한다.

쿼리셋은 SQL의 발생을 최대한 지연(Lazy)시킨다.

```
    user_queryset: QuerySet[User] = user_queryset.filter(first_name="김예제") # (3번)
```

코드 3-20 3번 로직

3번 로직에서는 1번 로직에 선언했던 user_queryset에 새로운 조건절을 추가했다. (username이 abc1234이면서 first_name이 김예제인 데이터를 찾고 싶어서)

이때 쿼리셋은 다음과 같이 생각한다.

> "새로운 조건절을 추가했다고 해서 지금 당장 데이터가 필요한 것은 아니잖아? 네(개발자)가 추가한 새로운 조건절이 있다는 것을 알고만 있을게. 하지만 당장 데이터가 필요한 건 아니니까 SQL 호출은 하지 않을 거야."

이와 같은 쿼리셋의 판단에 따라 3번 로직은 [그림 3-8]과 같이 동작한다.

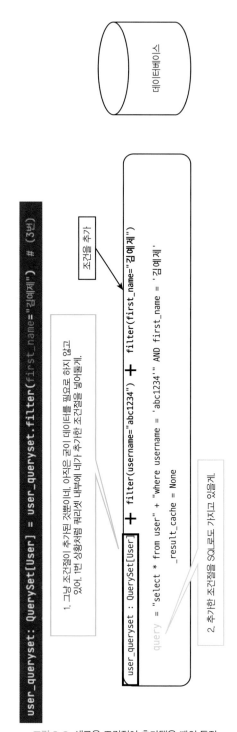

그림 3-8 새로운 조건절이 추가됐을 때의 동작

결과적으로 3번 로직에서 쿼리셋에 **filter( ) [조건절]**을 걸어준 것만으로는 SQL이 발생하지 않는다(쿼리셋이 풀리지 않는다). 다만 나중에 발생할 SQL의 조건절에 filter( )에 명시될 내용을 미리 저장해 놓을 뿐이다.

```python
user_list: List[User] = list(user_queryset)  # (4번)
```

코드 3-21 4번 로직

3번 로직에서는 쿼리셋이 '아직 데이터가 필요하지 않잖아'라고 말할 수 있었다. 하지만 4번 로직에서는 더 이상 핑계를 대지 못한다. **python list( )**에 쿼리셋이 담기려면 정말 데이터가 필요하기 때문이다. 쿼리셋은 리스트에 담기는 시점에 캐싱되어 있는 데이터(result_cache에 담긴 데이터)를 반환하거나 비어 있다면 쿼리셋이 풀리면서 SQL을 호출하여 데이터를 가져온다.

즉 쿼리셋 내부에 데이터가 미리 저장(캐싱)되어 있지 않다면 쿼리셋은 SQL 질의로 데이터베이스에서 데이터를 가져온다. 따라서 이 시점에는 SQL이 호출된다. [그림 3-9]를 살펴보면서 1줄의 코드 내부에서 장고 쿼리셋이 얼마나 많은 동작을 수행하는지 알아보자.

쿼리셋은 캐싱된 데이터를 재사용해서 SQL 호출을 줄인다.

```python
user1: User = user_queryset[0]  # (5번)
```

코드 3-22 5번 로직

5번 로직이 4번 로직 앞에서 호출되었다면 [코드 3-23]과 같은 SQL이 실행됐을 것이다.

```sql
SELECT * FROM USER WHERE username='abc1234' AND first_name='김예제' LIMIT 1;
```

코드 3-23 5번 로직이 4번 앞에서 호출되었을 때 실행될 SQL

입문자 시각에서 보면 쿼리셋은 지독할 정도로 정말 필요한 만큼만 데이터를 호출한다.

5번 로직에서는 0번째 데이터 1개만 원했기 때문에 SQL도 [코드 3-23]과 같이 LIMIT 1이라는 옵션을 붙여서 호출하려 했을 것이다. 하지만 지금은 4번 로직 호출로 얻은 데이터를 캐싱해두었기 때문에(result_cache라는 변수에 데이터를 저장해두었기 때문에) 쿼리셋은 [코드 3-23]과 같은 SQL을 호출하지 않고도 데이터를 반환할 수 있다. 따라서 5번 로직에서는 **SQL을 호출하지 않는다.**

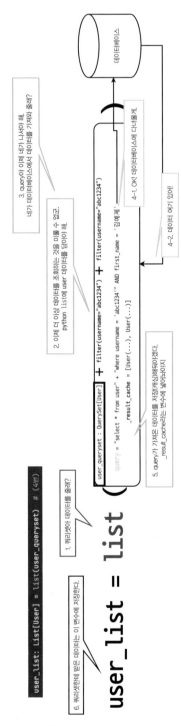

그림 3-9 장고 쿼리셋의 동작

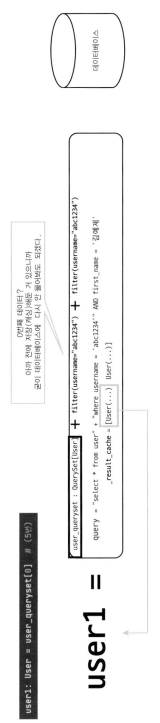

`user1: User = user_queryset[0]` # (5번)

user1 =

```
user_queryset : QuerySet[User]     +   filter(username="abc1234")   +   filter(username="abc1234")

query = "select * from user" + "where username = 'abc1234'" AND first_name = '김예제'
   _result_cache = [User(...) User(...)]
```

언제 데이터?
아까 전에 저장(캐싱)해둔 거 있으니까
굳이 데이터베이스에 다시 안 물어봐도 되겠다.

데이터베이스

그림 3-10 장고 쿼리 캐싱의 역할

3.2.4 SQL 발생 측면에서의 최적화

3.2.3절의 예시에서 실제로 SQL이 데이터베이스에 질의되는 부분은 몇 군데일까? 2번, 4번 구간에서 SQL이 호출되었기 때문에 2곳이 정답이다. 답은 별로 중요하지 않다. 앞의 예시로 우리는 다음과 같은 쿼리셋의 특징을 배웠다.

1. 쿼리셋은 **정말 필요한 시점에** SQL 질의를 한다.

2. 쿼리셋은 **정말 필요한 만큼만** SQL 질의를 한다.

3. 쿼리셋은 SQL의 연산을 **최대한 지연**시킨다.

4. 쿼리셋은 **캐싱된 데이터를 재사용**해서 SQL 호출을 줄인다.

이는 곧 ORM의 속성이기도 하다.

- LazyLoading(지연 로딩) # 쿼리셋 특징의 1,2,3에 해당
- Caching(캐싱) # 쿼리셋 특징의 4에 해당
- EagerLoading(즉시 로딩) # 아직 배우지 않음

3.2.5절에서는 장고에서 제공하는 즉시 로딩 옵션인 select_related(), prefetch_related()를 배울 것이다. 그전에 [코드 3-16]을 최적화 시켜보자.

```python
def test_example_01_optimizing(self):
    user_queryset: QuerySet = User.objects.filter(username="abc1234")  # (1번)

    # 2번 로직 도달하기 전에 미리 user_queryset을 수행하도록 수정
    user_list: List[User] = list(user_queryset)

    if user_queryset.exists(): # (2번)
        first_user_named_kim_ex = None
        for user in user_list: # 3번 로직을 QuerySet이 아닌 python 로직으로 대체
            if user.first_name == "김예제":
                first_user_named_kim_ex = user
                break
        # 4번 로직 제거
        user1: User = first_user_named_kim_ex # (5)번 로직 대체
```

코드 3-24 최적화된 예시

[코드 3-16]을 [코드 3-24]와 같이 수정했다. 이번에는 SQL이 몇 번 발생할까? 1번 로직은 처음과 동일하게 쿼리셋을 선언한다. 따라서 SQL을 질의하지 않는다. 2번 로직으로 가기 전에 user_list: List[User] = list(user_queryset)를 추가했다. 이 로직으로 인해 user_queryset은 SQL을 즉시

(Eager) 질의하게 되며 user_queryset은 이 질의 결과를 user_list에 전달한 후에 그 결과를 캐싱해둘 것이다. 이 과정은 [그림 3-10]에서 설명한 동작과 동일하다.

```
user_queryset = user_queryset.filter(first_name="김예제") # (3번)
```

코드 3-25 최적화 이전의 3번 로직

여기서 잠시 생각해볼게 있다. 우리는 이미 user_list라는 변수에서 .filter(username="abc1234")인 데이터를 전부 가지고 있다. 따라서 군이 데이터베이스에서 username="abc1234"이면서 first_name="김예제"인 데이터를 다시 가져올 필요가 없다. [코드 3-26]과 같이 데이터베이스에서 데이터를 찾을 필요 없이 파이썬 user_list라는 변수에서 데이터를 찾으면 된다.

```
for user in user_list: # 3번 로직을 QuerySet이 아닌 python 로직으로 대체
    if user.first_name == "김예제":
        first_user_named_kim_ex = user
        break
```

코드 3-26 3번 로직을 쿼리셋이 아닌 파이썬으로 대체한 예시

[코드 3-26]은 간결한 로직은 아니다. 입문자 시각에서는 직관적일지 몰라도 파이썬 숙련자 입장에서 보면 깔끔하게 보이지는 않는다. 파이썬이 제공하는 간결한 문법을 사용해보자.

```
# list comprehension을 사용, 4줄짜리 로직이 아래와 같이 1줄짜리 로직으로 표현이 가능하다.
first_user_named_kim_ex = [user for user in user_list if user.first_name == "김예제"][0]
```

코드 3-27 파이썬 리스트 컴프리헨션 사용 예시

하지만 이 로직에서는 데이터가 존재하지 않을 때 비어 있는 리스트가 만들어지면서 [0]번째 로직을 찾을 수 없게 되어 인덱스 에러[IndexError]가 발생한다. 리스트 컴프리헨션[list comprehension]은 파이썬에서 즐겨 사용하는 문법이지만 아쉽게도 적절하지 않다.

```
# python 내장 함수 next() 사용
first_user_named_kim_ex = next((user for user in user_list if user.first_name == "김예제"),
None)
```

코드 3-28 파이썬 내장 함수 next() 사용 예시

[코드 3-28]처럼 작성하면 first_name이 "김예제"인 User 객체 1개만 반환한다. 이 로직에서는 만

족하는 데이터가 없다면 None을 반환하기 때문에 에러가 발생하지 않는다. 좀 더 간결하게 전체 로직을 작성하면 [코드 3-29]와 같다.

```python
def test_example_01_optimizing_with_useful_python_function(self):
    user_queryset: QuerySet = User.objects.filter(username="abc1234")  # (1번)

    # 2번 로직 도달하기 전에 미리 user_queryset을 수행
    user_list: List[User] = list(user_queryset)

    if user_queryset.exists(): # (2번)
      first_user_named_kim_ex = next(
          (user for user in user_list if user.first_name == "김예제"), None,
      ) # 1줄로 로직을 줄임
                              # 4번 로직 제거
    user1: User = first_user_named_kim_ex # (5)번 로직 대체
```

코드 3-29 간결해진 전체 로직

리스트 컴프리헨션이나 next()는 **로직을 좀 더 간결하게 또는 성능을 좀 더 빠르게** 해주는 문법이지만 너무 과도하게 사용하면 오히려 가독성이 떨어뜨리게 한다. 무조건 이러한 문법을 사용한다고 좋은 효과를 얻을 수 있는 게 아니니 남발하지 말자. 최적화를 완료한 [코드 3-29]를 수행하면 동일한 동작을 유지하면서 SQL을 단 한 번만 호출한다. [그림 3-10]에 나와있듯이 쿼리셋 캐시를 재사용하도록 로직을 유도하고 불필요한 SQL 호출이 예상되는 부분은 파이썬으로 개선했다. 비록 짧은 로직이지만 이 예시를 살펴봄으로써 쿼리셋의 내부 동작 원리를 이해할(SQL 호출 측면에서) 수 있었을 것이다. 또한 파이썬 숙련도를 높이면(가독성 측면에서) 더 좋은 성능을 보여주고 간결한 로직을 작성할 수 있다는 것을 알아두기 바란다.

3.2.5 User.objects.get()과 User.objects.filter()의 차이점 그리고 first()

get()

- get()을 사용하면 그 즉시 SQL로 데이터를 질의한다.
- 하나의 데이터만 반환받을 수 있기 때문에 get()에 정의한 조건절에 해당하는 데이터가 2개 이상 존재하면 MultipleObjectsReturned이라는 예외Exception가 발생raise한다.

따라서 조건절로 얻을 수 있는 데이터가 1개만 존재한다는 확신이 있을 때 주로 get()을 사용한다. user: User = User.objects.get (id =1)은 고유하기 때문에(unique =True) 반드시 1개의 데이터만 존재한다고 보장할 수 있다.

```
user: User = User.objects.get(username="abc1234")
# username또한 고유하다는 옵션이 부여되었기 때문에 "MultipleObjectsReturned"에러가 발생 안 한다고 확
 신을 할 수 있다 따라서 안전하게 get()을 사용할 수 있다.
```

코드 3-30 get() 사용 예시

만약 get()에 주어진 조건절만으로 **반환받을 데이터가 반드시 1개라고 보장할 수 없다면(== 0개 또는 2개 이상일 수도 있다면)** [코드 3-31]과 같이 예외 처리를 해줘야 안전하다.

```
user = None

try:
 # 이름은 동명 2인이 있을 수 있기 때문에 '성렬'이라는 이름을 가진 사람이 반드시 1명만 존재한다고 확신할
 수 없다.
   user = User.objects.get(first_name="성렬")
except MultipleObjectsReturned as e:
   print("성렬이라는 이름을 가진 User가 2명 이상 존재합니다. user에 빈 값을 채워서 반환하겠습니다.",e)
   user = None
except User.DoesNotExist as e
   print("성렬이라는 이름을 가진 User가 존재하지 않습니다. user에 빈 값을 채워서 반환하겠습니다.",e)
   user = None
```

코드 3-31 get()의 조건절로 받환될 데이터가 1개라고 보장할 수 없을 때의 예외 처리

[코드 3-31]처럼 무조건 에러를 잡아서 None으로 채워 반환해주는 방식은 좋은 예외 처리 방식이 아니다. 상황에 따라 적절한 예외 처리를 해줘야 한다. **get()은 MultipleObjectsReturned와 DoesNotExist 예외를 발생시킬 수 있기 때문에** 이를 염두에 두고 어떠한 동작으로 대처할지 고민해야 한다.

filter()

- filter()를 사용하면 SQL을 즉시 질의하지 않는다.
- 반환 되는 값은 데이터가 아닌 쿼리셋이다.

get()이 데이터를 반환해준 것과 달리 user_queryset = User.objects.filter(first_name="성렬")에서는 쿼리셋을 반환한다. get()과 같은 동작을 의도한다면 [코드 3-32]와 같이 작성해야 한다.

```
# 하지만 이 경우는 sql이 즉시 발생함, queryset은 선언하자마자 0번째 데이터를 바로 요청했기 때문에
user: User = User.objects.filter(first_name="성렬")[0]
```

코드 3-32 get()과 같은 동작을 하는 filter() 사용 예시

하지만 [코드 3-32]의 예시에서 데이터가 존재하지 않는다면 인덱스 에러^{IndexError}가 발생할 수 있다. 왜냐하면 쿼리셋이 SQL을 질의해서 얻은 결과가 [ ]와 같이 비어 있는 리스트인데 리스트의 [0]번째를 호출했기 때문이다. 따라서 **데이터가 반드시 존재한다고 보장할 수 없다면** [코드 3-33]과 같이 예외 처리를 해줘야 한다.

```
try:
    user = User.objects.filter(first_name="성렬")[0]
except IndexError as e:
    print("다음과 같은 에러가 발생했습니다. user에 빈 값을 채워서 반환하겠습니다.",e)
    user = None
```

코드 3-33 데이터가 반드시 존재한다고 보장할 수 없을 때의 예외 처리

first()

문득 '나는 데이터 1개만 반환받고 싶은데 get()을 사용하던지 filter()를 사용해서 매번 로직이 복잡해지게 예외 처리를 해야 하나'라고 생각할 수 있다. **간결하게 작성하고 싶다면 XXX.objects. filter(~~~).first()라는 문법을 사용**하면 된다.

```
# SQL을 호출해서 데이터가 없는 경우, 별다른 Exception이 raise되지 않고 user에는 None이 담긴다.
user: User | None = User.objects.filter(first_name="성렬").first()
```

코드 3-34 first() 사용 예시

앞서 설명한 2가지 사례에 비해 문법상 간결하지만 데이터가 존재하지 않을 때 예외가 발생하지 않고 None으로 처리되어 넘어가기 때문에 로직을 작성할 때 반드시 예외가 발생하지 않아도 괜찮은지 한번 더 생각해야 한다. 예를 들어 특정 회원의 정보를 가져오는 로직을 작성할 때 first()를 사용하면 존재하지 않는 회원의 정보를 조회하려 하면 빈 값(None)을 반환해줄 것이다. 따라서 차라리 get()으로 호출해서 DoesNotExist 예외가 발생하도록 유도하여 로직을 중단시키고 에러의 원인을 명시

해주는 것이 좀 더 적절하다. 잘못된 동작에 대해 에러를 발생시키지 않고 None을 반환해서 로직을 넘기는 방식이 처음에는 안전해보일지 몰라도 에러가 발생하지 않아 버그가 생겨도 찾지 못하는 로직이 될 수 있다.

```
try:
    user = User.objects.get(username="abc1234")
except User.DoesNotExist as e:
    print("해당 User는 존재하지 않습니다.")
    raise e

return user
```

코드 3-35 get()으로 예외 발생 처리 유도

무조건 에러를 내지 않는 로직이 항상 좋은 것은 아니다. [코드 3-35]와 같이 필요할 때는 에러를 발생시켜 로직의 문제를 빨리 파악하는 게 더 좋을 수도 있다.

3.3 쿼리셋 활용하기

쿼리셋은 ORM 레벨에서 SQL의 다양한 문법을 사용할 수 있게 해주는 함수를 지원한다. 또한 개발자가 직접 ORM 레벨에서 특정 SQL 문법을 사용할 수 있는 커스텀 쿼리 표현식^{Query Expression}을 만들 수 있다. 이 절에서는 쿼리셋에서 지원하는 다양한 함수 중에서 가장 자주 쓰는 것 위주로 살펴보자. 더 많은 내용을 알고 싶다면 아래 링크로 연결된 공식 문서를 참고하기 바란다.

👓 참고 쿼리 표현식: https://docs.djangoproject.com/en/dev/ref/models/expressions/
👓 참고 조건식: https://docs.djangoproject.com/en/dev/ref/models/conditional-expressions/

이 절에서는 코드 스니펫^{Code Snippet} 위주로 나열한다. 선언한 쿼리셋과 발생된 SQL을 비교하면서 어떻게 하면 쿼리 표현식을 효율적으로 사용할 수 있을지를 익혀보자.

> 💡 코드 스니펫은 여러 형태의 코드 조각을 말하는데 이 절에서는 예시 코드로 사용되는 코드 쪼가리를 의미한다.

3.3.1 SQL 문법 where: filter()

- **filter() 메서드의 기본 문법: {필드명}={원하는 검색 키워드}**

```
store_queryset = Store.objects.filter(name="김첨지 설렁탕 전문점")
print(store_queryset.query)
# SELECT "store"."id", "store"."name",... FROM "store" WHERE "store"."name" = 김첨지 설렁탕 전문점
```

코드 3-36 filter() 메서드의 기본 문법

- **LIKE 검색: {필드명}__contains={원하는 검색 키워드}**

```
store_queryset = Store.objects.filter(name__contains="설렁탕")
print(store_queryset.query)
# SELECT "store"."id", ... FROM "store" WHERE "store"."name"::text LIKE %설렁탕%
```

코드 3-37 LIKE 검색

- **시작 문자열 LIKE 검색: {필드명}__startswith={원하는 검색 키워드}**

```
store_queryset = Store.objects.filter(name__startswith="김첨지")
print(store_queryset.query)
# SELECT "store"."id", "store"."name", ... FROM "store" WHERE "store"."name"::text LIKE 김첨
지%
```

코드 3-38 시작 문자열 LIKE 검색

- **끝 문자열 LIKE 검색: {필드명}__endswith={원하는 검색 키워드}**

```
store_queryset = Store.objects.filter(name__endswith="전문점")
print(store_queryset.query)
# SELECT "store"."id", "store"."name", ... FROM "store" WHERE "store"."name"::text LIKE %전
문점
```

코드 3-39 끝 문자열 LIKE 검색

- **null 체크: {필드명}__isnull={원하는 검색 키워드}**

```
store_queryset = Store.objects.filter(owner__isnull=True)
print(store_queryset.query)
# SELECT "store"."id", "store"."name", ... FROM "store" WHERE "store"."owner_id" IS NULL
```

코드 3-40 null 체크

- **리스트 단위로 검색: {필드명}__in=[원하는 검색 리스트]**

```
product_queryset = Product.objects.filter(product_type__in=["food", "grocery"])
print(product_queryset.query)
# SELECT "product"."id", "product"."name", "... FROM "product"
# WHERE "product"."product_type" IN (food, grocery)
```

코드 3-41 리스트 단위 검색

- **초과: {필드명}__gt={원하는 검색 키워드}**

```
order_queryset = Order.objects.filter(total_price__gt=20_000)
print(order_queryset.query)
# SELECT "orders_order"."id", "orders_order"."status", ... FROM "orders_order"
#       WHERE "orders_order"."total_price" > 20000
```

코드 3-42 초과

- **미만: {필드명}__lte={원하는 검색 키워드}**

```
order_queryset = Order.objects.filter(total_price__lte=30_000)
print(order_queryset.query)
# SELECT "orders_order"."id", "orders_order"."status", ...FROM "orders_order" WHERE "orders_
order"."total_price" <= 30000
```

코드 3-43 미만

- **between: {필드명}__range=(범위 1, 범위 2)**
  자료형이 date, datetime int, float일 때 사용할 수 있다.

```
order_queryset = Order.objects.filter(total_price__range=(20_000, 30_000))
print(order_queryset.query)
# SELECT "orders_order"."id", "orders_order"."status", ... FROM "orders_order"
#     WHERE "orders_order"."total_price" BETWEEN 20000 AND 30000
```

코드 3-44 between

- **참조 모델과 함께 검색: {참조 모델명}__{필드명}={원하는 검색 키워드}**

```
product_queryset = Product.objects.filter(store__name__contains="설렁탕")
print(product_queryset.query)
# SELECT "product"."id", "product"."name", "... FROM "product"
#       INNER JOIN "store" ON ("product"."store_id" = "store"."id")
# WHERE "store"."name"::text LIKE %설렁탕%
```

코드 3-45 참조 모델과 함께 검색

- **AND절로 검색 조건 추가**

```
order_queryset = Order.objects.filter(orderedproduct__count=2, orderedproduct__product__
name="설렁탕")
print(order_queryset.query)
# SELECT "orders_order"."id", "orders_order"."status", ... FROM "orders_order"
#     INNER JOIN "ordered_product" ON ("orders_order"."id" = "ordered_product"."order_
id")
#     INNER JOIN "product" ON ("ordered_product"."product_id" = "product"."id")
# WHERE ("ordered_product"."count" = 2 AND "product"."name" = 설렁탕)
```

코드 3-46 AND절로 검색 조건 추가

- **OR절: Q(검색식) | Q(검색식)**

```
from django.db.models import Q
```

```
product_queryset = Product.objects.filter(
    Q(store__name="김첨지 설렁탕 전문점") ¦ Q(store__name="싱싱 청과물")
)
print(product_queryset.query)
# SELECT "product"."id", "product"."name", ... FROM "product"
#     INNER JOIN "store" ON ("product"."store_id" = "store"."id")
# WHERE ("store"."name" = 김첨지 설렁탕 전문점 OR "store"."name" = 싱싱 청과물)
```

코드 3-47 OR절

- **NOT절: ~Q(검색식)**
  exclude() 메서드로도 NOT 연산을 수행할 수 있으며 filter() 메서드와 동일한 SQL을 질의한다.

```
product_queryset = Product.objects.exclude(store__name="김첨지 설렁탕 전문점")
product_queryset = Product.objects.filter(~Q(store__name="김첨지 설렁탕 전문점"))
print(product_queryset.query)
# SELECT "product"."id", "product"."name",... FROM "product"
#     INNER JOIN "store" ON ("product"."store_id" = "store"."id")
# WHERE NOT ("store"."name" = 김첨지 설렁탕 전문점)
```

코드 3-48 NOT절

3.3.2 SQL 문법 as: annotate()

annotate()에 값을 선언하면 SQL은 as 문으로 새로운 속성attribute을 만들고 모델이 임시 프로퍼티property를 가지게 한다.

```
from django.db.models import Count, F, Sum, Value
from django.db.models.functions import Concat
from django.test import TestCase

from aggregate.orders.models import Order, OrderedProduct
from aggregate.products.models import Product
from aggregate.stores.models import Store


class QueryExpressionTest(TestCase):
    def setUp(self) -> None:
        s1 = Store.objects.create(name="김첨지 설렁탕 전문점", store_type=Store.StoreType.FOOD)
        p1 = Product.objects.create(name="설렁탕", price=10_500,
                                    product_type=Product.ProductType.FOOD, store=s1)

        o1 = Order.objects.create(total_price=21_000, store=s1)
        OrderedProduct.objects.create(order=o1, product=p1, count=2)
        o2 = Order.objects.create(total_price=31_500, store=s1)
        OrderedProduct.objects.create(order=o2, product=p1, count=3)

        Store.objects.create(name="싱싱 청과물", store_type=Store.StoreType.GROCERY)
        Store.objects.create(name="혈염산하 선지 해장국", store_type=Store.StoreType.FOOD)

    def test_annotate(self):
        store_queryset = Store.objects.annotate(
            total_order_cnt=Count("order"),
            total_revenue=Sum("order__total_price"),
            store_name_slug=Concat(
                F("name"), Value(": 상점 유형 ("), F("store_type"), Value(")"),
            ),
        )


        for store in store_queryset:
            print("\n----------------------")
            print(f"상점 이름: {store.name}")
            print(f"Slug: {store.store_name_slug}") # (1)
            print(f"상점 총 주문량: {store.total_order_cnt}") # (2)
            print(f"상점 총 매출: {store.total_revenue}") # (3)
```

코드 3-49 annotate() 문법을 사용하는 예시

여기서 주의 깊게 봐야 할 점은 annotate()에 선언된 값이 모델(store)에서 프로퍼티로 사용된다는
것이다. [코드 3-49]의 store.store_name_slug(1), store.total_order_cnt(2), store.total_
revenue(3)은 Store 모델에 필드로 선언된 적이 없다. 하지만 쿼리셋에 annotate() 문법을 사용
해서 임시 프로퍼티를 생성했기 때문에 조회가 가능하다. annotate()에 선언된 내용이 제거된다면

[코드 3-49]는 속성 에러^{AttributeError}를 일으킨다.

```
SELECT "store"."id", "store"."name", "store"."owner_id",
       "store"."tel_num", "store"."created_at", "store"."store_type",
     COUNT("orders_order"."id") AS "total_order_cnt",
     SUM("orders_order"."total_price") AS "total_revenue",
     CONCAT("store"."name",
           CONCAT(: 상점 유형 (, CONCAT("store"."store_type", )))) AS "store_name_slug"
FROM "store"
LEFT OUTER JOIN "orders_order" ON ("store"."id" = "orders_order"."store_id")
GROUP BY "store"."id",
   CONCAT("store"."name", CONCAT(: 상점 유형 (, CONCAT("store"."store_type", ))))
```

코드 3-50 annotate() 예시에서 발생하는 SQL

store_queryset에서 발생하는 SQL과 구조를 비교해보면 annotate()가 해주는 역할이 무엇인지 대략적으로 알 수 있을 것이다.

3.3.3 쿼리셋이 즉시 풀리거나 풀릴 것이라고 착각할 수 있는 연산

다음은 쿼리셋이 바로 풀려버리는 메서드를 나열한 것이다. 아래와 같은 로직을 사용하면 무조건 SQL이 발생한다. 따라서 반복문 내부에서 이와 같은 로직이 수행될 때 매우 비효율적일 수 있으므로 주의해야 한다.

- **list(QuerySet)으로 묶기 : 즉시 풀림**

```
list(User.objects.filter(first_name="점순"))
```

코드 3-51 list(QuerySet)으로 묶기 예시

- **len(QuerySet)으로 묶기: 즉시 풀림**

```
len(User.objects.filter(first_name="점순"))
```

코드 3-52 len(QuerySet)으로 묶기 예시

- **QuerySet.first() 호출 : 즉시 풀림**

```
User.objects.filter(first_name="점순").first()
```

코드 3-53 QuerySet.first() 호출 예시

- **QuerySet.get() 호출 : 즉시 풀림**

```
User.objects.get(first_name="점순")
```

코드 3-54 QuerySet.get() 호출 예시

- **QuerySet[i] 호출(쿼리셋의 특정 인덱스를 호출하는 경우): 즉시 풀림**

```
User.objects.filter(first_name="점순")[0]
```

코드 3-55 쿼리셋의 특정 인덱스 호출 예시

- **QuerySet[i:j](쿼리셋을 슬라이싱하는 경우): 즉시 풀리지 않음**

쿼리셋을 슬라이싱slicing하면 연산이 일어나지 않는다. 특정 인덱스 호출과 슬라이싱은 착각하기 쉬우니 주의하자.

```
User.objects.filter(first_name__contains="렬")[0:10] # 0번째 부터 10번째 미만까지
```

코드 3-56 쿼리셋 슬라이싱 예시

3.3.4 통계 쿼리: aggregate()

aggregate()는 통계 정보를 작성하고 싶을 때 사용한다. aggregate() 함수를 사용하면 쿼리셋이 즉시 수행된다. 또한 통계 결과만을 결괏값으로 딕셔너리Dictionary에 담아서 반환한다. [코드 3-49]에서 사용한 예시와 비슷하게 [코드 3-57]의 예시를 작성했다.

```
def test_aggregate(self):

    store_aggregate: Dict[str,Any] = Store.objects.aggregate(
        total_order_cnt=Count("order"),
        total_revenue=Sum("order__total_price"),
    )

    print(store_aggregate)
    # {'total_order_cnt': 2, 'total_revenue': 52500}
```

코드 3-57 aggregate() 문법을 사용하는 예시

annotate() 함수를 사용했을 때에는 모델 객체에 데이터를 담아주는 것과 달리 aggregate()를 사용하면 딕셔너리에 데이터를 담아서 다른 데이터는 제외하고 통계 결괏값만 반환해준다.

```
SELECT COUNT("orders_order"."id") AS "total_order_cnt",
       SUM("orders_order"."total_price") AS "total_revenue"
FROM "store"
  LEFT OUTER JOIN "orders_order" ON ("store"."id" = "orders_order"."store_id")
```

코드 3-58 aggregate() 예시에서 발생하는 SQL

만약에 통계 결과가 아닌 값을 aggregate() 함수에 담으려고 하면 [코드 3-59]와 같은 에러가 발생한다.

```
store_aggregate = Store.objects.aggregate(
    total_order_cnt=Count("order"),
    total_revenue=Sum("order__total_price"),
    # 이름은 통계 연산 값이 아님
    store_name_slug=Concat(F("name"), Value(": 상점 유형 ("), F("store_type"), Value(")")),
)

# TypeError: store_name_slug is not an aggregate expression
```

코드 3-59 aggregate()에 통계 결과가 아닌 값을 담을 때 발생하는 에러

> 💡 정확히는 통계 함수를 사용하지 않을 때 에러가 발생하는 것이다 하지만 이렇게 이해해도 큰 문제는 없다.

aggregate() 함수는 가끔 계륵처럼 느껴지기도 한다. 일반적으로 통계 결과를 조회하기 위해서는 매우 복잡하고 긴 SQL이 필요하다. SQL 문 하나가 100줄이 넘을 때도 있는데 이러한 SQL을 쿼리셋으로 작성하는 것은 개발자에게는 고통스러운 과정이며 쿼리셋의 유지 보수 또한 어려워진다.

개인적으로는 DBA에게 자문 받은 SQL의 개선 사항을 어떻게 쿼리셋으로 변환해야 할지 고민하는 것은 크게 의미가 있다고 생각하지 않는다. ORM은 개발자가 지루한 코드를 작성하지 않게 도와주는 도구인데 통계 쿼리를 ORM으로 작성하기 위해 오히려 고통받고 있다면 ORM을 사용하는 목적이 퇴색되는 꼴이다. aggregate()를 사용해서 간단한 통계 쿼리를 작성하면 매우 편리하지만 통계 쿼리가 복잡해진다면 그냥 SQL로 작성하자. 굳이 쿼리셋을 고집할 필요는 없다.

3.3.5 서브쿼리: Subquery() , Exists()

서브쿼리^{subquery}에는 3가지 종류가 있는데 장고 ORM은 인라인 뷰를 제외한 Subquery( ), Exists( )를 서브쿼리 함수로 사용할 수 있도록 지원한다.

SELECT절 서브쿼리: 스칼라 서브쿼리(scalar subquery)

스칼라 서브쿼리 활용 예시는 장고의 공식 문서를 그대로 인용한다.

- **Subquery()**

```
from django.db.models import OuterRef, Subquery
newest = Comment.objects.filter(post=OuterRef("pk")).order_by("-created_at")
post_queryset= Post.objects.annotate(
                    newest_commenter_email=Subquery(newest.values("email")[:1])
            )

post_list: List[Post] = list(post_quertset)
post: Post = poet_list[0]
commenter_email:str = post.newest_commenter_email
print(commenter_email) # soungryoul@gmail.com (str)
```

코드 3-60 게시물(post)의 가장 최신 댓글(comment) 작성자의 이메일을 서브쿼리로 조회하는 쿼리셋

```
# post_queryset이 풀릴 때 발생하는 sql

SELECT "post"."id",
    "post"."contents" ,
    (
      SELECT U0."email"
      FROM "comment" U0
      WHERE U0."post_id" = ("post"."id")
      ORDER BY U0."created_at" DESC LIMIT 1
    ) AS "newest_commenter_email"  -- ← 서브쿼리 발생
FROM "post"
```

코드 3-61 post_queryset이 풀릴 때 발생하는 SQL

서브쿼리는 쿼리 내부에 들어가 있는 또 다른 SQL이기 때문에 SQL의 결과물을 한눈에 볼 수 있는 장점을 가진다. 이러한 장점은 장고 쿼리셋에서도 유지된다. 쿼리셋 2개를 작성하고 이 2개의 쿼리셋을 연결해줄 칼럼^{column}을 선언(=OuterRef('pk'))해서 Subquery(…) 메서드로 감싸주면 이것이 스칼라 서브쿼리가 된다. **스칼라 서브쿼리는 FROM "post"를 기준으로 각 로우^{row}(열)별로 반드시**

1개 이하의 로우와 1개의 칼럼만 조회되어야 한다. 그렇지 않으면 SQL 수준에서 에러가 발생한다. [코드 3-60]에서는 이 조건을 만족시키기 위해 서브쿼리로 사용될 쿼리셋에 .values('email')[:1] 옵션을 줬다. 그리고 .values('email') 옵션을 부여했기 때문에 칼럼이 1개만 조회(SELECT U0."email") 되었다. 또한 [:1]을 부여했기 때문에 슬라이싱 쿼리셋이 되어 쿼리셋 형태를 그대로 유지하면서 Subquery(...) 메서드 인자로 사용될 수 있었다. 장고 서브쿼리를 사용할 때 흔히 하는 실수 중 하나가 1개의 로우만 조회하기 위해 newest.values('email')[0]과 같이 쿼리셋의 특정 인덱스만 조회해서 쿼리셋이 풀려 에러가 발생하는 것이다. 장고 공식 문서에는 이러한 실수를 방지하는 좋은 예시를 제공하고 있다.

Exists()

Subquery() 메서드는 다양한 타입을 가질 수 있지만 Exists() 메서드는 존재 여부를 나타내는 boolean 타입만을 가질 수 있다. Exists() 사용법은 Subquery()와 동일하다.

```python
from django.db.models import OuterRef, Subquery
exists_subquery = Comment.objects.filter(post=OuterRef("pk"))
post_queryset2= Post.objects.annotate(
                    has_commenter=Exists(exists_subquery) # True or False 값을 가진다.
            )
post_list = list(post_queryset2)
post: Post = poet_list[0]
does_first_post_have_commenter: bool = post.has_commenter
print(does_first_post_have_commenter) # True (str)
```

코드 3-62 게시물(post)에 달린 댓글(comment) 작성자가 1명이라도 존재하는지를 서브쿼리로 조회하는 쿼리셋

```sql
# post_queryset2이 풀릴 때 발생하는 sql

SELECT "post"."id",
    EXISTS(
      SELECT 1
      FROM "comment" U0
      WHERE U0."post_id" = ("post"."id")
    ) AS "has_commenter"
FROM "post"
```

코드 3-63 post_queryset2가 풀릴 때 발생하는 SQL

FROM절 서브쿼리: 인라인 뷰(inline view)

장고 ORM에는 인라인 뷰 개념이 존재하지 않는데 지극히 당연한 것이다. ORM은 SQL과 완벽히 1:1 대응되는 파이썬 메서드를 만들어주는 라이브러리가 아니라[6] 관계 지향적인 테이블을 객체 지향적인 클래스에 연결해주는 도구이다. 현재 시점에서 인라인 뷰는 장고 ORM의 지원 대상이 아니다. 만약 인라인 뷰 구조의 SQL을 써야 할 일이 생긴다면 2.4.7절 마이그레이션 오버라이딩의 뷰 테이블 내용을 참고해서 인라인 뷰를 뷰 테이블로 구현해서 사용하거나 2.3.8절의 관리되지 않는 모델 내용을 참고해서 raw SQL을 모델에 매핑하는 방식을 사용하자.

💡 장고 버전이 올라갈 때마다 다양한 SQL 함수query expressions를 지원하고 있는데 향후 버전에서는 인라인 뷰를 지원할 수도 있다.

WHERE절 서브쿼리: 중첩 서브쿼리(nested subquery)

중첩 서브쿼리는 스칼라 서브쿼리와 사용법이 동일하다. 이 둘은 그저 annotate() 메서드 안에서 사용되느냐(스칼라 서브쿼리) filter() 메서드 안에서 사용되느냐(중첩 서브쿼리)의 차이일 뿐이다.

```python
from datetime import timedelta
from django.utils import timezone
yesterday = timezone.now() - timedelta(days=1)
post_subqueryset = Post.objects.filter(published_at__gte=yesterday)
Comment.objects.filter(post__in=Subquery(post_subqueryset.values("pk")))
```

코드 3-64 어제 생성된 게시물(post)에 달린 댓글(comment) 목록 조회 쿼리셋

```python
yesterday = timezone.now() - timedelta(days=1)
yesterday_comment_subqueryset = Comment.objects.filter(
                        post=OuterRef("pk"),
                        published_at__gte=yesterday,
                )
Post.objects.filter(Exists(post_subqueryset))
```

코드 3-65 어제 생성된 게시물(post) 중 댓글이 하나라도 존재하는 게시물 목록 조회 쿼리셋

---

6 파이썬으로 SQL을 작성하는 기능이 포함되어 있는 SQLAlchemy라는 라이브러리는 SQL 툴킷이자 ORM이라고 공식 문서에서 소개하고 있다. 참고로 SQLAlchemy를 사용할 때는 리포지터리Repository 패턴을 사용해서 SQLAchemy를 사용하는 로직과 도메인 로직을 분리하거나 장고의 쿼리셋 아키텍처를 SQLAlchemy로 구현한 Tortoise ORM을 사용하는 것이 좋다.

3.3.6 SQL 직접 사용하기: raw(), RawSQL()

raw()는 쿼리셋 자체를 SQL로 대체하는 메서드이고 RawSQL()은 서브쿼리를 쿼리셋이 아닌 SQL로 작성해서 사용하고 싶을 때 쓰는 함수이다.

```
In [1]: store_queryset = Store.objects.filter(id__in=[1,2,3])

In [2]: store_queryset
Out[2]: <StoreQuerySet ...>
```

코드 3-66 쿼리셋 예시

```
In [1]: store_raw_queryset = Store.objects.raw(
            raw_query="SELECT * FROM store WHERE id IN %(pk_list)s ",
            params={"pk_list": (1,2,3)}
        )

In [2]: store_raw_queryset
Out[2]: <RawQuerySet: SELECT * FROM store WHERE id IN (1,2,3)>
```

코드 3-67 raw 쿼리셋 예시

[코드 3-66]과 [코드 6-67]은 데이터베이스로부터 동일한 결과물을 가져온다. 쿼리셋과 Raw 쿼리셋은 개발자가 직접 SQL을 작성했는지 아닌지의 차이만 가지고 있을 뿐이다.

3.4 지연 로딩과 즉시 로딩

3.4.1 지연 로딩

쿼리셋은 지연 로딩Lazy Loading을 기본으로 한다. 앞에서 설명했던 것처럼 정말 필요한 순간이 아니면 데이터베이스에 데이터를 질의하지 않는다(SQL을 수행하지 않음). 공식 문서나 장고 커뮤니티의 튜토리얼 예시를 보면 대부분 [코드 3-67]과 같은 방식으로 1번째 줄에 list()로 쿼리셋을 묶어서 호출하는 방식을 사용한다. 차라리 1번째 줄에 list()로 쿼리셋을 묶어서 데이터를 전부 호출해버리는 방식으로 작성하면 지연 로딩 동작이 아예 드러나지 않기 때문에 쿼리셋에 대한 이해가 깊지 않아도 학습량 대비 효율적인 성능을 내는 로직을 작성할 수 있다.

💡 학습량 대비 성능이 효율적이라는 것이지 list()로 무조건 묶으라는 뜻이 아니다.

```python
user_list = list(User.objects.all()) # sql 발생: SELECT * FROM USER

user1 =  user_list[0]
user2 =  user_list[1]
user3 =  user_list[2]
```

코드 3-68 쿼리셋을 지연시키지 않고 즉시 수행

어설프게 쿼리셋을 지연시키면 [코드 3-69]와 같은 비효율적인 동작이 만들어질 수도 있다.

```python
user_queryset = User.objects.all()

user1 = user_queryset[0] # sql 발생: SELECT * FROM USER LIMIT 1 ;
user2 = user_queryset[1] # sql 발생: SELECT * FROM USER LIMIT 1 OFFSET 1 ;
user3 = user_queryset[2] # sql 발생: SELECT * FROM USER LIMIT 1 OFFSET 2 ;
```

코드 3-69 SELECT 문이 3번 호출됨(비효율적인 동작 예시)

설령 쿼리셋을 잘 알고 있다고 하더라도 수십 줄 이상 되는 난해한 로직에 [코드 3-68]과 같은 동작이 숨어 있으면 알아차리지 못하고 비효율적인 동작을 그대로 방치하는 경우도 생긴다. 쿼리셋의 지연 로딩이라는 특성을 어떻게 활용해야 하는지는에 대해서는 뒤에서 다양한 예시와 함께 설명할 것이다.

N+1 쿼리 문제

N 개의 데이터를 가져오기 위해 1개의 쿼리를 수행했는데 지연 로딩 정책으로 인해 N 번의 쿼리가 추가적으로 더 발생하는 문제를 말한다. N+1 문제는 지연 로딩을 기본 정책으로 하는 ORM에서 항상 발생한다. 장고에서는 어떤 식으로 발생하는지 다음 예시로 알아보자.

```python
from django.db import models

class Restaurant(models.Model):
    name = models.CharField(max_length=128, help_text="음식점 가게명")
    tel_num = models.CharField(max_length=16, help_text="음식점 연락처")
```

```
class Menu(models.Model):
    name = models.CharField(max_length=128, help_text="음식 메뉴 이름")
    price =  models.IntegerField(help_text="음식 가격")

    restaurant = models.ForeignKey(to="Restaurant", on_delete=models.CASCADE, help_text="이
메뉴를 판매하는 음식점")
```

코드 3-70 Menu와 Restaurant는 N:1 관계

[코드 3-70]과 같은 모델 구성이 설계되어 있다고 가정해보자. 이때 Restaurant와 Menu 간 모델 관계를 다음과 같이 표현할 수 있다.

- 1개의 Restaurant는 N 개의 Menu를 가질 수 있다.(Restaurant는 Menu의 정방향 참조 모델)
  - 로직상 menu.restaurant 식으로 호출이 가능하다면 Restaurant는 Menu의 정방향 참조 모델이라고 부른다.
  - 반대로 restaurant.menu_set.all() 식으로 호출이 가능하다면 Menu는 Restaurant의 역방향 참조 모델이라고 부른다.

쉽게 풀어쓰면 xxx_set.all()로 호출되는 녀석은 역방향 참조 모델이라 하고 xxx_set이 아닌 단일 객체(예: menu.restaurant)로 호출되면 정방향 참조 모델이라고 부른다.

이러한 모델 구조에서 [코드 3-71]과 같은 쿼리셋을 호출한다고 해보자. [코드 3-71]에서 발생하는 **SQL의 개수는 몇 개일까?**(.create()에서 발생하는 INSERT 쿼리는 제외)

```
r1 = Restaurant.objects.create(name="고급 레스토랑 In Back 스테이크 하우스", tel="070-1111-
2222")
Menu.objects.create(name="토마토 치오피노 파스타", price=20500, restaurant=r1)
Menu.objects.create(name="투움바 스테이크 파스타", price=28900, restaurant=r1)
Menu.objects.create(name="베이비 백 립", price=37900, restaurant=r1)
Menu.objects.create(name="슈림프 감바스 셀러드", price=19900, restaurant=r1)
Menu.objects.create(name="카프레제", price=19900, restaurant=r1)

menu_queryset =  Menu.objects.filter(name__contains="파스타")

# 이 반복문 속에서 발생하는 SQL의 개수는 몇 개일까?
for menu in menu_queryset:
    print("\\n----------------------")
    print(f"메뉴 이름: {menu.name}")
    print(f"메뉴 가격: {menu.price}")
    print(f"메뉴를 판매하는 음식점 이름: {menu.restaurant.name}")
    print("\\n----------------------")
```

코드 3-71 menu_queryset을 for 문으로 돌리면 총 몇 개의 SELECT 문이 발생할까?

그러면 [그림 3-11]과 같은 과정을 거치게 된다.

다음 그림을 보며 [코드 3-71]과 같은 쿼리셋을 호출했을 때의 과정을 살펴보자.

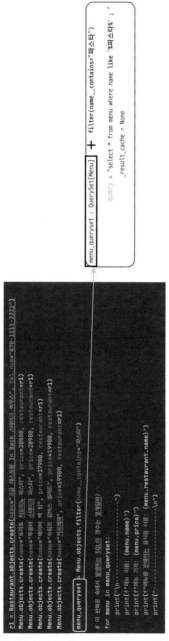

그림 3-11 for 문이 반복 수행되면서 menu_queryset 내부에 일어나는 과정 1

menu_queryset을 선언했다. 쿼리셋 선언만으로는 아무런 일이 일어나지 않는다.

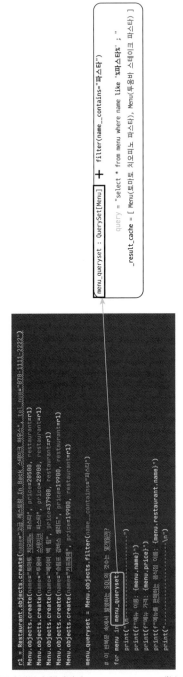

그림 3-12 for 문이 반복 수행되면서 menu_queryset 내부에 일어나는 과정 2

menu_queryset을 반복문으로 순회하기 시작했다. 이러한 경우, 1번째 순회가 시작되는 시점에 쿼리셋이 풀리면서 쿼리셋 내부에 SQL을 질의해서 가져온 데이터를 캐싱하게 된다.

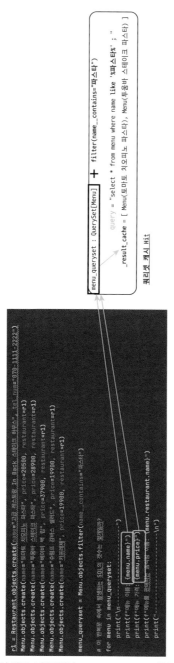

그림 3-13 for 문이 반복 수행되면서 menu_queryset 내부에 일어나는 과정 3

1번째 순회가 시작되는 시점에 이미 쿼리셋이 풀렸기 때문에 이후에는 쿼리셋에서 menu 데이터를 조회할 때는 쿼리셋 캐시 Hit가 발생한다. 따라서 추가적인 SQL 질의가 생기지 않는다.

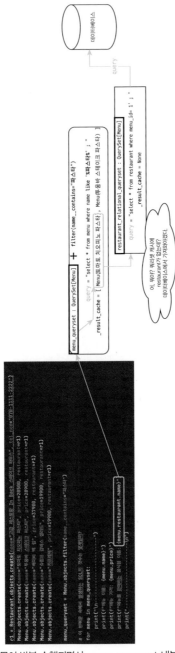

그림 3-14 for 문이 반복 수행되면서 menu_queryset 내부에 일어나는 과정 4

하지만 menu.restaurant.name은 다르다. menu_queryset에는 restaurant에 대한 데이터가 캐시되어 있지 않다. 따라서 restaurant 데이터를 찾기 위한 SQL 질의가 발생한다. 결과적으로 menu_queryset이 반복문으로 진입하는 시점에 쿼리셋이 풀리면서 SQL이 한 번만 질의되고 menu.restaurant.name은 for 문이 돌면서 매번 SQL이 질의된다.

menu를 조회할 때마다 2번 동작이 반복문 안에서 발생되고 [그림 3-15]처럼 총 5번에 걸쳐 restaurant을 조회하는 SQL이 발생한다. [그림 3-15]를 보면 restaurant 데이터를 가져오기 위해 반복문이 수행되면서 매번 SQL이 발생하는 것을 볼 수 있다.[7]

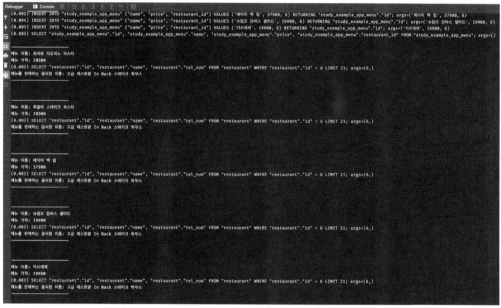

그림 3-15 for 문이 반복 수행되면서 매번 restaurant의 name을 조회하기 위해 SELECT 문이 발생

이것이 데이터를 가져오기 위해 1개의 쿼리셋을 호출(Menu.objecst.all())했는데 N 번의 쿼리가 추가적으로 발생(restaurant을 N 번 더 조회)하는 N+1 문제이다.

---

7 해당 소스 코드는 https://github.com/KimSoungRyoul/DjangoBackendProgramming/blob/main/study_example_app/tests/test_n_plus_1_problem_example.py에 보완해서 올려두었다.

그림 3-16 for 문이 반복 수행되면서 menu_queryset 내부에서 일어나는 일(최종)

이러한 N +1 문제를 해결하기 위해서는 데이터를 조회할 때 한 번에 모두 불러와야 한다. ORM에서는 이것을 즉시 로딩Eager Loading이라고 부른다. 쿼리셋이 가지는 즉시 로딩 방식을 알아보자.

3.4.2 즉시 로딩

지금까지 쿼리셋의 지연 로딩 동작을 알아보았다. 쿼리셋은 SQL을 질의하는 동작을 최대한 지연하는 특정을 가지고 있다. 이러한 특성 덕분에 불필요한 SQL이 수행되는 것을 막아주지만 동시에 ORM에 대한 이해가 깊지 않은 개발자로 하여금 N+1 문제가 발생하기도 한다. 이 절에서는 N+1 문제가 발생하지 않도록 쿼리셋에게 지금 당장 필요하지 않는 데이터도 한 번에 가져오는 방법 즉, 즉시 로딩을 배워보자.

정방향 참조 모델과 역방향 참조 모델의 구분

정방향 참조와 역방향 참조의 구분은 모델이 ForeignKey(FK)를 가지고 있는지 없는지에 따라 결정한다. A 모델이 B 모델의 ForeignKey를 가지고 있으면 B는 A의 정방향 참조 모델이라 부른다. 반대로 B 모델 입장에서는 A 모델과 관계를 맺고 있지만 ForeignKey를 갖고 있지 않기 때문에 A 모델은 B 모델의 역방향 참조 모델이라 부른다.

```
class AModel(models.Model):
    b_model = models.ForeignKey(to="BModel", ...)
```

코드 3-72 정방향 참조 모델 역방향 참조 모델의 구분 예시

[코드 3-72]와 같이 정의되어 있다면 'B 모델은 A 모델의 정방향 참조 모델', 'A 모델은 B 모델의 역방향 참조 모델'이라고 부른다.

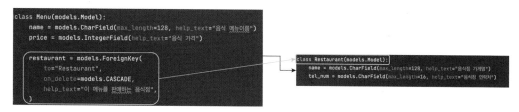

[같은 의미]
Menu는 Restaurant를 정방향 참조하고 있다.
Menu는 Restaurant을 ForeignKey로 매핑하고 있다.

그림 3-17 정방향 참조, 역방향 참조 구분 구체적인 예시

[그림 3-17]을 보면 1개 Restaurant은 N 개의 Menu를 가지고 있고 1개 Menu는 1개 Restaurant을 가진다. 여기서 Menu 모델이 Restaurant ForeignKey를 가지고 있기 때문에 Restaurant 모델

은 Menu 모델의 정방향 참조 모델이다. 같은 논리로 Restaurant는 Menu의 ForeignKey를 가지고 있지 않기 때문에 Menu 모델은 Restaurant 모델의 역방향 참조 모델이다.

즉시 로딩 메서드인 select_related()와 prefetch_related()를 사용하면 원하는 데이터를 한 번에 질의해서 다 가져오기 때문에 N+1 문제를 방지할 수 있다. select_related()는 SQL의 JOIN 문법을 유도한다. 모델 간 관계가 N(주체 모델):1(FK 매핑 모델) 또는 1:1인 경우에 사용할 수 있다. 모델 간 관계가 1(주체 모델):N(FK 매핑 모델)인 경우에 사용하면 에러가 발생한다.

```python
class Store(models.Model):
    class StoreType(models.TextChoices):
        FOOD = "food", "배달 음식"
        GROCERY = "grocery", "식료품/가공식품"
        PET_FOOD = "pet_food", "반려동물 음식"

    name = models.CharField(max_length=128, help_text="음식점 가게명")

    user = models.ForeignKey(
            to="users.User",
            on_delete=models.CASCADE,
            null=True,
    )

    tel_num = models.CharField(max_length=16, help_text="음식점 연락처")
    created_at = models.DateTimeField(auto_now_add=True)
    store_type = models.CharField(choices=StoreType.choices, help_text="상점 유형", max_
length=32)

    address = models.OneToOneField("StoreAddress", on_delete=models.CASCADE, null=True)
    store_name_display_only = models.CharField(max_length=128, help_text="직원이 해당 상점을 한
눈에 볼 수 있게 관리하는 필드입니다.")

    objects = StoreQuerySet.as_manager()
```

코드 3-73 Store와 User 모델 선언 예시

[코드 3-73]을 보면 상점(Store)은 1명의 점주(user)를 ForeignKey로 가지고 있다. 즉 Store 모델은 user(User)를 정방향 참조하고 있으며 반대로 user(User) 모델은 Store 모델을 역방향 참조하고 있다. 이때 User.objects.select_related("store")를 수행하려 하면 에러가 발생한다. select_related()는 정방향 참조 모델만 사용이 가능하기 때문이다. 반대로 Store.objects.select_related("user")를 수행하는 것은 가능하다. 상점은 점주를 정방향 참조하고 있기 때문이다. (상점은 점주를 ForeignKey로 가지고 있기 때문) prefetch_related()는 추가 쿼리셋을 유도한다. 쿼리셋

은 말 그대로 쿼리의 집합이다. prefetch_related() 메서드를 사용하면 쿼리셋은 1개 이상의 SQL 을 수행한다.

select_related(): JOIN을 사용한 정방향 참조 모델 즉시 로딩

```
Menu.objects.select_related("restaurant").filter(name__contains="파스타")
```

코드 3-74 쿼리셋에서 제공하는 즉시 로딩 옵션인 select_related()를 사용하는 예시

select_related라는 옵션을 사용하면 쿼리셋은 SQL JOIN을 사용해서 해당 정방향 모델을 가져온다.

```
SELECT "menu"."id",
       "menu"."name",
       "menu"."price",
       "menu"."restaurant_id",
       "restaurant"."id",
       "restaurant"."name",
       "restaurant"."tel_num"
  FROM "menu"
 INNER JOIN "restaurant"
    ON ("menu"."restaurant_id" = "restaurant"."id")
 WHERE "menu"."name"::text LIKE '%파스타%'
```

코드 3-75 쿼리셋에서 발생하는 SQL(JOIN 문이 추가된 것을 확인할 수 있음)

3.4.1절에 언급한 N+1 문제는 select_related() 옵션을 사용해서 해결할 수 있다.

```
r1 = Restaurant.objects.create(name="InBack 스테이크 하우스", tel="070-1111-2222")
Menu.objects.create(name="토마토 치오피노 파스타", price=20500, restaurant=r1)
Menu.objects.create(name="투움바 스테이크 파스타", price=28900, restaurant=r1)
Menu.objects.create(name="베이비 백 립", price=37900, restaurant=r1)
Menu.objects.create(name="슈림프 감바스 셀러드", price=19900, restaurant=r1)
Menu.objects.create(name="카프레제", price=19900, restaurant=r1)

# menu_queryset = Menu.objects.filter(name__contains="파스타")
# restaurant 데이터를 Eager Loading한다.
menu_queryset = Menu.objects.select_related("restaurant").filter(name__contains="파스타")


# 이 반복문 속에서 발생하는 SQL의 개수는 몇 개일까?  -> 이제 SQL 1개만 발생한다.
for menu in menu_queryset:
```

```
        print("\\n----------------------")
        print(f"메뉴 이름: {menu.name}")
        print(f"메뉴 가격: {menu.price}")
        print(f"메뉴를 판매하는 음식점 이름: {menu.restaurant.name}")
        print("\\n----------------------")        print(f"메뉴를 판매하는 음식점 이름: {menu.
  restaurant.name}")
        print("\\n----------------------")
```

코드 3-76 select_related()라는 즉시 로딩 옵션을 사용하면 해당 데이터를 JOIN을 사용해서 한 번에 조회

select_related() 옵션에는 여러 개의 정방향 참조 모델을 넣을 수 있다.

```
menu_queryset = (Menu.objects
  .select_related("restaurant","grocery_store")
  .filter(name__contains="파스타"))
```

코드 3-77 select_related() 옵션에 여러 개의 정방향 참조 모델 삽입

옵션에 부여된 개수만큼 쿼리셋은 JOIN이 들어간 SQL을 생성한다.

```
SELECT "menu"."id",
       ...
       ...
  FROM "menu"
 INNER JOIN "restaurant"
    ON ("menu"."restaurant_id" = "restaurant"."id")
 INNER JOIN "grocery_store"
    ON ("menu"."grocerystore_id" = "grocery_store"."id")
 WHERE "menu"."name"::text LIKE '%파스타%'
```

코드 3-78 옵션이 부여된 개수만큼 SQL 생성

만약 정방향 참조가 아닌 모델을 select_related() 옵션으로 부여하면 [코드 3-79]와 같은 에러가 발생한다.

```
Order.objects.select_related("menu").filter(restaurant__name="세플리")
```

```
FieldError: Invalid field name(s) given in select_related: 'menu_set'. Choices are:
restaurant
```

코드 3-79 정방향 참조가 아닌 모델을 select_related()에 옵션으로 부여 시 발생하는 에러

해당 모델('menu')은 select_related()로 즉시 로딩이 불가능하고 가능한 모델은 다음과 같다고
(Choices are: restaurant) 친절하게 알려준다.

prefetch_related(): 추가 쿼리(셋) 역방향 참조 모델 즉시 로딩

```
Restaurant.objects.filter(name__contains="고급").prefetch_related("menu_set")
```

코드 3-80 prefetch_related()를 사용한 쿼리셋

```
SELECT "study_example_app_restaurant"."id",
       "study_example_app_restaurant"."name",
       "study_example_app_restaurant"."tel_num"
FROM "study_example_app_restaurant"
WHERE "study_example_app_restaurant"."name"::text LIKE '%고급%'

# .prefetch_related("menu_set")가 만드는 sql입니다.
SELECT "study_example_app_menu"."id",
       "study_example_app_menu"."name",
       "study_example_app_menu"."price",
       "study_example_app_menu"."restaurant_id"
FROM "study_example_app_menu"
WHERE "study_example_app_menu"."restaurant_id" IN (1, 2, 3)
```

코드 3-81 prefetch_related()를 사용한 쿼리셋이 풀릴 때 발생하는 SQL

SQL 문 하나를 추가 질의해서 데이터를 가져온다. prefetch_related()를 사용하면 1(메인 쿼리)
+ 1~N 개만큼 추가 쿼리가 발생한다.[8] prefetch_related()는 주로 역참조 모델을 즉시 로딩하고
싶을 때 사용하지만 정방향 참조 모델도 즉시 로딩이 가능하다.

....

8 N+1 문제의 N은 데이터 크기에 따라 증가하는 N이지만 prefetch_related()의 N은 개발자가 제어하는 크기다. 예를 들어 레스토랑의 개수
가 100개일 때 즉시 로딩 옵션이 없다면 1+100(N) 개의 SQL이 발생하고 레스토랑 개수가 101개라면 1+101(N) 개의 SQL이 발생한다.
하지만 prefetch_related()를 사용하면 레스토랑 개수가 100개일 때 1+1(N) 개의 SQL이 발생하고 레스토랑이 101개인 경우에도 SQL이
1+1(N) 개 발생한다.

```
Menu.objects.filter(name__contains="파스타").prefetch_related("restaurant")
```

코드 3-82 Menu의 정방향 참조 모델인 Restaurant를 prefetch_related()를 사용해서 즉시 로딩

하지만 정방향 참조 모델을 prefetch_related()로 가져오는 것은 그리 권장되는 방법은 아니다.

Prefetch(): 추가 쿼리셋 제어

select_related()와 prefech_related()는 둘다 즉시 로딩을 위한 옵션이라는 공통점이 있다. 반대로 이 둘의 차이점은 select_related()는 메인 쿼리에 JOIN절을 추가해서 데이터를 가져오지만 prefetch_related()는 추가 쿼리셋을 사용해서 데이터를 가져온다는 것이다. prefetch_related("A", "B")절에 부여되는 인자 값은 하나하나 새로운 쿼리셋이다. [코드 3-83]을 보면 추가 쿼리셋을 사용한다는 말이 무슨 의미인지 이해할 수 있을 것이다.

```
# 예제 A QuerySet
Restaurant.objects.filter(name="셰플리").prefetch_related(
  "order_set",
  "menu_set",
)
# 예제 B QuerySet
Restaurant.objects.filter(name="셰플리").prefetch_related(
   Prefetch("order_set", queryset=Order.objects.all()),
   Prefetch("menu_set",queryset=Menu.objects.all()),
)

# 예제 A QuerySet과 예제 B QuerySet은 동일하다.
```

코드 3-83 추가 쿼리셋을 사용하는 예시

[코드 3-83]에 나온 2개의 쿼리셋은 [그림 3-18]과 [그림 3-19]처럼 동일한 SQL을 호출한다.

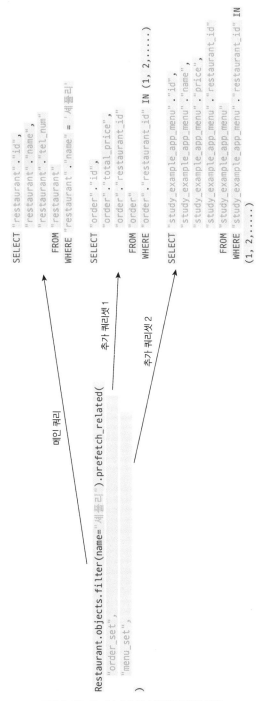

그림 3-18 Prefetch() 를 사용하지 않은 경우

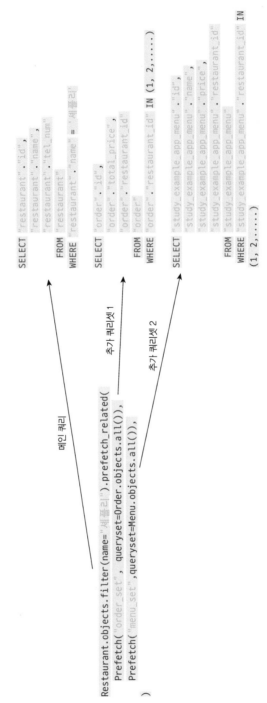

```
SELECT "restaurant"."id",
       "restaurant"."name",
       "restaurant"."tel_num"
  FROM "restaurant"
 WHERE "restaurant"."name" = '세틀러'

SELECT "order"."id",
       "order"."total_price",
       "order"."restaurant_id"
  FROM "order"
 WHERE "order"."restaurant_id" IN (1, 2,·····)

SELECT "study_example_app_menu"."id",
       "study_example_app_menu"."name",
       "study_example_app_menu"."price",
       "study_example_app_menu"."restaurant_id"
  FROM "study_example_app_menu"
 WHERE "study_example_app_menu"."restaurant_id" IN
       (1, 2,·····)
```

메인 쿼리

추가 쿼리셋 1

추가 쿼리셋 2

```
Restaurant.objects.filter(name="세틀러").prefetch_related(
    Prefetch("order_set", queryset=Order.objects.all()),
    Prefetch("menu_set",queryset=Menu.objects.all()),
)
```

그림 3-19 Prefetch()를 사용한 경우

Prefetch()라는 함수는 추가 쿼리셋을 제어하고 싶을 때 사용한다. 지금처럼 굳이 추가 쿼리셋에 조건절을 주고 싶지 않다면 [코드 3-83]의 A 쿼리셋처럼 Prefetch()를 사용하지 않는 것이 적절하다. 하지만 [코드 3-84]와 같이 역참조 모델에 조건절을 걸고 싶은 경우라면 Prefetch()를 사용해야 한다.

Restaurant가 가진 menu 중 이름에 파스타가 포함된 menu만 조회하고 싶다고 한다면 [코드 3-84]와 같이 쿼리셋을 작성한다.

```
Restaurant.objects.filter(name="셰플리").prefetch_related(
    Prefetch("order_set", queryset=Order.objects.all()),
    Prefetch("menu_set",queryset=Menu.objects.filter(name__contains="파스타"))
)
```

코드 3-84 Prefetch() 사용 예시

[그림 3-20]을 보면 menu_set의 쿼리셋에 주어진 조건절이 SQL에도 반영된 것을 볼 수 있다. prefetch_related()에 주어지는 쿼리셋은 다른 쿼리셋과 동일하기 때문에 [코드 3-85]와 같이 즉시 로딩 옵션을 주는 것도 가능하다.

```
Restaurant.objects.filter(name="셰플리").prefetch_related(
    Prefetch("order_set", queryset=(Order.objects
                                    .prefetch_related("oredered_menu").all())
    ),
    Prefetch("menu_set",queryset=(Menu.objects
                                  .select_related("grocery_store")
                                  .filter(name__contains="파스타"))
    )
)
```

코드 3-85 Prefetch() 사용 예시 2

앞에서 설명한 내용을 이해했다면 이 쿼리셋에서 발생하는 SQL의 개수를 예측할 수 있다.[9]

---

9 Restaurant 메인 쿼리 1개, prefetch_related(order_set, menu_set) 추가 쿼리셋 2개 → sql 2ro order_set을 Prefetch()를 사용해서 해당 추가 쿼리셋에 prefetch_related() 옵션을 다시 줬으니 SQL이 1개 더 추가된다. menu_set은 select_related()가 붙었으므로 JOIN절이 추가된다. 따라서 1+2+1= 4이므로 총 4개의 SQL이 발생한다.

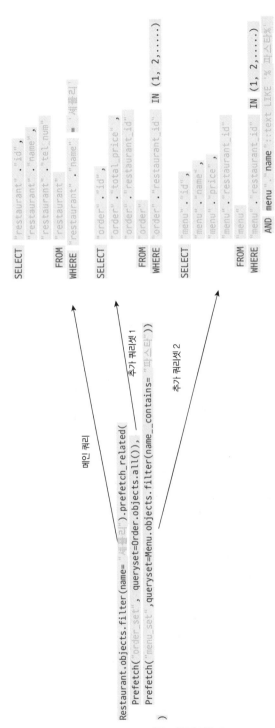

```sql
SELECT "restaurant"."id",
       "restaurant"."name",
       "restaurant"."tel_num"
FROM   "restaurant"
WHERE  "restaurant"."name" = '세종리'

SELECT "order"."id",
       "order"."total_price",
       "order"."restaurant_id",
FROM   "order"
WHERE  "order"."restaurant_id" IN (1, 2,......)

SELECT "menu"."id",
       "menu"."name",
       "menu"."price",
       "menu"."restaurant_id",
FROM   "menu"
WHERE  "menu"."restaurant_id" IN (1, 2,......)
AND menu"."name"::text LIKE '% 파스타%'
```

메인 쿼리
추가 쿼리셋1
추가 쿼리셋2

```python
Restaurant.objects.filter(name="세종리").prefetch_related(
Prefetch("order_set", queryset=Order.objects.all()),
Prefetch("menu_set",queryset=Menu.objects.filter(name__contains="파스타"))
)
```

그림 3-20 Prefetch()를 사용한 경우 2

select_related()와 prefetch_related()는 즉시 로딩을 할 때 사용하는 메서드다. 쿼리셋은 기본적으로 수행되는 동작을 최대한 지연시키는 특성을 가지고 있다. 이것을 지연 로딩이라고 부르는데 이러한 쿼리셋의 특성 때문에 당장 불필요한 SQL이 발생하는 상황을 막을 수 있지만 반대로 나중에 필요한 데이터를 당장 가져오지 못하는 상황이 초래된다. 이때 즉시 로딩 메서드인 select_related()와 prefetch_related()를 사용한다. 이 2가지 메서드를 사용하면 원하는 데이터를 한 번에 질의해서 모두 가져오기 때문에 N+1 문제를 방지할 수 있다.

select_related()는 SQL JOIN 문법을 유도한다. 모델 간 관계가 N(주체 모델):1(FK 매핑 모델) 또는 1:1인 경우에 사용할 수 있다. 모델 간 관계가 1(주체 모델):N(FK 매핑 모델)일 때 사용하면 에러가 발생한다.

예를 들어 1명의 점주(StoreOwner)는 N개의 상점(Store)을 소유할 수 있다. StoreOwner와 Store는 1:N의 관계가 된다. 이러한 경우에 StoreOwner.objects.select_related("store")를 수행하면 에러가 발생한다. 하지만 반대로 Store:StoreOwner는 N:1 관계이기 때문에 Store.objects.select_related("storeowner")를 수행할 수 있다. prefetch_related()는 추가 SQL을 유도한다. 다시 말하지만 장고의 쿼리셋은 쿼리의 집합이다.

3.4.4 쿼리셋의 구조

쿼리셋 구조

select_related()와 prefetch_related()를 1줄로 요약하면 다음과 같다.

> 쿼리셋은 1개의 메인 쿼리와 0~N개의 추가 쿼리(셋)로 구성되어 있다.

이 문장을 이해할 수 있다면 장고 쿼리셋을 80% 이상 이해한 것이라고 생각한다. [코드 3-86]의 클래스는 실제 장고가 구현한 쿼리셋을 단순화한 것이다.

```
class QuerySet:
    query = Query()  # 메인 쿼리

    _prefetch_related_lookups = ()  # N 개의 추가 쿼리셋으로 조회할 대상을 저장
    _result_cache = []  # 메인 쿼리와 N 개의 추가 쿼리셋의 결괏값을 여기에 저장한다.

    _iterable_class = ModelIterable  # 데이터 반환 방식을 결정 "QuerySet의 반환 타입 결정"을 참고
```

코드 3-86 단순화한 장고의 쿼리셋

이런 쿼리셋을 작성하면 restaurant_queryset에는 [코드 3-87]과 같이 값이 할당된다.

```
restaurant_queryset = (Restaurant.objects
                            .select_related("owner").filter(name__contains="셰플리")
                            .prefetch_related("order_set", "menu_set"))
```

코드 3-87 restaurant_queryset에 할당된 값

```
# class QuerySet:
    query = Query()  # 메인 쿼리  <- "owner"를 JOIN하는 옵션이 반영됨

    _prefetch_related_lookups = ("order_set", "menu_set")
    _result_cache = []

    _iterable_class = ModelIterable
```

코드 3-88 restaurant_queryset 내부 상황

그리고 이 쿼리셋을 한 번 호출하면 [코드 3-89]처럼 _result_cache가 채워진다.

```
restaurant_list = list(restaurant_queryset) # sql 호출됨
```

```
# list() 함수를 통해 호출된 이후 restaurant_queryset 내부 상황
class QuerySet:
    query = Query()  # 메인 쿼리  <- "owner"를 JOIN하는 옵션이 반영됨

    _prefetch_related_lookups = ("order_set", "menu_set")
    _result_cache = [Restaurant(1), Restaurant(2),...]

    _iterable_class = ModelIterable
```

코드 3-89 list(restaurant_queryset) 로직이 호출된 직후의 restaurant_queryset 내부 상황

이렇게 쿼리셋 캐시가 채워지고 나면 다시 쿼리셋을 호출할 때 SQL을 질의하지 않는다.

```
restaurant_queryset = (Restaurant.objects
    .select_related("owner").filter(name__contains="세플리")
    .prefetch_related("order_set", "menu_set"))
restaurant_list = list(restaurant_queryset) # sql 호출됨

restaurant_list2 = list(restaurant_queryset)
# 2번째 호출부터는 sql을 호출하지 않고 result_cache에 들어 있는 데이터를 가져와서 반환함
# queryset 캐시를 재사용해서 restaurant_list2에 데이터를 채운다.
```

코드 3-90 쿼리셋 캐시 재사용

쿼리셋이 생성하는 SQL의 구조

[코드 3-91]처럼 쿼리셋을 작성하면 [코드 3-92]와 같은 SQL이 발생한다. 쿼리셋이 만드는 SQL은 이러한 구조를 벗어나지 않는다(FilteredRelation(), extra() 같은 메서드를 사용하지 않는다는 전제). 따라서 내가 원하는 SQL 또는 데이터가 이런 구조를 벗어나 있는지 살펴보자. 원하는 SQL이 이와 같은 구조에서 벗어나 있다면 Native SQL 또는 .raw(RawQuerySet)를 사용하자.

- **쿼리셋**

```
queryset = (
    Model.objects
        .select_related('정방향_참조 필드1,','정방향_참조 필드2',....) # n 개만큼 JOIN한다.
        .annotate(
            커스텀 프로퍼티_블라블라=F('모델 필드 아무거나'),
            커스텀 프로퍼티2_블라블라=Case(
                When(Case 조건절_모델 필드 아무거나__isnull=False,
                        then=Count('특정 모델 필드')
                ), # 해당 값 기준으로 Count() 함수를 질의함
                default=Value(0, output_field=IntegerField(),
            ),
        )
    .filter(각종_질의~~~~)
    .prefetch_related(
        Prefetch('역방향_참조 필드', # 추가 쿼리는 새로운 쿼리셋이다 여기서 쿼리셋에 원하는 튜닝이 가능
            queryset=(역방향_참조 모델.objects.select_related(
                '역방향_참조 모델의_정방향 참조 모델'
            ).filter(역방향_각종_질의문)
)
```

코드 3-91 쿼리셋 생성 예시

- **SQL**

```
SELECT *
       모델 필드 아무거나 AS 커스텀 프로퍼티_블라블라,
       CASE
           WHEN Case 조건절_모델 필드 아무거나 IS NOT NULL
               THEN COUNT('특정 모델 필드')
           ELSE 0 END AS 커스텀 프로퍼티_블라블라2,  # IntegerField()는 쿼리에서는 영향 없음
FROM `orm_practice_app_order`
       # INNER OUTER는 ForignKey(null= True or False 값에 의해 결정
       LEFT INNER JOIN '정방향 참조 필드1' ON (~~~~)
       LEFT OUTER JOIN '정방향 참조 필드2' ON (~~~~)

WHERE (각종_질의~~~~)

SELECT *
FROM 역방향_참조 모델
           INNER JOIN '역방향_참조 모델의_정방향 참조 모델'
                   ON (~~~~~)
WHERE (역방향_각종_질의문 AND 메인 쿼리의_Model.`related_id` IN (1,2,3,4,....));
```

코드 3-92 코드 3-91의 쿼리셋으로 만들어진 SQL

len(queryset) vs queryset.count()

특정 쿼리셋의 개수를 알고 싶을 때 사용할 수 있는 방법은 2가지가 있다.

```
user_cnt: int = len(User.objects.filter(email="")) # 방법1 (사용하지 말 것)

user_cnt:int = User.objects.filter(email="").count() # 방법2
```

코드 3-93 쿼리셋 개수를 구하는 방법

두 경우 결괏값은 같지만 쿼리셋이 풀리면서 질의되는 SQL이 다르다. user 목록의 개수만 알기 위한 목적이라면 가장 효율적인 SQL은 SELECT COUNT(*) FROM user라는 것을 우리는 알고 있다. 하지만 쿼리셋은 풀리는 시점에 단순히 개수만을 필요로 하는 것인지 데이터 자체를 필요로 하는지 판단할 수가 없다.

3.3.3절에서 언급했다시피 쿼리셋을 list() 또는 len()으로 묶는 행위는 쿼리셋을 즉시 풀리게 만든다. 이때 쿼리셋은 어떤 메서드에 의해 풀리는지 판단하지 못하므로 모든 데이터를 가져오는 SELECT * FROM user를 질의하게 된다. 이 때문에 공식 문서에서도 len(queryset)으로 쿼리셋을 풀지 말고 queryset.count()와 같이 쿼리셋에서 제공되는 count()를 직접 명시하여 사용할 것

을 권고하고 있다. 또한 공식 문서의 언급과 별개로 count()의 경우 쿼리셋이 풀리는 시점이 지연되면 오히려 손해를 볼 수 있는 상황도 생긴다.

```python
user_queryset: QuerySet[User] = User.objects.filter(email="kimsoungryoul@gmail.com")


# SELECT COUNT(*) FROM user WHERE email='kimsoungryoul@gmail.com' 질의 발생
user_cnt: int = user_queryset.count()

# SELECT * FROM user WHERE email='kimsoungryoul@gmail.com' 질의 발생
user_list: List[User] = list(user_queryset)


print(f"회원 수: {user_cnt}")
print(f"회원 목록: {user_list}")
```

코드 3-94 쿼리셋 연산 지연으로 인해 불필요한 SQL이 더 발생하는 예시

[코드 3-94]를 살펴보자. 재미있게도 공식 문서에서 언급한 것과 반대로 user_cnt 값을 구할 때 쿼리셋에 count()를 명시하는 방법이 아닌 len()으로 쿼리셋을 감싸는 방법을 사용했다면 오히려 효율적으로 동작했을 것이다.

```python
user_queryset: QuerySet[User] = User.objects.filter(email="kimsoungryoul@gmail.com")


# SELECT * FROM user WHERE email='kimsoungryoul@gmail.com' 질의 발생
user_cnt: int = len(user_queryset)

# 위 len(user_queryset) 수행으로 user_querset이 풀리면서 캐싱된 데이터가 존재, 따라서 SQL 질의 없음
user_list: List[User] = list(user_queryset)


print(f"회원 수: {user_cnt}")
print(f"회원 목록: {user_list}")
```

코드 3-95 len(queryset)이 오히려 효율적이었던 상황 예시

물론 [코드 3-95]는 len()으로 쿼리셋을 감싸는 방법이 우연하게도 더 효율적으로 동작한 상황을 보여준다. 이런 방법은 직관적이지 않기 때문에 지금과 같이 쿼리셋 동작 학습용으로 보여줄 때나 사용하지 실제로 이런 식으로 작성하는 것은 피해야 한다. 따라서 [코드 3-96]과 같이 작성하도록 하자.

```
user_queryset: QuerySet[User] = User.objects.filter(email="kimsoungryoul@gmail.com")


# SELECT * FROM user WHERE email='kimsoungryoul@gmail.com' 질의 발생
user_list: List[User] = list(user_queryset)

# 위 list(user_queryset) 수행으로 user_querset이 풀리면서 캐싱된 데이터가 존재, 따라서 SQL 질의 없
음
user_cnt: int = user_queryset.count() # 이 경우 len(user_queryset) 을 사용해도 문제없음


print(f"회원 수: {user_cnt}")
print(f"회원 목록: {user_list}")
```

코드 3-96 코드를 수정한 모범 사례

[코드 3-96]을 보자. 이와 같은 경우에 len()으로 쿼리셋을 연산^{evaluate}해도 문제는 없지만 웬만하면 공식 문서에서 권고하는 것처럼 .count() 메서드를 사용하자.

쿼리셋으로 원하는 SQL이 안 만들어질 때

장고에서는 개발자가 쿼리셋으로 SQL을 작성한다. 여기서 SQL을 작성하는 주도권은 개발자가 아닌 쿼리셋에게 있다는 것을 인지해야 한다. 장고 쿼리셋뿐만 아니라 ORM 프레임워크를 사용하게 되면 생기는 자연스러운 트레이드오프^{trade off} 현상이다. 즉 개발자가 원하는 SQL을 작성할 수 없다는 것 (힘들다는 것)을 의미한다. 이런 이슈를 해결하기 위해 자바 진영에서는 QueryDSL(SQL DSL)이 생겨났다.

> **NOTE** **DSL**
>
> Domain Specific Language의 약자로 도메인 특화 언어를 말한다. SQL DSL은 애플리케이션 언어(파이썬, 자바 등)로 작성한 SQL이라고 보면 된다.

```
// QueryDSL 쿼리 예시
//  SQL JOIN이  Java 메서드로 존재하는 걸 볼 수 있다.
QCustomer customer = QCustomer.customer;
QCompany company = QCompany.company;
query.from(customer)
    .innerJoin(customer.company, company)
    .list(customer.firstName, customer.lastName, company.name);
```

코드 3-97 QueryDSL 사용 예시

그리고 파이썬 ORM 오픈소스인 SQLAlchemy는 ORM 쿼리 설계 자체가 SQL DSL에 가까운 구조를 가지고 있다. 그 덕분에 SQLAlchemy에서는 장고 쿼리셋보다 개발자에게 SQL 주도권이 더 많이 주어진다.

```
# SQLAlchemy 쿼리 작성 예시
# QueryDSL과 마찬가지로 JOIN이라는 SQL 개념이 Python 메서드로 드러나 있다
session.query(Post) \
        .join(User, User.id == Post.author_id) \
        .filter(~User.deleted) \
        .filter(User.last_login_time > now() - datetime.timedelta(days=1))
```

코드 3-98 SQLAlchemy 쿼리 작성 예시

그러나 장고 ORM에는 이런 SQL DSL이 존재하지 않는다.

```
# 반드시 JOIN을 강제로 부여하는 것과 같이 SQL을 제어할 수 있는 옵션이 존재하지 않는다.
product_queryset = (Product.objects
    .select_related("company")
    .filter(company_name="blabla...")
    .prefetch_related("deliveryhistory_set")
)
```

코드 3-99 장고 ORM에는 SQL DSL이 존재하지 않음

비록 select_related()이 JOIN이라고 설명했지만 반드시 JOIN이라는 SQL 문법에 직결되지는 않는다. QueryDSL과 SQLAlchemy의 join() 메서드는 JOIN SQL 문자열을 반드시 추가한다는 개념이고 outerjoin()이라는 메서드가 있기 때문에 개발자가 원하는 쿼리를 질의할 때 outer join과 inner join 중 하나를 선택할 수 있다. 하지만 쿼리셋은 개발자가 쿼리를 질의하는 시점에 outer join과 inner join을 마음대로 선택할 수 없다. 심지어는 selecte_related() 옵션이 부여된다 하더라고 여러 옵션을 합친 후 QuerySet.query에 JOIN을 부여할지 말지를 쿼리셋이 판단한다. aggregate(), values(), values_list() 같은 옵션이 붙으면 select_related() 옵션을 무시할 수도 있다. 즉 SQL 작성 주도권이 쿼리셋에게 있고 개발자에게는 없다는 뜻이다. 장고는 쿼리셋에서 SQL을 제어할 수 있도록 extra()라는 옵션을 제공하지만 이 옵션은 직관적이지 않기 때문에 최대한 사용하지 않는 것이 좋다.

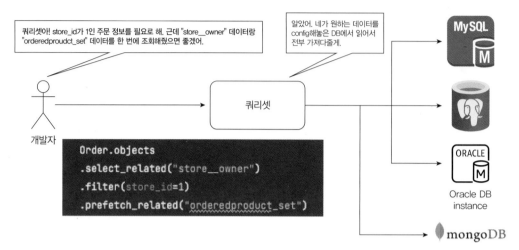

그림 3-21 쿼리셋의 장점

[그림 3-21]처럼 개발자는 원하는 질의 조건을 작성만 하고 소스 코드 내부에서 실행되는 SQL은 관심을 갖지 않아도 된다.

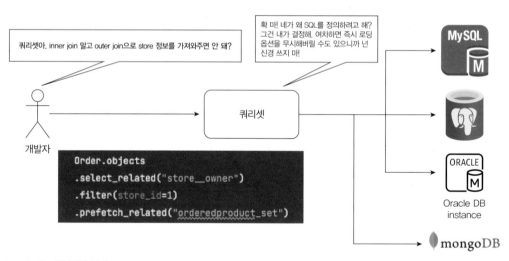

그림 3-22 쿼리셋의 단점

하지만 [그림 3-22]처럼 개발자가 섬세하게 SQL을 제어하는 데 개입할 수 없다. **그렇기 때문에 항상 아래 2가지 내용을 염두에 두고 작성해야 한다.**

- 원하는 SQL을 작성하려 하지 말고 원하는 데이터의 조건을 먼저 생각하자(SQL 주도권이 없기 때문에).
- 쿼리셋이 생성하는 기본 SQL 구조에서 벗어나는지 살펴보자.

SQL 작성 주도권이 쿼리셋에게 있고 개발자에게 없다는 것을 다르게 말하면 장고 ORM에 SQL 작성 주도권을 완전히 위임했기 때문에 개발자가 신경 쓰지 않아도 된다고 해석할 수도 있다. 장고 이외 웹 프레임워크에서 사용하는 SQLAlchemy를 쓰다 보면 파이썬으로 작성하는 SQL을 일일이 작성해주는 것 같은 느낌을 종종 받는다. ORM이 개발자가 원하는 SQL을 작성하도록 유도할 수는 있어도 개발자가 원하는 SQL을 완벽하게 수행하도록 제어하기는 어렵다. 모든 ORM 프레임워크가 이러한 한계를 가지고 있기 때문에 SQL을 직접 작성할 수 있는 옵션을 제공한다. 장고에서는 SQL을 직접 작성할 수 있는 raw() 옵션을 제공한다.

3.5 트랜잭션 관리

트랜잭션이란 데이터베이스에 저장된 데이터에 변화를 일으키는 작업 단위를 말한다. 장고나 데이터베이스에 별다른 옵션이 부여되지 않는 일반적인 상황에서의 트랜잭션 단위는 SQL 질의문 1개이다.

```
INSERT INTO store( name, tel_num, store_type, owner_id)
    VALUES ('김첨지 설렁탕', '070-1111-2222','food', 1);
```

코드 3-100 생성이라는 데이터 변화를 일으키는 SQL 질의문 1개

```
UPDATE store SET name = '박첨지 육개장' WHERE id=1;
```

코드 3-101 수정이라는 데이터 변화를 일으키는 SQL 질의문 1개

하지만 시스템을 구축하다 보면 트랜잭션의 단위가 변경되어야 하는 경우가 생긴다. 은행 계좌 송금이 가장 대표적인 예이다.

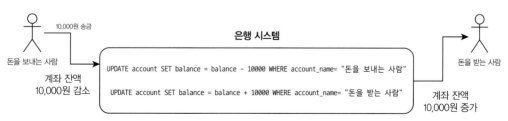

그림 3-23 송금이라는 비즈니스 로직은 SQL 2개가 반드시 한 번에 수행되어야 함

은행 시스템에서 송금이라는 비즈니스 로직은 특정 계좌 잔액이 감소되는 행위와 또 다른 특정 계좌의 잔액이 증가하는 행위가 반드시 한 번에 이루어져야 한다. 둘 중 하나만 수행되어서는 안된다. 이렇듯 데이터베이스의 상태가 변경되는 특정 묶음의 단위를 트랜잭션이라고 부르며 이 경우에는 송금 트랜잭션이고 부를 수 있다.

3.5.1 트랜잭션 제어: @transaction.atomic

장고에서 @transaction.atomic 데코레이터를 사용하면 하위 함수에서 수행되는 데이터베이스의 쓰기가 다 같이 수행되거나 다 같이 실패하는 동작(All or nothing)이 보장된다.

```python
def create(self, request: Request, *args, **kwargs) -> Response:

    s1 = Store.objects.create(name="김첨지 설렁탕 전문점", store_type=Store.StoreType.FOOD)

    raise ValueError("일부러 발생시키는 에러")

    p1 = Product.objects.create(name="설렁탕", price=10_500,
            product_type=Product.ProductType.FOOD, store=s1,
        )

    return Response(data={"detail": "생성 완료"})
```

코드 3-102 트랜잭션 제어가 없는 경우

[코드 3-102]와 같이 로직에서 에러가(일부러 발생시키는) 발생하면 Store는 이미 생성되었지만 중간에 로직이 실패해서 Product는 생성되지 않는 문제가 발생한다. @transaction.atomic은 이러한 상황을 해결한다.

```python
from django.db import transaction

@transaction.atomic
def create(self, request: Request, *args, **kwargs) -> Response:

    s1 = Store.objects.create(name="김첨지 설렁탕 전문점", store_type=Store.StoreType.FOOD)

    raise ValueError("일부러 발생시키는 에러")

    p1 = Product.objects.create(name="설렁탕", price=10_500,
            product_type=Product.ProductType.FOOD, store=s1,
```

```
        )

    return Response(data={"detail": "생성 완료"})
```

코드 3-103 트랜잭션 제어가 있는 경우

[코드 3-103]과 같이 함수에 데코레이터를 걸어주면 Store가 정상적으로 생성되었더라도 중간에 에러가 발생하면 @transaction.atomic 데코레이터 내부 동작을 전부 롤백시킨다. 이러한 경우에는 Store 생성 로직이 롤백되어서 Store가 생성된 동작도 되돌려진다.

3.5.2 배타적 잠금: select_for_update()

데이터베이스 자원에 동시에 접근할 때 접근 순서에 따라 결과가 달라지는 상황이 발생할 수 있다. 이러한 상황을 경쟁 상태race condition에 놓여 있다고 말한다. 예시를 살펴보자.

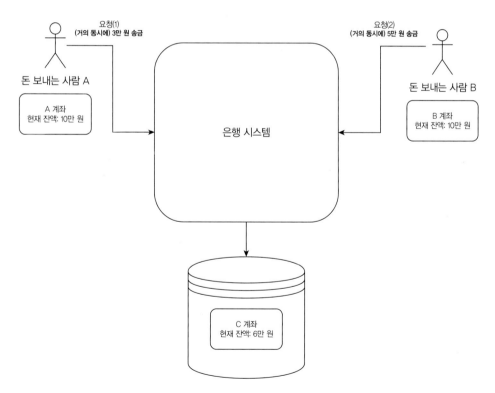

그림 3-24 송금 시나리오 예시

[그림 3-24]는 계좌를 송금하는 평범한 시나리오를 나타낸 것이다. 장고로 작성하면 [코드 3-104]와 같다.

```python
from django.db import models, transaction
# models.py
class Account(models.Model):
    owner_name = models.CharField(max_length=32, help_text="계좌 소유주명")
    balance = models.IntegerField(help_text="계좌 잔액")


# views.py
@transaction.atomic
def account_transfer_scenario(sender_name: str, receiver_name: str, amount: int):
    """
        계좌 이체 시나리오
    """

    # (1) 현재 계좌 잔액 조회
    sender_account = Account.objects.get(owner_name=sender_name)
    receiver_account = Account.objects.get(owner_name=receiver_name)

    # (2) 계좌 잔액 변경
    sender_account.balance -= amount
    receiver_account.balance += amount

    # (3) 변경된 계좌 잔액 저장
    sender_account.save()
    receiver_account.save()
```

코드 3-104 장고로 구현한 송금 API 예제

[코드 3-104]를 보면 A는 C 계좌에 3만 원을 송금(요청 1)하고 B는 C 계좌로 6만 원을 송금(요청 2)한다. 우리가 원하는 최종 결괏값은 다음과 같다.

> 원하는 최종 결괏값
> - C 계좌 잔액: 3만 원(A가 송금) + 5만 원(B가 송금) + 6만 원(기존 잔액) = 14만 원

하지만 A와 B의 송금 요청이 동시에 일어나게 되면 C의 계좌는 경쟁 상태에 놓이게 되고 이로 인해 엉뚱한 결과가 발생할 수 있다.

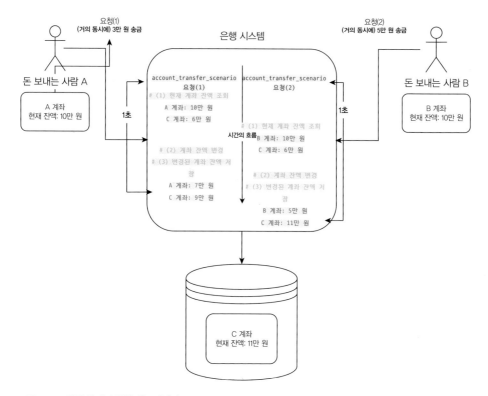

그림 3-25 경쟁 상태가 발생하는 시나리오

요청 1 수행이 끝나기 전에 요청 2가 수행되면 [그림 3-25]와 같은 문제가 발생한다. 최종 잔액 결과가 2개 요청을 반영하는 것이 아닌 둘 중 1개의 요청 결괏값으로 덮어쓰는 상황이 만들어지는 것이다. C 계좌라는 동일한 자원에 요청 1과 요청 2가 동시에 접근해서 발생하는 문제다.

이러한 문제를 막기 위해서 데이터베이스는 어떠한 요청이 자원을 사용하고 있으면 다른 요청은 그 자원을 읽을 수도 수정할 수도 없도록 하는 배타적 잠금Exclusive Lock 기능을 제공한다. SQL에서는 이 기능을 SELECT FOR UPDATE라는 문법으로 제공하며 장고 ORM은 배타적 잠금 기능을 쿼리셋으로 선언할 수 있도록 select_for_update( )라는 메서드를 제공한다.

```python
# models.py
from django.db import models, transaction

class Account(models.Model):
    owner_name = models.CharField(max_length=32, help_text="계좌 소유주명")
    balance = models.IntegerField(help_text="계좌 잔액")
# views.py

@transaction.atomic
def account_transfer_scenario(sender_name: str, receiver_name: str, amount: int):
    """
        계좌 이체 시나리오
    """
    # (1) 현재 계좌 잔액 조회
    sender_account = Account.objects.select_for_update().get(owner_name=sender_name)
    receiver_account = Account.objects.select_for_update().get(owner_name=receiver_name)

    # (2) 계좌 잔액 변경
    sender_account.balance -= amount
    receiver_account.balance += amount

    # (3) 변경된 계좌 잔액 저장
    sender_account.save()
    receiver_account.save()
```

코드 3-105 배타적 잠금 기능을 사용한 예시

[코드 3-105]는 select_for_update()가 사용된 것 외에는 [코드 3-104]와 동일하다. [코드 3-105]는 동시성 이슈Concurrency Issue 중 하나인 경쟁 상태를 해소하기 위해 배타적 잠금이라는 기능을 사용한 예시이다. select_for_update()는 한 자원을 두고 경쟁 상태에 놓인 시나리오를 풀기 위해 가장 흔하게 사용되는 기능이다.

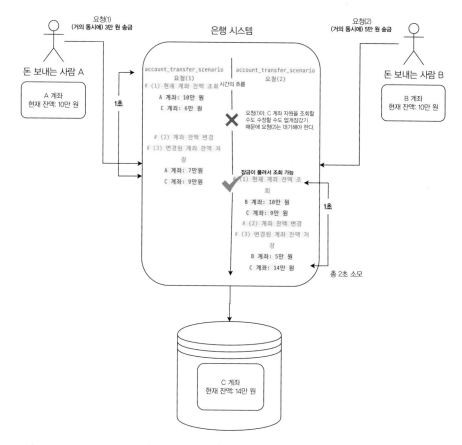

그림 3-26 select_for_update()를 사용하는 시나리오

[그림 3-26]처럼 select_for_update()를 사용하여 자원을 잠가서 경쟁 상태를 해결할 수 있다. 하지만 select_for_update()는 경쟁 상태를 해결하는 동시에 성능 저하를 야기한다. [그림 3-25]와 같이 기존에는 동시 수행이 가능하기 때문에 거의 1초 만에 2개의 요청을 해결했다. 하지만 배타적 잠금(select_for_update())이 걸리면 총 2초가 소비되는 상황이 발생한다. 즉 성능 저하가 발생하는 것이다. 배타적 잠금은 단순 성능 저하뿐만 아니라 데드락DeadLock이라고 부르는 또 다른 동시성 이슈를 일으키기도 한다.

select_for_update()는 성능 저하와 데드락의 원인이 되기 때문에 함부로 남발해서는 안 된다. 계좌 이체같이 비즈니스적으로 심각한 문제를 초래할 수 있는 기능에는 배타적 잠금(select_for_update())을 반드시 걸어줄 수밖에 없지만 사용자 닉네임 변경 같은 기능에서 경쟁 상태가 발생할 때 닉네임 수정이 비즈니스적으로 그렇게 중요하지 않다고 판단되면 성능 저하를 막기 위해 일부러 배타적 잠금을 걸지 않고 의도된 버그로 허용할 수도 있다.

3.6 매니저

3.6.1 매니저의 역할

장고는 퍼시스턴스 계층Persistence Layer을 제어하기 위해 쿼리셋이라는 모듈을 개발자에게 제공해준다. 개발자는 2장에서 배운 모델과 3장에서 배운 쿼리셋을 [그림 3-27]과 같은 방식으로 사용해서 원하는 데이터를 조회할 수 있다.

```
order_queryset = QuerySet(Order).filter().select_related()...
store_queryset = QuerySet(Store).filter().select_related()...
contract_queyset = QuerySet(Contract).filter().select_related()...
```

그림 3-27 원시적인 쿼리셋 사용법

하지만 장고 공식 문서는 물론이고 그 어디에서도 이런 식으로 사용하는 소스 코드를 본 적이 없을 것이다. 쿼리셋을 [그림 3-27]과 같이 사용하는 것은 장고의 의도가 아니기 때문이다. 장고는 쿼리셋이라는 퍼시스턴스 계층 모듈을 도메인 계층Domain Layer의 모듈인 모델과 매핑해서 사용되기를 원한다. 장고는 객체 모듈인 모델과 관계 지향형 모듈인 쿼리셋을 매핑해서 사용할 수 있도록 매니저Manager라는 모듈을 제공한다.

> 우리가 흔히 쓰는 모델의 objects라는 인스턴스가 매니저다. 우리는 쿼리셋을 사용한다고 표현하지만 사실 매니저가 제공해주는 쿼리셋을 사용한다는 표현이 더 정확하다.

그림 3-28 우리가 별생각 없이 사용하던 objects가 매니저(Manager)라고 부르는 객체다

뒤에서도 설명하겠지만 **장고 매니저는 커스텀 쿼리셋과 같다고 여겨도 무방하다.** 파이썬 프레임워크인 장고와 루비 프레임워크인 레일즈Rails는 활성 레코드Active Record 패턴으로 설계되었다. 장고 매니저는 활성 레코드 패턴이라는 디자인 패턴을 구현한 모듈이다.

장고

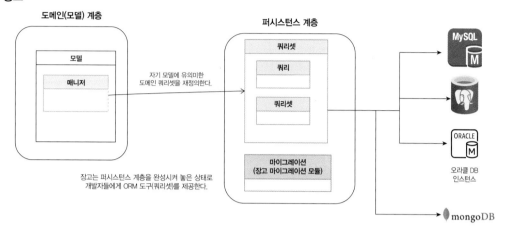

그림 3-29 장고 활성 레코드 패턴 설계 구조

💡 장고 마이그레이션 모듈의 정확한 이름은 DatabaseSchemaEditor이지만 그냥 편하게 장고 마이그레이션 모듈이라고 부르자. 이게 더 직관적이다.

장고는 SQL을 알아서 만들어주는 쿼리셋을 [그림 3-27]과 같은 방법으로 사용하는 것은 유연하지 않다고 판단했다. 따라서 유연하게 사용하기 위해서 활성 레코드 패턴을 사용해서 모델(객체)과 쿼리셋(관계 지향형) 간의 관계를 매핑했고 이렇게 생겨난 객체가 매니저다. 매니저는 모델 관점에서 데이터를 질의하는 역할을 수행한다. 매니저는 재사용할 수 있는 쿼리셋을 관리^Manage해서 코드를 더욱 간결하고 직관적으로 만들 수 있도록 도와준다.

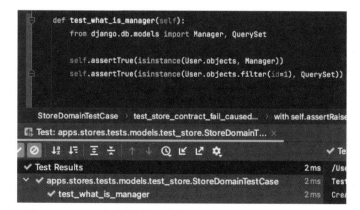

그림 3-30 objects가 매니저라는 것을 확인시켜주는 테스트 케이스

그렇다면 모델 관점에서 데이터를 질의한다는 것이 어떤 의미일까?

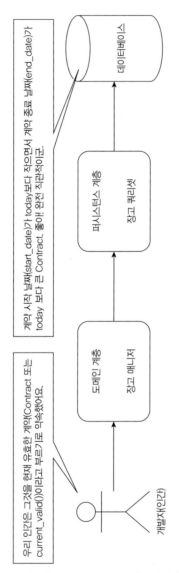

그림 3-31 인간에게 직관적인 표현과 데이터베이스에게 직관적인 표현 간의 차이

[그림 3-31]처럼 '현재 유효한 계약'이라는 표현은 인간에게 직관적인 표현이다. 하지만 데이터베이스 입장에서는 'start_date<=today<end_date'라는 표현이 직관적이다. 이러한 관점의 차이를 중재해주는 객체가 매니저다. 매니저를 잘 활용한 대표적인 예시는 장고가 직접 구현해놓은 User Manager이다.

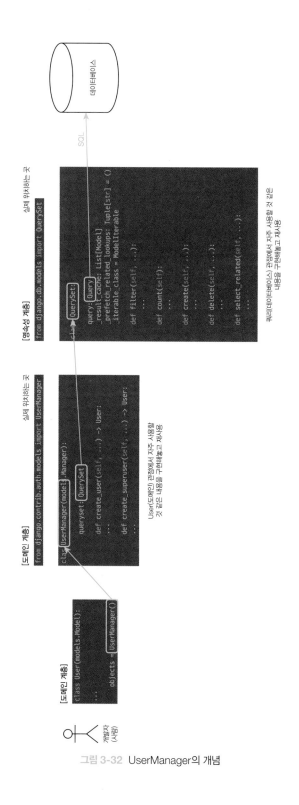

그림 3-32 UserManager의 개념

```
from django.contrib.auth.models import User
from django.db.models import Manager

user_manager = User.objects   # User라는 Model에 objects라는 변수명을 가진 객체를 뽑아보자

# User.objects라는 객체는 Django의 Manager와 같은 인스턴스인가? -> True
isinstance(User.objects, Manager) == True

user_queryset1 = User.objects.all()  # Django Manager (User.objects)에서 QuerySet을 생성함1
user_queryset2 = User.objects.filter(username="abc1234") # Django Manager (User.objects)에서
QuerySet을 생성함2

isinstance(User.objects.filter(username="abc1234"), QuerySet) # True
isinstance(User.objects.all(), QuerySet) # True
```

코드 3-106 UserManager 사용 예시

쿼리셋에서 기본적으로 제공하는 create() 메서드로 User를 생성하면 이 User는 로그인이 불가능하다. 왜냐하면 User를 생성하는 과정에서 password 암호화 작업이 수행되어 있지 않기 때문이다.

```
user = User.objects.create(username="hello_django",password="pass1!",email="aaa@naver.
com",first_name="성렬",last_name="김")
>>> user
<User: hello_django>
>>> user.password
'pass1!'  # 비밀번호가 DB에 그대로 저장됨(이러면 안 됨)
```

코드 3-107 create()로 User 생성 시 로그인 불가

create_user() 또는 create_superuser()라는 메서드를 User 모델의 매니저(objects)에 만들어 놓았다(자주 쓰는 기능).

```
user2 = User.objects.create_user(username="hello_django2",password="pass1!",email="aaa@
naver.com",first_name="성렬",last_name="김")
>>> user2
<User: hello_django2>
>>> user2.password
'pbkdf2_sha256$216000$deM09MQsBuZZ$XmH+iBrE+aDSPxV7bJ979FxOaH0ln6n3MjzKBdbgGZs='  # 비밀번호
가 (단방향)암호화된 상태로 저장됨(안전함)
```

코드 3-108 create_user() 사용 예시

장고에서는 User를 생성할 때 반드시 create_user() 또는 create_superuser() 메서드를 사용해

서 생성해야 한다. [코드 3-106]의 매니저는 각 모델에 특화된 쿼리셋을 미리 작성해놓은 모듈이다.

```
# 현재 유효한 계약 목록 조회 (database에게 직관적인 표현)
today = datetime.now()
valid_contract_list = list(
    Contract.objects.filter(store=store).filter(start_date__lte=today,end_date__gt=today)
)
```

코드 3-109 매니저를 사용하지 않고 쿼리셋으로 표현한 start_date〈=today〈end_date

[코드 3-109]와 같이 표현하는 것보다 [코드 3-110]처럼 커스텀 쿼리셋을 만들어서 현재 유효한 계약을 다시 사용할 수 있게 만들어두는 것이 코드의 직관성 확보와 재사용 측면에서 더 좋다[10].

```
from datetime import date, timedelta
from django.db import models


class ContractManager(models.Manager): # 커스텀 Manager
    """
        Contract(계약)Manager
    """

    def current_valid(
        self,
    ) -> QuerySet:
        """
            현재 유효한 계약
        """
        today = date.today()
        return self.get_queryset().filter(start_date__lte=today, end_date__gt=today)

    def recently_expired(self, store: Store) -> QuerySet:
        """
            가장 최근에 만료된 계약
        """
        return self.get_queryset().filter(store=store).order_by("-end_date")

    def tomorrow_start(self) -> QuerySet:
        """
            내일부터 시작되는 계약
        """
```

---

10 커스텀 쿼리셋은 매니저로 변환이 가능하다.

```
        today = date.today()
        return self.get_queryset().filter(start_date=today + timedelta(days=1))

    def tomorrow_expired(self) -> QuerySet:
        """
            내일 계약 만료일이 도래하는
        """
        today = date.today()
        return self.get_queryset().filter(end_date=today + timedelta(days=1))
```

코드 3-110 매니저를 작성하는 올바른 예시 1: ContractManager 구현

[코드 3-110]에 '현재 유효한' 이외에도 Contract라는 인간 친화적인 표현을 추가했다. 그리고
이렇게 구현한 커스텀 쿼리셋(ContractQuerySet)을 [코드 3-111]과 같이 Contract 모델의
objects(매니저)에 매핑한다.

```
from django.db import models

class Contract(models.Model):
    """
        상점 계약
    """

    store = models.ForeignKey(to="Store", on_delete=models.CASCADE)

    contract_product = models.ForeignKey(
        to="ContractProduct",
        on_delete=models.RESTRICT,
        help_text="계약 상품(수수료를 결정한다)",
    )

    start_date = models.DateField(null=True, help_text="계약 시작 날짜")
    end_date = models.DateField(null=True, help_text="계약 종료 날짜")

    # 새로 만든 커스텀 QuerySet(ContractManager)를 objects에 매핑한다.
    objects = ContractManager()
```

코드 3-111 매니저를 작성하는 올바른 예시 2: ContractManager를 모델에 매핑

이렇게 구현하면 [코드 3-112]와 같이 인간 친화적인 코드를 작성할 수 있게 된다.

```
store = Store.objects.get(id=1)

# 현재 유효한 계약 목록 조회 (인간에게 직관적인 표현)
valid_contract_list = list(Contract.objects.filter(store=store).current_valid())

# 현재 유효한 계약 중 내일 만료되는 계약이 존재하는가?
is_exists: bool = Contract.objects.filter(
                        store=store
                ).current_valid().tomorrow_expired().exists()

# 특정 상점에서 가장 최근에 만료된 계약 조회
recently_expired_contract = Contract.objects.recently_expired(store=store).first()
```

코드 3-112 구현한 ContractManager를 사용하는 예시

여기서 매니저를 구현하지 않고 filter(~~~)를 써도 똑같이 원하는 데이터를 가져올 수 있는데 왜 이렇게 하는지 의문점이 생길 수 있을 것이다. 개발자는 유지 보수가 가능한 코드를 작성해야 한다. 인간 친화적인 표현을 코드에 녹이는 것은 유지 보수가 가능한 코드를 만드는 첫 시작과도 같다.

오늘 점심으로 한정식집에 가서 김치찌개를 먹고 들어왔어요.

이 문장은 인간 친화적인 표현이다. 그 누구도 이 문장을 아래와 같이 표현하지는 않을 것이다.

오늘 한정식집 좌표(37.23445, 128.33454)에 도착할 때까지 발걸음을 멈추지 않고 이동한 다음 김치찌개를 주문하고 김치찌개를 받을 때까지 대기했고, 김치찌개 그릇의 바닥이 보일 때까지 숟가락으로 음식을 그릇에서 입으로 가져가는 행동을 반복했다. 그 행동이 완료되자마자 회사(37.23556, 128.334678)에 도착할 때까지 발걸음을 멈추지 않았다.

앞의 문장에 당신을 대입해보자. 다소 어색하고 어이없는 문장이지만 문장 자체에 논리적으로 문제가 있는 것은 아니다. 그저 익숙하지 않은 방법으로 표현되었을 뿐 이 문장의 뜻은 이해할 수 있다. 파이썬으로 표현하면 [코드 3-113]과 같다.

```
human = Human()
# 오늘 한정식집 좌표(37.23445, 128.33454)에 도착할 때까지 발걸음을 멈추지 않고 이동한 다음 김치찌개를
  주문하고 # 김치찌개를 받을 때까지 대기했고 김치찌개 그릇의 바닥이 보일 때까지 숟가락으로 음식을 그릇에서
  입으로
```

```
# 가져가는 행동을 반복했다. 그 행동이 완료되자마자 회사(37.23556, 128.334678)에 도착할 때까지 발걸음을
# 멈추지 않았다.

while human.is_arrived(lat=37.23445, lng=128.33454):
    human.walk()

food = requests.get("김치찌개", timeout=-1) # -1은 무한 대기한다는 값

while food.is_empty():
    scoop_out(food)

while human.is_arrived(lat=37.23556, lng=128.334678):
    human.walk()
```

코드 3-113 인간 친화적인 표현이란 무엇인지를 설명하기 위한 순수 파이썬 예시

그 누구도 사람과 소통할 때는 이런 식으로 말하지 않지만 사람과 소통하는 코드를 짤 때는 이런 일
이 빈번하게 일어난다. 유지 보수가 가능하려면 인간 친화적인 코드를 작성해야 한다.

```
class Human(models.Model):
    ...
    def walk_to_destination(self, lat,lng):
        while self.is_arrived(lat=37.23445, lng=128.33454):
            self.walk()

    def eat(self, food_name):
        food = requests.get(food_name, timeout=-1) # -1은 무한 대기한다는 값
        while food.is_empty():
            scoop_out(food)


human = Human()
# 오늘 점심으로 한정식집에 가서 김치찌개를 먹고 들어왔어요

human.walk_to_destination(lat=37.23445, lng=128.33454)
human.eat("김치찌개")
human.walk_to_destination(lat=37.23556, lng=128.334678)
```

코드 3-114 인간 친화적인 코드 작성

[코드 3-114]는 파이썬으로 인간 친화적인 코드를 작성한 예시이다. 장고 매니저를 구현하는 이유도
이와 마찬가지다.

3.6.2 매니저 작성 시 주의해야 하는 사항

1. 매니저는 재사용이 가능한 메서드로 구성되어야 한다.

재사용이 가능한 메서드를 정의해야 한다. 개발자의 판단으로 결정되기 때문에 기준이 모호할 수 있다. 앞의 [코드 3-110]에서는 '현재 유효한', '가장 최근에 만료되는'과 같은 문장을 재사용할 수 있다고 판단되었기 때문에 메서드로 작성되었다.

2. 모델 관점에서 인간 친화적인 의미가 있어야 한다.

Contract라는 모델 관점에서 보면 [코드 3-110]에 작성된 문장은 단순히 재사용이 가능한 것뿐만 아니라 인간 친화적인 의미가 있는 문장들이다. 개발자 간 의사 결정에 따라서 [코드 3-115]와 같이 별거 아닌 것 같은 filter()도 인간 친화적인 의미를 가지고 있다고 판단되면 매니저에서 선언하기도 한다.

```python
def active(self):
    """
        활성화되어 있는 데이터
    """
    return self.filter(is_active=True)

def inactive(self):
    """
        비활성화 처리된 데이터
    """
    return self.filter(is_active=False)
```

코드 3-115 django-extensions 라이브러리 ActivatorModelManager가 제공하는 매니저 예시

3. 매니저로 사용할 커스텀 쿼리셋 구현 시 커스텀 쿼리셋 내부에서 쿼리셋이 함부로 풀리면 안 된다.

함부로 쿼리셋이 풀리면(evaluate) 안 된다는 의미는 커스텀 쿼리셋 내부에서는 SQL이 호출되면 안 된다는 의미다. [코드 3-116]은 쿼리셋이 풀리게 만드는 메서드이다.

```python
Model.objects.filter(~~~).first()   # QuerySet을 즉시 Evaluate해서 0번째 row를 가져온다.
                                     # (0번째 row가 없으면 None을 반환한다.)

Model.objects.filter(~~~).last()   # QuerySet을 즉시 Evaluate해서 뒤에서 0번째 row를 가져온다.
                                   # (row가 없으면 None을 반환한다.)

Model.objects.filter(~~~).latest('날짜 Field')
                                   # QuerySet을 즉시 Evaluate해서 최근에 생성된 row를 가져온다.
```

```
                                          # (row가 없으면 DoestNotExist 에러가 발생한다.)

    Model.objects.filter(~~~).earliest('날짜 Field')
                                          # latest()와 반대로 가장 과거에 생성된 row를 가져온다.
                                          # (row가 없으면 DoestNotExist 에러가 발생한다.)

    Model.objects.get(~~~)  # QuerySet을 즉시 Evaluate해서 row 1개를 가져온다.
                            # (row가 없으면 DoestNotExist 에러가 발생한다.)

    Model.objects.filter(~~~)[0]  # QuerySet을 즉시 Evaluate해서 0번째 row를 가져온다.
                                  # (0번째 row가 없으면 IndexError가 발생한다.)
```

코드 3-116 쿼리셋이 즉시 풀리게(evaluate) 만드는 메서드 목록

커스텀 쿼리셋을 구현할 때 가급적이면 [코드 3-116]의 메서드는 사용하지 말아야 한다. 예를 들어
'가장 최근에 만료된 계약'이란 문장은 '가장 최근'이란 조건 때문에 1개 즉 단수형을 의미한다고 볼 수
있을 것이다. 하지만 이 문장을 명확하게 표현하기 위해 [코드 3-117]과 같이 작성하면 쿼리셋이 풀
리게 된다.

```
    def recently_expired(self, store: Store) -> ContractQuerySet:
        """
            가장 최근에 만료된 계약 (잘못된 Manager 구현 방법)
        """
        return self.filter(store=store).order_by("-end_date").first()
```

코드 3-117 커스텀 쿼리셋을 풀리게 만드는 잘못된 구현 방법

매니저의 역할은 질의문을 만드는 것이지 데이터를 호출하는 작업이 아니다. [코드 3-117]처럼 작성
하면 [코드 3-118]과 같은 문제가 발생한다.

```
    # 가장 최근에 만료된 계약의 수수료가 10%보다 큰가?를 질의
    # 이 경우에는 정상 동작
    Contract.objects.filter(
        contract_product__sales_commission__gte=Decimal(10.0)
    ).recently_expired(store=store)

    # QuerySet이 중간에 풀려서 에러가 발생한다.
    Contract.objects.recently_expired(store=store).filter(
        contract_product__sales_commission__gte=Decimal(10.0)
    )
```

코드 3-118 쿼리셋이 풀릴 때 에러가 발생할 수 있음

매니저 내부에서 쿼리셋이 풀려버리면 그저 쿼리셋 작성 순서가 다르다는 이유만으로도 에러가 발생할 수 있는 위험한 코드가 만들어진다. 따라서 쿼리셋을 즉시 풀리게 하는 [코드 3-116]의 쿼리셋 메서드는 매니저 내부에서 최대한 사용하지 말아야 한다. 물론 의도적으로 earliest(), latest()와 같이 즉시 풀리는 메서드를 의도적으로 만들려고 한다면 이 조언은 무시해도 된다. 다만 일관된 규칙을 적용해서 매니저를 사용하는 개발자가 해당 메서드를 사용하면 쿼리셋이 즉시 풀리게 된다는 것을 알수 있게 해야 한다.

```python
def expired_latest(self, store: Store) -> Optional[Contract]:
    """
        가장 최근에 만료된 계약 (의도적으로 커스텀 QuerySet 내부에서 evaluate)
    """
    return self.filter(store=store).order_by("-end_date").first()
```

코드 3-119 매니저 내에서 쿼리셋을 evaluate할 때 즉시 풀리게 되는 것을 알 수 있게 명시

예를 들어 [코드 3-119]의 expired_latest()처럼 장고 쿼리셋이 사용하는 네이밍을 쓰거나 expired_contract()와 같이 작명할 수도 있다. latest는 장고에서 이미 즉시 풀리게 만드는 메서드[11] 이름으로 사용되고 있다. 따라서 매니저의 메서드를 작성할 때 latest가 포함된 expired_latest()를 사용하면 쿼리셋이 즉시 풀릴 것이라고 직관적으로 추측할 수 있다.

3.7 관계 매니저

3.7.1 관계 매니저란

장고는 모델 간 참조 관계가 존재할 때, 즉 모델끼리 ForeignKey나 ManyToManyField로 매핑되어 있을 때 암묵적으로[12] 관계 매니저RelatedManager를 생성한다.

---

11 latest() 메서드
12 '암묵적'이라는 표현을 부정적으로 인식하는 경우가 있는데 PEP(Python Enhancement Proposal)나 장고 공식 문서에서 나타난 '암묵적' 이라는 표현은 '더 나은 방법'이란 의미를 내포한다.

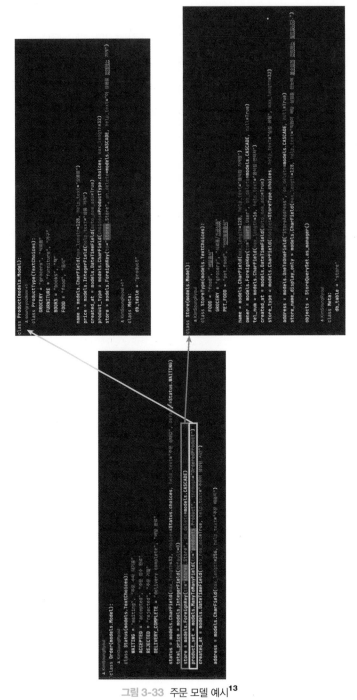

그림 3-33 주문 모델 예시[13]

---

13 주문(Order)은 상점(Store)과 N:1 관계(ForeignKey)다. 또한 주문(Order)은 상품(Product)과 M:N 관계(ManyToManyField)다.

[그림 3-33]과 같이 주문 모델이 정의되었을 때 Store 모델과 Product 모델 간의 관계를 정의했지만 Order와 Store 모델, Order와 Product 모델 간의 관계는 따로 선언하지 않았다. 하지만 장고는 모델 간의 관계를 읽고 Store와 Product 모델에 Order와 매핑된 객체를 알아서 생성한다. 이것을 관계 매니저라고 한다.

```
In [1]: store = Store.objects.get(id=1)

In [2]: type(store.order_set)
Out[2]: django.db.models.fields.related_descriptors.create_reverse_many_to_one_manager.<locals>.RelatedManager
```

그림 3-34 ForeignKey 매핑

Store에 Order와 매핑이 따로 선언되지 않았지만 [그림 3-34]와 같이 order_set이라는 관계 매니저가 자동으로 생성되어 있다.

```
In [4]: product = Product.objects.get(id=1)

In [5]: type(product.order_set)
Out[5]: django.db.models.fields.related_descriptors.create_forward_many_to_many_manager.<locals>.ManyRelatedManager
```

그림 3-35 ManyToManyField 매핑

Product에 Order와 매핑이 따로 선언되어 있지 않지만 [그림 3-35]와 같이 order_set이라는 다대다 관계 매니저가 생성되어 있다.

Order 모델에 ForeignKey 또는 ManyToManyField를 선언하면 매핑되는 모델에 order_set이라는 관계 매니저가 생성된다. 관계 매니저에 따로 옵션을 주지 않으면 {model명}_set과 같은 변수명을 가진다. 변수명을 수정하고 싶다면 [코드 3-120]과 같이 옵션을 주면 된다.

```
store = models.ForeignKey(
    to="stores.Store",
    related_name="orders", # order_set이라는 변수명 대신 orders라는 변수명을 사용
    related_query_name="order",
    on_delete=models.CASCADE,
)
product_set = models.ManyToManyField(
    to="products.Product",
    related_name="orders",
    related_query_name="order",
    through="OrderedProduct",
)
```

코드 3-120 관계 매니저 변수명 수정 예시

[코드 3-120]처럼 related_name이라는 키워드 인자^{keyword argument}로 옵션을 주면 관계 매니저의 변수명을 수정할 수 있다. related_name을 선언할 때는 related_query_name도 같이 지정해주면 좋다.

related_query_name는 쿼리셋 작성 시 사용될 변수명을 의미한다. 만약 related_name만 선언하고 related_query_name을 선언하지 않으면 쿼리셋을 짤 때 [코드 3-121]과 같은 어색한 상황이 만들어질 수 있다.

```python
class Person(models.Model):
    ...
    team = models.ForeignKey(
        to="Team",
        related_name="people",
        # related_query_name="person", # 누락함
        on_delete=models.CASCADE,
    )

# related_query_name을 따로 선언하지 않은 경우 related_name을 QuerySet 변수명으로 사용한다.
Team.objects.filter(people__name="김성렬").exists()

# 이렇게 사용하고 싶으면 related_query_name 주석 처리를 해제해야 한다.
Team.objects.filter(person__name="김성렬").exists()

# related_name, related_query_name을 둘 다 선언하지 않으면 기본 변수명을 사용한다.
Team.objects.filter(person_set__name="김성렬").exists()
```

코드 3-121 related_query_name을 선언하지 않고 related_name만 선언했을 때 발생하는 상황 예시

나는 장고가 생성해주는 {model명}_set 변수명을 그대로 사용하는 것을 선호한다. 불규칙한 복수형으로 변수명을 수정하고 따로 선언한 뒤 쿼리셋을 작성하거나 관계 매니저를 사용할 때 복수형이 뭐였는지 잠시 고민한 다음 코드를 작성했던 경험이 있었기 때문이다. 코드를 작성할 때는 이미 머릿속에 '더 간결하게는 못 짜나? 여기서 동시성 이슈 생길 시나리오가 있을까? 쿼리가 비효율적이지는 않을까?'와 같이 이미 많은 생각들로 가득 차 있는데 변수명까지 생각해야 하는 상황은 그리 달갑지 않았다. 관계 매니저는 일반 매니저와 동일하게 쿼리셋을 생성한다.

```
In [6]: store = Store.objects.get(id=1)

In [7]: list(store.order_set.all())
Out[7]:
[<Order: Order object (1)>,
 <Order: Order object (2)>,
 <Order: Order object (3)>]

In [8]: list(store.order_set.filter(total_price__gte=10_000))
Out[8]: [<Order: Order object (1)>, <Order: Order object (2)>]
```

그림 3-36 filter()와 비슷한 결과를 내는 관계 매니저 예시 1

다만 관계 매니저는 항상 매핑된 모델에 filter() 조건을 부여한 것과 같은 결과를 보여준다.

```
In [9]: store = Store.objects.get(id=1)

In [10]: store.order_set.all()
Out[10]: <QuerySet [<Order: Order object (1)>, <Order: Order object (2)>, <Order: Order object (3)>]>

In [11]: Order.objects.filter(store=store)
Out[11]: <QuerySet [<Order: Order object (1)>, <Order: Order object (2)>, <Order: Order object (3)>]>

In [12]: list(Order.objects.filter(store=store)) == list(store.order_set.all())
Out[12]: True
```

그림 3-37 filter()와 비슷한 결과를 내는 관계 매니저 예시 2

[그림 3-37]에서 볼 수 있듯이 In[10]에서 선언한 쿼리셋과 In[11]에서 선언한 쿼리셋은 동일한 결과물을 조회한다.

3.7.2 관계 매니저와 다대다 관계 매니저 메서드

보통 장고 개발자는 관계 매니저라는 객체 자체를 잘 알지 못한다. 장고를 실행하는 시점에 관계 매니저는 모델 내부에서 정보를 읽고 동적으로 생성되기 때문에 외부에서 직접 임포트할 수도 없다.

```
In [8]: store = Store.objects.get(id=1)

In [9]: type(store.order_set)
Out[9]: django.db.models.fields.related_descriptors.create_reverse_many_to_one_manager.<locals>.RelatedManager
```

그림 3-38 관계 매니저의 타입

[그림 3-38]을 보면 Store 모델에 할당되어 있는 order_set(관계 매니저)의 타입이 함수 내부에서 선언된 내부 클래스inner class인 것을 알 수 있다.

현시점의 파이썬에서는 제네릭generic과 같은 타입 힌트type hint 문법을 지원하기 때문에 보다 유연한 동적 생성 클래스를 설계할 수 있다. 하지만 장고 1.0이 만들어진 시기의 파이썬에서는 관계 매니저와 같이 동적으로 생성된 내부 클래스 설계 방식이 가장 간결했던 방법이었다.

```python
± Aymeric Augustin +15
def create_reverse_many_to_one_manager(superclass, rel):
    """
    Create a manager for the reverse side of a many-to-one relation.

    This manager subclasses another manager, generally the default manager of
    the related model, and adds behaviors specific to many-to-one relations.
    """

    ± Aymeric Augustin +15
    class RelatedManager(superclass):
        ± Aymeric Augustin +1
        def __init__(self, instance):
            super().__init__()

            self.instance = instance
            self.model = rel.related_model
            self.field = rel.field
```

그림 3-39 실제 장고 관계 매니저 관련 소스 코드의 일부

IDE는 코드에서 사용된 객체 타입을 추론하고 해당 객체가 가지고 있는 기능을 보여준다. 관계 매니저는 클래스 내부에서 동적으로 생성되기 때문에 객체의 타입을 알 수 없다. 따라서 IDE로 관계 매니저가 가지고 있는 기능을 조회할 수 없다.

```python
store: Store = Store.objects.get(id=1)
store.order_set.
```

db	BaseManager
name	BaseManager
get(self, args, kwargs)	QuerySet
all(self)	BaseManager
order_by(self, field_names)	QuerySet
aaggregate(self, args, kwargs)	QuerySet
abulk_create(self, objs, batch_size, ignore_confli…	QuerySet
abulk_update(self, objs, fields, batch_size)	QuerySet
acontains(self, obj)	QuerySet
acount(self)	QuerySet
acreate(self, kwargs)	QuerySet

Press ^. to choose the selected (or first) suggestion and insert a dot afterwards Next Tip

그림 3-40 파이참 장고 플러그인으로 지원된 order_set의 자동 완성

order_set은 관계 매니저이기 때문에 IDE(파이참)는 객체 타입을 추론하지 못한다. 그나마 파이참 장고 플러그인으로 order_set이 매니저 객체라는 정도만 알고 [그림 3-40]과 같은 자동 완성을 지원해준다.

💡 장고 객체 타입 추론 기능은 파이참 프로 버전에서만 지원된다.

장고 모델은 ForeignKey로 서로 매핑되면 해당 모델은 **{모델명}_set 변수명**을 가진 관계 매니저가 생성되며(예: store.ordet_set) ManyToManyField 모델이 서로 매핑되면 **{모델명}_set 변수명**을 가진 다대다 관계 매니저ManyRelatedManager가 생성된다.

	관계 매니저 (ForeignKey)	다대다 관계 매니저 (ManyToManyField)
create()	O (사용 가능)	O (사용 가능)
add()	O (사용 가능)	O (사용 가능)
set()	O (사용 가능, 잘 안씀)	O (사용 가능)
remove()	O (null=True인 경우)	O (사용 가능)
clear()	O (null=True인 경우)	O (사용 가능)

표 3-2 관계 매니저와 다대다 관계 매니저에서 사용하는 메서드 비교

다대다 관계 매니저의 create(), add(), set() 메서드는 중간 테이블의 존재 여부를 확인하기 위해 항상 SELECT 쿼리가 INSERT 또는 UPDATE 쿼리와 함께 발생한다. add() 메서드의 사용법은 약간 다르다.

create(*args)

관계 매니저를 사용하면 create() 메서드는 일반적으로 사용하는 Model.objects.create()와 동일하다. 단 하나의 차이점은 관계 매니저를 사용하면 알아서 매핑되어 있는 모델을 ForeignKey로 사용한다는 것이다.

```
In [3]: store.order_set.create(total_price=9900)
Out[3]: <Order: Order object (2)>

In [4]: oo = _

In [5]: oo.store
Out[5]: <Store: Store object (1)>
```

그림 3-41 create() 사용 예시 1

create() 메서드에 store를 따로 명시하지 않아도 관계 매니저이기 때문에 알아서 ForeignKey로
사용한다.

```
In [4]: store.order_set.create(total_price=9900)
Out[4]: <Order: Order object (4)>

In [5]: Order.objects.create(store=store,total_price=9900)
Out[5]: <Order: Order object (5)>
```

그림 3-42 create() 사용 예시 2

[그림 3-42] 내에 In[4]와 In[5]는 동일한 동작을 한다. 2가지 방식의 동작이 동일하기 때문에 취향
에 맞게 둘 중 하나를 선택해서 사용하면 된다. create_or_get()과 create_or_update() 메서드
를 사용할 때도 동일하다.

add(*objs)

create() 메서드는 기존 매니저에 존재하지만 add() 메서드부터는 관계 매니저의 기능이다.

```
In [13]: bald_store = Store.objects.get(name ="김 씨 네  타 코 야 키 ")

In [14]: thanos_store = Store.objects.get(name="김 씨 네  50%할 인 매 장 ")

In [15]: user_kim = User.objects.get(username="kim971218")

In [16]: user_kim.store_set.add(bald_store, thanos_store, bulk=True)

In [17]: user_kim.store_set.all()
Out[17]: <StoreQuerySet [<Store: Store object (2)>, <Store: Store object (3)>]>
```

그림 3-43 add() 사용 예시

bulk=True는 기본 옵션이므로 생략해도 된다. 이런 옵션이 존재한다는 것을 알려주고 싶어서 일부러 명시했다. In[13], In[14], In[15]는 단순 예시 데이터 생성을 나타낸다.

```
In [11]: bald_store = Store.objects.get(name ="김 씨 네  타 코 야 키 ")

In [12]: bald_store.owner = user_kim

In [13]: bald_store.save()
```

⇩

```
In [16]: user_kim.store_set.add(bald_store, thanos_store, bulk=True)
```

그림 3-44 add() 사용 예시 2

관계 매니저의 add() 메서드는 [그림 3-44]의 상단처럼 3줄로 작성해야 하는 코드를 [그림 3-44]의 하단같이 1줄로 줄여준다. 참고로 내가 작성한 로직에서 어떤 SQL이 발생하는지 알아두는 것이 좋다. [그림 3-45]는 다대다 관계 매니저(ManyToManyField로 매핑된 경우)의 add() 메서드 사용 시 발생하는 SQL을 나타낸 것이고 [그림 3-46]은 관계 매니저(ForeignKey로 매핑된 경우)의 add() 메서드 사용 시 발생하는 SQL을 나타낸 것이다.

```
In [17]: order.product_set.add(product1,product2)
BEGIN

Execution time: 0.000019s [Database: default]
SELECT "ordered_product"."product_id"
  FROM "ordered_product"
 WHERE ("ordered_product"."order_id" = 1 AND "ordered_product"."product_id" IN (1, 2))

Execution time: 0.000067s [Database: default]
INSERT INTO "ordered_product" ("order_id", "product_id", "count")
VALUES (1, 1, 1), (1, 2, 1) RETURNING "ordered_product"."id"

Execution time: 0.000226s [Database: default]
```

그림 3-45 다대다 관계 매니저의 add() 메서드 사용 시 발생하는 SQL

```
In [28]: user_kim.store_set.add(bald_store, thanos_store, bulk=True)
UPDATE "store"
   SET "owner_id" = 2
 WHERE "store"."id" IN (2, 3)

Execution time: 0.001825s [Database: default]
```

그림 3-46 관계 매니저의 add() 메서드 사용 시 발생하는 SQL

이러한 예시는 1장에서 소개한 django-extension에서 제공하는 python manage.py shell_plus --print-sql을 사용하면 손쉽게 확인할 수 있다. django-extension은 [그림 3-47]과 같은 shell_plus라는 명령어를 제공한다.

```
~/workspace/DjangoBackendProgramming | on main
❯ python apps/manage.py shell_plus --print-sql
```

그림 3-47 shell_plus

set(objs: List[Model], clear=False)

set() 메서드는 remove() 메서드 또는 clear()와 add() 메서드가 한 번에 동작한다고 생각하면 된다.

```
In [1]: product1,product2,product3 = list(Product.objects.all().order_by("id")[:3])

In [2]: order = Order.objects.get(id=1)

In [3]: order.product_set.all()
Out[3]: <QuerySet [<Product: Product object (3)>, <Product: Product object (2)>]>

In [4]: order.product_set.set(objs=[product1,product2])
```

그림 3-48 set() 메서드 사용 예시 1

[그림 3-49]와 같이 product2, 3을 가진 order에 order.product_set.set(objs=[product1, product2])를 수행하면 알아서 product3을 삭제하고 product1을 추가해서 order와 product1, product2만 매핑되도록 만든다.

```
In [7]: order.product_set.set(objs=[product1,product2])
SELECT "product"."id"
  FROM "product"
 INNER JOIN "ordered_product"
    ON ("product"."id" = "ordered_product"."product_id")
 WHERE "ordered_product"."order_id" = 1
 ORDER BY "product"."created_at" DESC

Execution time: 0.010676s [Database: default]
DELETE
  FROM "ordered_product"
 WHERE ("ordered_product"."order_id" = 1 AND "ordered_product"."product_id" IN (3))

Execution time: 0.003852s [Database: default]
SELECT "ordered_product"."product_id"
  FROM "ordered_product"
 WHERE ("ordered_product"."order_id" = 1 AND "ordered_product"."product_id" IN (1))

Execution time: 0.005757s [Database: default]
INSERT INTO "ordered_product" ("order_id", "product_id", "count")
VALUES (1, 1, 1) RETURNING "ordered_product"."id"
```

그림 3-49 set() 메서드 사용 예시 2

① 조회를 통해 기존에 존재하는 데이터를 확인

② 불필요한 데이터(매핑) 삭제

③ 필요한 데이터(매핑) 추가

만약 clear=True 옵션과 함께 set(objs=[product1,product2], clear=True)를 수행하면 조회
로 필요한 것만 삭제하는 동작을 생략하고 기존 데이터를 모두 삭제한 후에 clear() 메서드를 다시
생성해서 add()를 수행한다.

```
In [9]: order.product_set.set(objs=[product1,product2],clear=True)
DELETE
  FROM "ordered_product"
 WHERE "ordered_product"."order_id" = 1

Execution time: 0.005885s [Database: default]
SELECT "ordered_product"."product_id"
  FROM "ordered_product"
 WHERE ("ordered_product"."order_id" = 1 AND "ordered_product"."product_id" IN (1, 2))

Execution time: 0.002251s [Database: default]
INSERT INTO "ordered_product" ("order_id", "product_id", "count")
VALUES (1, 1, 1), (1, 2, 1) RETURNING "ordered_product"."id"
```

그림 3-50 set() 메서드 사용 예시 3

clear=True 옵션이 추가되면 조회를 생략하고 무조건 기존 데이터(매핑)를 전부 삭제한다.

remove(*objs), clear()

ForeignKey가 null=True가 되면 관계 매니저는 remove(), clear() 메서드를 가지게 된다. 예를 들어 [코드 3-122]와 같이 정의된 Store 모델이 User 모델과 ForeignKey(...., null=True)로 매핑되어 있다면 아래 그림과 같이 관계 매니저에서 remove()와 clear() 메서드를 사용하는 것이 가능하다.

```python
class Store(models.Model):

    ......
    owner = models.ForeignKey(to="users.User", on_delete=models.CASCADE, null=True)
    ......
```

코드 3-122 ForeignKey가 null=True일 때 매핑된 모델 예시

```
In [4]: user_kim = User.objects.get(username="kim971218")

In [5]: bald_store = Store.objects.get(name ="김 씨 네  타 코 야 키 ")

In [6]: user_kim.store_set.remove(bald_store)

In [7]: user_kim.store_set.all()
Out[7]: <StoreQuerySet [<Store: Store object (3)>]>
```

그림 3-51 remove() 사용 예시 1

```
In [14]: user_kim.store_set.remove(bald_store,thanos_store)
```

그림 3-52 remove() 사용 예시 2

[그림 3-52]와 같이 여러 개를 한 번에 지우는 것도 가능하다.

```
In [16]: user_kim.store_set.all()
Out[16]: <StoreQuerySet [<Store: Store object (2)>, <Store: Store object (3)>]>

In [17]: user_kim.store_set.clear()

In [18]: user_kim.store_set.all()
Out[18]: <StoreQuerySet []>
```

그림 3-53 clear() 사용 예시 1

여기에서 알아두어야 할 것은 remove()는 매핑 관계를 일부만 끊고 싶을 때 사용하고 clear()는 매핑을 전부 끊고 싶을 때 사용한다는 점이다. 하지만 Order 모델과 Store 모델처럼 ForeignKey(... , null=False)로 매핑되어 있다면 remove()와 claer()는 존재하지 않는다.

```python
class Order(models.Model):
    .....
    store = models.ForeignKey(to="stores.Store", on_delete=models.CASCADE, null=False)

    product_set = models.ManyToManyField(
        to="products.Product",
        through="OrderedProduct",
    )
    .....
```

코드 3-123 ForeignKey가 null=False일 때 매핑된 모델 예시

```
In [27]: store = Store.objects.get(id=1)

In [28]: store.order_set.remove(order1,order2)
---------------------------------------------------------------------------
AttributeError                            Traceback (most recent call last)
Cell In [28], line 1
----> 1 store.order_set.remove(order1,order2)

AttributeError: 'RelatedManager' object has no attribute 'remove'

In [29]: store.order_set.clear()
---------------------------------------------------------------------------
AttributeError                            Traceback (most recent call last)
Cell In [29], line 1
----> 1 store.order_set.clear()

AttributeError: 'RelatedManager' object has no attribute 'clear'
```

그림 3-54 ForeignKey가 null=False인 경우

[그림 3-54]에서 보다시피 ForeignKey(... , null=False)이면 관계 매니저에 remove(), clear() 메서드가 존재하지 않는다. 어찌 보면 당연하다. null을 허용하지 않는 매핑 관계에 remove(), clear()와 같이 매핑을 끊는 메서드는 사용될 수 없다.

하지만 ManyToManyField로 매핑되어 있다면 조건 없이 remove() 메서드와 clear() 메서드를 반드시 가지고 있다. [코드 3-123]의 class Order는 Store와 null=False를 가진 상태로

ForeignKey로 매핑되어 있기 때문에 store.order_set.remove(order1,order2)를 사용할 수 없지만 Product는 ManyToManyField로 class Order와 매핑되어 있기 때문에 product.order_set.remove(order1,order2)를 사용할 수 있다. 이러한 조건을 무작정 외우려 하지말고 상식적으로 생각하면서 이해하기 바란다.

```
In [28]: order.product_set.remove(product1,product2)
DELETE
 FROM "ordered_product"
 WHERE ("ordered_product"."order_id" = 1 AND "ordered_product"."product_id" IN (2, 3))
```

그림 3-55 remove() 사용 예시 3

remove()는 add()와 사용 방식이 동일하다.

```
In [26]: order.product_set.clear()
DELETE
 FROM "ordered_product"
 WHERE "ordered_product"."order_id" = 1
```

그림 3-56 clear() 사용 예시 2

remove()는 따로 입력값을 받지 않으며 이 메서드를 사용하면 해당 객체와 매핑된 모든 관계를 끊는다.

3.8 DB 라우터: 멀티 데이터베이스 관리

일정 규모 이상을 가진 서비스에서 데이터베이스가 단일 노드로 운영되는 사례는 거의 없다. 여러 데이터베이스 노드를 다루는 다양한 아키텍처가 있지만 그중 가장 흔하고 간단한 Master/Slave(이하 Primary/Replica라고 부름) 아키텍처로 구성되어 있는 경우가 많다.

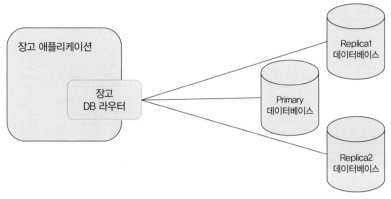

그림 3-57 DB 라우터의 역할

[그림 3-57]에서 볼 수 있듯이 장고 DB 라우터는 각 데이터베이스의 커넥션을 상황에 맞게 분배해주는 역할을 한다.

3.8.1 데이터베이스를 Primary/Replica 아키텍처로 구성할 때 더 많은 트래픽을 받을 수 있는 원리

데이터베이스는 소프트웨어의 흔한 병목 구간이 된다. 성능을 고려하지 않은 개발로 인해 병목 현상이 생기기도 하지만 애초에 서버로 들어오는 대부분의 요청은 데이터베이스를 읽거나 쓰는 것이기 때문에 어쩔 수 없이 발생하는 일이기도 하다. 따라서 데이터베이스 아키텍처에는 이러한 병목 현상을 해결하기 위한 다양한 패턴이 존재하는데 그중 가장 흔하게 사용되는 Primary/Replica 패턴의 동작 방식을 알아보자.

어떠한 서비스가 트래픽을 총 20만큼 받아내야 하는 상황이라고 가정해보자. CPU와 메모리를 최고 성능까지 끌어올려도 데이터베이스 1대가 받을 수 있는 트래픽이 15가 한계치라면 어떻게 해야 할까?

그림 3-58 한계치가 15인 데이터베이스

이때 데이터베이스 아키텍처를 Primary/Replica 구조로 구성하면 문제를 해결할 수 있다.

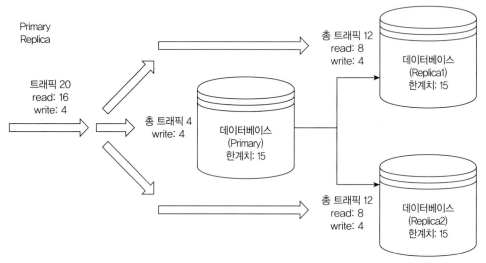

그림 3-59 가장 기본적인 데이터베이스 아키텍처: Primary/Replica 패턴

대부분의 상용 데이터베이스는 이러한 아키텍처를 비롯해 다양한 방식으로 구성할 수 있는 기능을 제공한다. 하지만 각 데이터베이스로 나눠서 요청하는 작업은 장고와 같은 애플리케이션에서 코드로 작성해야 한다. 장고는 DB 라우터^{DB Router}라는 기능을 제공해서 여러 데이터베이스의 커넥션을 관리할 수 있도록 도와준다.

[그림 3-59]와 같이 데이터베이스가 물리적으로 분리된 아키텍처로 구성되면 장고에서 각 데이터베이스의 커넥션을 관리할 수 있다.

```python
# settings.py
DATABASES = {
    # primary 역할을 하며 read와 write가 둘 다 가능한 database다.
    # default로 등록한다.
    'default': {
        'NAME': 'main_db',
        'ENGINE': 'django.db.backends.mysql',
        'USER': 'mysql_user',
        'PASSWORD': 'qwer1234',
    },

    # read 기능만 수행 가능한 replica 데이터베이스들이다.
    'replica1': {
```

```
            'NAME': 'replica1_db',
            'ENGINE': 'django.db.backends.mysql',
            'USER': 'mysql_user',
            'PASSWORD': 'qwer1234',
        },
        'replica2': {
            'NAME': 'replica2_db',
            'ENGINE': 'django.db.backends.mysql',
            'USER': 'mysql_user',
            'PASSWORD': 'qwer1234',
        },
    }
```

코드 3-124 데이터베이스 커넥션 등록 예시

[코드 3–124]와 같이 데이터베이스 커넥션을 등록해주고 [코드 3–125]처럼 라우터를 구현해준다.

```
import random

class PrimaryReplicaRouter:
    def db_for_read(self, model, **hints):
        """
        읽기 요청 시에는 랜덤으로 커넥션을 사용한다.
        """
        return random.choice(['replica1', 'replica2'])

    def db_for_write(self, model, **hints):
        """
        쓰기 요청은 Primary 데이터베이스 커넥션을 사용한다.
        """
        return 'default'

    def allow_relation(self, obj1, obj2, **hints):
        """
        Relations between objects are allowed if both objects are
        in the primary/replica pool.
        """
        db_set = {'primary', 'replica1', 'replica2'}
        if obj1._state.db in db_set and obj2._state.db in db_set:
            return True
        return None

    def allow_migrate(self, db, app_label, model_name=None, **hints):
        """
        All non-auth models end up in this pool.
```

```
    """
    return True
```

코드 3-125 DB 라우터 구현 커넥션 예시

[코드 3-125]에서는 Replica 데이터베이스의 커넥션 1, 2를 따로 매핑했지만 AWS와 같은 클라우드 서비스에서 제공하는 데이터베이스를 사용하거나 조직 내 인프라 팀에서 환경을 구성해주면 replica 1개만 설정해서 사용할 수도 있다.

직렬화

> "직렬화의 유용성 확장은 우리가 다뤄야 할 문제입니다. 하지만 절대 간단하지 않으며 심오한 설계 작업이 요구
> 됩니다."
> 러셀 케이스 매기 Russell Keith-Magee _아나콘다 개발자

직렬화는 프로그래밍 작업 중 가장 단조롭다. 직렬화라는 작업 하나만 놓고 보면 그 내용은 매우 간단하
다. 하지만 직렬화는 단조로운 동시에 많은 모듈에서 사용되기 때문에 프레임워크 설계 관점에서 봤을 때
직렬화 로직은 까다롭기 그지없다. 또한 DRF의 직렬화 모듈인 DRF Serializer는 내부에서 수행하는 역
할이 많다. 그렇기 때문에 개발자가 DRF Serializer를 사용해서 벡엔드를 구현할 때는 설계적으로 책
임을 잘 분리해야 한다. DRF 공식 문서의 퀵스타트에 쓰여 있는 코드를 그대로 가져와서 사용하다 보면
Serializer에 대해 부정적인 경험만 쌓기 쉽다. 또한 내부에서 수행하는 역할이 많은 만큼 디버깅도 까다
롭다. 이 장에서는 직렬화가 무엇인지 그리고 DRF에서 제공하는 직렬화 모듈을 어떻게 다뤄야 하는지 알
아볼 것이다.

CHAPTER

04

4.1 직렬화

컴퓨터 과학에서 직렬화Serializer란 데이터의 구조와 상태를 해치지 않고 다른 컴퓨팅 환경에 저장하고 재구성이 가능한 포맷으로 변환하는 과정을 의미한다. 코드로 직렬화가 어떤 것인지 알아보자.

파이썬에서는 [코드 4-1]과 같이 클래스를 선언해서 데이터 구조를 표현할 수 있다.

```python
class Organization:
    class OrganizationType(Enum):
        BUSINESS = "business"
        MANAGEMENT_SUPPORT = "management_support"
        TECHNOLOGY_RESEARCH = "technology_research"

    name: str = ""
    organization_type: OrganizationType = ""
    leader: Optional[User] = None


class User:
    username: str = ""
    password: str = ""
    email: str = ""
    name: str = ""
    age: int = -1
    is_superuser: bool = False
    created_at: str = None  # yyyy-mm-dd hh:MM:ss

    def __init__(
        self, username: str, password: str, email: str, name: str, age: int, is_superuser:
bool,
    ):
        self.username = username
        self.password = password
        self.email = email
        self.name = name
        self.age = age
        self.is_superuser = is_superuser
        self.created_at = datetime.now().strftime("%Y-%m-%d %H:%M:%S")


if __name__ == "__main__":

    user: User = User(
        username="soungryoul.kim0823",
        password="qwer1234!",
```

```
        name="김성렬",
        email="kimsoungryoul@gmail.com",
        age=37,
        is_superuser=False,
        organization=Organization(
            name="서버 개발1팀", leader=User(username="teamjang.kim0102",
    password="qwer1234!", name="김팀장")
        ),
    )
```

코드 4-1 파이썬으로 데이터 구조를 표현하는 방식

하지만 파이썬 클래스^{Class}로 표현한 [코드 4-1]은 오로지 파이썬 안에서만 이해할 수 있는 데이터 구조다. 다시 말해 파이썬만 이 데이터 구조를 이해할 수 있고 다른 언어는 이해하지 못한다.

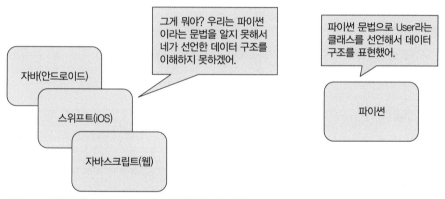

그림 4-1 다른 언어가 이해하지 못하는 파이썬의 클래스 문법

또한 파이썬으로 작성된 데이터가 너무 크기 때문에 네트워크 통신을 사용해서 전송하는 것도 비효율적이다. 이러한 문제를 해결하기 위해 데이터 구조를 표현하는 통일된 규칙을 사용하기 시작했다. 바로 XML과 JSON이라는 데이터 표현 방식이다. 현재는 JSON이 가장 보편화된 데이터 표현 방식이다.

```
{
    "username": "soungryoul.kim0823",
    "password": "qwer1234!",
    "email": "kimsoungryoul@gmail.com",
    "name": "김성렬",
    "age": 37,
    "is_superuser": false,
```

```
    "created_at": "2021-08-08 22:36:16",
    "organization": {
        "name": "서버 개발1팀",
        "organization_type": "",
        "leader": {
            "username": "teamjang.kim0102",
            "password": "qwer1234!",
            "email": "",
            "name": "김팀장",
            "age": -1,
            "is_superuser": true,
            "created_at":"2021-04-08 12:45:18",
            "organization": null,
        },
    },
}
```

코드 4-2 파이썬으로 선언한 클래스를 JSON으로 표현한 코드

JSON은 매우 보편화된 데이터 표현 방식이다 보니 모든 언어가 JSON이라는 데이터 구조를 각 언어의 클래스로 변환해주는 라이브러리를 지원하거나 언어 자체에서 JSON을 지원한다.

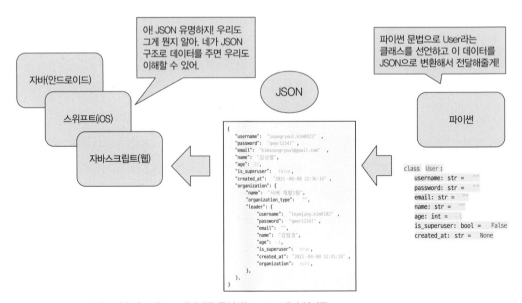

그림 4-2 JSON이라는 약속된 포맷으로 데이터를 통신하는 프로그래밍 언어들

이때 데이터를 저급Low Level하게 변환하는 과정을 직렬화라고 부른다. 컴퓨터 입장에서 보면 클래스는 매우 무겁고 쓸모없는 데이터 표현 방식이다. 클래스는 인간이 데이터 구조를 쉽게 표현하기 위해 만든 문법이다. 010101... 같이 컴퓨터가 이해할 수 있는 이진수로 모든 데이터를 표현할 수도 있지만 인간은 기계어를 이해하기 어렵기 때문에 bit보다 인간 친화적인 bytes라는 데이터 구조를 만들었다. 이것도 이해하기 어렵다고 여겨져 char나 string과 같은 보다 인간 친화적인 데이터 구조가 만들어졌다. 이런 과정을 거듭하다 보니 인간 친화적인 데이터 구조인 클래스가 탄생했고 이러한 클래스를 기반으로 프로그래밍하는 방식을 OOP(객체 지향 프로그래밍)라고 부른다. 지금까지 언급한 데이터 구조의 흐름은 1970년대부터 시작된 것이다.

> **NOTE** **저급 언어**Low Level Language
> 저급 언어는 낮은 품질Low Qulity이 아닌 컴퓨터 친화적Computer Friendly인 언어를 의미한다. 마찬가지로 고급 언어High Level Language도 고품질이 아니라 인간 친화적Human Friendly인 언어를 의미한다.

여기에서 약간 주제를 벗어나 다른 얘기를 해보겠다. 지금까지 긴 시간 동안 수많은 프로그래밍 언어가 생겼다가 사라졌는데 탄생한 지 꽤 오랜 시간이 흘렀지만 여전히 사용 중인 C 언어를 언급해보고자 한다.

💡 C 언어는 절차 지향적 언어이기 때문에 클래스라는 문법이 존재하지 않는다.

C 언어는 컴퓨터 역사와 궤를 같이할 정도로 예전에 개발되고 발전된 언어이기 때문에 컴퓨터 과학 분야에 입문할 때 가장 많이 선택되는 언어였다. 하지만 오래전에 개발된 만큼 최근에 개발된 언어에 비해 인간 친화적이지 않다. 따라서 배우기 어렵고 실제로 초심자가 C 언어로 프로그래밍에 입문하면 금세 흥미를 잃기도 한다. 이러한 흐름 때문에 최근에는 대학교에서도 파이썬을 입문용 언어로 많이 선택한다. 하지만 프로그래밍이라는 분야의 더 깊은 이해를 하고 싶다면 한 번쯤은 C 언어를 학습해보기 바란다. 각자 얻을 수 있는 인사이트는 다르겠지만 프로그래밍 언어를 바라보는 시각이 달라질 것이다.

다시 본론으로 돌아와 파이썬 입장에서의 데이터 직렬화 수준은 [그림 4-3]과 같다.

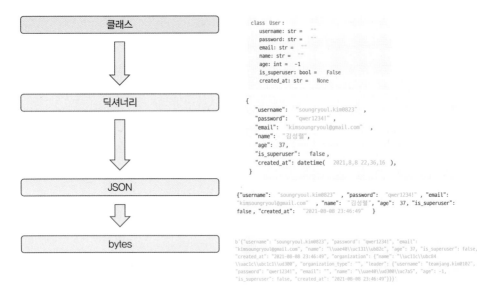

그림 4-3 파이썬 직렬화

이 과정을 코드로 작성하면 [코드 4-3]과 같다.

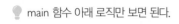 main 함수 아래 로직만 보면 된다.

```python
from __future__ import annotations

from dataclasses import dataclass
import json
from datetime import date, datetime, time
from enum import Enum
from typing import Any, Dict, Optional
```

```python
class OrganizationType(Enum):
    BUSINESS = "business"
    MANAGEMENT_SUPPORT = "management_support"
    TECHNOLOGY_RESEARCH = "technology_research"


@dataclass
class Organization:
    name: str = ""
    organization_type: OrganizationType = OrganizationType.BUSINESS
    leader: Optional[User] = None


@dataclass
class User:
    username: str = dataclasses.field(default="")
    password: str = dataclasses.field(default="")
    email: str = dataclasses.field(default="")
    name: str = dataclasses.field(default="")
    age: int = dataclasses.field(default=-1)
    is_superuser: bool = dataclasses.field(default=False)
    created_at: datetime = dataclasses.field(default_factory=datetime.now)
    organization: Optional[Organization] = dataclasses.field(default=None)


class CustomJSONEncoder(json.JSONEncoder):
    def default(self, obj):
        if isinstance(obj, (datetime, date, time)):
            return obj.strftime("%Y-%m-%d %H:%M:%S")
        if isinstance(obj, Organization):
            return obj.__dict__

        return super(DateTimeEncoder, self).default(obj)


if __name__ == "__main__":
    # Class로 선언
    user: User = User(
        username="soungryoul.kim0823",
        password="qwer1234!",
        name="김성렬",
        email="kimsoungryoul@gmail.com",
        age=37,
        is_superuser=False,
```

```python
    organization=Organization(
        name="서버 개발1팀",
        organization_type=OrganizationType.BUSINESS,
        leader=User(username="teamjang.kim0102", password="qwer1234!", name="김팀장")
    ),
)


# Class를 Dictionary 타입으로 직렬화 Class -> Dictionary
user_serializing_dict: Dict[str, Any] = dataclasses.asdict(user)
print(f"Type: {type(user_serializing_dict)}", f"Data: {user_serializing_dict}")
# Type: <class 'dict'>
# Data: {
#         'username': 'soungryoul.kim0823',
#         'password': 'qwer1234!',
#         'email': 'kimsoungryoul@gmail.com',
#         'name': '김성렬',
#         'age': 37,
#         'is_superuser': False,
#         'created_at': datetime.datetime(2021, 8, 8, 23, 59, 39, 605487),
#         'organization': {
#                 'name': '서버 개발1팀',
#                 'organization_type': OrganizationType.BUSINESS,
#                 'leader': {
#                     'username': 'teamjang.kim0102',
#                     'password': 'qwer1234!',
#                     'email': '', 'name': '김팀장',
#                     'age': -1,
#                     'is_superuser': False,
#                     'created_at': datetime.datetime(2021, 8, 8, 23, 59, 39,
605479),
#                     'organization': None
#                 }
#             }
#         }


# json 모듈을 사용해서 Dictionary -> json
# python은 json으로 변환해주는 것만 가능할 뿐 json의 데이터 구조를 알지 못한다.
# 그렇기 때문에 python에서는 json은 str로 취급받는다.
# 이는 python이 SQL의 문법을 알지 못하기 때문에 SQL을 str로 취급하는 것과 같은 맥락이다.
user_serializing_json: str = json.dumps(user_serializing_dict, cls=CustomJSONEncoder)
print(f"Type: {type(user_serializing_json)}", f"Data: {user_serializing_json}")
# Type: <class 'str'>
# Data: '{"username": "soungryoul.kim0823", "password": "qwer1234!", "email":
#         "kimsoungryoul@gmail.com", "name": "\uae40\uc131\ub82c", "age": 37, "is_
superuser":
```

```
        false, "created_at": "2021-08-08 23:59:39", "organization": {"name": "\uc11c\
ubc84
            \uac1c\ubc1c1\ud300", "organization_type": "", "leader": {"username":
        "teamjang.kim0102", "password": "qwer1234!", "email": "", "name":
        "\uae40\ud300\uc7a5", "age": -1, "is_superuser": false, "created_at": "2021-08-
08
        23:59:39", "organization": null}}}'
```

```python
# str(json) -> bytes
user_serializing_bytes: bytes = user_serializing_json.encode("utf-8")
print(f"Type: {type(user_serializing_bytes)}", f"Data: {user_serializing_bytes}")
# Type: <class 'bytes'> Data: b'{"username": "soungryoul.kim0823", "passwod ...
```

코드 4-3 파이썬 직렬화의 예시

직렬화는 단조롭지만 고민해야 할 부분이 많은 작업이다. 파이썬으로 직렬화를 할 때 발생하는 문제를 장고는 어떤 모듈로 해결하는지 알아보자.

4.1.1 직렬화: 클래스 → 딕셔너리

파이썬 3.7부터 데이터 클래스dataclass를 지원한다. [코드 4-4]처럼 클래스를 선언하고 데이터 클래스 모듈에서 제공하는 dataclasses.asdict() 함수를 사용하면 파이썬 클래스를 쉽게 딕셔너리dictionary로 직렬화할 수 있다. 장고 또한 이와 비슷하게 장고 모델 객체를 직렬화할 수 있는 도구인 model_to_dict()를 제공한다.

```python
class Organization(models.Model):
    class OrganizationType(models.TextChoices):
        BUSINESS = "business", "경영"
        MANAGEMENT_SUPPORT = "management_support", "경영 지원"
        TECHNOLOGY_RESEARCH = "technology_research", "기술 개발"

    name: str = models.CharField(max_length=32)
    organization_type = models.CharField(choices=OrganizationType.choices)
    leader: Optional[User] = models.ForeignKey(to="User", on_delete=models.CASCADE)


class User(models.Model):
    username: str = models.CharField(default="", max_length=32)
    password: str = models.CharField(default="", max_length=128)
```

```
    email: str = models.CharField(default="", max_length=32)
    name: str = models.CharField(default="", max_length=32)
    age: int = models.IntegerField(default=-1)
    is_superuser: bool = models.BooleanField(default=False)
    created_at: datetime = models.DateTimeField(auto_now_add=True)
    organization: Optional[Organization] = models.ForeignKey(to=Organization, on_
delete=models.CASCADE)

# ...
user: User = User(
    username="soungryoul.kim0823",
    password="qwer1234!",
    name="김성렬",
    email="kimsoungryoul@gmail.com",
    age=37,
    is_superuser=False,
    organization=Organization(
        name="서버 개발1팀",
        leader=User(username="teamjang.kim0102", password="qwer1234!", name="김팀장"),
    ),
)


# model_to_dict()함수는 django Model 객체를 바로 dictionary로 직렬화해준다
user_serializing_dict = model_to_dict(user)

print(f"Type: {type(user_serializing_dict)}", f"Data: {user_serializing_dict}")
# Type: <class 'dict'>
# Data: {
#          'username': 'soungryoul.kim0823',
#          'password': 'qwer1234!',
#          'email': 'kimsoungryoul@gmail.com',
#          'name': '김성렬',
#          'age': 37,
#          'is_superuser': False,
#          'created_at': datetime.datetime(2021, 8, 8, 23, 59, 39, 605487),
#          'organization': 1  # 객체가 매핑되어 있는데 int로 취급하고 있다.
#        }
```

코드 4-4 장고 모델로 선언한 클래스를 model_to_dict()를 사용해서 딕셔너리로 직렬화한 예시

[코드 4-4]와 같이 장고 모델로 선언한 클래스를 model_to_dict() 함수를 사용해서 딕셔너리로
손쉽게 직렬화할 수 있다. 하지만 [코드 4-4]를 보면 알 수 있듯이 model_to_dict()는 Foreign
Key()나 OneToOneField()로 매핑된 객체를 직렬화해주지 않는다. 자칫 잘못하면 무한 참조로
이어질 수 있기 때문이다.

```
class User(models.Model):
    ...
    team_manager = models.ForeignKey(to="User", help_text="직속 팀장")

user = User.objects.get(id=1)
model_to_dict(user)
```

코드 4-5 ForeignKey로 매핑된 모델 예시

예를 들어 [코드 4-5]와 같이 선언된 모델을 model_to_dict()에 넣어서 직렬화한다고 생각해보자.

user ← 직렬화 완료

user.team_manager ← 직렬화 완료

user.team_manager.team_manager ← 직렬화 완료?

user.team_manager.team_manager.team_manager ← 어??

user.team_manager.team_manager.team_manager.team_manager ← 끝이 없는데??

그림 4-4 무한 참조되는 직렬화 과정

우리는 '직속 팀장'이 특정 수로 제한되어 있다는 것을 알지만 이것은 비즈니스 로직상 제약일 뿐이다. 실제로 [그림 4-4]와 같이 무한 참조되는 데이터 구조를 가지는 객체가 분명 존재한다. ForeignKey()나 OneToOneField()로 매핑된 객체를 직렬화해주려면 이러한 고민을 같이 해야 하기 때문에 더욱 복잡해진다.

아쉽게도 모델을 딕셔너리로 직렬화하는 장고의 모듈은 ForeignKey(), OneToOneField()로 매핑된 객체를 직렬화해주지 못한다.[1] 장고는 직렬화 모듈에 대한 지원이 약하다. 직렬화 모듈 지원이 부족한 이유는 장고가 MTV 아키텍처 기반 웹 개발에 특화된 프레임워크이기 때문이다. MTV 패턴을 사용하는 장고 웹 프로젝트에서 대부분의 데이터를 HTML의 폼[form]으로 전달받기 때문에 객체를 JSON 또는 XML 같은 포맷으로 데이터를 직렬화할 필요성이 낮다. 이러한 특성은 장고를 활용해서 API 중심의 백엔드 서버를 개발할 때 큰 단점이 된다. 이렇게 빈약한 직렬화 모듈을 보완하고 장고를 더 확장시킨 프레임워크가 앞에서 언급했던 DRF[django REST framework]이다. 클래스에서 딕셔너리로 직렬화하는 방법은 DRF Serializer 모듈을 다룰 때 더 설명하겠다.

---

1 장고에도 serializers라는 모듈이 존재한다. 하지만 이 모듈도 깔끔한 해결책이 되지는 못하기 때문에 이 책에서는 더 이상 언급하지 않는다.

4.1.2 직렬화: 딕셔너리 → JSON

JSON이라는 데이터 포맷은 표현 가능한 가장 최소한의 데이터 타입만을 가지고 있다.

JSON으로 표현 가능한 데이터 타입

- string(문자열)
- number(숫자)
- object(객체)
- array(배열)
- boolean(불리언)
- null(널)

위에 언급한 JSON으로 표현할 수 있는 데이터 타입에는 날짜, 시간이 없다. 따라서 파이썬 객체인 datetime이라는 날짜 정보를 JSON에서는 문자열로 변환해줘야 한다. 이 과정에서 우리는 다양한 선택지에 부딪히게 된다.

yyyyMMdd	"20220101"
hh:mm:ss.s	"01:02:34.56"
mm:ss	"12:34"
yyyy-mm-dd hh:mm	"2021-11-29 07:12"
yyyy-mm-dd hh:mm:ss.s	"1998-01-02 03:11:34.0"

그림 4-5 날짜 객체를 문자열로 변환할 때 사용하는 다양한 날짜와 시간 포맷

💡 이 포맷들은 극히 일부고 더 다양한 날짜 포맷이 존재한다.

파이썬의 JSON 모듈은 다양한 선택지 중 하나를 대신 선택해주지 않는다. 개발자가 직접 datetime 객체를 JSON으로 직렬화하려고 하면 [코드 4-6]과 같은 에러가 발생한다.

```
dictionary_data= {"나는 날짜 객체": datetime.now()}


json.dumps(dictionary_data)
# TypeError: Object of type datetime is not JSON serializable
```

코드 4-6 파이썬 datetime 객체를 JSON으로 직렬화할 때 발생하는 에러

파이썬의 JSON 모듈은 개발자 대신에 날짜를 직렬화해주지 않는다. [코드 4-6]에서 발생한 에러를 의역하면 **'파이썬의 datetime이라는 데이터 타입에 매칭할 수 있는 JSON 데이터 타입이 없으니 네가 직접 정의해 줘!'** 정도로 표현할 수 있다. 날짜를 JSON으로 직렬화하기 위해서는 [코드 4-7]과 같은 JSON 인코더JSONEncoder를 직접 구현해야 한다.

```
import json


class CustomJSONEncoder(json.JSONEncoder): #
    def default(self, obj):
        if isinstance(obj, (datetime, date)):
            return obj.strftime("%Y-%m-%d %H:%M:%S") # 이런 식으로 개발자가 날짜 포맷을 직접 선택
해줘야 한다.

        return super().default(obj)


dictionary_data= {"나는 날짜 객체": datetime.now()}

json.dumps(dictionary_data, cls=CustomJSONEncoder)
# {"나는 날짜 객체": "2021-08-09 21:50:40"}
```

코드 4-7 파이썬에서의 JSON 인코더 구현 예시

[코드 4-7]을 보면 datetime이라는 파이썬 객체를 특정 날짜 포맷을 가진 문자열로 직접 변환해주도록 JSON 인코더를 오버라이딩해주고 있다. 하지만 장고는 이런 번거로움을 덜어주는 프레임워크답게 JSON 인코더를 이미 구현해놓고 개발자에게 제공한다.

```
from django.core.serializers.json import DjangoJSONEncoder


dictionary_data = {
```

```
        "나는 datetime 객체":datetime.now(),
        "나는 time 객체":time(11,34),
        "나는 date 객체":date(2020,8,22)
    }

    json.dumps(dictionary_data, cls=DjangoJSONEncoder)
    # '{"나는 datetime 객체": "2021-08-09T22:11:05.213", "나는 time 객체": "11:34:00", "나는 date
    객체": "2020-08-22"}'
```

코드 4-8 장고의 JSON 인코더 구현 예시

[코드 4-7]에서 구현한 커스텀 JSON 인코더는 datetime만 직렬화해주지만 [코드 4-8]에서 구현한
장고 JSON 인코더는 datetime, date, time, timedelta, decimal 등 다양한 파이썬 객체들도 직렬
화해준다. DRF는 여기서 더 나아가 장고의 JSON 인코더보다 더 강력한 DRF JSON 인코더를 구현
해놓았다.

```
    from rest_framework.utils.encoders import JSONEncoder

    dictionary_data= {
        "나는 datetime 객체":datetime.now(),
        "나는 time 객체":time(11,34),
        "나는 date 객체":date(2020,8,22)
    }

    json.dumps(dictionary_data, cls=JSONEncoder)
    # '{"나는 datetime 객체": "2021-08-09T22:11:05.213", "나는 time 객체": "11:34:00", "나는 date
    객체": "2020-08-22"}'
```

코드 4-9 DRF JSON 인코더 구현 예시

DRF JSON 인코더도 단순히 datetime을 변환할 때에는 장고 JSON 인코더와 동일한 결과를 보여
주지만 더 다양한 파이썬 객체들을 직렬화해준다. [코드 4-9]는 DRF가 제공하는 JSON 인코더를
직접 사용하는 예시이다. 이와 같이 DRF에 JSON 직렬화 모듈이 잘 추상화되어 감춰져 있기 때문에
실무에서 직접 JSON 인코더 객체를 구현하여 직렬화하는 경우는 매우 드물다. 앞에서는 파이썬의
datetime을 예로 들었지만 다른 파이썬 데이터 타입들도 JSON으로 직렬화할 때 똑같은 문제를 겪
게 된다.

JSON으로 데이터를 직렬화할 때 고민해야 하는 파이썬의 데이터 타입

- float, Decimal(소수점을 포함한 숫자 데이터 타입)
- date, time, timedelta(날짜, 시간, 시간 간격과 같은 데이터 타입)
- 장고 모델, ForeignKey(장고 객체)
- 그 외 개발자가 직접 선언한 클래스

DRF는 개발자가 직렬화를 쉽게 구현할 수 있도록 Serializer와 Render라는 모듈을 제공하며 장고 닌자Ninja는 pydantic이라는 라이브러리로 직렬화를 관리한다. DRF Serializer는 클래스를 딕셔너리로 변환해주는 역할을 하며 DRF Render는 딕셔너리를 JSON으로 변환해준다. pydantic도 이와 같은 2가지 역할을 수행한다. 일반적인 프레임워크에서는 Render가 파이썬 데이터 타입을 JSON 포맷으로의 변환하는 역할도 담당하지만 DRF는 데이터 타입을 변환하는 역할을 Serializer에게 위임해서 Render가 하는 일을 많이 줄여놓았다. 이러한 설계 덕분에 개발자는 Serializer 모듈 위에서 직렬화와 관련된 거의 모든 작업을 수행할 수 있게 되었으며 개발할 때 Render 모듈을 만지는 일이 거의 없게 되었다.

4.2 DRF Serializer

DRF Serializer는 이름 그대로 객체를 직렬화하는 역할을 한다. 하지만 단순히 직렬화해주는 기능 외에도 아래와 같은 다양한 기능을 수행한다.

- 데이터 직렬화: serialization
- 데이터 검증: validation
- 데이터 저장: save(create & update)
- API 스키마 모델링: schema

4.2.1 데이터 직렬화(serialization)

DRF Serializer는 장고 모델을 손쉽게 직렬화해주는 객체이다. 장고에서는 단순히 model_to_dict() 라는 함수만 제공했던 것과 달리 DRF는 Serializer라는 모듈로 더 다양한 기능을 제공한다.

Serializer

직렬화를 하기 위해서는 데이터 타입을 맞춰주는 작업이 가장 중요하다.

```
{
    "name": "KimARang",
    "age" : 25,
    "company" : {
        "name": "(주) 커피나라",
        "company_number": "333-45-11111",
    },
    "is_deleted": False,
    "birth_date": "1996-03-15",
    "employment_period": 3.75,
    "programming_language_skill": [ "Python" ,"Java", "C++",],
    "department": 3,
}
```

코드 4-10 JSON으로 표현한 데이터 포맷 예시 1

[코드 4-10]과 같은 JSON 데이터를 파이썬으로 가져올 때 [코드 4-6]에서 겪었던 에러를 겪지 않기 위해 DRF Serialzier 모듈로 데이터 타입을 명확히 선언해줘야 한다. 이 JSON 데이터를 받을 수 있는 DRF Serializer를 선언해보자.

```
from rest_framework import serializers
class CompanySerializer(serializers.Serializer):
    name = serializers.CharField()
    company_number = serializers.CharField()


class EmployeeSerializer(serializers.Serializer):
    name = serializers.CharField()
    age = serializers.IntegerField()
    company = CompanySerializer()
    is_deleted = serializers.BooleanField()
    birth_date = serializers.DateField(format="%Y-%m-%d")
    employment_period = serializers.FloatField(help_text="재직 기간 ex: 3.75년")
    programming_language_skill = serializers.ListField(child=serializers.CharField())
    department = serializers.PrimaryKeyRelatedField(queryset=Department.objects.all())
```

코드 4-11 JSON으로 표현한 데이터 포맷 예시 2

name,age,is_deleted는 명확하게 str(문자열), int(정수), bool(불) 자료형이라는 데 큰 이견이 없을 것이다. company는 JSON 데이터 타입이 객체object이다. 따라서 JSON 객체를 매핑시킬 Serializer 객체를 만들어줘야 한다. CompanySerializer의 birth_date는 JSON에서는 문자열로 취급받지만 파이썬으로 넘어올 때는 datetime으로 취급되어야 한다. 그래서 serializers.DateField (format="%Y-%m-%d")를 선언해준다. programming_language_skill은 JSON Array(배열) 다. 파이썬으로 넘어올 때 이 데이터는 리스트로 취급되는 것이 적절해 보인다. 따라서 serializers. ListField(child=serializers.CharField())를 선언해준다. department는 int 값이지만 단순 int 값이 아니라 직원(Employee)과 부서(Department) 간의 연관 관계(Related)를 나타낸다. 그렇기 때문에 serializers.PrimaryKeyRelatedField(queryset=Department.objects.all())를 선언해줬다. JSON 데이터를 파이썬의 어떤 데이터 타입에 매핑시킬 것인지는 선택에 따라 달라진다.

company의 경우 JSON 객체를 커스텀으로 선언한 CompanySerializer에 매칭시켰지만 company를 단순히 파이썬 딕셔너리로 취급할 수도 있다.

```
1. company = CompanySerializer()
2. company = serializer.DictField()
```

birth_date는 굳이 파이썬 datetime에 매칭시키지 않고 그대로 문자열로 취급할 수 있다.

```
1. birth_date = serializers.DateField(format="%Y-%m-%d")
2. birth_date = serializers.CharField()
```

employment_period도 파이썬 float에 매칭시키지 않고 그대로 문자열 취급할 수 있다.

```
1. serializers.FloatField(help_text="재직 기간 ex: 3.75년")
2. serializers.CharField(help_text="재직 기간 ex: 3.75년")
```

department는 단순히 파이썬 int인지 연관 관계가 있는 값인지 프레임워크 수준에서 알 수 있는 방법이 없다. 여기서 변환된 데이터 타입은 create() 메서드와 update() 메서드 내부에서 사용된다. birth_date는 문자열 값을 받았지만 SerializerField로 DateField를 매핑시켜줬기 때문에 파이썬 date 객체로 변환되었다. 마찬가지로 department는 숫자 값을 받았지만 SerializerField로 PrimaryKeyRelatedField를 매핑시켜줬기 때문에 pk=3인 Department 객체로 변환되었다.

ModelSerializer

매번 모든 Serializer를 선언할 때마다 일일이 필드 타입을 선언해주는 것은 생각보다 지루한 일이며 코드의 양도 많아지게 된다. DRF는 이러한 문제를 해결하기 위해 ModelSerializer를 제공한다.

```python
# models.py
class Store(models.Model):
    class StoreType(models.TextChoices):
        FOOD = "food", "배달 음식"
        GROCERY = "grocery", "식료품/가공 식품"
        PET_FOOD = "pet_food", "반려 동물 음식"

    name = models.CharField(max_length=128, help_text="음식점 가게명")
    owner = models.ForeignKey(to="users.User", on_delete=models.CASCADE, null=True)
    tel_num = models.CharField(max_length=16, help_text="음식점 연락처")
    created_at = models.DateTimeField(auto_now_add=True)
    store_type = models.CharField(
                choices=StoreType.choices, help_text="상점 유형", max_length=32,
            )

    class Meta:
        db_table = "store"

...


# serializer.py

class StoreSerializer(serializers.ModelSerializer):
    class Meta:
        model = Store
        fields = ("id", "name", "owner", "tel_num", "store_type", "created_at")
        # 참고로 위에서 처럼 일일이 field를 명시해주는게 불편하다면
        # 아래처럼 옵션을 주면 Model이 가진 모든 Field를 직렬화한다.
        # fields = "__all__"
```

코드 4-12 DRF ModelSerializer로 직렬화 모듈 선언 예시

[코드 4-12]의 StoreSerializer처럼 ModelSerializer를 상속받아서 선언하면 된다. 그리고 [코드 4-13]처럼 사용한다.

```python
def test_serializer_basic_info(self):
    # Given: 주어진 django Model 객체
    store: Store = Store.objects.get(name="김첨지 설렁탕 전문점")
```

```
# When: 직렬화 수행 (drf 방식)
store_serializer = StoreSerializer(instance=store)
store_data: Dict[str, Any] = store_serializer.data

# Then: 결괏값 검토
self.assertEqual(store_data["name"], "김첨지 설렁탕 전문점")
print(store_data)
# 출력 결과
# {
#   'id': 1,
#   'name': '김첨지 설렁탕 전문점',
#   'owner': 1,
#   'tel_num': '',
#   'store_type': 'food',
#   'created_at': '2021-08-29 06:45:47'
# }
```

코드 4-13 DRF ModelSerializer 활용 예시

옵션: Meta.depth

여기서 'owner':1은 ForeignKey로 매핑된 객체임에도 불구하고 model_to_dict()처럼 여전히 객체로 직렬화해주지 않는 점이 아쉽다. 이럴 때 depth 옵션을 사용하면 손쉽게 문제를 해결할 수 있다.

```
class StoreWithDepthOptionSerializer(serializers.ModelSerializer):
    class Meta:
        model = Store
        depth = 1 # 추가
        fields = ("id", "name", "owner", "tel_num", "store_type", "created_at")
```

코드 4-14 depth 옵션 사용 예시

[코드 4-15]와 같이 DRF Serializer depth 옵션을 사용하면 int로 직렬화되던 모델(ForeignKey로 매핑된)을 손쉽게 객체로 직렬화할 수 있다.

```
def test_serializer_with_meta_depth(self):
    # Given: 주어진 django Model 객체
    store: Store = Store.objects.get(name="김첨지 설렁탕 전문점")

    # When: 직렬화 수행 (drf 방식)
```

```python
store_serializer = StoreWithDepthOptionSerializer(instance=store)
store_data: Dict[str, Any] = store_serializer.data

# Then: 결괏값 검토
self.assertEqual(store_data["name"], "김첨지 설렁탕 전문점")
print(store_data)
# 출력 결과
# {
#     "id": 10,
#     "name": "김첨지 설렁탕 전문점",
#     "owner": { # depth=1 옵션 덕분에 owner가 int 타입으로 직렬화되는 게 아니라 객체로 직렬화됨
#         "id": 4,
#         "password": "pbkdf2_sha2.....",
#         "last_login": None,
#         "is_superuser": False,
#         "username": "aaa1717",
#         "owner_info": 12323,
#         "email": "",
#         "name": "김사장",
#         "is_staff": False,
#         "is_active": True,
#         "date_joined": "2021-08-29 07:01:09",
#         "user_type": "store_owner",
#         "groups": [],
#         "user_permissions": [],
#     },
#     "tel_num": "",
#     "store_type": "food",
#     "created_at": "2021-08-29 06:56:54",
# }

#  depth=1 옵션이 없는 경우 출력 결과
# {
#     "id": 10,
#     "name": "김첨지 설렁탕 전문점",
#     "owner": 4, # depth=1 옵션이 없으면 DRF에서는 FoeignKey Field를 IntegerField로 취급합니다.
#     "tel_num": "",
#     "store_type": "food",
#     "created_at": "2021-08-29 06:56:54",
# }
```

코드 4-15 depth 옵션 활용 예시

depth 옵션에 부여된 숫자만큼 ForeignKey로 참조된 모델을 객체로 직렬화한다. depth=1 옵션이 부여되었기 때문에 owner는 int가 아닌 객체로 직렬화되었지만 owner 객체에 매핑된 owner_ info는 ForeignKey로 매핑되어 있음에도 int 타입으로 직렬화되었다. 만약 depth=2로 옵션을 변경한다면 "owner" 객체 안에 있는 "owner_info" 또한 객체로 직렬화될 것이다.

DRF는 depth라는 옵션으로 간단히 문제를 해결해주지만 다음과 같은 요구 사항을 만족시키기에는 한계를 가지고 있다.

- owner 객체에 password 필드를 노출시키는 것은 보안에 문제가 있기 때문에 직렬화 대상에서 제외하고 싶어.
- groups, permissions와 같은 필드는 시스템 내부에서 쓰이는 값이니 직렬화 대상에서 제외하고 싶어.

이럴 때에는 Owner에 매핑될 수 있는 ModelSerializer를 직접 선언해줘야 한다.

```python
# user.serializers.py
class UserSerializer(serializers.ModelSerializer):
    class Meta:
        model = User
        exclude = ("password", "groups", "user_permissions")


# store.serializer.py
class StoreWithDepthOptionSerializer(serializers.ModelSerializer):

    # owner Field를 직접 구현한 UserSerializer로 매핑함
    owner = UserSerializer(allow_null=True, help_text="상점을 소유한 회원")

    class Meta:
        model = Store
        depth = 1
        fields = ("id", "name", "owner", "tel_num", "store_type", "created_at")
```

코드 4-16 DRF 커스텀 Serializer를 선언해서 사용하는 예시

```python
def test_serializer_meta_without_depth(self):
    # Given: 주어진 django Model 객체
    store: Store = Store.objects.get(name="김첨지 설렁탕 전문점")

    # When: 직렬화 수행  (drf 방식)
    store_serializer = StoreWithDepthOptionSerializer(instance=store)
    store_data: Dict[str, Any] = store_serializer.data

    # Then: 결괏값 검토 ("owner"의 값이 단순 Integer여서는 안 된다.)
    self.assertNotEqual(store_data["owner"], 4)
    print(store_data)
    # 출력 결과 (password 필드가 제외됨)
```

```
# {
#     "id": 10,
#     "name": "김첨지 설렁탕 전문점",
#     "owner": {
#         "id": 4,
#         # "password"가 제외됨
#         "last_login": None,
#         "is_superuser": False,
#         "username": "aaa1717",
#         "email": "",
#         "name": "김사장",
#         "is_staff": False,
#         "is_active": True,
#         "date_joined": "2021-08-29 07:01:09",
#         "user_type": "store_owner",
#     },
#     "tel_num": "",
#     "store_type": "food",
#     "created_at": "2021-08-29 06:56:54",
# }
```

코드 4-17 DRF 커스텀 Serializer 활용 결괏값 출력

옵션: many=True

커스텀 Serializer를 사용할 때 모델 간의 관계가 N:1이면 상관없지만 1:N이면 반드시 many=True 옵션을 부여해줘야 한다. 앞의 ModelSerializer 예시에서는 'N 개의 Store를 1개의 User(owner)가 가질 수 있다'는 N:1 관계였기 때문에 상관없었지만 '1개의 Store가 N 개의 Product(상품)을 가지고 있다'라는 1:N 관계라면 [코드 4-18]과 같이 선언해줘야 직렬화할 수 있다.

```python
# product.serializer.py
class ProductSerializer(serializers.ModelSerializer):
    class Meta:
        model = Product
        fields = "__all__"


# store.serializer.py
class StoreWithProductSetSerializer(serializers.ModelSerializer):
    owner = UserSerializer(allow_null=True, help_text="상점을 소유한 회원")
    product_set = ProductSerializer(
                    many=True, allow_empty=True, help_text="상점에서 판매하는 상품 리스트",
                )
```

```
    class Meta:
        model = Store
        depth = 1
        fields = ("id", "name", "owner", "tel_num", "store_type", "created_at", "product_set")
```

코드 4-18 DRF many=True 선언 예시

```python
def test_serializer_with_many_true_custom_serializer(self):
    # Given: 주어진 django Model 객체
    store: Store = Store.objects.get(name="김첨지 설렁탕 전문점")

    # When: 직렬화 수행  (drf 방식)
    store_serializer = StoreWithProductSetSerializer(instance=store)
    store_data: Dict[str, Any] = store_serializer.data

    # Then: 결괏값 검토
    self.assertEqual(store_data["name"], "김첨지 설렁탕 전문점")
    print(list([dict(a) for a in store_data["product_set"]]))
    # 출력 결과
    # {
    #     "id": 10,
    #     "name": "김첨지 설렁탕 전문점",
    #     "owner": {
    #         "id": 4,
    #         "last_login": None,
    #         "is_superuser": False,
    #         "username": "aaa1717",
    #         "email": "",
    #         "name": "김사장",
    #         "is_staff": False,
    #         "is_active": True,
    #         "date_joined": "2021-08-29 07:01:09",
    #         "user_type": "store_owner",
    #         "groups": [],
    #         "user_permissions": [],
    #     },
    #     "tel_num": "",
    #     "store_type": "food",
    #     "created_at": "2021-08-29 06:56:54",
    #     "product_set":[
    #         {'id': 2, 'name': '모주', 'price': 4500,  'product_type': 'food', 'store': 1,
    #             'created_at': '2021-08-29 08:22:12'},
    #         {'id': 1, 'name': '설렁탕', 'price': 10500, 'product_type': 'food', 'store': 1,
    #             'created_at': '2021-08-29 08:22:12'},
```

```
#    ]
# }
```

ManyToManyField()를 Serializer에 매핑 시 매개 모델(through) 참조하기

우선 [코드 4-20]과 같이 모델들이 선언되어 있다고 가정해보자.

```python
# order.models.py
class OrderedProduct(models.Model):
    order = models.ForeignKey(to="orders.Order", on_delete=models.CASCADE)
    product = models.ForeignKey(to="products.Product", on_delete=models.CASCADE)
    count = models.IntegerField(help_text="주문한 해당 메뉴의 개수", default=1)

    class Meta:
        db_table = "ordered_product"


class Order(models.Model):
    class Status(models.TextChoices):
        WAITING = "waiting", "주문 수락 대기 중"
        ACCEPTED = "accepted", "주문 접수 완료"
        REJECTED = "rejected", "주문 거절"
        DELIVERY_COMPLETE = "delivery complete", "배달 완료"

    status = models.CharField(max_length=32, choices=Status.choices, help_text="주문 상태 값",
default=Status.WAITING)
    total_price = models.IntegerField(default=0)
    store = models.ForeignKey(to="stores.Store", on_delete=models.CASCADE)
    product_set = models.ManyToManyField(to="products.Product", through="OrderedProduct")
    created_at = models.DateTimeField(auto_now_add=True, help_text="주문이 생성된 시간")

    address = models.CharField(max_length=256, help_text="주문 배송지")


# product.models.py
class Product(models.Model):
    class ProductType(TextChoices):
        GROCERY = "grocery", "식료품"
        FURNITURE = "furniture", "가구"
        BOOKS = "books", "책"
        FOOD = "food", "음식"
```

```
    name = models.CharField(max_length=128, help_text="상품명")
    price = models.IntegerField(help_text="상품 가격")
    created_at = models.DateTimeField(auto_now_add=True)
    product_type = models.CharField(choices=ProductType.choices, max_length=32)
    store = models.ForeignKey(to="stores.Store", on_delete=models.CASCADE, help_text="이 상품
을 판매하는 가게")
```

코드 4-20 생성된 모델 예시

Order와 Product는 서로 ManyToManyField로 매핑되어 있다. 이때 OrderedProduct라는 중간
테이블이 존재하며 이를 장고 모델로 구현해줬다. 중간 테이블인 OrderedProduct가 단순히 Order
와 Product를 ForeignKey로 선언만 하고 있다면 DRF Serializer에서 이것을 표현할 때 어려울 게
없다.

```
class ProductSerializer(serializers.ModelSerializer):

    class Meta:
        model = Product
        fields = "__all__"


class OrderSerializer(serializers.ModelSerializer):

    product_set = ProductSerializer(many=True)

    class Meta:
        model = Order
        depth = 1
        fields = "__all__"
```

코드 4-21 DRF Serializer로 매핑

OrderedProduct에 count 필드가 없다면 [코드 4-21]과 같이 선언해도 문제가 없다. 하지만
OrderedProduct에 count = models.IntegerField(help_text="주문한 해당 메뉴의 개수",
default=1)라는 커스텀 필드가 들어가 있다. Serializer에서 count라는 값 또한 같이 노출되어야
한다. 이러한 경우에는 Product를 Serializer로 구현하는 게 아니라 **중간 테이블인 OrderedProduct
를 Serializer로 구현해서 표현할 수 있다.**

```python
class StoreSerializer(serializers.ModelSerializer):
    class Meta:
        model = Store
        fields = "__all__"


class OrderedProductSerializer(serializers.ModelSerializer):
    # product = serializers.PrimaryKeyRelatedField(queryset=Product.objects.all())
    name = serializers.CharField(source="product.name", max_length=128)
    price = serializers.IntegerField(source="product.price")
    product_type = serializers.ChoiceField(source="product.product_type", choices=Product.
ProductType.choices)
    created_at = serializers.DateTimeField(source="product.created_at")
    store = StoreSerializer(source="product.store")

    class Meta:
        model = OrderedProduct
        fields = ("count", "name", "price", "created_at", "product_type", "store")


class OrderSerializer(serializers.ModelSerializer):

    product_set = OrderedProductSerializer(many=True, source="orderedproduct_set")

    class Meta:
        model = Order
        # depth = 1
        fields = "__all__"
```

코드 4-22 OrderedProduct를 Serializer로 구현

```python
# orders.views.py
class OrderViewSet(viewsets.ModelViewSet):
    queryset = Order.objects.prefetch_related("product_set").all()
    serializer_class = OrderSerializer
    @extend_schema(summary="주문 상세 조회 API", tags=["주문"])
    def retrieve(self, request, *args, **kwargs):
        instance = self.get_queryset()
        serializer = self.get_serializer(instance)
        return Response(serializer.data)

    @extend_schema(summary="주문 생성 API", tags=["주문"])
    def create(self, request: Request, *args: Any, **kwargs: Any) -> Response:
        serializer = self.get_serializer(data=request.data)
        serializer.is_valid(raise_exception=True)
```

```
        self.perform_create(serializer)
        headers = self.get_success_headers(serializer.data)
        return Response(serializer.data, status=status.HTTP_201_CREATED, headers=headers)
```

코드 4-23 OrderSerializer를 OrderViewSet에 매핑

[코드 4-24]처럼 라우터에 등록하면

```
# config.urls.py
router = DefaultRouter()
router.register(prefix="orders", viewset=OrderViewSet, basename="order")
```

코드 4-24 라우터 등록

[그림 4-6]과 같은 API와 응답Response 데이터 포맷을 볼 수 있다.

그림 4-6 API와 응답 데이터 포맷

```
# OrderSerializer가 만들어낸 json 포맷

{
  "id": 12,
  "status": "waiting",
  "total_price": 0,
  "address": "string",
  "product_set": [
    {
      "id": 1,
      "count": 5,
      "name": "한성 컴퓨터 GK888B minicoup 무선 키보드",
      "price": 189000,
      "created_at": "2022-10-30 11:24:10",
      "product_type": "books",
      "store": {
        "id": 1,
        "name": "싱싱 청과물",
        "tel_num": "070-2222-3333",
        "created_at": "2022-10-30 11:23:05",
        "store_type": "grocery",
        "store_name_display_only": "",
        "owner": 5,
        "address": null
      }
    },
    {
      "id": 2,
      "count": 2,
      "name": "마우스",
      "price": 18000,
      "created_at": "2022-10-30 13:56:16",
      "product_type": "",
      "store": {
        "id": 1,
        "name": "싱싱 청과물",
        "tel_num": "070-2222-3333",
        "created_at": "2022-10-30 11:23:05",
        "store_type": "grocery",
        "store_name_display_only": "",
        "owner": 5,
        "address": null
      }
    }
  ],
```

```
    "store": 1
  }
```

코드 4-25 OrderSerializer가 만들어낸 JSON 포맷

이렇게 OrderSerializer를 커스터마이징하면 create(), update() 메서드 또한 새로 구현해줘야
한다.

```python
class OrderSerializer(serializers.ModelSerializer):
    # id = serializers.IntegerField()
    # status = serializers.ChoiceField(Order.Status.choices)
    total_price = serializers.IntegerField(
        read_only=True,
        help_text="주문 총액은 외부에서 수정할 수 없도록 read_only 옵션을 부여합니다."
    )
    # address = serializers.CharField(max_length=256)
    product_set = OrderedProductSerializer(many=True, source="orderedproduct_set")

    @transaction.atomic
    def create(self, validated_data: dict[str, Any]) -> Order:  # ← 직접 새로 구현
        print(validated_data)
        orderedproduct_data: dict[str, Any] = validated_data.pop("orderedproduct_set")

        instance: Order = Order.objects.create(**validated_data)
        orderedproduct_set: list[OrderedProduct] = [
            OrderedProduct(
                order_id=instance.id, product_id=orderedproduct["product"]["id"],
                count=orderedproduct["count"]
            )
            for orderedproduct in orderedproduct_data
        ]
        instance.orderedproduct_set.add(*orderedproduct_set, bulk=False)

        return instance

    class Meta:
        model = Order
        # depth = 1
        fields = ("id", "status", "total_price", "address", "product_set", "store")
```

코드 4-26 create() 메서드 구현

💡 주석 처리된 SerializerField는 굳이 선언하지 않아도 된다. 학습 목적으로 작성해둔 것이다.

update() 메서드는 숙제로 남겨놓을 테니 지금까지 배운 내용을 다시 챙겨 보면서 직접 구현해보기 바란다.

4.2.2 데이터 유효성 검증(Validation)

API는 클라이언트 앱이 보내주는 데이터에 문제가 없는지 검증해야 하는 의무를 가지고 있다. 물론 데이터 검증 로직이 없다고 해서 에러가 발생하는 것은 아니지만 이러한 데이터 검증을 해주지 않는다면 백엔드 서버가 존재하는 의미가 사라진다.

```python
from typing import Any

from django.contrib.auth.password_validation import validate_password
from django.core.validators import RegexValidator
from rest_framework import serializers
from rest_framework.validators import UniqueTogetherValidator, UniqueValidator

from aggregate.users.models import User


class SignUpSerializer(serializers.Serializer):
    """
        validation 로직을 설명하기 위한 학습용 Serializer
    """

    username = serializers.CharField(
        max_length=150, validators=[UniqueValidator(queryset=User.objects.all())],
        help_text="회원 아이디"
    )
    password = serializers.CharField(max_length=128,)

    first_name = serializers.CharField(max_length=128, help_text="회원 이름(Eng)")
    last_name = serializers.CharField(max_length=128, help_text="회원 성(Eng)")
    name_kor = serializers.CharField(max_length=128, help_text="회원 성함")

    phone = serializers.CharField(
        max_length=16,
        help_text="휴대폰 번호",
        validators=[
                RegexValidator(regex=r"\d{3}-\d{3,4}-\d{4}$",
                                message="올바른 휴대폰 번호 포맷이 아닙니다. 다시 입력해주세요.")
        ],
    )
```

```python
def is_valid(self, raise_exception):
    """
        Serializer 하위 모든 validation 로직을 수행하는 메서드
        (Serialzier를 상속받는 것만으로도 구현이 완료되어 있기 때문에
        굳이 이렇게 선언해주지 않아도 된다. 학습을 위해 일부러 해당 메서드를 불필요하게 선언했다.)
    """
    return super().is_valid(raise_exception)

def validate_first_name(self, attr: str) -> str:
    # 이름에는 알파벳만 사용되었는지 검사하고 이름에 들어간 공백을 제거한다.
    if not attr.isalpha():
        raise serializers.ValidationError(
            detail="first_name은 한글, 숫자, 특수 문자가 포함되면 안 됩니다.",
        )
    return attr.strip()

def validate_last_name(self, attr: str) -> str:
    # 성에 알파벳만 사용되었는지 검사하고 성에 들어간 공백을 제거한다.
    if not attr.isalpha():
        raise serializers.ValidationError(
            detail="last_name은 한글, 숫자, 특수 문자가 포함되면 안 됩니다.",
        )
    return attr.strip()

def validate_password(self, attr: str) -> str:
    # password 복잡도 검사를 수행한다. 만족하지 않으면 ValidationError를 일으킨다.
    validate_password(password=attr)
    return attr

def validate(self, attrs: dict[str, Any]) -> dict[str, Any]:
    """
        개발자가 추가로 Validation해주고 싶은 로직이 있다면
        validate() 메서드를 오버라이딩해서 작성한다.
    """

    # Field 수준 또는 객체 수준의 단순 Validation이 아니라
    # 비즈니스 수준에서 필요한 Validation을 이곳에 작성한다.
    if User.objects.filter(date_joined__gte=date.today()).count() > 100:
        raise serializers.ValidationError(
            detail="서비스 정책에 의해 하루에 선착순 100명까지만 회원 가입이 가능합니다.\
                    내일 다시 회원 가입해주세요."
        )
    return attrs

def create(self, validated_data: dict[str, Any]) -> object:
```

```python
        user = User.objects.create_user(
            username=validated_data["username"],
            password=validated_data["password"],
            first_name=validated_data["first_name"],
            last_name=validated_data["last_name"],
            name_kor=validated_data["name_kor"],
            phone=validated_data["phone"],
        )
        return user

    def to_representation(self, instance) -> dict[str, Any]:
        """
            Class를 Dictionary로 변환
        """
        return super().to_representation(instance)

    def to_internal_value(self, data: dict[str, Any]) -> object:
        """
            Dictionary를 Class로 변환
        """
        return super().to_internal_value(data)

    class Meta:
        validators = [
            # 회원 가입한 회원은 이름+전화번호가 고유해야 한다.
            UniqueTogetherValidator(
              queryset=User.objects.all(),
              fields=["first_name", "last_name", "name_kor", "phone"],
            ),
        ]
```

코드 4-27 Serializer validation을 활용하는 예시

```python
@api_view(http_method_names=["POST"],)
def signup_function_view_to_learn_serializer(request: Request):
    request_body: dict[str, Any] = request.data

    signup_serializer = SignUpSerializer(data=request_body)
    signup_serializer.is_valid(raise_exception=True)
    signup_serializer.save()

    return Response(data={"detail": "회원 가입이 완료되었습니다."}, status=status.HTTP_201_
CREATED)
```

코드 4-28 Serializer 사용 예시

가장 기본적인 데이터 유효성 검증은 각 SerializerField에 옵션을 부여해서 제약을 주는 것이다.

[코드 4-29]와 같이 옵션 값을 조정하는 것만으로도 손쉽게 유효성 검증을 할 수 있다.

```python
password = serializers.CharField(
    min_length=8,
    max_length=128,
    allow_blank=False,
    allow_null=False,
    default="default value",
    error_messages={
        "required":"이 필드는 반드시 필요합니다.",
        "invalid": "올바르지 않은 데이터 타입입니다.",
        "blank": "이 필드는 비어 있으면 안 됩니다",
        "null": "이 필드는 null일 수 없습니다.",
        "max_length": "이 필드는 문자열 길이를 최대 {max_length}까지만 사용할 수 있습니다. ",
        "min_length": "이 필드는 문자열 길이는 최소 {min_length}이상이어야 합니다.",
    },
)
```

코드 4-29 SerializerField 유효성 검증 옵션[2]

대부분의 옵션이 비슷하고 이름도 직관적이기 때문에 CharField의 옵션만 예시로 소개하겠다.

max_length, min_length

해당 필드의 최대 및 최소 길이를 제약한다. 이 옵션은 CharField에서만 사용할 수 있다. Integer Field에는 허용 가능한 수의 크기를 제약하는 max_value, min_value라는 옵션이 따로 존재하므로 헷갈리지 말기 바란다.

allow_blank

```python
{
    "username":"....",
    "password": "" # allow_blank=False인 경우 유효성 검증 실패하는 데이터 예시
}
```

코드 4-30 allow_blank 사용 예시

---

2 모델 필드 데이터베이스 수준 유효성 검증 옵션과 매우 유사하다.

이 옵션 값이 True면 해당 필드에 빈 값(" ")이 들어가는 것을 허용한다. password 필드는 allow_blank=False로 설정되어 있기 때문에 빈 값이 들어오면 "이 필드는 비어 있으면 안 됩니다"라는 메시지를 가진 Validation 에러가 발생한다.

allow_null

```
{
  "username":"....",
  "password": None # allow_null=False인 경우 유효성 검증 실패하는 데이터 예시
}
```

코드 4-31 allow_null 사용 예시

이 옵션 값이 True면 해당 필드에 None 값이 들어가는 것이 허용된다. password 필드에는 allow_null=False로 설정되어 있기 때문에 None 값이 들어오면 "이 필드는 null일 수 없습니다."라는 메시지를 가진 Validation 에러가 발생한다.

required

```
{
  "username":"....",
  # password 필드가 존재하지 않음 # required=True인 경우 이러한 데이터가 들어오면 유효성 검증에 실패
  한다.
}
```

코드 4-32 required 사용 예시

이 옵션 값이 True일 때 해당 필드 자체가 존재하지 않는다면 "이 필드는 null일 수 없습니다."라는 메시지를 가진 Validation 에러가 발생한다.

error_messages

이 옵션을 직접 선언해주지 않으면 DRF가 제공하는 기본 에러 메시지를 사용한다. 이 에러 메시지는 개발자에게는 직관적이지만 최종 사용자 입장에서 보면 불친절하게 보일 수 있는데 [코드 4-33]과 같은 방법으로 에러 메시지를 커스터마이징할 수 있다.

```
password = serializers.CharField(
    ...
    error_messages={
        "required": "이 필드는 반드시 필요합니다.",
        "invalid": "올바르지 않은 데이터 타입입니다.",
        "blank": "이 필드는 비어 있으면 안 됩니다",
        "null": "이 필드는 null일 수 없습니다.",
        "max_length": "이 필드는 문자열 길이를 최대 {max_length}까지만 사용할 수 있습니다. ",
        "min_length": "이 필드는 문자열 길이는 최소 {min_length}이상이어야 합니다.",
    },
)
```

코드 4-33 error_messages 사용 예시

Serializer를 작성하는 로직은 다양하지만 Serializer를 사용하는 방식(코드)은 거의 비슷하다.

```
# serializer 인스턴스를 생성하고
xxx_serializer = XXXSerializer(data=request_body)

# 데이터를 검증하고
xxx_serializer.is_valid(raise_exception=True)

# 저장한다.
xxx_serializer.save()
```

코드 4-34 Serializer를 사용하는 일반적인 방식

Serializer 인스턴스를 생성하고 원하는 ①데이터를 주입한 다음 ②검증하고 ③이후 동작을 수행한다. 대체로 Serializer를 수행하는 로직은 대부분 [코드 4-34]처럼 3줄로 이루어져 있다. 그만큼 Serialzier 내부에 많은 동작들이 수행되고 있다는 의미이기도 하다. 개발자가 Serializer의 유효성을 검증하는 로직을 작성할 때 보통 옵션을 부여하는 방식을 사용하며 이러한 방식이 권장된다. 옵션을 부여하는 방식이 아니라 개발자가 직접 구현해주는 validation 방식은 필드 커스텀 Validation 메서드(def validate_{필드명})과 통합 커스텀 Validation 메서드인 validation(def validate(self, attrs: dict[str, Any]))를 사용한다.

[코드 4-27]을 보면 필드 커스텀 Validation 메서드(def validate_{필드명})는 아래와 같이 총 3개가 선언되어 있고

- def validate_first_name(self, attr: str) -> str:
- def validate_last_name(self, attr: str) -> str:
- def validate_password(self, attr: str) -> str:

통합 커스텀 Validation 메서드 또한 선언되어 있는 것을 알 수 있다.

- def validate(self, attrs: dict[str, Any])

필드 커스텀 Validation 메서드를 **validate라는 prefix(접두사) + 필드명** 메서드로 선언하면 DRF가 이 메서드를 자동으로 인식하고 유효성 검증 시 해당 메서드를 함께 수행한다. 이 방식은 DRF와 장고에서 기본 구현체로 제공해주지 않는 간단한 데이터 validation을 작성할 때(예: 알파벳만 사용되었는지 검사)나 데이터를 정제해주는 작업을 할 때(예:공백과 같은 불필요한 값을 제거) 사용한다.

통합 커스텀 Validation 메서드는 단순한 필드 또는 객체 수준의 데이터 검증이 아니라 복합적인 데이터가 함께 검증되어야 하는 로직 또는 비즈니스 수준에서 검증이 필요할 때 사용한다. (예: 하루에 회원 가입을 100명만 할 수 있다는 특수한 비즈니스 정책이 존재)

추가로 여러 필드 또는 객체 수준에서 복합적으로 유효성 검증이 필요하다면 Serialzier 클래스에 Validatior를 걸어주면 된다.

```
class SignUpSerialzier(serializers.Serializer)
    ...
    class Meta:
        validators = [
            # 회원 가입한 회원은 이름+전화번호가 고유해야 한다.
            UniqueTogetherValidator(
                queryset=User.objects.all(),
                fields=["first_name", "last_name", "name_kor", "phone"],
            ),
        ]
```

코드 4-35 객체 수준 또는 복합 필드 수준의 유효성 검증 방식

Serializer에 선언된 Validator와 커스텀 Validation 메서드는 is_valid()가 호출될 때 전부 수행된다. 유효성 검증을 위한 대부분의 로직이 [코드 4-35]의 SignUpSerializer와 같이 옵션을 부여하는 방식만으로도 구현이 완료된다. DRF를 포함한 대부분의 프레임워크의 유효성 검증 로직은 이러한 옵션 부여 또는 선언형과 같은 방법으로 작성할 수 있도록 구현되어 있다.

DRF Serializer는 유효성 검증 로직으로 분기문이 지저분하게 나열되는 것을 막아준다. [코드 4-35]의 로직을 분기문으로 풀어서 작성하면 [코드 4-36]처럼 반복적이고 지루한 로직이 될 것이다.

```python
    if attrs["username"] <= 128 :
        raise serializers.ValidationError(detail="username은 128자를 넘을 수 없습니다.")
    if User.objects.filter(username=attrs["username"]).exists():
        raise serializers.ValidationError(detail=f"{attrs['username']}은 이미 사용 중인 username입
니다.")


    if attrs["phone"] <=16:
        raise serializers.ValidationError(detail="phone은 16자를 넘을 수 없습니다.")
    if not re.compile( r"\d{3}-\d{3,4}-\d{4}$").match(attrs["phone"]):
        raise serializers.ValidationError(detail="올바른 휴대폰 번호 포맷이 아닙니다. 다시 입력해주세
요.")



    ...


    ...


    # password, last_name, first_name, name_kor 전부 이런 식으로 작성...
```

코드 4-36 분기분이 너저분한 로직

DRF Validator를 사용하지 않고 [코드 4-36]처럼 구현하면 지루한 코드 boilerplate code가 만들어진다. 유효성 검증 로직은 Serializer 내부에 if 문을 최대한 사용하지 않고 작성하는 것이 재사용성을 고려했을 때 효율적이다. 따라서 [코드 4-27]의 validate_first_name( ), validate_last_name( )에 선언된 알파벳만 사용되었는지 검사하는 로직은 [코드 4-37]과 같이 재사용할 수 있도록 리팩터링할 것을 권장한다.

```python
import re

from rest_framework import serializers


class KoreanOnlyValidator:
    message = "{attr_name}은 한글만 사용 가능합니다."

    def __init__(self, message):
        self.message = message

    def __call__(self, value: str, serializer_field):
        if not re.match(r"^[가-힣]+$", value):
            raise serializers.ValidationError(
                detail=self.message.format(attr_name=serializer_field.name),
```

```
            )


    class EnglishOnlyValidator:
        message = "{attr_name}은 한글, 숫자, 특수 문자가 포함되면 안 됩니다."

        def __init__(self, message):
            self.message = message

        def __call__(self, value: str, serializer_field):
            if value.isalpha():
                raise serializers.ValidationError(
                    detail=self.message.format(attr_name=serializer_field.name),
                )
```

코드 4-37 커스텀 Validator를 직접 구현

```
    class SignUpSerializer(serializers.Serializer):

        first_name = serializers.CharField(
            max_length=128, help_text="회원 이름(Eng)",
            validators=[EnglishOnlyValidator()]
        )
        last_name = serializers.CharField(
            max_length=128, help_text="회원 성(Eng)",
            validators=[EnglishOnlyValidator()], # 코드 4-37에 만든 커스텀 Validation을 걸어준다.
        )
        name_kor = serializers.CharField(
            max_length=128, help_text="회원 성함",
            validators=[KoreanOnlyValidator()],  # 코드 4-37에 만든 커스텀 Validation을 걸어준다.
        )
```

코드 4-38 커스텀 Validator를 필드에 선언

[코드 4-38]과 같이 커스텀 Validator를 구현하고 각 SerializerField에 옵션을 부여해주면 [코드 4-39]처럼 분기문으로 유효성 검증을 하는 로직(주석 처리된 로직)을 제거할 수 있다.

```
    def validate_first_name(self, attr: str) -> str:
        # 이름에 들어간 공백만 제거합니다.(데이터 정제 작업만 수행)
        # if not attr.isalpha():
        #     raise serializers.ValidationError(
        #         detail="first_name은 한글, 숫자, 특수 문자가 포함되면 안 됩니다.",
        #     )
```

```
        return attr.strip()

    def validate_last_name(self, attr: str) -> str:
        # 성에 들어간 공백만 제거합니다.(데이터 정제 작업만 수행)
        # if not attr.isalpha():
        #     raise serializers.ValidationError(
        #         detail="last_name은 한글, 숫자, 특수 문자가 포함되면 안 됩니다.",
        #     )
        return attr.strip()
```

코드 4-39 분기문으로 유효성 검증을 하는 로직 제거

💡 validators=[EnglishOnlyValidator()]가 주석 처리된 분기문과 동일한 역할을 수행한다.

4.2.3 데이터 저장

Serializer는 create() 메서드와 update() 메서드를 구현해서 사용할 수 있다. 하지만 이 메서드를 Serializer 클래스 외부에서 직접 호출하지 않는다. Serializer 인스턴스를 생성할 때 주어지는 argument에 따라서 save() 메서드를 호출할 때 create() 메서드가 호출되는지 update() 메서드가 호출되는지가 결정된다.

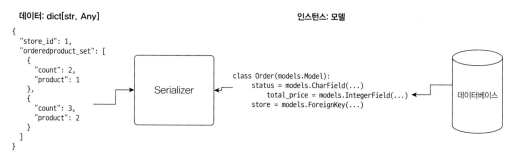

그림 4-7 Serializer의 역할

[그림 4-7]처럼 Serializer는 API 요청으로 받은 데이터와 데이터베이스에서 가져온 인스턴스를 조립하는 역할을 한다. API로 받은 요청 데이터가 존재하는데 데이터베이스에서 가져온 인스턴스가 없다면 Serializer는 저장(save)이라는 행위를 생성(create)이라고 판단한다.

```
# Serializer argument로 data만 받은 경우
serializer = XXXSerializer(data=request_body)
serializer.is_valid(raise_exception=True)
serializer.save() # create() 메서드가 호출된다.
```

코드 4-40 Serializer create() 메서드 수행 조건

API로 받은 요청 데이터도 존재하고 데이터베이스에서 가져온 인스턴스도 존재한다면 Serializer는
저장(save)이라는 행위를 수행할 때 이를 수정(update)이라고 판단한다.

```
# Serializer argument로 data와 instance 둘 다 받은 경우
serializer = XXXSerializer(data=request_body)
serializer.is_valid(raise_exception=True)
serializer.save() # update() 메서드가 호출된다.
```

코드 4-41 Serializer update() 메서드 수행 조건

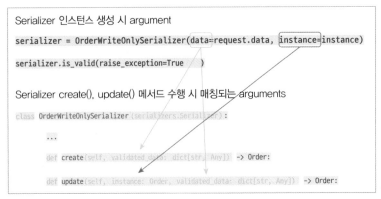

그림 4-8 is_valid() 메서드 수행

데이터는 is_valid() 메서드가 수행되면 validated_data를 생성하고 이 값은 create(), update()
메서드에서 사용할 수 있다.

Serializer 인스턴스 인자로 받은 JSON(딕셔너리) 데이터

```
data = {
    "name": "KimARang",
    "age" : 25,
    "company" : {
        "name": "(주) 커피나라",
        "company_number": "333-45-1111",
    },
    "is_deleted": False,
    "birth_date": "1996-03-15",
    "employment_period": 3.75,
    "programming_language_skill": [ "Python", "Java", "C++",],
    "department": 3,
}
```

유효성 검증과 데이터 타입 변환이 완료된 validated_data

```
class EmployeeSerializer(serializers.Serializer):
    name = serializers.CharField()
    age = serializers.IntegerField()
    company = CompanySerializer()
    is_deleted = serializers.BooleanField()
    birth_date = serializers.DateField(format="%Y-%m-%d")
    employment_period = serializers.FloatField(help_text="재직 기간 ex: 3.75년")
    programming_language_skill = serializers.ListField(child=serializers.CharField())
    department = serializers.PrimaryKeyRelatedField(queryset=Department.objects.all())

    def create(self, validated_data: dict[str, Any]) -> Employee:
        print(validated_data["name"]) # KimARang
        print(validated_data["age"]) # 25
        print(validated_data["company"]) # {"name":"(주) 커피나라", "company_number":"333-45-1111"}
        print(validated_data["is_deleted"]) # False
        print(validated_data["birth_date"]) # date(1996,03,15)
        print(validated_data["employment_period"]) # 3.75
        print(validated_data["programming_language_skill"]) # ['Python', 'Java', 'C++']
        print(validated_data["department"]) # Department object (3)
```

그림 4-9 유효성 검증과 타입 변환이 완료된 validated_data

create()와 update() 메서드에는 이미 타입 변환이 완료된 validated_data 값이 넘어온다. validated_data["birth_date"]에 들어 있는 값은 문자열 "1996-03-15"가 아닌 date(1996,3,15) 객체이다.

[코드 4-42]는 주문을 생성하는 function view와 주문 수락 또는 거절하는 function view를 개발할 때 Serialzier의 create()와 update()를 적절하게 활용한 예시다.

```python
@api_view(http_method_names=["POST"],)
def create_order_function_view(request: Request):
    serializer = OrderWriteOnlySerializer(data=request.data)
    serializer.is_valid(raise_exception=True)
    serializer.save() # create() 메서드가 수행됩니다.

    return Response(
      data={"detail": "주문 접수가 완료됐습니다.", "order": serializer.data},
      status=status.HTTP_201_CREATED
    )


@api_view(http_method_names=["PATCH"],)
def modify_order_function_view(request: Request, pk):
    instance: Order = get_object_or_404(queryset=Order.objects.all(), pk=pk)
    before_status = instance.status
    serializer = OrderWriteOnlySerializer(data=request.data, instance=instance)
    serializer.is_valid(raise_exception=True)
    serializer.save() # update() 메서드가 수행됩니다.

    return Response(
        data={
          "detail": f"주문 상태 값이 {before_status}->{serializer.data['status']}로\
                    변경됐습니다."},
        status=status.HTTP_200_OK,
    )
```

코드 4-42 Serializer의 create(), update()를 활용한 API 개발 예시

create_order_function_view에서는 Serializer 인스턴스를 생성할 때 데이터 값만 argument로 주입했다. 그렇기 때문에 save() 메서드 수행 시 Serializer의 create() 메서드가 수행된다.

반대로 modify_order_function_view에서는 Serializer 인스턴스를 생성할 때 데이터 값과 인스턴스 argument를 둘 다 주입했다. 따라서 save() 메서드 수행 시 Serializer의 update() 메서드가 수행된다.

Serializer의 create() 메서드와 update() 메서드는 [코드 4-43]과 같은 방식으로 구현했다.

```python
class StoreSerializer(serializers.ModelSerializer):
    class Meta:
        model = Store
        fields = "__all__"


class OrderedProductSerializer(serializers.ModelSerializer):
    product = serializers.PrimaryKeyRelatedField(queryset=Product.objects.all())

    class Meta:
        model = OrderedProduct
        fields = ("product", "count")


class OrderWriteOnlySerializer(serializers.Serializer):
    id = serializers.IntegerField(read_only=True)
    status = serializers.ChoiceField(choices=Order.Status.choices)
    total_price = serializers.IntegerField(
        read_only=True, help_text="해당 필드는 역정규화 필드임으로 API 외부에서 계산된 값을 사용하지
않는다.",
    )
    store_id = serializers.PrimaryKeyRelatedField(
        queryset=Store.objects.all(), source="store",
        help_text="주문이 접수된 가게", required=False,
    )
    orderedproduct_set = OrderedProductSerializer(
        many=True, help_text="주문한 상품과 개수 목록", required=False,
    )

    @transaction.atomic
    def create(self, validated_data: dict[str, Any]) -> Order:
        orderedproduct_data_list: list[dict[str, Any]] = validated_data["orderedproduct_set"]
        total_price = sum(
            map(lambda od: od["count"] * od["product"].price, orderedproduct_data_list)
        )

        instance = Order.objects.create(store=validated_data["store"], total_price=total_
price)
        instance.orderedproduct_set.bulk_create(
            objs=[
                OrderedProduct(
                    order=instance, product=od_data["product"], count=od_data["count"],
                )
                for od_data in orderedproduct_data_list
```

```
            ]
        )
        return instance

    def update(self, instance: Order, validated_data: dict[str, Any]) -> Order:
        instance.status = validated_data["status"]
        instance.save()
        return instance
```

코드 4-43 Serializer의 create(), update() 구현 예시

save() 메서드를 수행하기 전에는 반드시 is_valid() 메서드가 1번 호출되어야 한다. 그렇지 않으면 'You must call .is_valid() before calling .save().'라는 에러가 발생한다. is_valid() 메서드는 데이터 유효성 검사와 함께 데이터 타입을 Serializer에 선언된 필드 타입으로 변환해주는 작업을 수행한다. Serializer 인스턴스 생성 시 data라는 키워드를 인자로 받은 딕셔너리 데이터는 is_valid() 메서드가 호출될 때 Serializer 내부에 validated_data라는 값으로 생성된다. 그리고 이 값은 create(), update() 메서드 내부에서 사용된다.

4.2.4 SerializerField

우리는 Serializer와 SerializerField, SerializerRelated 필드 이 3가지를 구분할 줄 알아야 한다.

Choice 필드

Choice 필드는 파이썬 enum에 매칭되는 SerializerField이다. [코드 4-44]와 같이 선언된 모델을 ModelSerializer로 그대로 매핑(코드 4-45)하면 [그림 4-10]과 같은 API 응답 결과를 받을 수 있다.

```
class Product(models.Model):
    class ProductType(TextChoices):
        GROCERY = "grocery", "식료품"
        FURNITURE = "furniture", "가구"
        BOOKS = "books", "책"
        FOOD = "food", "음식"

    name = models.CharField(max_length=128, help_text="상품명")
    price = models.IntegerField(help_text="상품 가격")
```

```
    created_at = models.DateTimeField(auto_now_add=True)
    product_type = models.CharField(choices=ProductType.choices, max_length=32)
    store = models.ForeignKey(to="stores.Store", on_delete=models.CASCADE, help_text="이 상품
을 판매하는 가게")
```

코드 4-44 Product 모델 선언

```
class ProductSerializer(serializers.ModelSerializer):

    class Meta:
        model = Product
        fields = "__all__"
```

코드 4-45 Product 모델을 그대로 매핑하는 ProductSerializer 선언

```
Response body
{
  "id": 1,
  "name": "한성컴퓨터 GK888B minicoup 무선키보드",
  "price": 189000,
  "created_at": "2022-10-30 11:24:10",
  "product_type": "books",
  "store": 1
}
```

그림 4-10 ProductSerializer를 ViewSet에 사용할 때 얻을 수 있는 응답

이를 [코드 4-46]과 같이 수정하면 데이터베이스에는 영어 문자열이 저장되고 API에서 한글을 조회
할 수 있게 된다.

```
class ProductSerializer(serializers.ModelSerializer):

    product_type = serializers.ChoiceField(
        source="get_product_type_display", choices=Product.ProductType.choices,
    )


    class Meta:
        model = Product
        fields = "__all__"
```

코드 4-46 SerializerField가 특정 메서드를 바라보게 선언

[코드 4-46]과 같이 SerializerField가 특정 메서드(get_product_type_display)를 바라보도록 선언하면 [그림 4-11]과 같이 API에서는 한글이 조회되고 [그림 4-12]처럼 데이터베이스에서는 영어 문자열이 저장된다.

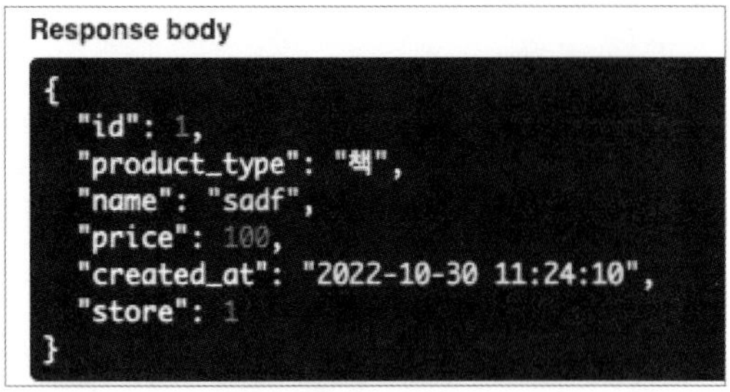

```
Response body
{
    "id": 1,
    "product_type": "책",
    "name": "sadf",
    "price": 100,
    "created_at": "2022-10-30 11:24:10",
    "store": 1
}
```

그림 4-11 API에서의 한글 조회

	id	name	price	created_at	product_type	store_id
1	1	sadf	100	2022-10-30 11:24:10.416072	books	1

그림 4-12 데이터베이스에 저장된 영어 문자열

4.2.5 API 스키마 모델링: OpenAPI 3.0(drf-spectacular)

백엔드 애플리케이션을 개발할 때 API 문서를 자동으로 만들어주는 라이브러리가 있다. 장고에만 존재하는 것이 아니라 대부분의 웹 프레임워크에서 지원한다. 이것을 OpenAPI Spec(OAS)이라고 부르는데 API 문서 표준 규격이 존재하기 때문에 가능한 일이다. DRF도 OAS를 지원하지만 더 고도화된 기능은 자체 라이브러리에 위임하고 있다. DRF의 OAS 라이브러리 중 최신 스펙인 OAS 3.0을 지원하는 라이브러리는 현재 drf-spectacular가 유일하다. drf-spectacular 라이브러리를 추가하고 장고 앱으로 등록만 하면 API 문서를 자동으로 만들어준다. 다음 과정을 따라서 해보자.

우선 [코드 4-47]처럼 라이브러리를 설치하자. 아래 ①둘 중 하나를 수행하면 된다.

```
pip install drf-spectacular
```

```
poetry add drf-spectacular
```

코드 4-47 drf-spectacular 설치

그러고 나서 ②장고 앱으로 등록한다.

```
# config.settings.py

INSTALLED_APPS = [
    # ...
    "django.contrib.admin",
    "rest_framework",
    # ...
    "drf_spectacular", # 추가 (rest_framework(drf)가 없으면 drf_spectacular를 사용할 수 없다.)
]
```

코드 4-48 django settings.py INSTALLED_APPS에 등록

그다음 ③urls.py에 drf-spectacular view를 등록한다.

```
# config.urls.py

from drf_spectacular.views import SpectacularJSONAPIView
from drf_spectacular.views import SpectacularRedocView
from drf_spectacular.views import SpectacularSwaggerView
from drf_spectacular.views import SpectacularYAMLAPIView

urlpatterns = [
    # …

    # Open API 문서
    path("docs/json/", SpectacularJSONAPIView.as_view(), name="schema-json"),
    path("docs/yaml/", SpectacularYAMLAPIView.as_view(), name="swagger-yaml"),

    # Open API Document with UI
    path("docs/swagger/",
        SpectacularSwaggerView.as_view(url_name="schema-json"),
        name="swagger-ui",
    ),
    path("docs/redoc/", SpectacularRedocView.as_view(url_name="schema-json"), name="redoc"),
]
```

코드 4-49 urls.py에 drf-spectacular view 등록

이렇게 3단계의 과정을 거치고 나서 python manager.py runserver를 재수행하자. 그러면 http://
127.0.0.1/docs/swagger/라는 URL에 접근했을 때 [그림 4-13]과 같은 페이지를 볼 수 있을 것
이다.

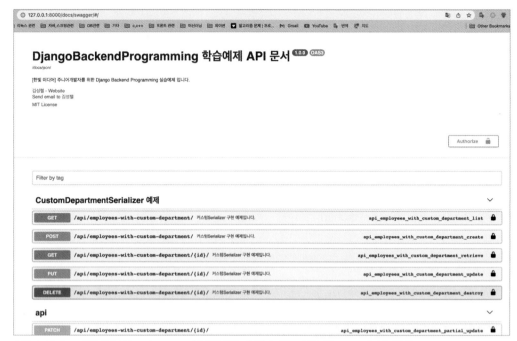

그림 4-13 http://127.0.0.1/docs/swagger/에 접속했을 때 볼 수 있는 스웨거(Swagger) API 문서

💡 [그림 4-13]의 이미지는 커스터마이징된 스웨거 API 문서이기 때문에 처음 조회할 때와 많이 다를 수 있다.

drf-spectacular는 DRF로 만들어지는 API를 추적해서 자동으로 스웨거 문서에 노출시켜준다. 이 덕분에 소스 코드를 작성하는 동시에 API 문서를 같이 만드는 편리함을 얻을 수 있다.

4.3 DRF Serializer 사용 시 권장 사항

DRF의 러닝 커브^{Learning Curve}가 높은 이유는 처음에 Serializer 내부 동작을 온전히 이해하기 어렵기 때문이다. if 조건절로 단순하게 데이터 유효성을 검증하고 절차 지향적 방식으로 데이터를 생성/수정하다가 Serializer 객체 내부에서 데이터 검증 및 생성/수정해보면 매우 불편하게 느껴질 수 있다. Serializer는 객체 선언으로 책임을 수행한다.

4.3.1 Serializer를 구현할 때 책임을 세분화해서 구현

DRF 공식 문서에는 [코드 4-50]과 같은 퀵스타트^{QuickStart} 예시를 제공한다.

```python
class UserViewSet(ModelViewSet):
    queryset = User.objects.all()
    serializer_class = UserSerializer
```

코드 4-50 DRF 공식 문서에서 제공하는 Serializer와 ViewSet 사용 예시

[코드 4-50]처럼 작성하면 간단하게 User 모델을 제어할 수 있는 5개의 API를 만들어준다. 하지만 이렇게 간단한 선언만으로 5개의 API를 자동 생성해주는 만큼 UserSerializer에 너무 많은 책임이 부여된다. 데이터 목록 조회(list), 상세 조회(retrieve), 생성(create), 일괄 수정(update), 부분 수정(partial update), 삭제(destroy) 모두 UserSerializer 클래스 단 하나만을 사용해서 동작한다.

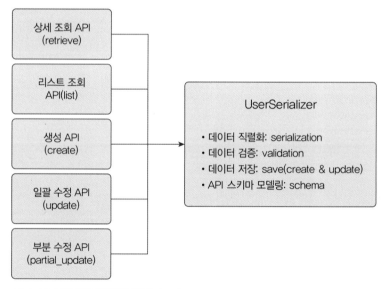

그림 4-14 너무 많은 책임이 부여된 UserSerializer

이러한 구조를 가지면 UserSerializer는 걷잡을 수 없이 복잡해진다. API별로 추가 수정 사항이 1개씩만 발생해도 UserSerializer에는 5개의 코드 변경 사항이 발생한다. 5개의 변경 사항이 서로 충돌되지 않을 때에는 차라리 나을 수 있다. 상세 조회인 경우에는 ~~하게 직렬화해야하고 리스트 조회인 경우에는 ~~하게 직렬화되어야 한다 식의 if 문이 Serializer 내부에서 늘어지게 된다. 다양한 요

구 사항을 계속 UserSerializer 한곳에 반영하다 보면 UserSerializer는 난잡하고 이해할 수 없는 코드가 되어버리기 쉽다. 따라서 Serializer를 따로 구현해서 책임을 분산시켜주는 것이 좋다.

```python
from typing import Type
from rest_framework.serializers import Serializer

from aggregate.users.models import User
from aggregate.users.serializers import UserSerializer
from user_management.schemas import UserDetailSchema
from user_management.schemas import UserRequestBody
from user_management.schemas import UserSchema


class UserViewSet(viewsets.ModelViewSet):
    """
    Serializer를 여러 개 구현해서 책임을 분산한 예시
    (Serializer라는 네이밍 대신 각 책임에 걸맞게 Schema, RequestBody라는 네이밍을 사용했다.)
    """

    queryset = User.objects.all()
    serializer_class = UserSchema
    serializer_classes = {
        "list": UserSchema,
        "retrieve": UserDetailSchema,
        "create": UserRequestBody,
        "update": UserRequestBody,
        "partial_update": UserRequestBody,
    }

    def get_serializer_class(self) -> Type[Serializer]:
        return self.serializer_classes.get(self.action, self.serializer_class)
```

코드 4-51 Serializer를 여러 개 구현해서 책임을 분산한 예시

[코드 4-51]을 보면 get_serializer_class 메서드를 오버라이딩해서 각 API별로 다른 Serializer를 사용하도록 개선했다. 로직이 복잡해지면 책임을 더 세분화해서 분리할 수도 있지만 이 책에서 권장하는 기본 방식은 조회용, 생성용 Serializer를 분리하는 것이다.

```python
from typing import Any
from typing import Dict

from rest_framework import serializers
```

```python
from aggregate.users.models import User


class UserSchema(serializers.ModelSerializer):
    class Meta:
        model = User
        fields = ("id", "username", "email", "is_staff", "is_active")


class UserDetailSchema(UserSchema):
    class Meta(UserSchema.Meta):
        excludes = ("password",)


class UserRequestBody(serializers.ModelSerializer):

    def create(self, validated_data: Dict[str, Any]) -> User:
        # .. 생성 로직 구현
        return instance

    def update(self, validated_data: Dict[str, Any], instance: User) -> User:
        # .. 수정 로직 구현
        return instance

    class Meta:
        model = User
        fields = (
            "id",
            "username",
            "email",
            "is_staff",
            "is_active",
            "phone",
            "name_kor",
            "registration_number",
        )
        extra_kwargs = {
            "is_staff": {"read_only": True},
            "is_active": {"read_only": True},
        }
```

코드 4-52 각 Serializer별 구현 예시

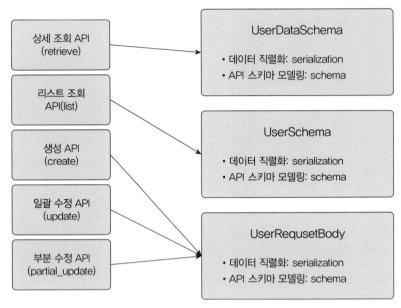

그림 4-15 Serializer를 따로 구현

생성 API와 수정 API의 복잡도가 더 올라간다면 현재 구현되어 있는 UserRequestBody Serializer를 UserCreateRequestBody와 UserUpdateRequestBody로 분리해서 구현하면 된다.

4.3.2 SerializerMethodField 대신 @property, @cached_property 사용

SerializerMethodField는 Serializer를 절차 지향화시키는 필드인데 웬만하면 사용하지 않는 것이 좋다. 우선 언제 SerializerMethodField를 사용하는지를 알아보고 @property로 대체하는 방법을 살펴보자.

[코드 4-53]과 같은 Serializer 클래스(UserSchema)를 작성하고 이를 ViewSet(UserViewSet)에 적용시키면 [그림 4-16]과 같은 API를 만들 수 있다.

```python
from rest_framework import viewsets
from drf_spectacular.utils import extend_schema


class UserSchema(serializers.ModelSerializer):
    class Meta:
        fields = ("id", "username", "email", "first_name", "last_name")


class UserViewSet(viewsets.GenericViewSet):

    queryset = User.objects.all()
    serializer_class = UserSchema


    @extend_schema(summary="회원 상세 조회", tags=["회원 관리"])
    def retrieve(self, request: Request, pk: str,) -> Response:
        instance: User = User.objects.get(pk=int(pk))
        serializer = UserDetailSchema(instance)
        return Response(serializer.data)
```

코드 4-53 Serializer 클래스 작성 및 ViewSet에 적용

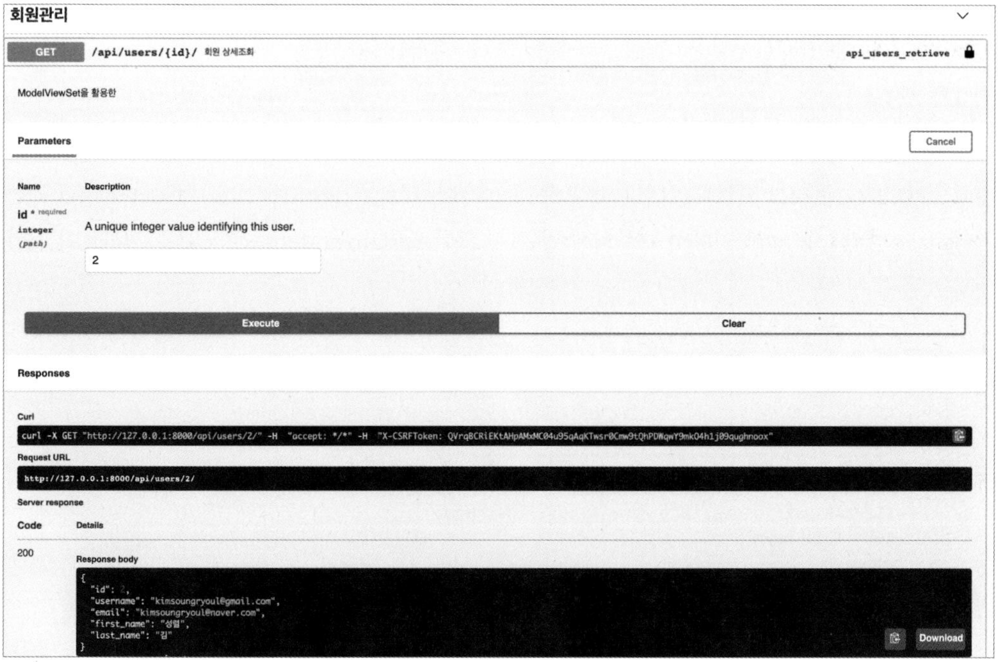

그림 4-16 생성된 API

이때 first_name과 last_name을 합쳐서 full_name이라는 필드를 새로 하나 추가하고 싶다면 SerializerMethodField를 사용해서 [코드 4-54]처럼 작성하면 된다.

```python
class UserSchema(serializers.ModelSerializer):

    full_name = serializers.SerializerMethodField(method_name="full_name_function")

    def full_name_function(self, obj:User) -> str:
        full_name: str = obj.last_name + obj.first_name
        return full_name

    class Meta:
        fields = ("id", "username", "email", "first_name", "last_name", "full_name" )
```

코드 4-54 SerializerMethodField 사용 예시

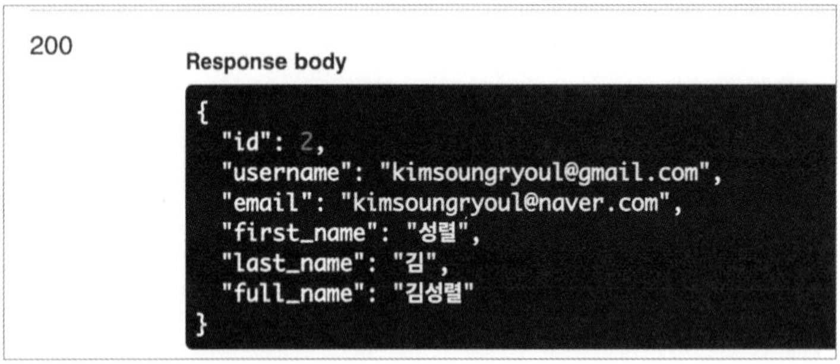

```
200          Response body
             {
                 "id": 2,
                 "username": "kimsoungryoul@gmail.com",
                 "email": "kimsoungryoul@naver.com",
                 "first_name": "성렬",
                 "last_name": "김",
                 "full_name": "김성렬"
             }
```

그림 4-17 full_name이라는 필드 추가

Serializer는 선언하는 형태로 작성되어야 유지 보수하기가 용이한데 SerializerMethodField는 Serializer 클래스를 절차 지향적으로 읽게 만든다. 또한 SerializerMethodField는 재사용이 불가능하다.

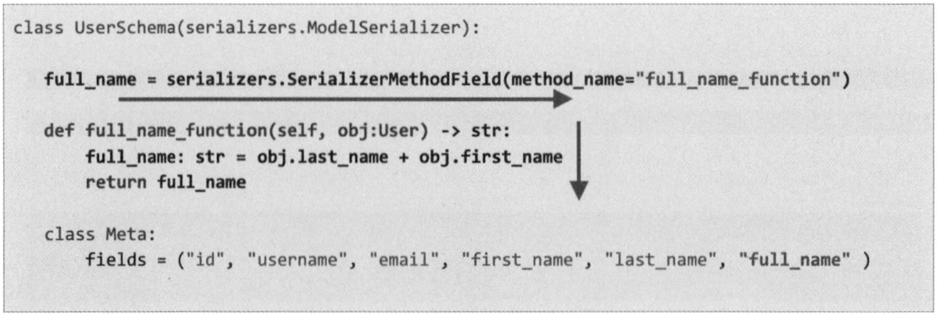

```python
class UserSchema(serializers.ModelSerializer):

    full_name = serializers.SerializerMethodField(method_name="full_name_function")

    def full_name_function(self, obj:User) -> str:
        full_name: str = obj.last_name + obj.first_name
        return full_name

    class Meta:
        fields = ("id", "username", "email", "first_name", "last_name", "full_name" )
```

그림 4-18 코드를 읽는 흐름이 위에서 아래로 진행된다면 좋은 구조가 아님

이와 같은 맥락으로 데이터 유효성을 검증할 때 커스텀 Validation을 구현해서 절차 지향적으로 흘러가게 만들기보다 재사용이 가능한 Validation 클래스를 구현해서 필드에 선언하는 형태로 Serializer를 작성하는 것이 더 바람직하다.

```python
class UserSchema(serializers.ModelSerializer):

    first_name = serializers.CharField(... , validators=[EnglishOnlyValidator()]) # (1)

    # custom field validation (2)
    def validate_first_name(self, attr: str) -> str:
        # 이름에는 알파벳만 사용되었는지 검사하고 이름에 들어간 공백을 제거한다.
        if not attr.isalpha():
            raise serializers.ValidationError(
                detail="first_name은 한글, 숫자, 특수 문자가 포함되면 안 됩니다.",
            )


    class Meta:
        fields = ("id", "username", "email", "first_name", "last_name", "full_name" )
```

코드 4-55 (2)번보다 (1)번 방식이 더 바람직함

다시 본 주제로 돌아와서 SerializerMethodField를 @property로 대체해보자. 우선 User 모델 클래스로 가서 [코드 4-56]과 같이 @property를 추가로 작성해준다.

```python
class User(AbstractUser):
    """
    AbstractUser를 상속받았기 때문에 User에는 아래 Field들이 이미 선언되어 있다.

    username = models.CharField(max_length=150, unique=True,)
    first_name = models.CharField(max_length=150, blank=True)
    last_name = models.CharField(max_length=150, blank=True)
    """
    @property
    def full_name(self) -> str:
        return self.last_name + self.first_name
```

코드 4-56 @property 작성 예시

이렇게 모델에 선언된 @property는 Serializer에서 그대로 필드로 읽어올 수 있다. 따라서 Serializer 에서는 별다른 로직 추가 없이 fields에 "full_name"을 추가하기만 하면 된다.

```python
class UserSchema(serializers.ModelSerializer):

    class Meta:
        fields = ("id", "username", "email", "first_name", "last_name", "full_name" )
```

코드 4-57 작성한 @property를 필드로 추가하는 예시

SerializerMethodField로 구현된 [그림 4-18]과 비교해보면 @proerty를 사용했을 때 코드가 더 간결해지는 것을 알 수 있다. 일반적인 경우에는 @property를 사용하면 되지만 @property 내부 연산이 무거울 때에는 @cached_property를 사용하면 좋다. 연산이 무거워지는 예시는 데이터베 이스에 SQL을 질의할 때와 외부 API로 호출할 때를 들 수 있다.

```python
from django.utils.functional import cached_property # python 3.8 미만인 경우 사용
from functools import cached_property # python 3.8 이상인 경우 사용


class User(AbstractUser):
    ...
    @property
    def full_name(self) -> str:
        return self.last_name + self.first_name  # 연산 안 무거움

    @cached_property
    def owned_store_count(self) -> int:
        return self.store_set.count()    # DB에 집계 쿼리 count()를 요청함 (무거움)



class UserSchema(serializers.ModelSerializer):

    class Meta:
        fields = (..., "first_name", "last_name", "full_name", "owned_store_count" )
```

코드 4-58 @cached_propery 사용 예시

@property는 호출할 때마다 매번 연산하지만[3] @cached_property는 1번 연산된 결과를 캐싱해 놓고 이후 호출할 때마다 재사용한다[4]. 즉, SQL이 1회만 발생하고 이후에는 캐싱된 결과를 재사용한다. @cached_propert는 원래 장고에서 제공해주는 기능이었는데 파이썬에서도 3.8 버전부터 지원한다. 파이썬 3.8 미만 버전을 사용하는 경우에는 장고에서 제공하는 기능을 사용하면 되고 그 외에는 파이썬에서 제공하는 @cached_property를 사용하면 된다.

4.4 DRF Serializer를 활용하는 방법

4.4.1 커스텀 SerializerField 개발하기 1: DepartmentField

일단 커스텀 SerializerField를 만들어보기 위해 임의의 상황을 가정하자. 어떤 시스템의 회원 유형이 아래와 같이 3가지가 존재한다고 해보자.

- 고객(Customer)
- 사장님(StoreOwner)
- 직원(Staff)

이때 직원이 소속된 부서를 시스템 내에서 관리하고자 하는 요구 사항이 생겼다. 우선 모델 계층에서 부서와 직원의 개념을 정의해놓고 다음 단계로 넘어가자.

```
class User(AbstractUser):

    class UserType(models.TextChoices):
        CUSTOMER = "customer", "고객"
        STORE_OWNER = "store_owner", "사장님"
        STAFF = "staff", "직원"

    user_type = models.CharField(
        help_text="회원 유형",
        default=UserType.CUSTOMER,
        max_length=16,
        choices=UserType.choices,
```

---

3 full_name을 조회할 때마다 문자열 조합 연산(self.last_name + self.first_name)이 수행된다.

4 self.store_set.count()

```
    )
    department = models.ForeignKey( # < - 새로 추가
        to="Department",
        db_comment="소속 부서",
        null=True,
        on_delete=models.CASCADE,
    )
```

코드 4-59 부서(Department) 선언

그리고 시스템 내부에서 각 회원의 유형은 서로 가지고 있는 기능이나 역할이 다르기 때문에 프록시 모델을 사용해서 관리하자.

```python
from django.contrib.auth.models import UserManager

class StoreOwnerManager(UserManager):
    def get_queryset(self) -> QuerySet[StoreOwner]:
        return super().get_queryset().filter(user_type=User.UserType.STOER_OWNER.value)


class StoreOwner(User):
    objects = StoreOwnerManager()

    @property
    def has_many_store(self) -> bool:
        """
        상점을 여러 개 소유한 사장님인가?
        """
        # 로직 작성 ...

    class Meta:
        proxy = True

class CustomerManager(UserManager):
    def get_queryset(self) -> QuerySet[Customer]:
        return super().get_queryset().filter(user_type=User.UserType.CUSTOMER.value)


class Customer(User):
    objects = CustomerManager()

    @property
    def is_init_user(self) -> bool:
        """
```

```
        아직 첫 주문을 완료하지 않은 고객인가?
        """
        # 로직 작성 ...

    class Meta:
        proxy = True


class StaffManager(UserManager):
    def get_queryset(self) -> QuerySet[Staff]:
        return super().get_queryset().filter(user_type=User.UserType.STAFF.value)


class Staff(User):
    objects = StaffManager()

    class Meta:
        proxy = True
```

코드 4-60 직원(Staff) 모델을 포함한 각 회원 유형을 프록시 모델로 관리

이때 프런트엔드 개발자가 다음과 같이 API로 부서를 조작하는 방식을 좀 특이하게 요구하고 있다.

프런트엔트 개발자: "API에서 부서 정보를 객체가 아니라 문자열로 관리하고 싶어요. 예를 들면 [코드 4-61]과 같은 방식으로요."

```
{
    # 직원 생성, 수정 시 이러한 포맷의 문자열을 넣은 뒤 해당 부서가 존재한다면 직원을 부서에 할당,
    # 부서가 없으면 400 에러
    # 조회할 때도 이런 문자열 포맷 유지
    "department": "BIZ>상점관리실>사장님관리팀",
    ...
}


{
    # 이런 식을 비워서 요청하면 직원을 부서에서 제외한다.
    "department": "",
    ...
}
```

코드 4-61 프런트엔드 개발자 요구 사항 예시

단순히 문자열 포맷으로 조회만 하는 요구 사항이라면 DRF가 제공해주는 Slug 필드를 사용해서 해결할 수 있다. 하지만 생성/수정도 문자열 포맷으로 다뤄야 한다면 커스텀 SerializerField를 정의해야 한다. [코드 4-62]는 커스텀 SerializerField(DepartmentField)를 구현한 예시다.

```python
class DepartmentField(serializers.CharField):
    def to_internal_value(self, data: str) -> Department:
        try:
            parent1_name, parent2_name, parent3_name = data.split(">")
        except ValueError:
            raise serializers.ValidationError(
                {"department": " 조직은 반드시 'A>B>C' 포맷을 가져야 합니다."},
            )

        try:
            department = Department.objects.get(
                parent1_name=parent1_name,
                parent2_name=parent2_name,
                parent3_name=parent3_name,
            )
        except Department.DoesNotExist:
            raise serializers.ValidationError(
                {"department": f"{data}는 존재하지 않는 조직입니다."},
            )

        return department

    def to_representation(self, value: Department) -> str:
        return f"{value.parent1_name}>{value.parent2_name}>{value.parent3_name}"




class StaffSchema(serializers.ModelSerializer):
    department = DepartmentField(help_text="소속 부서")

    def create(self, validated_data: Dict[str, Any]) -> Staff:
        staff = Staff.objects.create_user(
            username=validated_data["username"],
            is_superuser=False,  # 고정 값, 외부에서 주는 값에 의해 수정되면 안 됨
            is_staff=True,  # 고정 값, 외부에서 주는 값에 의해 수정되면 안 됨
            password=validated_data["password"],
            email=validated_data["email"],
            name_kor=validated_data["name_kor"],
            department=validated_data["department"],
```

```
    )
    return staff

def update(self, instance: Department, validated_data: Dict[str, Any]) -> Staff:
    validated_data.pop("is_superuser")  # 고정 값, 외부에서 주는 값에 의해 수정되면 안 됨
    validated_data.pop("is_staff")  # 고정 값, 외부에서 주는 값에 의해 수정되면 안 됨

    for attr, value in validated_data.items():
        setattr(instance, attr, value)
    instance.save()
    return instance

class Meta:
    model = Staff
    fields = ("id", "username", "is_superuser",
              "password", "is_staff", "department", "email", "name_kor")
    extra_kwargs = {"password": {"write_only": True}}
```

코드 4-62 DepartmentField(커스텀 필드) 구현 예시

이를 테스트하는 코드는 [코드 4-63]과 같다. 순서대로 조회(test_staff_serializer_read), 수정
(test_staff_serializer_update), 생성(test_staff_serializer_create)을 테스트하고 있다.

```
def test_staff_serializer_read(self):
    department = Department.objects.create(
        parent1_name="BIZ",
        parent2_name="상점관리실",
        parent3_name="사장님관리팀",
    )
    staff = Staff.objects.create_user(
        username="staff123",
        password="1234",
        email="qwerty@naver.com",
        is_staff=True,
        department=department,
    )

    staff_schema = StaffSchema(instance=staff)

    serialized_staff: Dict[str, Any] = staff_schema.data

    self.assertEquals(
        serialized_staff["department"],
        "BIZ>상점관리실>사장님관리팀",
```

```python
                msg="serialized_staff['department']는 문자열 포맷으로 조회되어야 합니다.",
        )

    def test_staff_serializer_update(self):
        dp1 = Department.objects.create(
            parent1_name="BIZ",
            parent2_name="상점관리실",
            parent3_name="사장님관리팀",
        )
        dp2: Department = Department.objects.create(
            parent1_name="BIZ",
            parent2_name="고객상담팀",
            parent3_name="문의통계팀",
        )
        staff = Staff.objects.create_user(
            username="staff123",
            password="1234",
            email="qwerty@naver.com",
            is_staff=True,
            department=dp1,
        )

        staff_schema = StaffSchema(
            data={"department": f"{dp2.parent1_name}>{dp2.parent2_name}>{dp2.parent3_name}"},
            instance=staff,
            partial=True,
        )
        staff_schema.is_valid(raise_exception=True)
        staff_schema.save()  # StaffSchema.update() 호출

        serialized_staff: Dict[str, Any] = staff_schema.data

        self.assertEquals(
            serialized_staff["department"],
            "BIZ>고객상담팀>문의통계팀",
            msg="serialized_staff의 department가 기대한 결과와 다릅니다.",
        )

    def test_staff_serializer_create(self):
        Department.objects.create(
            parent1_name="BIZ",
            parent2_name="상점관리실",
            parent3_name="사장님관리팀",
        )

        staff_schema = StaffSchema(
```

```
        data={
            "username": "staff123",
            "password": "1234",
            "email": "qwerty@naver.com",
            "name_kor": "김성렬",
            "is_staff": True,
            "department": "BIZ>상점관리실>사장님관리팀",
        }
    )
    staff_schema.is_valid(raise_exception=True)
    staff_schema.save()  # StaffSchema.create() 호출

    serialized_staff: Dict[str, Any] = staff_schema.data

    self.assertEquals(
        serialized_staff["department"],
        "BIZ>상점관리실>사장님관리팀",
        msg="serialized_staff의 department가 기대한 결과와 다릅니다.",
    )
    self.assertIsNone(serialized_staff.get("password"),
     msg="password는 write_only_field임으로 조회되어서는 안 됩니다.",
    )


valiedate_data["department"] # department
```

코드 4-63 DepartmentField를 사용한 StaffSchema 사용 예시

```python
class DepartmentField(serializers.CharField):
    def to_internal_value(self, data: str) -> Department:
        try:
            parent1_name, parent2_name, parent3_name = data.split(">")
        except ValueError:
            raise serializers.ValidationError(
                {"department": "조직은 반드시 'A>B>C' 포맷을 가져야 합니다."},
            )

        try:
            department = Department.objects.get(
                parent1_name=parent1_name,
                parent2_name=parent2_name,
                parent3_name=parent3_name,
            )
        except Department.DoesNotExist:
            raise serializers.ValidationError(
                {"department": z"(data)는 존재하지 않는 조직입니다."},
            )

        return department

    def to_representation(self, value: Department) -> str:
        return f"(value.parent1_name)>(value.parent2_name)>(value.parent3_name)"
```

```python
class StaffSchema(serializers.ModelSerializer):
    department = DepartmentField(help_text="소속 부서")

    def create(self, validated_data: Dict[str, Any]) -> Staff:
        staff = Staff.objects.create_user(
            username=validated_data["username"],
            is_superuser=False,  # 고정 값, 외부에서 주는 값에 의해 수정되면 안 됨
            is_staff=True,  # 고정 값, 외부에서 주는 값에 의해 수정되면 안 됨
            password=validated_data["password"],
            email=validated_data["email"],
            name_kor=validated_data["name_kor"],
            department=validated_data["department"],
        )
        return staff

    def update(self, instance: Department, validated_data: Dict[str, Any]) -> Staff:
        validated_data.pop("is_superuser")  # 고정 값, 외부에서 주는 값에 의해 수정되면 안 됨
        validated_data.pop("is_staff")  # 고정 값, 외부에서 주는 값에 의해 수정되면 안 됨

        for attr, value in validated_data.items():
            setattr(instance, attr, value)
        instance.save()
        return instance

    class Meta:
        model = Staff
        fields = ("id", "username", "is_superuser",
                  "password", "is_staff", "department", "email", "name_kor")
        extra_kwargs = {"password": {"write_only": True}})
```

`validate_data["department"] # department`

```python
def test_staff_serializer_update(self):
    dp1 = Department.objects.create(
        parent1_name="BIZ",
        parent2_name="상점관리본",
        parent3_name="상점관리팀",
    )

    dp2: Department = Department.objects.create(
        parent1_name="BIZ",
        parent2_name="고객성장담당",
        parent3_name="문의통계팀",
    )

    staff = Staff.objects.create_user(
        username="staff123",
        password="1234",
        email="qwerty@naver.com",
        is_staff=True,
        department=dp1,
    )

    staff_schema = StaffSchema(
        data={"department": f"{dp2.parent1_name}>{dp2.parent2_name}>{dp2.parent3_name}"},
        instance=staff,
        partial=True,
    )

    staff_schema.is_valid(raise_exception=True)
    staff_schema.save()  # StaffSchema.update() 호출

    serialized_staff: Dict[str, Any] = staff_schema.data

    self.assertEquals(
        serialized_staff["department"],
        "BIZ>고객성장본부>문의통계팀",
        msg="serialized_staff의 department가 기대한 결과와 다릅니다.",
    )
```

그림 4-19 StaffSchema 사용 시 DepartmendField가 호출되는 흐름

- def to_internal_value(self, data: str) → Department

Serializer 외부에서 받은 값 data를 Serializer 내부에서 어떤 값으로 변환하여 사용할 것인지를 정의하는 메서드다. 이 예시에서는 "BIZ〉고객상담팀〉문의통계팀"이라는 문자열을 받아서 장고 모델(Department)로 변환하도록 구현했다.

- def to_representation(self, value: Department) → str

Serializer 내부에서 작업이 완료된 값을 Serializer 외부에 내보낼 때 즉, serializer.data 객체를 생성할 때 어떠한 형태로 데이터를 직렬화해서 내보낼 것인지를 정의하는 메서드다. 이 예시에서는 장고 모델(Department)로 처리된 객체를 받아서 문자열("BIZ〉고객상담팀〉문의통계팀")로 직렬화하도록 구현했다. SerializerField뿐만 아니라 커스텀 ModelSerializer를 구현할 때도 해당 메서드를 오버라이딩하는 방식으로 사용할 것을 권장한다.

4.4.2 커스텀 SerializerField 개발하기 2: MaskingField

DRF Serializer(필드)는 다음과 같은 방식으로 활용할 수 있다. 개인 정보는 아무나 조회할 수 있어서는 안 된다. 따라서 특정 권한을 가진 회원이나 특정 유형의 회원한테만 조회되어야 하며 나머지 회원들에게는 정보를 제공하면 안 된다. 이 요구 사항을 Serializer를 활용해서 구현해보자.

```python
class MaskingField(serializers.CharField):

    def to_representation(self, value: str) -> str:
        # from django.contrib.auth.models import AnonymousUser
        if self.context.get("request") is not None:
            current_logined_user = self.context["request"].user
        else:
            current_logined_user = AnonymousUser
        if (
            current_logined_user is not AnonymousUser
            and current_logined_user.user_type == User.UserType.STAFF.value
        ): # User 유형이 직원인 경우 개인 정보 조회를 허용한다.
            return value
        if not value: # 비어 있으면 그대로 반환한다.
            return value

        # 필요한 경우 원본 데이터 context에 저장
        # self.context[f"unmasking_{self.field_name}"] = value
```

```
        return value[0] + "*" * len(value[1:]) # 마스킹 처리해서 반환


class StaffSchema(serializers.ModelSerializer):
    department = DepartmentField(help_text="소속 부서")
    name_kor = MaskingField(
                help_text="조회하는 회원이 직원이 아니라면 개인 정보를 볼 수 없도록 마스킹 처리 됩
니다."
            )
```

코드 4-64 MaskingField 예시

[코드 4-64]와 같은 방법으로 MaskingField라는 커스텀 SerializerField를 구현하면 개인 정보에 해당하는 필드를 선언해주면서 재사용할 수 있게 된다.

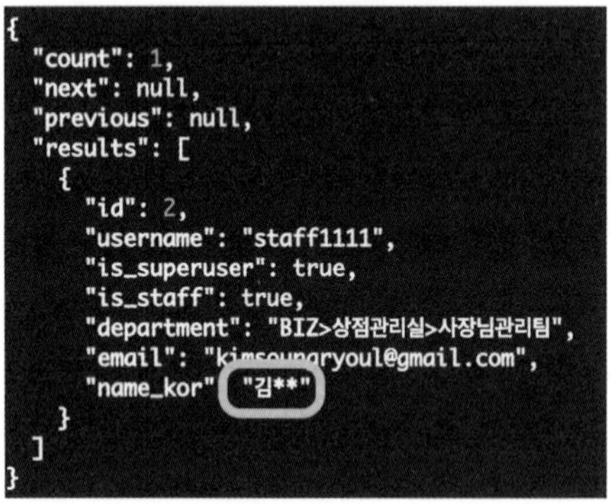

그림 4-20 마스킹 처리된 결과

4.5 DRF Serializer와 Pydantic 비교

파이썬은 @dataclass라는 데이터 객체를 편하게 구현할 수 있는 기능을 제공한다. 하지만 @dataclass는 개발자가 필요로 하는 기능에 비하면 부족한 부분이 많다. DRF에서 직렬화와 데이터 객체로서 역할을 하는 모듈이 필요해짐에 따라 만들어진 것이 Serializer다. (MTV 아키텍처에서 사용했던 Form 모듈 계승) DRF Serializer는 파이썬 @dataclass 문법이 생기기 이전부터 제공되던 기능이었다. 자체적으로 데이터 클래스를 구현한 장고 진영과 달리 다른 마이크로 프레임워크들은 데이터 객체와 직렬화 역할을 수행해주는 타입 힌트가 없던 시절에 attrs라는 라이브러리를 많이 사

용했었다. 타입 힌트가 생긴 파이썬 3.6 이후부터는 Pydantic이라는 라이브러리를 많이 사용한다. Pydantic은 간결하기 때문에 인기가 매우 높아졌는데 장고에서도 Pydantic을 사용하고자 하는 움직임이 있었다. 이러한 흐름 속에 탄생한 것이 Pydantic을 사용한 프레임워크인 장고 닌자^{Django Ninja}이다. 이 책에서는 장고 닌자를 언급만 할 뿐 구체적으로 다루지는 않는다. 장고 닌자를 다루기엔 내용이 너무 방대해져서 생략하는 것이지 중요하지 않아서가 아니다. 상황에 따라 또는 각자의 취향에 따라 장고 닌자의 활용 가능성이 높아질 것이다.

DRF를 프레임워크로 선택했다면 Serializer를 사용해야 하며 장고 닌자를 선택했다면 Pydantic을 사용해야 한다. DRF Serializer와 Pydantic은 거의 비슷한 역할을 담당한다.

- 프로젝트 외부 즉, API에서 사용하는 데이터 객체 구현(이것을 스키마라고 부름)
- 프로젝트 내부에서 DTO 역할을 하는 데이터 클래스 객체 구현

둘 사이의 차이점은 DRF는 Pydantic과 달리 데이터 저장(save()) 역할도 수행한다는 것이다.

[코드 4-65]와 [코드 4-66]은 동일한 기능을 하는 데이터 객체인 LoginSchema를 Pydantic과 DRF Serializer로 각각 구현한 예시다.

```python
from ninja import Schema # pydantic 객체입니다.
from pydantic import Field
from pydantic import validator


class LoginSchema(Schema):
    username: str = Field(max_length=128, description="로그인 시 사용하는 아이디")
    password: str = Field(
        min_length=8, max_length=16, description="비밀번호",
    )

    @validator("username")
    def validate_username(cls, value: str):
        """
            메서드명을 자유롭게 작명 가능
        """
        # 원하는 validation 로직 작성
        return value
```

코드 4-65 Pydantic(장고 닌자)으로 구현한 로그인 스키마 예시

이와 동일한 역할을 하는 LoginSchema를 DRF 방식으로 구현하면 [코드 4-66]과 같다.

```python
from rest_framework import serializers


class LoginSchema(serializers.Serializer):
    username = serializers.CharField(max_length=128, help_text="로그인 시 사용하는 아이디")
    password = serializers.CharField(min_length=8, max_length=16, help_text="비밀번호",)

    def validate_username(self, attr: str):
        """
            메서드명에 "validated_"라는 prefix가 필요하다.(대신 데코레이터와 같은 추가 설정 없음)
        """
        # 원하는 validation 로직 작성
        return attr
```

코드 4-66 Serializer(DRF 방식)으로 구현한 로그인 스키마 예시

앞의 예시에서 볼 수 있는 것처럼 Pydantic과 Serializer는 각자의 프레임워크에서 수행하고 있는
역할이 많이 겹친다. DRF와 장고 닌자의 공식 문서는 Serializer와 Pydantic의 단순한 사용법만 언
급할 뿐 좀 더 실무적으로 활용할 수 있는 모범 사례를 다루지 않는다. 이 책에서는 OpenAPI Spec
이라는 개념과 더불어 이 모듈을 어떻게 사용해야 하는지를 설명한다. 물론 이 책에서 설명하는 방식
이 항상 옳은 것은 아니지만 단순한 공식 문서의 퀵스타트 예시에서 벗어나 실무에 적용 가능한 피벗
pivot으로 활용되기를 바란다.

💡 피벗은 수학에서 알고리즘 수행을 위해 임의로 선택된 1번째 값을 의미하는데 이 책에서는 실무에서 어떤
방식으로 사용해야 하는지 알아보는 예시 정도로 이해하면 된다.

dj

뷰

장고의 뷰 계층은 MTV 아키텍처 개발에 적합한 뷰 구현체를 제공한다. 하지만 1장에서 언급했던 것처럼 API 기반의 백엔드 웹 서버를 개발할 때에는 이런 구현체가 전혀 도움 되지 않는다. 개발 트렌드가 MTV 아키텍처를 선호하지 않게 됨으로써 장고는 API 개발에 필요한 뷰 구현체를 제공하는 대신에 웹 프레임 워크가 가져야 하는 내부 코어 모듈 개발에 집중했다. API 개발을 위한 뷰 구현체는 다른 장고 라이브러리에 위임했다. 그중 클래스 기반 뷰 구현체 개발에 집중한 라이브러리가 DRF이고 함수 기반 뷰 구현체 개발에 집중한 것이 장고 닌자이다. 이 장에서는 뷰와 URL dispatcher라는 모듈을 다룰 것이다.

CHAPTER

05

5.1 웹 프레임워크 직접 구현해보기

장고는 웹 프레임워크다. 그리고 웹의 핵심은 HTTP라는 프로토콜이다. 컴퓨터 과학의 기초 학문 중하나는 네트워크다. 대학교 학부 수준의 네트워크 개론의 내용을 이 책에서 자세히 다룰 수는 없지만적어도 HTTP와 TCP/IP 간의 관계 정도는 이해해야 한다. 5장에서는 파이썬이 기본적으로 제공하는 소켓 모듈만을 사용해서 웹 서버를 직접 만들어보고 웹 프레임워크의 일부를 구현해볼 것이다.

💡 좋은 개발자가 되기 위해서는 네트워크, 알고리즘/자료구조, 정보 보안, 운영체제, 데이터베이스 등 기본적인
컴퓨터 과학 학문을 공부해야 한다.

이 과정을 통해 HTTP와 TCP/IP 간의 차이를 명확히 이해할 수 있을 것이다. 파이썬에서 SQL을사용할 때 파이썬에게 SQL은 그저 문자열에 불과한 것처럼 TCP/IP라는 프로토콜 입장에서 보면HTTP라는 프로토콜로 이루어진 패킷은 알 수 없는 byte 배열 덩어리에 불과하다.[1] 보통 웹 브라우저와 통신하는 웹 서버는 [그림 5-1]처럼 HTTP 패킷을 받고 HTTP 패킷으로 응답하는 방식으로 이루어져 있다.

> **NOTE** **패킷**
> 네트워크 통신 시 데이터의 형식화된 블럭을 말한다. 이 책에서는 HTTP 요청 1개는 1개의 패킷이 만들어져서서버로 전달되는 것 정도로 이해하면 된다.

---

1 HTTP는 OSI 7 계층 중 응용 계층(L7)에 해당하며 TCP/IP는 전송 계층(L4)에 해당한다.

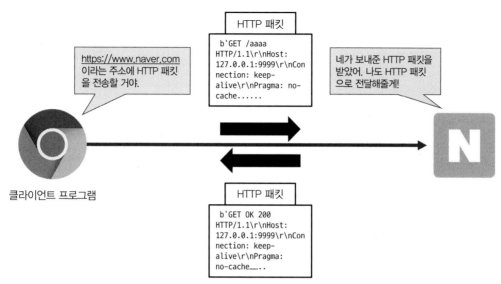

그림 5-1 웹 브라우저로 www.naver.com에 접속할 때의 내부 동작

면접관들은 종종 신입 개발자가 HTTP와 TCP를 이해하고 있는지 궁금할 때 다음과 같은 질문을 던지곤 한다.

> "HTTP 프로토콜을 사용해서 통신한다면 TCP 프로토콜은 사용하지 않겠네요?"

애초에 이 문장에는 오류가 있다. 신입 개발자가 이 문장에 오류가 있다는 걸 알고 있는지 확인하기 위한 물음이다. [그림 5-1]과 같은 웹 서버의 HTTP 통신을 이야기할 때 TCP 또는 UDP 프로토콜 등은 언급하지 않지만 HTTP는 언제나 TCP 또는 UDP 위에 얹어진 프로토콜이라는 것을 이해하고 있어야 한다. [그림 5-1]의 HTTP 패킷은 TCP 패킷이기도 하다. 이 TCP 패킷은 TCP Body에 HTTP 패킷이 채워져 있는 [그림 5-2]와 같은 형태를 가진다.

💡 이 책에서의 HTTP는 HTTP 1.x를 말한다. 여기에서는 TCP와 HTTP를 같이 묶어서 설명하지만 HTTP를 사용할 때 전송 계층 프로토콜로 꼭 TCP를 사용해야만 하는 것은 아니다. HTTP 3.0에서는 TCP 방식을 버리고 전송 계층 프로토콜로 UDP를 채택했다. HTTP 2.0, 3.0에 대한 내용은 이 책의 범위를 벗어나기 때문에 다루지 않는다.

TCP 패킷 & HTTP 패킷

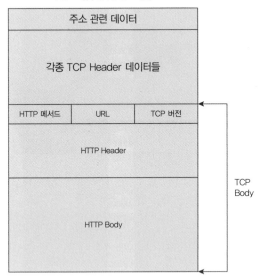

그림 5-2 웹 브라우저와 네이버 간 주고받는 TCP 패킷의 내부 구조

TCP/IP와 HTTP는 서로 상반된 개념이 아니다. 인형 안에 같은 모양의 작은 인형이 들어 있고 그 안에 같은 모양의 더 작은 인형이 들어 있는 러시아의 전통 인형인 마트료시카처럼 패킷 안에 새로운 프로토콜의 패킷이 존재하는 것이다.

그림 5-3 러시아 전통 인형인 마트료시카

네트워크는 마트료시카처럼 각 네트워크 계층마다 존재하는 프로토콜이 상위 프로토콜을 감싸고 있다. 따라서 [그림 5-1]을 좀 더 정확하게 표현하면 [그림 5-4]와 같다.

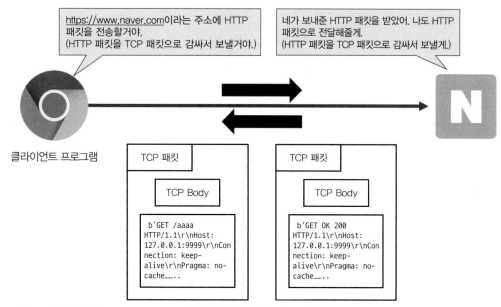

그림 5-4 웹 브라우저로 www.naver.com에 접속할 때의 상세한 내부 동작

이러한 각 네트워크 간 계층을 이론화한 것이 OSI 7 계층과 TCP/IP 4 계층이다.

💡 네트워크의 계층 개념은 이 책에서 상세히 다루지 않는다.

앞서 언급한 질문의 답변으로 다음과 같이 말할 수 있다.

> "HTTP는 응용 계층Application Layer에서 사용하는 프로토콜이고 TCP는 전송 계층Transport Layer에서 사용하는 프로토콜입니다. 따라서 HTTP 프로토콜을 사용했다고 해서 TCP 프로토콜을 사용하지 않았다는 것은 아닙니다. 일반적으로 HTTP 프로토콜을 사용할 때 하위 네트워크 계층 프로토콜로 TCP를 사용하기 때문에 웹 서버 간 통신에서 HTTP 프로토콜을 사용했다는 것은 TCP 프로토콜을 사용해서 통신했다고도 말할 수 있습니다."

여기서 핵심은 HTTP와 TCP는 서로 다른 계층의 프로토콜이기 때문에 서로가 비교 대상이 아니라는 것을 이해하고 있는가이다. 우리는 웹 서버를 개발하기 위해 장고 같은 웹 프레임워크를 사용한다. 하지만 웹 프레임워크를 사용하는 이유는 편의성과 생산성을 높이기 위한 것일 뿐이다. 웹 프레임워크 없이 파이썬의 기본 라이브러리인 소켓socket만으로도 웹 서버를 만들 수 있다.

5.1.1 초난감 웹 서버

[코드 5-1]은 어떠한 라이브러리나 프레임워크도 사용하지 않고 오로지 파이썬 소켓만을 사용해서 만든 웹 애플리케이션 서버다.

```python
"""
원시적인(tcp) 소켓으로 http 통신을 하는 초난감 웹 서버

1. 서버를 실행합니다.  python chapter_00_tcp_server.py
2. 웹 브라우저(Chrome, Safari, Internet Explorer)에 들어가서  http://127.0.0.1:9999로 접속합니다.
3. 실행된 서버에 출력되는 로그를 확인합니다.
"""
import socket


# 서버 소켓을 열기 위한 기본 작업입니다.
server_socket = socket.socket(socket.AF_INET, socket.SOCK_STREAM)
server_socket.setsockopt(socket.SOL_SOCKET, socket.SO_REUSEADDR, 1)
HOST, PORT = '127.0.0.1', 9999
server_socket.bind((HOST, PORT))
server_socket.listen()


print('서버가 실행되었습니다.... 웹 브라우저에서(크롬, 사파리...) http://127.0.0.1:9999로 접속하면
이 서버와 통신할 수 있습니다. \n')


# 서버가 계속 Client 요청을 받기 위해 무한 루프
while True:
    # 클라이언트에서 요청이 들어오면 받을 수 있게 서버 소켓을 열어두고 대기합니다.
    client_socket, addr = server_socket.accept()

    # 브라우저에서 접속했습니다.
    print(f'{addr} 클라이언트에서 HTTP 패킷을 보냈습니다.')
    # 클라이언트가 보낸 패킷을 전부 받습니다(receive).
    data: bytes = client_socket.recv(1024)

    print('----')
    http_packets = data.decode('utf-8').split('\r\n')
    # 수신 받은 문자열을 출력합니다.
    for packet in http_packets:
        print('웹 브라우저가 보내준 패킷에 담긴 데이터들입니다 : ', packet)

    # 1. Status Line : HTTP Response 패킷입니다. HTT Protocol(규칙)을 지키지 않으면 웹 브라우저
(Chrome, Safari, Internet Explorer)는 내가 보낸 데이터 패킷을 이해하지 못합니다.
```

```
response_body: bytes = '{"message" : "안녕 나는 웹 서버야"}'.encode('utf-8')  # 여기 있는 값
은 마음대로 수정해도 됩니다.
response_body_length = len(response_body)

# "알 수 없는 데이터" (HTTP Response 패킷을 직접 만들어줍니다.)
response_byte_array = bytearray()
response_byte_array += b'HTTP/1.1 200 OK\r\n'
response_byte_array += b'Content-Type: application/json\r\n'
response_byte_array += b'User-Agent: Python tcp Server \r\n'
response_byte_array += b'Accept: text/html,application/xhtml+xml,application/json;\r\n'
response_byte_array += b'Accept-Language: ko-KR,ko;q=0.9,en-US;q=0.8,en;q=0.7\r\n'
response_byte_array += f'Content-Length: {response_body_length}\r\n\r\n'.encode('utf-8')
response_byte_array += response_body

# 직접 만든 HTTP 패킷을 Client에게 응답 값으로 전달해줍니다.
client_socket.sendall(response_byte_array)
client_socket.close()
```

코드 5-1 TCP 소켓을 직접 열어서 구현한 초난감 웹 서버 ver 0.0

[코드 5-1]은 http://127.0.0.1:9999로 접속하는 모든 클라이언트에게 HTTP 프로토콜을 사용해
서 {"message" : "안녕 나는 TCP/IP 서버야"}라는 메시지를 전달하는 단순한 웹 서버다.

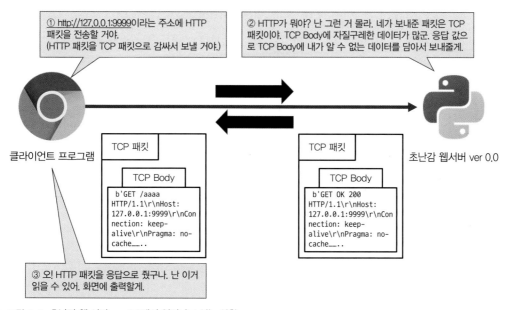

그림 5-5 초난감 웹 서버 ver 0.0에서 일어나고 있는 상황

초난감 웹 서버 ver 0.0은 접속하는 모든 클라이언트에게 그저 안녕이라는 말 이외에는 아무것도 하지 못하기 때문에 아무런 활용도 할 수 없다. 그래서 이 웹 서버의 이름을 초난감이라고 지은 것이다.

➜ python chapter_00_tcp_server.py
서버가 실행되었습니다.... 웹브라우저에서(크롬, 사파리...) http://127.0.0.1:9999 로 접속하면 이 서버와 통신할수있습니다.

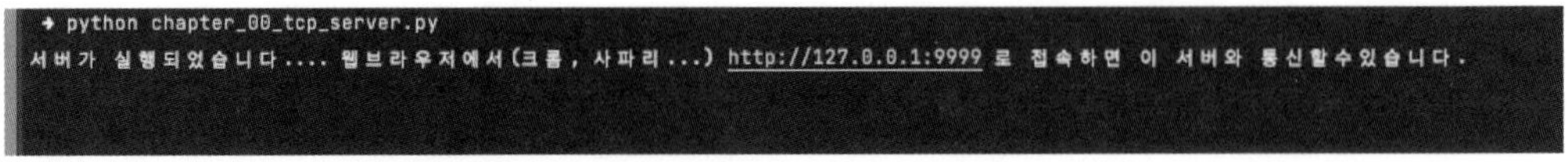

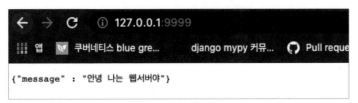

그림 5-6 초난감 웹 서버 ver 0.0 실행

127.0.0.1:9999
앱
쿠버네티스 blue gre...
django mypy 커뮤...
Pull reque
{"message" : "안녕 나는 웹서버야"}

그림 5-7 웹 브라우저에서 초난감 웹 서버로 접속해서 받은 응답

현재 초난감 웹 서버 ver 0.0은 HTTP 분석을 할 줄 모르기 때문에 HTTP 패킷을 그저 byte 배열로 취급한다. 그리고 코드를 보면 response_byte_array라는 변수에 담긴 byte 배열을 응답 값으로 반환해주고 있다. 다행히도 response_byte_array라는 변수에 담긴 byte 배열이 HTTP 패킷 구조를 가지고 있기 때문에 웹 브라우저와 통신하는 데 성공했다.

우리가 사용한 클라이언트 프로그램은 웹 브라우저다. 웹 브라우저는 HTTP라는 프로토콜을 사용해서 서버와 통신한다. 웹 브라우저라는 클라이언트가 접속하니 초난감 웹 서버는 한 땀 한 땀 손으로 작성된 HTTP 패킷을 응답 결과로 전송했다. 서버가 HTTP라는 프로토콜을 이해하고 분석할 수 있다면 TCP 서버는 웹 서버라고 부를 수 있다. 초난감 웹 서버는 간신히 웹 서버라고 부를 수 있는 조건을 갖췄다. 웹 서버는 HTTP라는 프로토콜의 패킷을 이해하고 분석할 줄 알아야 하는데 우리가 만든 초난감 웹 서버는 HTTP 요청을 받아서 딱 1가지 HTTP 패킷("안녕 나는 TCP/IP 서버야")을 웹 브라우저에게 응답으로 전달해줄 수 있기 때문이다.

현재 초난감 웹 서버의 최초 버전은 아래와 같은 상황에 처해 있다.

1. HTTP 패킷의 자원 경로 URL을 분석하지 못한다.
2. HTTP 패킷의 요청 값을 분석하지 못한다.
3. HTTP 패킷의 응답 값을 개발자가 자유롭게 제어하지 못한다.(고정된 byte 배열을 전달하고 있음)

5.1.2 초난감 웹 서버 개선 1

- 웹 서버는 자원 경로 URL을 분석할 수 있어야 한다.
  - http://www.naver.com 자원 경로로 접속하는 경우의 응답 값(HTML 페이지)
  - http://www.naver.com/news 자원 경로로 접속하는 경우의 응답 값(HTML 페이지)
  - http://www.naver.com/webtoon 자원 경로로 접속하는 경우의 응답 값(HTML 페이지)

네이버는 URL이 달라질 때마다 그에 맞는 적절한 응답 값을 반환해준다. 초난감 웹 서버 또한 URL이 달라질 때마다 그에 맞는 응답 값을 줄 수 있도록 [코드 5-2]처럼 개선해보자.

```python
"""
http url 정도는 분기문으로 분석할 수 아는 원시적인 웹 서버


1. 서버를 실행합니다.   python chapter_01_tcp_server.py
2. 웹 브라우저(Chrome, Safari, Internet Explorer)에 들어가서 http://127.0.0.1:9999로 접속합니다.
3. 실행된 서버에 출력되는 로그를 확인합니다.
"""
import socket




# 서버 소켓을 열기 위한 기본 작업입니다.
server_socket = socket.socket(socket.AF_INET, socket.SOCK_STREAM)
server_socket.setsockopt(socket.SOL_SOCKET, socket.SO_REUSEADDR, 1)
HOST, PORT = '127.0.0.1', 9999
server_socket.bind((HOST, PORT))
server_socket.listen()


print('서버가 실행되었습니다.... 웹 브라우저에서(크롬, 사파리...) http://127.0.0.1:9999로 접속하면
이 서버와 통신할 수 있습니다.')
print('이 서버는 url을 약간은 분석할 수 있습니다. http://127.0.0.1:9999/hello
http://127.0.0.1:9999/bye로 접속하면 새로운 응답 값을 전달합니다.\n')


# 서버가 계속 Client 요청을 받기 위해 무한 루프
while True:
    # 클라이언트에서 요청이 들어오면 받을 수 있게 서버 소켓을 열어두고 대기합니다.
    client_socket, addr = server_socket.accept()

    # 브라우저에서 접속했습니다.
    print(f'{addr} 클라이언트에서 HTTP 패킷을 보냈습니다.')
```

```python
# 클라이언트가 보낸 패킷을 전부 받습니다(receive).
data: bytes = client_socket.recv(1024)

print('----')
http_packets = data.decode('utf-8').split('\r\n')

# 수신 받은 문자열을 출력합니다. (http url 패킷을 분석합니다.)
for idx, packet in enumerate(http_packets):
    print('웹 브라우저가 보내준 패킷에 담긴 데이터들입니다 : ', packet)
    if idx == 0:
        http_method, http_path, http_version = packet.split(' ')
        print('-------------------------------------------')
        print(f'웹 브라우저에서 보내준 HTTP 메서드는 {http_method}')
        print(f'웹 브라우저에서 보내준 HTTP 경로는 {http_path}')
        print(f'웹 브라우저에서 보내준 HTTP 버전은 {http_version}')
        print('-------------------------------------------')

# http response의 body 정보를 웹 브라우저가 보내준 http url(http_path)에 따라서 다르게 작성해줍니다
response_body: bytes = b''
if http_path == '/hello':
    response_body = '{"message" : "안녕 나도 반가워 난 웹 서버야"}'.encode('utf-8')
    response_body_length = len(response_body)
elif http_path == '/bye':
    response_body = '{"message" : "그래 잘 가 나는 웹 서버야"}'.encode('utf-8')
    response_body_length = len(response_body)
else:
    response_body = '{"message" : "나는 웹 서버야"}'.encode('utf-8')
    response_body_length = len(response_body)

# 1. Status Line : HTTP Response 패킷입니다.
#     HTTP Protocol(규칙)을 지키지 않으면 웹 브라우저(Chrome, Safari, Internet Explorer)는
#     우리가 보낸 데이터 패킷을 이해하지 못합니다.
# HTTP Response 패킷을 직접 만들어줍니다.
response_byte_array = bytearray()
response_byte_array += b'HTTP/1.1 200 OK\r\n'
response_byte_array += b'Content-Type: application/json\r\n'
response_byte_array += b'User-Agent: Python tcp Server \r\n'
response_byte_array += b'Accept: text/html,application/xhtml+xml,application/json;\r\n'
response_byte_array += b'Accept-Language: ko-KR,ko;q=0.9,en-US;q=0.8,en;q=0.7\r\n'
response_byte_array += f'Content-Length: {response_body_length}\r\n\r\n'.encode('utf-8')
response_byte_array += response_body

# 직접 만든 HTTP 패킷을 Client에게 응답 값으로 전달해줍니다.
client_socket.sendall(response_byte_array)
client_socket.close()
```

코드 5-2 초난감 웹 서버 1번째 개선: HTTP URL 분석 ver 0.1

초난감 웹 서버 ver 0.1은 URL이 달라질 때마다 다른 응답 값을 줄 수 있도록 개선되었다.

- http://127.0.0.1:9999/hello : "안녕 나도 반가워"라고 응답해준다.
- http://127.0.0.1:9999/bye : "그래 잘 가"라고 응답해준다.

그림 5-8 URL이 달라질 때 보여주는 응답 값

[코드 5-2]와 같은 개선으로 초난감 웹 서버는 URL이 달라질 때 그에 맞는 응답 값을 줄 수 있도록
확장 가능한 웹 서버가 되었다.

```
if http_path == '/hello':
    response_body = '{"message" : "안녕 나도 반가워 난 웹 서버야"}'.encode('utf-8')
    response_body_length = len(response_body)
elif http_path == '/bye':
    response_body = '{"message" : "그래 잘 가 나는 웹 서버야"}'.encode('utf-8')
    response_body_length = len(response_body)
elif http_path == '/aaa':
    ...
elif http_path == '/bbb':
    ...
elif http_path == '/ccc':
    ...
```

코드 5-3 elif 문을 추가해서 새로운 URL로 접속했을 때의 응답 값 작성

이제 초난감 웹 서버는 elif 분기문을 추가로 작성해서 새로운 URL에 대해 어떤 응답 값을 줄지 정할
수 있게 되었다. 따라서 더 많은 API를 빠르게 개발하는 것이 가능해졌다. 하지만 분기문만으로 많은
API 로직을 관리하는 것은 쉽지 않다. API가 많아질수록 elif 분기문이 계속해서 증가하기 때문에 코
드가 난잡해지기 쉽다. 분기문을 사용하지 않는 방식으로 리팩터링이 필요하다.

```
# URL dispatcher
url_patterns = {
    '/hello': hello_function_view,
    '/bye': bye_function_view,
    # elif 문 대신 dictionary에 새로 생기는 api를 추가하는 방식으로 소스 코드 작성
}

...

# http response의 body 정보를 웹 브라우저가 보내준 http_path에 따라 다르게 작성해줍니다
try:
    view_function = url_patterns[http_path]
    print(f'서버에서 이러한 {http_path}를 알고 있습니다 이에 맞는 응답을 전송하겠습니다.')
except KeyError as e:
    print(f'서버에서 url_patterns에 이러한 {http_path}를 따로 정의해준 적이 없기 때문에 KeyError가
발생했습니다.')
    view_function = url_not_fount_view

http_response = view_function(http_request_packet=http_request_packets)
```

코드 5-4 분기문 대신 딕셔너리로 API URL을 관리할 수 있게 리팩터링

if 문 또는 switch 문을 작성하는 대신 딕셔너리로 관리하는 [코드 5-4]와 같은 코드 스타일은 일반
적으로 좀 더 파이써닉pythonic하다는 평가를 받는다. 'Dictionaries Instead of a Switch Statement'
로 검색해보면 관련 내용을 쉽게 찾아볼 수 있다. 함수 자체를 value로 가지는 딕셔너리로 관리함으
로써 기존에 if 문으로 기능 확장이 이루어지던 방식에서 뷰 함수view function를 새롭게 선언하는 방식으
로 리팩터링되었다.

```
def hello_function_view(http_request_packet: bytes):
    response_body: bytes = '{"message" : "안녕 나도 반가워 난 웹 서버야"}'.encode('utf-8')
    response_body_length = len(response_body)
    http_response = (
        default_http_response_packet + f'Content-Length:\
        {response_body_length}\r\n\r\n'.encode('utf-8') + response_body
    )
    return http_response


def bye_function_view(http_request_packet: bytes):
    response_body: bytes = '{"message" : "그래 잘 가 나는 웹 서버야"}'.encode('utf-8')
    response_body_length = len(response_body)
    http_response = (
        default_http_response_packet + f'Content-Length:\
```

```
        {response_body_length}\r\n\r\n'.encode('utf-8') + response_body
    )
    return http_response


def url_not_fount_view(http_request_packet: bytes):
    response_body: bytes = '{"message" : "서버가 알지 못하는 url입니다."}'.encode('utf-8')
    response_body_length = len(response_body)
    http_response = (
        default_http_response_packet + f'Content-Length:\
        {response_body_length}\r\n\r\n'.encode('utf-8') + response_body
    )
    return http_response
```

코드 5-5 API별로 어떤 동작을 할지에 대한 로직을 각 함수에 정의

이미 눈치챈 독자도 있겠지만 [코드 5-5]와 같은 구조를 가진 소스 코드를 우리는 이미 알고 있다. 바로 장고 뷰와 URL dispatcher가 이러한 방식으로 구현되어 있다.

```
# https://docs.djangoproject.com/en/dev/intro/tutorial03/
from django.urls import path

from . import views

urlpatterns = [
    # ex: /polls/
    path('', views.index, name='index'),
    # ex: /polls/5/
    path('<int:question_id>/', views.detail, name='detail'),
    # ex: /polls/5/results/
    path('<int:question_id>/results/', views.results, name='results'),
    # ex: /polls/5/vote/
    path('<int:question_id>/vote/', views.vote, name='vote'),
]
```

코드 5-6 장고 공식 문서 튜토리얼에 있는 URL dispatcher(HTTP 자원 경로)를 정의하는 예시

URL Dispatcher는 장고의 url.py에서 HTTP 자원 경로 URL을 관리하는 모듈이다. 우리가 만든 초난감 웹 서버의 URL dispatcher는 학습의 이해를 돕기 위해 가장 간결한 딕셔너리를 사용했지만 장고는 더 복잡한 정보를 관리하기 위해 딕셔너리가 아닌 리스트로 URL dispatcher를 정의했다. 또한 각 HTTP 자원 경로마다 이루어지는 동작을 정의하는 모듈을 장고에서는 뷰view라고 부른다.

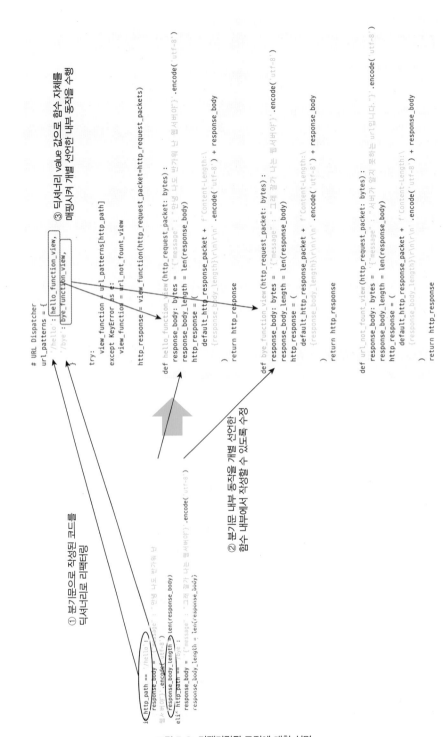

그림 5-9 리팩터링된 로직에 대한 설명

```
# https://docs.djangoproject.com/en/dev/intro/tutorial03/

def detail(request, question_id):
    return HttpResponse("You're looking at question %s." % question_id)

def results(request, question_id):
    response = "You're looking at the results of question %s."
    return HttpResponse(response % question_id)

def vote(request, question_id):
    return HttpResponse("You're voting on question %s." % question_id)
```

코드 5-7 장고 공식 문서 튜토리얼에 있는 뷰를 정의하는 예시

[코드 5-4]의 초난감 웹 서버 URL dispatcher와 [코드 5-6]의 장고 공식 문서 URL dispatcher 그리고 [코드 5-5]의 초난감 웹 서버의 뷰 함수와 [코드 5-7]의 장고 공식 문서 뷰 함수를 비교해보면 구조가 매우 비슷한 것을 알 수 있다. 이미 아무런 라이브러리도 사용하지 않고 파이썬 소켓만으로 만든 초난감 웹 서버가 웹 서버 역할을 넘어 장고와 같이 재사용할 수 있는 웹 프레임워크가 되어가고 있다.

5.1.3 초난감 웹 서버 개선 2

- 웹 서버는 HTTP Request(요청 값)와 HTTP Response(응답 값)를 분석할 수 있어야 한다.

우리가 만든 초난감 웹 서버의 뷰 함수에는 아직 TCP 패킷의 잔해가 남아 있다. 뷰 함수 내부에 HTTP 패킷을 여전히 byte 배열로 취급하고 있는 부분이 그중 하나다.

```
def hello_function_view(http_request_packet: bytes):
    response_body: bytes = '{"message" : "안녕 나도 반가워 난 웹 서버야"}'.encode('utf-8')
    response_body_length = len(response_body)
    http_response = (
        default_http_response_packet + f'Content-Length: {response_body_length}\r\n\r\n'.
encode('utf-8') + response_body
    )
    return http_response
```

코드 5-8 초난감 웹 서버 뷰 함수

[코드 5-8]과 같이 초난감 웹 서버의 뷰 함수는 여전히 HTTP 패킷을 TCP body로 취급해서 bytes 타입 인자로 전달해주고 있다. 이래서는 아직 완벽한 웹 서버 또는 웹 프레임워크라고 할 수 없다. 초난감 웹 서버로 [코드 5-9]와 같은 HTTP Request 패킷이 들어왔다고 생각해보자.

```
http_request_packet = b"""POST /bye HTTP/1.1\r\n
Content-Type: application/json\r\n
User-Agent: PostmanRuntime/8.28.4\r\n
Accept: */*\r\n
Postman-Token: 83b78c99-556f-43b7-a266-d0342004699e\r\n
Host: 127.0.0.1:9999\r\n
Accept-Encoding: gzip, deflate, br\r\n
Connection: keep-alive\r\n
Content-Length: 40\r\n
\r\n
{\n    "send_message": "Hi I am Client"\n}"""
```

코드 5-9 흔히 볼 수 있는 HTTP 패킷 전문 예시

TCP 소켓은 이 패킷을 byte 배열로 취급하고 있다. 이제 이 패킷을 분석해서 HTTP Request 구조에 맞게 담을 클래스가 필요하다. HTTP Request를 담을 클래스를 [코드 5-10]과 같이 선언했다.

```
class HTTPRequest:
    http_method: str
    http_path: str
    http_version: str
    headers: Dict[str, Any] = {}
    request_body: str = ''
```

코드 5-10 HTTP Request를 담을 클래스 선언

[코드 5-9]의 HTTP 패킷 1번째 줄에 들어 있는 정보는 [코드 5-11]과 같은 3개의 HTTPRequest 클래스 속성에 해당한다.

```
POST /bye HTTP/1.1

    class HTTPRequest:
        http_method = "POST"
        http_path = "/bye"
        http_version = "HTTP/1.1"
```

코드 5-11 HTTPRequest 클래스의 속성

그다음 주어지는 정보는 전부 header에 해당한다.

```
Content-Type: application/json
User-Agent: PostmanRuntime/7.28.4
Accept: */*
Postman-Token: b217ee24-0817-48ad-a23e-e6c4218df8f4
Host: 127.0.0.1:9999
Accept-Encoding: gzip, deflate, br
Connection: keep-alive
Content-Length: 28
```

코드 5-12 header

초난감 웹 서버에서는 HTTP header 정보를 딕셔너리로 데이터 매핑해줬다.

```
class HTTPRequest:
    http_method = "POST"
    http_path = "/bye"
    http_version = "HTTP/1.1"
    headers = {
        "Content-Type": " application/json",
        "User-Agent": " PostmanRuntime/7.28.4",
        "Accept": " */*",
        "Postman-Token": " 4b01776b-e97b-429c-9e15-16978ff00a18",
        "Host": " 127.0.0.1:9999",
        "Accept-Encoding": " gzip, deflate, br",
        "Connection": " keep-alive",
        "Content-Length": " 40",
    }
```

코드 5-13 HTTP header 정보를 딕셔너리로 데이터 매핑

header 정보 다음에 주어지는 것은 HTTP body에 해당한다. GET 요청 이외 POST, PUT, PATCH, DELETE와 같은 요청은 HTTP body에 자신들이 원하는 정보를 담아서 전달한다.

```
{"send_message": "Hi I am Client"}

class HTTPRequest:
    http_method = "POST"
    http_path = "/bye"
    http_version = "HTTP/1.1"
    headers = {
        "Content-Type": " application/json",
```

```
        "User-Agent": " PostmanRuntime/7.28.4",
        "Accept": " */*",
        "Postman-Token": " 4b01776b-e97b-429c-9e15-16978ff00a18",
        "Host": " 127.0.0.1:9999",
        "Accept-Encoding": " gzip, deflate, br",
        "Connection": " keep-alive",
        "Content-Length": " 40",
    }
    request_body = {"send_message": "Hi I am Client"}
```

코드 5-14 POST 요청에 담긴 정보 예시

HTTP Request를 분석하는 것은 복잡한 작업이 아니다. HTTP라는 프로토콜이 약속한 방식으로 패킷을 쪼개기(파싱)만 하면 된다.

```
class HTTPRequest:
    http_method: str
    http_path: str
    http_version: str
    headers: Dict[str, Any] = {}
    request_body: str = ""

    def __init__(self, http_request_packet: bytes):
        # http 패킷은 /r/n을 구분자로 사용합니다. 각 패킷들을 분리해줍니다.
        packet_deq: deque[str] = deque(http_request_packet.decode("utf-8").split("\r\n"))

        # http 패킷의 첫 줄은 항상 Method, path, version 정보를 담고 있습니다.
        self.http_method, self.http_path, self.http_version = packet_deq.popleft().split(" ")

        # 2번째 줄부터 빈 값이 들어간 패킷 이전까지는 header에 해당하는 정보들입니다.
        while packet := packet_deq.popleft():
            if not packet:
                break
            header_key, header_value = packet.split(": ")
            self.headers[header_key] = header_value

        # 헤더 정보를 전부 담고도 패킷이 더 존재한다면 그건 HTTP BODY에 해당하는 정보들입니다.
        if packet_deq:
            self.request_body = packet_deq.popleft()
```

코드 5-15 HTTP 패킷을 파싱(parsing)하는 클래스 선언

[코드 5-15]는 byte 배열을 받아서 패킷을 HTTPRequest 클래스에 파싱하는 예시다. 이 로직을 초난감 웹 서버에 [코드 5-16]과 같이 적용한다.

```
    # 클라이언트가 보낸 패킷을 전부 받습니다(receive)
    http_request_packet: bytes = client_socket.recv(1024)
    ...

    http_response = view_function(http_request_packet=http_request_packet)
```

코드 5-16 초난감 웹 서버에 로직 적용

기존에 byte 배열을 view_function으로 넘겨주던 로직을 [코드 5-17]과 같이 bytes 배열을 파싱한 HTTPRequest 객체를 view_function에 넘겨준다.

```
    # 클라이언트가 보낸 패킷을 전부 받습니다(receive)
    http_request_packet: bytes = client_socket.recv(1024)
    http_request = HTTPRequest(http_request_packet=http_request_packet)
    ...
    http_response = view_function(http_request=http_request)
```

코드 5-17 bytes 배열을 파싱한 HTTPRequest 객체를 view_function에 전달

이렇게 하면 뷰 함수 내부에서 HTTP Request에 담긴 정보를 손쉽게 다룰 수 있게 된다.

```
def bye_function_view(http_request: HTTPRequest):
    print(http_request.http_method)  # "GET or POST or ..."
    print(http_request.http_path)  # "/hello or /bye or ..."
    print(http_request.http_version)
    print(http_request.headers)
    print(http_request.request_body)
       ...
```

코드 5-18 뷰 함수 내부에서 HTTP Request 정보 관리

같은 맥락으로 이번에는 HTTP Response 패킷을 다루는 클래스를 선언한다. HTTP Request는 byte 배열을 파이썬 클래스(HTTPRequest)에 파싱하는 로직이었다면 HTTP Response는 이와 반대로 파이썬 클래스(HTTPResponse)를 byte 배열로 직렬화해주는 역할을 수행해야 한다.

```
class HTTPResponse:
    http_status: int
    http_message: str
    http_version: str
    headers: Dict[str, Any]
```

```python
        response_body: str

    def __init__(
        self, response_body: str, headers={}, http_status=200,
        http_message="OK", http_version="HTTP/1.1"
    ):
        self.http_version = http_version
        self.http_status = http_status
        self.http_message = http_message
        self.headers = headers
        self.response_body = response_body

        # Content-Length 헤더 값이 정확하지 않으면 패킷이 누락될 수 있다.
        # 그렇기 때문에 정확히 body 크기를 계산해서 저장한다.
        self.headers["Content-Length"] = len(self.response_body.encode("utf-8"))
        # 서버의 출처 정보를 넣어주고 싶으면 User-Agent라는 헤더 값에 원하는 정보를 명시해주면 된다.
        # 실제로 사용되고 있는 User-Agent 헤더 값 예시
        # "User-Agent": "Mozilla/5.0 (X11; Linux x86_64)\
        #               AppleWebKit/537.36 (KHTML, like Gecko) Chrome/77.0.3865.90
Safari/537.36"
        # "User-Agent": "Mozilla/5.0 (iPhone; CPU iPhone OS 11_3_1 like Mac OS X)\
        #               AppleWebKit/603.1.30 (KHTML, like Gecko)"
        self.headers["User-Agent"] = "Python no longer tcp Server"

    def serialize(self) -> bytes:
        # HTTPResponse 정보를 HTTP 패킷으로 변환(직렬화)한다.

        # HTTP 첫 라인 정보 채우기
        response_line: bytes = f"{self.http_version} {self.http_status}\
                              {self.http_message}\r\n".encode("utf-8")
        # HTTP Header 정보 채우기
        response_header: bytes = "\r\n".join(
            f"{key}:{value}" for key, value in self.headers.items()
        ).encode("utf-8")
        # HTTP Body 정보 채우기
        response_body: bytes = ("\r\n\r\n" + self.response_body).encode("utf-8")
        return response_line + response_header + response_body
```

코드 5-19 파이썬 클래스(HTTPResponse) 정보를 HTTP 패킷으로 직렬화하는 클래스 선언

그리고 [코드 5-20]과 같이 기존에 byte 배열을 반환하던 view_function을 [코드 5-21]과 같이 HTTP Response를 받아 bytes 배열로 직렬화해서 패킷을 소켓으로 전송하도록 변경한다.

```
http_response_packet: bytes = view_function(http_request_packet=http_request_packet)

# 직접 만든 HTTP 패킷을 Client에게 응답 값으로 전달해줍니다.
client_socket.sendall(http_response)
```

코드 5-20 byte 배열을 반환하던 view_function

```
http_response: HTTPResponse = view_function(http_request=http_request)

# 직접 만든 HTTP 패킷을 Client에게 응답 값으로 전달해줍니다.
client_socket.sendall(http_response.serialize())
```

코드 5-21 HTTP Response를 bytes 배열로 직렬화해서 패킷을 소켓으로 전송

뷰 함수는 HTTP Request 객체를 받아서 HTTP Response 객체를 리턴하는 함수로 만든다.

```
def bye_function_view(http_request: HTTPRequest) -> HTTPResponse:
    print(http_request.http_method)  # "GET or POST or ..."
    print(http_request.http_path)  # "/hello or /bye or ..."
    print(http_request.http_version)
    print(http_request.headers)
    print(http_request.request_body)
    response_body: str = '{"message" : "그래 잘 가 나는 HTTP 서버야"}'
    return HTTPResponse(
        headers={"Content-Type": "application/json"}, response_body=response_body,
    )
```

코드 5-22 뷰 함수 선언

2번째 개선으로 초난감 웹 서버는 좀 더 웹 프레임워크에 가까워졌다. 누군가 이 웹 프레임워크로 개발을 하려고 한다면 우리는 이 웹 프레임워크의 간단한 설명법을 다음 대화처럼 제시할 수 있다.

> A: "API를 하나 만들고 싶은데 뭘 하면 되죠?"
>
> B: "간단해요 HTTP Request 인자를 받아서 HTTP Response를 반환하는 뷰 함수를 만들고 그 함수 안에 원하는 로직을 구현하세요."

이 사용법은 장고 공식 문서 튜토리얼과 거의 동일하다. 이제 초난감 웹 서버는 더 이상 이름처럼 난감하지 않다. 초난감 웹 서버를 미니 장고 웹 프레임워크라고 소개해도 될 정도로 HTTP 프로토콜 분석과 처리를 잘해주는 모듈이 되었다.

실제로 장고의 뷰 모듈은 우리가 TCP 소켓으로 만든 미니 장고(초난감 웹 서버)의 역할을 한다. 물론 장고 뷰 모듈이 더 다양하고 상세하게 HTTP 패킷을 분석하고 처리해주지만 TCP 패킷을 HTTP 패킷으로 분석해준다는 역할의 틀에서 벗어나지는 않는다. 이제 URL dispatch과 장고 뷰 모듈이 어떤 방식으로 **더 다양하고 상세한 HTTP 패킷 분석/처리 작업**을 위한 기능을 제공하는지를 배워보자.

5.2 URL dispatcher

웹 프레임워크의 주요 역할 중 하나는 HTTP URL을 분석해서 개발자가 다루기 쉽도록 모듈화해주는 것이다. 장고에서는 URL dispatcher 모듈이 이러한 역할을 담당하며 코드상에서는 url.py라는 패키지에서 다룰 수 있도록 설계해두었다.

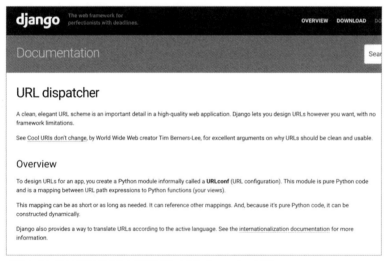

그림 5-10 장고 공식 문서에 소개되어 있는 URL dispatcher 모듈

URL은 Uniform Resource Location의 줄임말이다. URL은 HTTP라는 프로토콜로 (서버) 자원을 사용하고자 할 때 서버에 접근할 수 있게 만들어 놓은 경로다.

```
# urls.py
urlpatterns = [
    path(route="users/show-list/", view=user_show_list_function_view, name="user-list-api"),    # 회원 목록 조회
    path(route="users/detail/<int:user_pk>/", view=user_show_detail_function_view, name="user-detail-api"),    # 회원 상세 조회
    path(route="users/signup/", view=user_show_detail_function_view, name="user-detail-api"),    # 회원 가입
    path(route="users/leave/<int:user_pk>/", view=user_show_detail_function_view, name="user-detail-api"),    # 회원 탈퇴
]
```

그림 5-11 장고 URL dispatcher를 사용하는 예시

```
from django.urls import path
```

코드 5-23 장고 path 불러오기

장고에서 URL을 정의하는 함수인 path()는 기본적으로 다음과 같은 인자를 필요로 한다.

- route, view, name

```
path(
    route="users/detail/<int:user_pk>/",
    view=user_show_detail_function_view,
    name="user-detail-api",
)
```

코드 5-24 path() 함수를 사용하는 예시

5.2.1 path() 함수 인자: route

route는 URL의 path를 정의한다. 다음과 같은 방식으로 작성할 수 있으며 /(슬래시)로 구분된 고정된 문자열로 정의할 수 있다.

```
route="users/show-list/"
```

PathConverter

```
route="users/detail/<int:user_pk>/"
```

장고가 제공해주는 PathConverter 타입 중 가장 빈번히 사용되는 타입은 다음과 같다.

- int(정수): 〈int:{변수명}〉
- str(문자열): 〈str:{변수명}〉
- slug(슬러그): 〈slug:{변수명}〉

1. int(정수)

PathConverter라고 불리는 〈int:user_pk〉 같은 형식으로 정의하면 뷰에서 해당 값을 변수로 받아서 사용할 수 있다. [그림 5-12]와 같이 path()의 route를 정의하고

```
urlpatterns = [
    path(route="users/detail/<int:user_pk>/", view=user_show_detail_function_view22, name="user-detail-api"),  # 회원 상세 조회
]
```

그림 5-12 path()에 route 정의(int)

[그림 5-13]처럼 뷰를 해당 path()에 매핑시키고 http://127.0.0.1:8000/study-example-app/users/detail/123/ GET API를 호출하면 [그림 5-14]와 같은 로그가 찍히는 것을 볼 수 있다.

```
@api_view(http_method_names=["GET"])
def user_show_detail_function_view22(request: Request, user_pk: int, *args, **kwargs):
    print("이 View Function이 매핑되어있는 http URL입니다: ", request.path)
    print("user_pk: ", user_pk, type(user_pk))
    return Response(data="success")
```

그림 5-13 뷰를 path()에 매핑

```
이 View Function이 매핑되어있는 http URL입니다:   /study-example-app/users/detail/234234/
user_pk:  234234 <class 'int'>
```

그림 5-14 〈int:user_pk〉로 정의될 때의 출력 로그

〈int:user_pk〉의 지정된 위치에 들어오는 숫자가 변경되면 출력 로그도 변경된다.

int 타입으로 선언했기 때문에 아래와 같이 숫자가 아닌 문자열이 들어오면 해당 요청을 무시하는데 〈int:user_pk〉에 매칭되지 않기 때문이다.

```
http://127.0.0.1:8000/study-example-app/users/detail/문자열/   GET
```

2. str(문자열)

```
예: /users/detail/<str:username>/
```

해당 경로로 들어오는 값을 문자열 변수로 받아 뷰에서 사용할 수 있다.

```
urlpatterns = [
    path(route="users/detail/<str:user_pk>/", view=user_show_detail_function_view22, name="user-detail-api"),  # 회원 상세 조회
]
```

그림 5-15 path()에 route 정의(str)

⟨int:user_pk⟩로 정의되어 있던 PathConverter를 ⟨str:user_pk⟩로 수정하면 문자열을 받더라도 서버는 에러를 일으키지 않는다.

```
이 View Function이 매핑되어있는 http URL입니다:  /study-example-app/users/detail/문자열/
user_pk:  문자열 <class 'str'>
```

그림 5-16 ⟨int:user_pk⟩를 ⟨str:user_pk⟩로 변경 시 문자열을 받아도 문제없음

다만 숫자를 받더라도 int 타입이 아닌 str 타입으로 변수를 받게된다.

```
이 View Function이 매핑되어있는 http URL입니다:  /study-example-app/users/detail/234234/
user_pk:  234234 <class 'str'>
```

그림 5-17 숫자도 str 타입으로 받음

3. slug

```
예: /users/detail/<slug:username>/
```

slug 타입은 str 타입과 동일하게 뷰에서 문자열로 변수를 사용할 수 있다. 둘의 차이점은 str 타입은 어떤 특수 문자와 숫자도 변수로(문자열로) 받을 수 있지만 slug 타입은 특수 문자 중 −(하이픈)과 _(언더 스코어)만을 받을 수 있다는 것이다. 그 외 특수 문자가 포함되면 해당 요청을 무시한다.

PathConverter가 ⟨str:user_pk⟩로 정의되어 있으면 [그림 5-18]과 같이 API 요청을 받아서 뷰에 매핑시켜주지만 [그림 5-19]처럼 ⟨slug:user_pk⟩로 정의하면 @(특수 문자)로 인해서 정상적인 출력 로그를 확인할 수 없다.

```
이 View Function이 매핑되어있는 http URL입니다:  /study-example-app/users/detail/user@naver.com/
user_pk:  user@naver.com <class 'str'>
```

그림 5-18 〈str:user_pk〉로 정의될 때 어떤 특수 문자도 받을 수 있음

```
urlpatterns = [
    path(route="users/detail/<slug:user_pk>/", view=user_show_detail_function_view22, name="user-detail-api"),  # 회원 상세 조회
]
```

그림 5-19 path()에 route 정의(slug)

하지만 [그림 5-20]과 같이 −(하이픈)과 _ (언더 스코어)만 포함된 경우에는 정상적으로 출력 로그를 확인할 수 있다.

```
이 View Function이 매핑되어있는 http URL입니다:  /study-example-app/users/detail/user-aaa_bbb/
user_pk:  user-aaa_bbb <class 'str'>
```

그림 5-20 〈slug:user_pk〉로 정의될 때 특수 문자 중 −(하이픈)과 _(언더 스코어)만 받을 수 있음

언뜻 보면 str 타입이 모든 경우에 사용할 수 있어 좋아 보이지만 HTTP Path에 하이픈 이외의 특수 문자를 사용하는 것은 권장하지 않기 때문에 가급적 피하는 게 좋다. str 타입보다는 slug 타입을 사용할 것을 권한다.

5.2.2 path() 함수 인자: view

route에 정의된 HTTP Path에 들어온 요청을 어떤 뷰로 흘려보낼지 정의하는 인자이다.

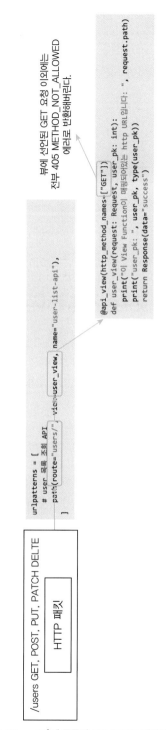

```
urlpatterns = [
    # user 목록 조회 API
    path(route="users/", view=user_view, name="user-list-api"),
]
```

```
@api_view(http_method_names=["GET"])
def user_view(request: Request, user_pk: int):
    print("이 View Function이 매핑되어있는 http URL입니다: ", request.path)
    print("user_pk: ", user_pk, type(user_pk))
    return Response(data="success")
```

뷰에 선언된 GET 요청 이외에는
전부 405 METHOD_NOT_ALLOWED
에러로 반환해버린다.

/users GET, POST, PUT, PATCH DELTE

HTTP 패킷

그림 5-21 path()에 등록된 뷰로 HTTP 패킷이 흘러감

5.2.3 path() 함수 인자: name

장고에 등록된 API는 고유한 키워드(name)를 가져야 한다. 말 그대로 해당 API의 이름이라고 여기면 된다. API의 name은 고유한 값이면 되는데 name을 정할 때 −(하이픈) 이외의 특수 문자는 사용하지 말 것을 강력히 권장한다.

```python
urlpatterns = [
    # user 목록 조회 API
    path(route="users/", view=user_view, name="user-list-api"),
]
```

코드 5-25 name 작성 예시

5.3 함수 기반 뷰(FBV)와 클래스 기반 뷰(CBV)

1장에서도 언급했다시피 장고 자체가 제공하는 뷰 구현체 중 다수는 MTV 아키텍처 기반으로 개발하기 위한 템플릿 구현체다. API 기반 백엔드 웹 서버를 개발할 때에는 이러한 구현체는 별로 사용되지 않는다. MTV 아키텍처를 선호하지 않게 되자 장고는 API 개발에 필요한 뷰 구현체를 제공하는 대신에 웹 프레임워크가 가져야 하는 내부 코어 모듈 개발에 집중했다. 대신 API 기반 개발을 위한 뷰 구현체는 다른 장고 라이브러리에 위임했다. API 개발을 위한 뷰 구현체를 제공하는 대표적인 라이브러리는 DRF와 장고 닌자다. DRF는 클래스 기반 뷰^{Class Based View} 구현체에 특화된 라이브러리이고 장고 닌자는 함수 기반 뷰^{Function Based View} 구현체에 특화된 라이브러리다. 비교적 오랜 기간 개발되어온 DRF는 함수 기반 뷰 기능이 빈약하다. 클래스 기반 뷰를 사용할 때 DRF의 기능을 더 잘 활용할 수 있다. 정리하면 **DRF는 클래스 기반 뷰로 백엔드 서버를 개발할 때 유용하며 장고 닌자는 함수 기반 뷰로 하는 백엔드 서버를 개발할 때 유용하다.**

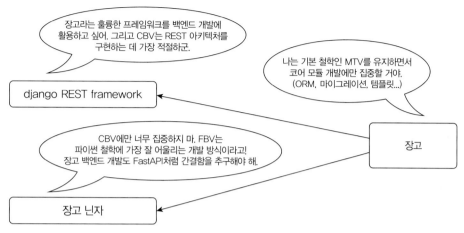

그림 5-22 DRF와 장고 닌자의 차이

[그림 5-22]처럼 뷰를 구현하는 특화된 방식이 다를 뿐 DRF와 장고 닌자 모두 장고 웹 프레임워크이다.

특화되었다라고 말하는 것은 DRF도 함수 기반 뷰를 지원하고 장고 닌자도 클래스 기반 뷰를 지원하기는 하기 때문이다. 다시 말하지만 DRF와 장고 닌자 모두 함수 기반 뷰 방식 개발도 지원하고 클래스 기반 뷰 방식 개발도 지원한다. 하지만 각자 특화된 개발 방식에 집중되어 있기 때문에 함수 기반 뷰로 개발을 원한다면 장고 닌자를 클래스 기반 뷰로 개발하기 원한다면 DRF를 사용하는 것이 적절하다. 따라서 이 책에서는 뷰를 설명할 때 함수 기반 뷰는 장고 닌자를 사용한다고 가정하고 클래스 기반 뷰는 DRF를 사용한다고 가정한다.

5.3.1 장고 닌자에서의 함수 기반 뷰

함수 기반 뷰는 보통 API 하나하나를 직접 개발하는 과정을 거치기 때문에 개발자가 코드를 1줄 1줄씩 작성하는 방식으로 개발이 이루어진다. 함수 기반 뷰의 가장 큰 장점은 간결하다는 것이다. 파이썬의 기본 철학 중 하나인 'Simple is better than complex(단순한 것이 복잡한 것보다 낫다)'[2]를 잘 따른다고 볼 수도 있다.

> "개발자가 원하는 API 1개를 개발하기 위해 HTTP URL 1개를 할당하고 그에 맞는 동작을 함수로 구현한다."

---

2 https://www.python.org/dev/peps/pep-0020/

이러한 방식으로 코드를 작성하면 직관적이고 간결해지기 때문에 개발자가 로직을 이해하기 쉬워진다. 많은 파이썬 웹 프레임워크가 함수 기반 뷰 방식을 선호한다.

💡 플라스크와 FastAPI도 함수 기반 뷰 방식을 선호한다.

```python
from ninja import NinjaAPI

ninja_api = NinjaAPI()


@ninja_api.get("/stores")
def store_list_api(request):
    # 상점 목록을 조회하는 코드, 개발자가 직접 구현
    return 200, list(Store.objects.all())


@ninja_api.get("stores/{pk}")
def store_retrieve_api(request, pk: int):
    # 상점 정보를 수정하는 코드, 개발자가 직접 구현
    store = Store.objects.get(id=pk)
    return 200, model_to_dict(store)


@ninja_api.post("/stores")
def store_create_api(request):
    # 상점을 생성하는 코드, 개발자가 직접 구현
    return 200, {"detail": "회원 가입이 완료됐습니다."}


@ninja_api.put("stores/{pk}")
def store_partial_update_api(request, pk: int):
    # 상점 정보를 수정하는 코드, 개발자가 직접 구현
    return 200, {"detail": "상점 일부 정보 수정이 완료됐습니다."}


@ninja_api.patch("stores/{pk}")
def store_partial_update_api(request, pk: int):
    # 상점 정보를 수정하는 코드, 개발자가 직접 구현
    return 200, {"detail": "상점 정보 수정이 완료됐습니다."}


@ninja_api.delete("stores/{pk}")
def store_partial_update_api(request, pk: int):\
```

```
# 상점 정보를 수정하는 코드, 개발자가 직접 구현
return 200, {"detail": "상점 삭제가 완료됐습니다."}
```

코드 5-26 장고 닌자를 사용해서 구현한 함수 기반 뷰 예시

```
# urls.py
from django.urls import path
from study_example_app.views.example_views import ninja_api


urlpatterns = [
    path("ninja-api-examples/", ninja_api.urls),
]
```

코드 5-27 장고 닌자 함수 기반 뷰를 URL dispatcher에 등록

하지만 함수 기반 뷰의 간결함은 개발자의 역량에 따라 달라진다. 1장에서 언급했던 마이크로 프레임워크가 가지는 장점과 단점이 장고 닌자 함수 기반 뷰에도 그대로 적용된다. 장고 닌자는 함수 기반 뷰 모듈을 제공하는 것 이외에 장고의 다른 모듈과 연계해서 사용할 수 있는 기능을 제공하지 않는다. 간단한 만큼 개발자에게 뷰 모듈 이외의 모듈 개발을 위임한다.

5.3.2 DRF에서의 클래스 기반 뷰

클래스 기반 뷰는 장고가 제공해주는 MixInView 구현체 또는 자신이 직접 만든 MixInView 구현체를 상속받아서 조립하는 방식으로 개발할 수도 있다. 마치 레고처럼 주요 부품을 개발하고 그것을 이어붙이는 방식[3]이다. 따라서 개발자는 클래스 기반 뷰로 개발할 때 재사용할 수 있는 코드를 만드는 것에 집중하게 되었고 함수 기반 뷰에 비해 적은 코드 라인 수로 동일한 기능을 구현할 수 있게 되었다. 클래스 기반 뷰는 서로 비슷한 성격의 뷰를 클래스로 묶어 군집을 만든다. 이러한 역할을 해주는 DRF의 뷰 구현체가 ViewSet(뷰의 집합 또는 군집)이다.

```
# views.py
from rest_framework import viewsets
from rest_framework import mixins
```

----

3 MSA(마이크로서비스 아키텍처)라는 용어가 생겨나기 전 SOA가 알려진 시절에 이러한 개념을 레고 웨어(lego + software) 라고 불렀다. 지금은 사용하지 않지만 한때 유행했던 합성어이다.

```python
class UserClassBasedViewSet(
    mixins.ListModelMixin, mixins.CreateModelMixin, mixins.UpdateModelMixin, viewsets.
GenericViewSet
):
    queryset = User.objects.all()
    serializer_class = UserSerializer
    # 모든 회원 정보 관련 API는 로그인하지 않으면 사용할 수 없도록 권한 제약을 부여
    permission_classes = [
        IsAuthenticated,
    ]
```

코드 5-28 DRF를 사용한 클래스 기반 뷰 구현 예시

```python
# urls.py
from django.urls import include, path
from rest_framework.routers import DefaultRouter

router = DefaultRouter()
router.register(prefix="users/", viewset=UserClassBasedViewSet, basename="user")


urlpatterns = [
    path("drf-api-examples/", include(router.urls)),
]
```

코드 5-29 DRF Viewset을 URL dispatcher에 등록

놀랍게도 [코드 5-28]의 UserClassBasedViewSet은 [코드 5-26]과 달리 DRF가 제공하는 ViewMixin 구현체를 상속받은 것만으로도 실제 동작하는 API가 되었다. 이론상으로는 DRF를 사용하면 API를 하나하나 개별적으로 구현하지 않아도 된다. REST 아키텍처에서 URL은 특정 자원을 가리키고 그 자원에 대한 행위를 HTTP 메서드로 나타낸다. 다양한 HTTP 메서드가 존재하는데 REST 아키텍처에서는 다음과 같은 규칙을 제안한다.

- GET : 데이터 조회
- POST : 데이터 생성
- PUT : 데이터 일괄 수정
- PATCH : 데이터 부분 수정
- DELETE: 데이터 삭제

REST API 설계 철학으로 API를 구현하면 항상 묶음 단위로 만들어지게 된다. 특정 자원에 대한 행위가 딱 하나만 존재하는 경우는 잘 없기 때문이다. 예를 들어 **'상점(Store)이라는 자원(Resource)에 대해 이루어질 수 있는 행위(Method)는 총 5가지가 존재한다'**라는 개념을 DRF를 활용해서 REST API로 설계하려 한다면 [코드 5-30]과 같이 ViewSet을 작성하면 된다.

```python
from rest_framework import viewsets

class StoreViewSet(viewsets.GenericViewSet):

    def list(self, request: Request, *args: Any, **kwargs: Any) -> Response:
        # 상점을 목록 조회하는 코드, 개발자가 직접 구현
        return Response(...)

    def retrieve(self, request: Request, *args: Any, **kwargs: Any) -> Response:
        # 상점을 상세 조회하는 코드, 개발자가 직접 구현
        return Response(...)

    def create(self, request: Request, *args: Any, **kwargs: Any) -> Response:
        # 상점을 생성하는 코드, 개발자가 직접 구현
        return Response({"detail": "상점 생성이 완료됐습니다."})

    def update(self, request: Request, *args: Any, **kwargs: Any) -> Response:
        # 상점을 전부 수정하는 코드, 개발자가 직접 구현
        return Response({"detail": "상점 수정이 완료됐습니다."})

    def partial_update(self, request: Request, *args: Any, **kwargs: Any) -> Response:
        # 상점을 부분 수정하는 코드, 개발자가 직접 구현
        return Response({"detail": "상점 일부 정보 수정이 완료됐습니다."})

    def destroy(self, request: Request, *args: Any, **kwargs: Any) -> Response:
        # 상점을 삭제하는 코드, 개발자가 직접 구현
        return Response({"detail": "상점 삭제가 완료됐습니다."})
```

코드 5-30 DRF ViewSet 구현 예시

💡 [코드 5-26]의 함수 기반 뷰와 동일한 API 스펙을 가지고 있다. 양쪽 코드를 비교하면서 이해해보자.

그리고 ViewSet을 [코드 5-30]과 같은 방식으로 구현하고 [코드 5-31]처럼 DRF 라우터에 ViewSet을 등록하면 [표 5-1]과 같은 API 6개가 만들어진다.

```
from django.urls import include, path
from rest_framework.routers import DefaultRouter


router = DefaultRouter()
router.register(prefix=r"stores", viewset=StoreViewSet, basename="store")


urlpatterns = [

    path("drf-api-examples/", include(router.urls)),
]
```

코드 5-31 DRF ViewSet을 라우터에 등록 후 라우터를 URL dispatcher에 등록

URL	HTTP 메서드	설명
/stores/	GET	상점 목록을 조회한다.
/stores/{pk}/	GET	특정 상점 정보 1개를 조회한다.
/stores/	POST	상점을 생성한다.
/stores/{pk}/	PUT	상점 1개의 모든 데이터를 수정한다.
/stores/{pk}/	PATCH	상점 1개의 일부 데이터를 수정한다.
/stores/{pk}/	DELETE	특정 상점 1개를 삭제한다.

표 5-1 만들어진 HTTP 메서드

REST 아키텍처는 자원을 복수형plural으로 표기하는 것을 권장한다.

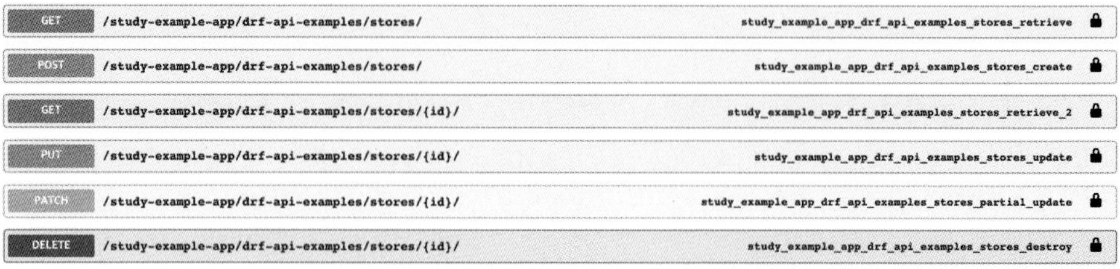

그림 5-23 StoreViewSet에 선언된 6개의 API(drf-spectacular로 자동 문서화됨)[4]

REST 아키텍처는 HTTP를 사용해서 API 설계할 때 권장되는 일관성 있는 규칙을 말한다. 여기에는 다양한 조건이 존재한다. 이러한 규칙을 활용해서 API를 설계한다. API를 설계하면서 대부분의 개

---

4 이 경우에는 DRF View Mixin를 상속받지 않았기 때문에 실제로 동작하지는 않는다.

발자가 준수하는 규칙 중 하나가 HTTP 메서드 행위에 대한 것이다. 단순히 HTTP 메서드를 따르는 규칙만 지켜도 매우 일관성 있는 API를 설계할 수 있다. REST한 API를 설계할 때 URL에 동사가 들어가는 것은 최대한 배제해야 한다.

[안티 패턴] REST하지 않은 API 설계

- /signup/ POST – 회원 가입
- /withdraw POST – 회원 탈퇴
- /user/list GET – 회원 목록 조회

URL에 다양한 명사 또는 동사를 넣어서 URL 자체가 마치 변수명처럼 보이기도 하고 문장처럼 보이는 API 설계 유형은 흔히 볼 수 있는 REST하지 않은 API 설계 사례이다.

[모범 사례] REST한 API로 설계

- /users/ POST – 회원 가입
- /users/ DELETE – 회원 탈퇴
- /users/ GET – 회원 목록 조회

REST 아키텍처는 HTTP를 잘 사용할 수 있는 방법을 제안하는 아키텍처다. 요즘엔 사실상 표준이 되어버렸지만 단지 제안일 뿐 반드시 지켜야 하는 것은 아니다. 하지만 REST 아키텍처를 지킬 수록 일관된 API 설계 구조를 만들 수 있다. REST 아키텍처는 매우 일관성 있는 API 설계에 도움을 주지만 너무 집착할 필요는 없다. 개발자는 언제나 일관성 있는 API를 설계하기 위해 노력한다. 하지만 실무에서 완벽한 RESTful API를 설계하는 것은 매우 까다로운 일이다. 빠르게 변화하는 비즈니스 로직을 대응하다 보면 REST 아키텍처 규격을 지키지 못하는 경우가 많이 생긴다. 미래를 완벽히 예측하는 아키텍처를 만드는 것은 어렵다.

REST에는 단독으로 존재하는 API 개념이 없다. 특정 자원(리소스)에 대한 여러 행위(메서드)가 존재한다는 개념이다. DRF를 처음 접하는 입문자가 **DRF를 어려워하는 이유 중 하나가 REST에 단독으로 존재하는 API 개념이 없는데도 ViewSet을 사용해서 내가 원하는 API 하나를 간단하게 구현하고 싶어하기 때문이다.** 단독으로 존재하는 API를 만들려고 할 때 DRF 클래스 기반 뷰를 사용하면 코드는 오히려 직관적이지 않게 된다.

```
@api_view(http_method_names=["GET"])
def function_based_view_with_drf(request: Request) -> Response:
    request.query_params["a_param"]  # "aa"
    request.query_params["b_param"]  # "bb"
```

```
request.path  # "/drf-fbv"
request.headers["Content-Type"]  # "application/json"
request.content_type  # "application/json"
request.data  # {"message": "hello DRF FBV"}

return Response(data={"message": "drf fbv 예시입니다."})
```

코드 5-32 DRF 함수 기반 뷰 구현 예시

단독으로 존재하는 API를 만들 때는 함수 기반 뷰가 더 직관적이다.

```
urlpatterns = [
    path("fbv-drf/", function_based_view_with_drf, name="drf-fbv-example"),
]
```

코드 5-33 DRF 함수 기반 뷰 URL dispatcher에 등록

DRF에 구현한 REST API 이외에 새로운 API를 추가하고 싶다면 DRF 라우터를 커스터마이징하거나 @action 데코레이터를 활용해야 한다. 이와 관련된 내용은 5.4.5절에서 더 자세하게 다룰 것이다.

5.4 DRF 뷰

장고가 제공하는 뷰 구현체 대부분이 템플릿 기반 개발을 위한 기능을 가지고 있다. 따라서 단순히 장고만 사용해서 API 기반 개발을 하려 한다면 클래스 기반 뷰가 가지는 장점을 거의 살릴 수 없다. 또한 장고의 HTTP Request와 Response도 편의성 측면에서 아쉬운 점이 많다. 그래서 API 기반 개발을 목적으로 한다면 뷰 모듈만큼은 DRF의 구현체를 사용할 것을 권장한다.

> **NOTE** **구현체**
> 추상적인 개념과 이론 또는 실제적인 인터페이스를 가지고 있는 동작 가능한 모듈을 구현체라고 부른다. 공식적인 용어는 아니지만 개발 업계에서 어느 정도 통용되는 용어다.

5.4.1 DRF 함수 기반 뷰

함수 기반 뷰는 [코드 5-34]와 같은 구조를 가진다

```python
from rest_framework.decorators import api_view
from rest_framework.request import Request

@api_view(http_method_names=["GET", "POST"])
def hello_drf_fbv(request: Request):
    # 내부 동작 구현...
    return Response(data={"message":"Hello DRF FBV"})
```

코드 5-34 함수 기반 뷰를 사용하고 싶을 때 @api_view 데코레이터 선언

```python
# urls.py
from study_example_app.views import hello_drf_fbv

urlpatterns = [
    path("drf-fbv/", view=hello_drf_fbv, name="hello-drf-fbv"),
]
```

코드 5-35 URL dispatcher에 함수 기반 뷰 등록

DRF 함수 기반 뷰 선언은 간단하다. @api_view라는 데코레이터를 붙이면 DRF 함수 기반 뷰가 되고 그렇지 않으면 장고 함수 기반 뷰다. 큰 차이가 없기 때문에 장고 함수 기반 뷰를 선택해도 괜찮을 것이라고 생각할 수 있지만 MTV 방식의 웹 애플리케이션 개발이 아니라면 DRF의 함수 기반 뷰를 선택하기 바란다. 왜냐하면 DRF 뷰(함수 기반 뷰와 클래스 기반 뷰)에서는 API를 개발하는 데 더 많은 편의를 제공하기 때문이다. 그중 하나가 Request와 Response를 좀 더 편하게 다룰 수 있는 기능이다.

5.4.2 DRF Request와 Response

장고의 뷰는 5.1절에서 직접 구현해봤던 것처럼 byte 배열 덩어리인 HTTP 패킷을 개발자가 다루기 쉽게 파이썬 인스턴스에 담아 전달해주는 역할을 한다.

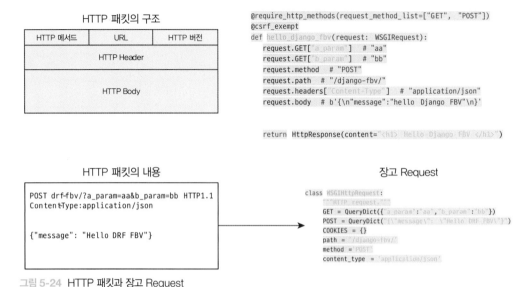

그림 5-24 HTTP 패킷과 장고 Request

[그림 5-24]에 표현된 것처럼 장고는 HTTP 패킷을 HttpRequest 객체에 담아서 뷰에 넘겨준다. 초난감 웹 서버를 구현하면서 배웠듯이 HTTP 패킷은 일관성 있는 구조로 이루어진 byte 배열 덩어리일 뿐이다. 장고는 이러한 byte 배열 덩어리를 자신이 구현한 HttpRequest라는 파이썬 객체에 담고 뷰 계층View Layer에 전달함으로써 더 편리하게 개발할 수 있도록 도와준다. DRF는 장고의 HttpRequest(from django.http import HttpRequest)를 감싸는 자신만의 Request(from rest_framework.request import Request) 객체를 새로 만들어서 사용한다. DRF의 함수 기반 뷰를 사용하라고 권장하는 이유는 DRF Request와 Response의 간결함 및 직관성 때문이다.

```python
@api_view(http_method_names=["GET", "POST"])
def function_based_view_with_drf(request: Request):
    request.query_params["a_param"]  # "aa"
    request.query_params["b_param"]  # "bb"
    request.path  # "/drf-fbv"
    request.headers["Content-Type"]  # "application/json"
    request.content_type  # "application/json"
    request.data  # {"message": "hello DRF FBV"}
```

코드 5-36 DRF는 HTTP 패킷을 Request 객체에 담아서 뷰에 넘겨줌

[코드 5-36]과 같이 body 부문의 데이터를 받을 때는 request.data라는 프로퍼티를 사용해서 bytes 타입인 데이터를 딕셔너리 타입으로 변환해준다. 또한 HTTP 쿼리스트링^{QueryString}에 request.query_params라는 좀 더 직관적인 변수명을 사용한다.

DRF Request와 Response를 사용하는 방법은 간단하다. @api_view를 붙이기만 하면 DRF 함수 기반 뷰가 되기 때문에 뷰의 입출력 값을 DRF의 Request와 Response로 사용할 수 있다. 함수 기반 뷰라 할지라도 장고의 뷰를 사용하는 것보다 DRF 뷰를 사용할 것을 권장하는 이유는 이러한 편의성 측면에서 장점이 많기 때문이다. 물론 장고 닌자를 사용하지 않는다고 전제했을 때 장고의 함수 기반 뷰보다 DRF의 함수 기반 뷰가 낫다는 의미이다.

5.4.3 DRF ModelViewSet

안티 패턴: 홀리몰리 아키텍처

ModelViewSet을 설명하기 전에 DRF를 사용했을 때 쉽게 만들어질 수 있는 안티 패턴을 설명하겠다. 보통 장고 모델은 테이블 구조를 설계할 때 연계해서 많이 사용한다. DRF Serializer는 모델의 속성을 그대로 이어받아서 사용할 수 있도록 ModelSerializer를 제공해준다. 그리고 여기서 DRF ModelViewSet이 만들어지는 과정을 예로 들어보겠다. 1개의 테이블 속성이 1개의 모델에 그대로 이어진 상태에서 이 1개의 모델이 1개의 ModelSerializer(API 스키마) 속성을 그대로 상속받아 ModelViewSet이 만들어졌다고 생각해보자. 결과적으로 [그림 5-25]와 같이 1개의 테이블이 1개의 REST API 리소스가 되어버리는 구조가 만들어졌는데 이러한 경우를 실무에서 심심찮게 볼 수 있다. DRF 공식 문서에서도 이러한 사용법을 제시하고 있다. 하지만 이러한 구조는 안티 패턴이라는 것을 명심해야 한다.

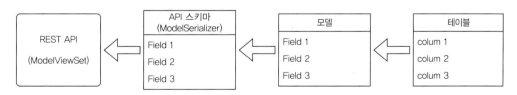

그림 5-25 백엔드 애플리케이션의 주요 모듈들이 삼위일체된 아키텍처가 만들어짐

테이블, 모델, DRF Serializer가 따로 존재하지만 결국 개발자가 작성한 모델 하나에 전부 의존하고 있는 상황이다. 프로젝트가 이런 구조를 가지게 되면 백엔드 애플리케이션은 그저 데이터베이스 테이블을 프록시해주기 위한 API 서버로 전락해버린다. 또한 이러한 구조는 비즈니스 로직을 거의 갖지 못하게 하기 때문에 프로젝트의 유지 보수가 힘들어진다. 백엔드 애플리케이션 개발은 복잡한 비즈니스 로직을 구현하는 데 목적이 있다. 하지만 이러한 구조는 어떠한 비즈니스 로직도 가지고 있지 않다. 홀리몰리 아키텍처HolyMoly Architecture는 [코드 5-37]과 같이 DRF의 기본 구현체를 상속받는 것만으로도 간단하게 만들어지는 REST API를 말한다.

```python
from rest_framework import serializers
from rest_framework import viewsets


class UserSerializer(serializers.ModelSerializer):
    class Meta:
        model = User
        fields = "__all__"

class UserViewSet(viewsets.ModelViewSet):
    queryset = User.objects.all()
    serializer_class = UserSerializer

# urls.py
router.register(r'users', UserViewSet, basename='user')
urlpatterns = [
    path('api/', include(router.urls)),
]
```

코드 5-37 홀리몰리 아키텍처 완성

이렇게 단 몇 줄만으로 User CRUD API를 완성했다. 실제로 완벽하게 동작하는 API들이며 DRF 공식 문서에도 이런 식으로 하면 된다고 소개하고 있다. 하지만 실무에서 이런 형태로 개발하면 상황이 달라진다. 단순히 User CRUD API만 보면 문제없겠지만 전체적인 프로젝트의 관점으로 봤을 때 백엔드 애플리케이션에서 해줘야 할 책임을 프런트엔드에 전가하는 구조가 만들어진다.

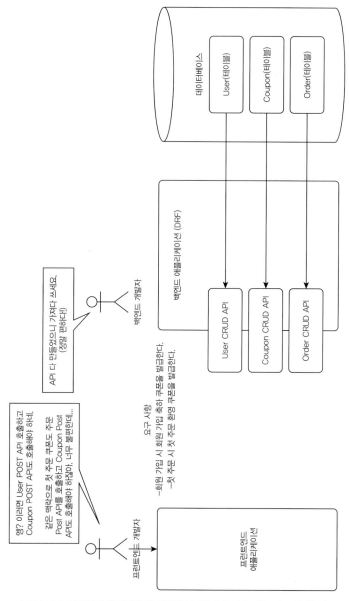

그림 5-26 백엔드가 홀리몰리 아키텍처로 구성되면 프런트엔드가 고통받는다.

이것은 단순히 누가 편하고 불편하고의 문제가 아니라 더 심각한 상황을 불러 일으킨다. 비즈니스 로직 구현에 대한 주된 책임은 백엔드 애플리케이션에 있다. 비즈니스 로직을 구현해서 데이터의 정합성과 원자성을 보장하는 것이 백엔드 애플리케이션의 역할이다. 다음과 같이 회원 가입이라는 비즈니스 로직을 구현해야 한다고 해보자.

위 요구 사항대로 회원 가입 기능에 단순히 User 데이터 생성뿐 아니라 쿠폰 데이터가 생성되는 것까지 포함되어야 한다고 가정했을 때 이 기능의 구현 책임은 백엔드 애플리케이션에 있다. 프런트엔드는 User POST(회원 가입) API를 호출하는 것 만으로도 쿠폰 생성이 되는 것을 보장받아야 한다.

하지만 홀리몰리 아키텍처로 구현된 백엔드 애플리케이션은 프런트엔드에게 책임을 떠넘긴다.

홀리몰리 아키텍처는 ModelViewSet을 사용해서 무분별하게 만들어진 테이블과 1:1 매칭되는 CRUD API가 비즈니스 로직의 구현 책임을 프런트엔드에게 전가하고 있는 상황 또는 구조를 말한다. ModelViewSet을 사용할 때는 이런 상황이 만들어지지 않도록 주의해야 한다. 물론 프로젝트 초기 모델로써는 이러한 아키텍처가 꽤나 괜찮은 구조일 수 있다. 초기 스타트업과 같이 극악의 개발 속도를 요구하는 프로젝트에서 DRF의 ModelViewSet과 ModelSerializer는 매우 빠른 개발 속도를 보여줄 수 있다. 요구 사항만 정확히 정의된다면 2~3주 안에 바로 동작이 가능한 수십 개의 API를 완성할 수도 있다. 물론 상세한 비즈니스 로직이 그리 많지 않다는 전제가 깔려 있다.

ModelViewSet 구현: 회원 관리

ModelViewSet은 serializer_class 하나만 사용해서 CRUD API를 구현하는데 실무에서 단일 Serializer로 모든 API를 매핑할 수 있는 경우는 그리 많지 않다. 단순히 회원 가입만 생각해봐도 알 수 있다.

- 회원 생성(create) 시에는 password를 입력해야 하지만 조회(list, retrieve) 시에는 password 정보를 제외해야 한다.
- 회원 생성(create) 시에는 username을 입력해야 하지만 수정(update) 시에는 username을 입력해도 수정되어서는 안 된다.
- 회원 목록 조회(list) 시 조회되는 정보보다 회원 상세 조회(retrieve) 시 조회되는 정보가 더 많다.

UserSchema(==UserSerializer) 하나에 위와 같은 구현을 전부 담으면 UserSchema의 책임이 너무 커지고 가독성 측면에서도 그리 좋지 않다. 이럴 때에는 API별로 사용하는 Serializer가 각각 다르게 ModelViewSet을 구현하는 것이 좋다.

```python
from rest_framework import viewsets
from drf_spectacular.utils import extend_schema, extend_schema_view


@extend_schema_view(
    list=extend_schema(summary="회원 목록 조회", tags=["회원 관리"]),
    retrieve=extend_schema(summary="회원 상세 조회", tags=["회원 관리"]),
    create=extend_schema(summary="회원 가입", tags=["회원 관리"]),
    partial_update=extend_schema(summary="회원 수정", tags=["회원 관리"]),
)
class UserViewSet(viewsets.ModelViewSet):
    """
        ModelViewSet을 사용한
    """

    queryset = User.objects.all()
    serializer_class = UserSchema
    serializer_classes = {
        "list": UserSchema,
        "retrieve": UserDetailSchema,
        "create": UserRequestBody,
        "update": UserRequestBody,
        "partial_update": UserRequestBody,
    }

    def get_serializer_class(self) -> Type[Serializer]:
        return self.serializer_classes.get(self.action, self.serializer_class)
```

코드 5-38 ModelViewSet 구현 예시

이러한 방식은 가장 적은 양의 코드로 구현할 수 있는 방법이지만 ModelViewSet에 너무 많은 로직이 감춰져 있어서 내부에서 어떻게 동작하는지 이해하기 어렵다. 따라서 ModelViewSet을 쓰지 않는 방식도 알아보자.

```python
from drf_spectacular.utils import extend_schema, extend_schema_view
from rest_framework import viewsets
from rest_framework.viewsets import GenericViewSet
from rest_framework.generics import get_object_or_404
from rest_framework.request import Request
from rest_framework.response import Response


class UserViewSet(viewsets.GenericViewSet):
    queryset = User.objects.all()
    serializer_class = UserSchema

    @extend_schema(summary="회원 목록 조회", tags=["회원 관리"])
    def list(self, request: Request, *args: Any, **kwargs: Any) -> Response:
        queryset = self.filter_queryset(self.get_queryset())
        page = self.paginate_queryset(queryset)
        serializer = self.get_serializer(page, many=True)
        return self.get_paginated_response(serializer.data)

    @extend_schema(summary="회원 상세 조회", tags=["회원 관리"])
    def retrieve(self, request: Request, pk: str,) -> Response:
        instance: User = get_object_or_404(queryset=User.objects.filter(id=pk))
        serializer = UserDetailSchema(instance)
        return Response(serializer.data)

    @extend_schema(summary="회원 가입", tags=["회원 관리"])
    def create(self, request, *args, **kwargs):
        serializer = UserRequestBody(data=request.data)
        serializer.is_valid(raise_exception=True)
        serializer.save()
        headers = self.get_success_headers(serializer.data)
        return Response(serializer.data, status=status.HTTP_201_CREATED, headers=headers)

    @extend_schema(summary="회원 수정", tags=["회원 관리"])
    def update(self, request: Request, pk: int, *args: Any, **kwargs: Any) -> Response:
        instance: User = get_object_or_404(queryset=User.objects.filter(id=pk))
        serializer = UserRequestBody(instance, data=request.data, partial=False)
        serializer.is_valid(raise_exception=True)
        serializer.save()
        return Response(serializer.data)

    @extend_schema(summary="회원 부분 수정", tags=["회원 관리"])
    def partial_update(self, request: Request, pk: int, *args: Any, **kwargs: Any) ->
Response:
```

```
instance: User = get_object_or_404(queryset=User.objects.filter(id=pk))
serializer = UserRequestBody(instance, data=request.data, partial=True)
serializer.is_valid(raise_exception=True)
serializer.save()
return Response(serializer.data)
```

코드 5-39 ModelViewSet과 동일한 동작을 하는 ViewSet

[코드 5-38]과 [코드 5-39]는 동일한 동작을 하도록 구현되었다. 실제 ModelViewSet 내부 구현
도 [코드 5-39]와 거의 동일하다. ViewSet은 이와 같은 방식으로 선언하고 복잡한 비즈니스 로직은
Serailizer 단으로 내려주거나 아니면 비즈니스 로직을 담당할 서비스 계층을 따로 구현하는 것이 좋
다. 이처럼 ViewSet을 최대한 단조롭게 유지하는 것이 장기적인 프로젝트 관리 관점에서 더 안정적
이다.

5.4.4 DRF 라우터: DefaultRouter

장고는 url.py에서 각 자원 경로 즉, URL을 하나하나 명시하도록 되어 있다. 하지만 RESTful API
설계에서는 각 자원별로 규칙성을 가지는 URL 형태를 가지게 된다. 이러한 규칙성을 가진 URL을 미
리 정해놓고 ViewSet을 등록하기만 하면 알아서 RESTful API를 선언해주는 모듈이 DRF 라우터이
다. 그중 DefaultRouter를 사용하면 [표 5-2]와 같은 구조의 RESTful API를 편하게 만들 수 있다.

URL	HTTP 메서드	DRF 뷰 메서드	설명
/{자원 이름}/	GET	list	상정 목록을 조회한다.
/{자원 이름}/{pk}/	GET	retrieve	특정 상점 1개를 상세 조회한다.
/{자원 이름}/	POST	create	상점을 생성한다.
/{자원 이름}/{pk}/	PUT	update	상점를 전부 수정한다.
/{자원 이름}/{pk}/	PATCH	partial_update	상점 일부를 수정한다.
/{자원 이름}/{pk}/	DELETE	destroy	특정 상점 1개를 삭제한다.

표 5-2 RSET 아키텍처의 HTTP 메서드와 대응되는 DRF ViewSet 메서드

[표 5-2]에서 보듯이 DRF는 REST 아키텍처를 ViewSet이라는 뷰 구현체에 녹여냈다.

```python
# urls.py
from rest_framework.routers import DefaultRouter

router = DefaultRouter()

router.register(prefix=r"users", viewset=UserViewSet, basename="user")
router.register(prefix="products", viewset=ProductViewSet, basename="product")
router.register(prefix="stores", viewset=StoreViewSet, basename="store")
router.register(prefix="orders", viewset=OrderViewSet, basename="order")
router.register(prefix="staffs", viewset=StaffViewSet, basename="staff")

urlpatterns = [
    path("api/", include(router.urls)),
]
```

코드 5-40 DRF DefaultRouter 사용 예시

[코드 5-40]과 같이 DRF DefaultRouter를 사용하는 방식은 API를 path로 하나하나 등록하던 [코드 5-41]과 같은 기존 방식에 비해 매우 깔끔하다.

```python
urlpatterns = [
    # user 목록 조회 API
    path(route="users/", view=user_view, name="user-list-api"),
    # DefaultRouter에 등록된 5개의 ViewSet을 path() 선언하려 한다면
    # path()를 5x6개만큼 더 선언해줘야 한다.
]
```

코드 5-41 장고 path를 사용해서 API를 선언하던 기존 방식

5.5 함수 기반 뷰(장고 닌자) vs 클래스 기반 뷰(DRF)

장고 닌자는 FastAPI의 함수 기반 뷰 방식에서 영감을 받아 만들어졌다. 따라서 FastAPI와 동일하게 직렬화 모듈로 Pydantic을 사용하며 API 개발 방식도 FastAPI의 설계 구조와 매우 흡사하다. DRF가 항상 API를 클래스 묶음 단위로 구성했던 것과 달리 장고 닌자를 사용하면 단일 API 1개 단위로 편하게 구성할 수 있다. 장고 뷰 계층을 개발하기 위한 선택지는 다양하다. 대체로 백엔드 서버를 개발하게 된다면 장고 닌자와 DRF 중 어떤 것을 사용해야 할지 고민될 것이다. 어떤 것을 선택해도 무방하다. 각각의 장단점이 명확하기 때문에 각 도구의 철학을 이해하고 그에 맞게 API를 설계하면 전혀 문제 되지 않는다. 결국은 언제나 그렇듯 결과물은 개발자의 역량에 달려 있다.

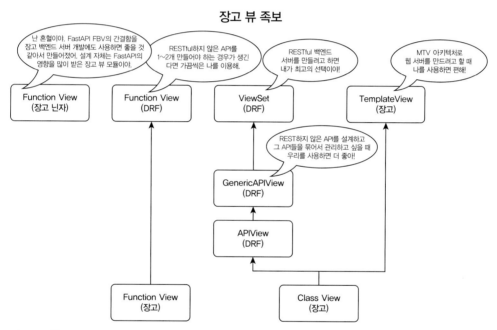

그림 5-27 한눈에 보는 장고의 뷰 족보

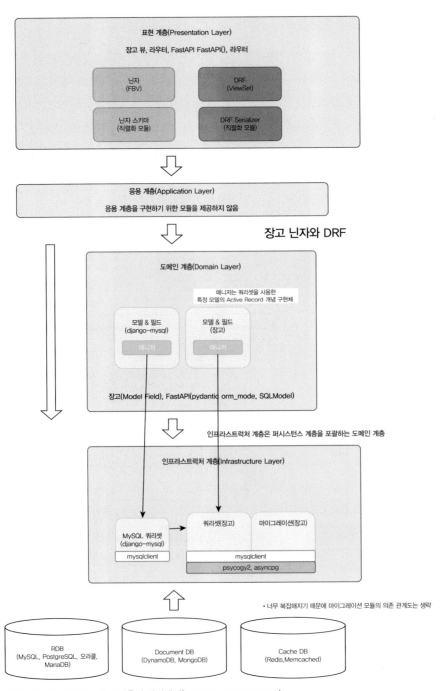

그림 5-28 한눈에 보는 장고 계층화 아키텍처(Layered Architecture)

지금부터 몇 가지 질문으로 장고 닌자와 DRF 중 어떤 것이 더 적합한지 알아보자.

개발하고자 하는 API의 개수가 많은가?

DRF 클래스 기반 뷰는 가장 적은 코드로 가장 많은 API를 만들 수 있다. 애초에 DRF Mixin이라는 구현체를 상속받아 구현할 수도 있기 때문에 개발해야 하는 API 개수가 많고 API 간의 동작이 단조롭다면 DRF가 좋은 선택이 될 수 있다. 다시 말해 API 간의 동작이 단조롭다면 DRF를 사용해서 최소한의 개발자만으로도 빠르게 개발할 수 있다. 적은 수의 개발자로 단 기간에 많은 양의 API를 필요로 하는 개발 프로젝트에서 DRF는 꽤나 매력적인 도구다.

개발하고자 하는 API를 REST하게 설계하기 어려운가?

개발하고자 하는 서비스를 분석하다 보면 REST한 설계가 잘 안 나오는 경우가 있다. 이럴 때 API를 개발하는 데 DRF가 걸림돌처럼 느껴질 수 있다.

- 주문 접수
- 주문 수락
- 주문 전달
- 주문 배송 업체 선정

위 4개의 API를 개발해야 하는 상황이라면 이들을 REST하게 묶기 어렵다. REST한 API를 설계하면 다음과 같이 만들어질 것이다.

- order/ POST(주문 접수: 주문을 생성)
- order/{pk}/ PATCH(주문 수락, 주문 배송 업체 선정 : 주문 정보를 부분 수정)
- 주문 전달(???)

주문 접수라는 행위는 생성에 해당하므로 POST 행위에 매칭되는 것에는 큰 이견이 없을 것이다. 하지만 주문 수락이라는 행위도 수정에 해당하고 주문 배송 업체 행위도 수정에 해당한다. 이렇게 되면 동일한 API 1개 내부에 주문 배송 업체 선정, 주문 수락이라는 중요하고 복잡한 비즈니스 로직이 뒤섞여버릴 수 있다. 또한 주문 전달이라는 행위는 어디에 매핑시켜야 할지 모호해진다. 이럴 때에는 무조건 REST 아키텍처를 지키는 것이 아니라 API를 분리하는 것과 같은 조치를 취해야 한다.

- order/ POST(주문 접수)
- order/{pk}/approval/ PATCH(주문 수락)
- order/{pk}/delivery-platform/ PATCH(주문 배송 업체 선정)
- order/{pk}/delivery/ POST(주문 전달)

이러한 API가 추가될 때 DRF ViewSet으로 자연스럽게 대처할 수 있다.

```python
from rest_framework.decorators import action
from rest_framework import viewsets


class OrderViewSet(viewsets.GenericViewSet):
    def create(self, request: Request, *args: Any, **kwargs: Any) -> Response:
        ...

    @action(url_path="approval", detail=True, methods=["PATCH"])
    def approval(self, request: Request, *args, **kwargs):
        ...

    @action(url_path="delivery-platform", detail=True, methods=["PATCH"])
    def delivery_platform(self, request: Request, *args, **kwargs):
        ...

    @action(url_path="delivery", detail=True, methods=["POST"])
    def delivery(self, request: Request, *args, **kwargs):
        ...
```

코드 5-42 DRF ViewSet으로 추가 API 확장 시 대처하는 방법 예시

REST하지 않은 API라고해서 DRF로 개발이 어려운 것은 아니다. REST를 공부해본 독자는 이미 알겠지만 RESTful 아키텍처는 굉장히 엄격하다. 이를 잘 지키는 것은 일관되고 직관적인 API를 설계하는 데 매우 좋지만 REST 아키텍처 기준에 지나치게 종속되면 오히려 개발 생산성이 저하될 수 있다. 끊임없이 고민하고 탐구하는 자세는 매우 중요하지만 특정 상황에서는 과감하게 REST를 배제하는 결정도 필요하다.

5.6 DRF 예외 처리

파이썬의 코딩 철학 중에는 'It's Easier to Ask Forgiveness than Permission(a.k.a EAFP)'라는 말이 있다. '허락보다 용서가 쉽다'[5] 정도로 해석할 수 있는데 파이썬에서는 코드를 작성할 때 허락받는 것보다 저지르고 나서 처리하는 것이 더 낫다는 의미이다. 아직은 이 말을 온전히 이해하기 어려울 테니 어떤 의미인지 [코드 5-43]을 보며 알아보자.

---

5 한국에서는 남편이 게임기를 살 때 아내에게 허락받고 사는 것보다 일단 사고 나서 용서를 구하는 것이 더 쉽다는 의미로 더 많이 사용되는 것 같다.

```
def add_num(n1, n2):
    return n1 + n2


if __name__ == '__main__':
    print(add_num(1, 2))
    print(add_num(1, "2"))  # 에러 발생 str과 int는 '+'연산이 불가능하다
    print(add_num("1", 2))  # 에러 발생 str과 int는 '+'연산이 불가능하다
    # (TypeError: unsupported operand type(s) for +: 'int' and 'str')
```

코드 5-43 문제가 있는 코드 예시

[코드 5-43]에서는 에러가 발생한다. str(문자열)과 int(정수)는 + 연산이 불가능하기 때문이다.
함수로 들어오는 데이터 타입을 int로 보장하면 좋겠지만 어떠한 값이 들어올지 예측하기 어려운 상
황이라고 가정해보자. 이때 개발자는 방어적으로 코드를 작성해서 문제를 해결할 수 있다.

```
def add_num(n1, n2):
    if not isinstance(n1, int):
        n1 = int(n1)
    if not isinstance(n2, int):
        n2 = int(n2)

    return n1 + n2


if __name__ == '__main__':
    print(add_num(1, 2))     # 성공
    print(add_num(1, "2"))   # 성공
    print(add_num("1", 2))   # 성공
```

코드 5-44 문제를 수정한 코드 1: 허락을 구하는 스타일 코드

```
def add_num(n1, n2):
    try:
        return n1 + n2
    except TypeError:
        return int(n1) + int(n2)


if __name__ == '__main__':
    print(add_num(1, 2))     # 성공
    print(add_num(1, "2"))   # 성공
    print(add_num("1", 2))   # 성공
```

코드 5-45 문제를 수정한 코드 2: 용서를 비는 스타일 코드

위와 같이 2가지 방식으로 코드를 수정했다. 정리하면 [코드 5-44]와 같은 **허락을 구하는 스타일** 코드는 if 문으로 에러가 발생할 수 있는 부분을 미리 잡아서 처리하는 선조치의 개념으로 작성된 것이다. [코드 5-45]와 같이 **용서를 비는 스타일** 코드는 try except 문으로 에러가 발생하는 시점에 에러를 잡아서 처리하는 후 조치의 개념으로 작성된 것이다.

파이썬에서는 후자 스타일로 코드를 작성할 것을 권장한다.[6] DRF에는 에러를 처리하는 Exception Handler라는 모듈이 존재한다.

```
rest_framework.views.exception_handler
```

코드 5-46 ExceptionHandler

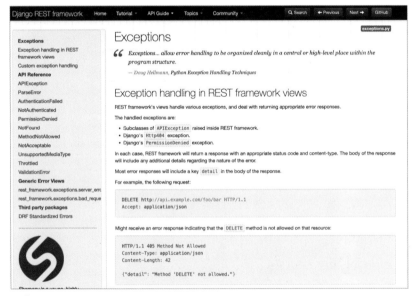

그림 5-29 ExceptionHandler

웬만한 웹 프레임워크는 이러한 ExceptionHandler 모듈을 가지고 있으며 DRF도 마찬가지다. DRF를 사용하면 로직상 어떤 문제가 생길 때 에러를 발생(raise)시키는 식으로 훨씬 간결하게 코드를 작성할 수 있다. 이렇게 발생시킨 에러는 DRF ExcpetionHandler가 잡아서 처리해준다. 하지만 아무런 처리 없이 에러를 발생시킨다면 백엔드 서버는 500 에러로 가득 차게 될 것이다. 따라서 DRF의 예외Exception 구현체를 정확히 이해하고 사용해야 한다.

....

6 135.375mm

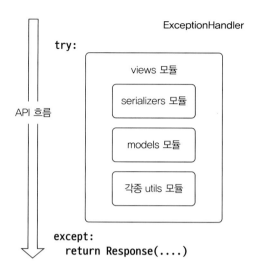

그림 5-30 DRF ExcpetionHandler 구조

ExcpetionHandler는 [그림 5-30]처럼 DRF 뷰 모듈을 감싸고 있는 구조로 설계되어 있다. 일종의 거대한 try except 구조를 띄고 있다고 보면 이해하기 쉬울 것이다. ExceptionHandler는 DRF의 자체 예외 처리 체계인 APIException을 잡아서 이 에러를 개발자가 정의한 HTTP 상태 코드[Status Code]로 변환해주는 역할을 한다. 예시를 살펴보자. [코드 5-47]과 같이 API를 작성하면 [그림 5-31]과 같은 응답 값을 얻을 수 있다.

```
from drf_spectacular.utils import extend_schema
from rest_framework.decorators import api_view
from rest_framework.exceptions import APIException


@extend_schema(summary="임시 API", request=None,tags=["example"])
@api_view(["GET"])
def example_api(request: Request, *args, **kwargs):
    raise APIException(detail={"message": "에러 상세 서술...."})
```

코드 5-47 APIException을 발생시키는 API

Code	Details
500 *Undocumented*	Error: Internal Server Error **Response body** ``` { "message": "에러상세 서술...." } ```

그림 5-31 APIException을 발생시키는 API의 응답 값

하지만 APIException이 아닌 파이썬의 기본 예외 처리로 내뱉도록 [코드 5-48]과 같이 작성하면 API는 [그림 5-32]와 같은 응답 값을 보여준다.

```python
@extend_schema(summary="임시 API", request=None,tags=["example"])
@api_view(["GET"])
def example_api(request: Request, *args, **kwargs):
    raise ValueError("에러 내용 상세 서술....")
```

코드 5-48 파이썬 기본 예외 처리를 하는 API

Code	Details
500 *Undocumented*	Error: INTERNAL SERVER ERROR Response body ```html <!doctype html> <html lang=en> <head> <title>ValueError: adsfasdfa // Werkzeug Debugger</title> <link rel="stylesheet" href="?__debugger__=yes&cmd=resource&f=style.css"> <link rel="shortcut icon" href="?__debugger__=yes&cmd=resource&f=console.png"> <script src="?__debugger__=yes&cmd=resource&f=debugger.js"></script> <script> ```

그림 5-32 파이썬 기본 예외 처리를 하는 API의 응답 값

```
File "/Users/soungryoulkim/workspace/DjangoBackendProgramming/apps/drf_example_app/views.py", line 56, in example_api
    raise ValueError("에러 내용 상세 서술....")
ValueError: 에러 내용 상세 서술....
```

그림 5-33 ValueError는 DRF가 관리하는 예외가 아니기 때문에 500 에러로 취급

> **NOTE** **500 에러(500 Internal Server Error)**
>
> 서버 측 문제로 인해 발생하는 HTTP 상태 코드가 500이다. HTTP 상태를 검색하면 좀 더 다양한 정보를 얻을 수 있다.

500이 아닌 다른 상태 코드와 에러 메시지로 조정이 필요하다면 [코드 5-49]와 같이 APIException 을 상속해서 커스텀 예외(CustomException)를 선언하고 사용하면 된다.

```python
class CustomException(APIException):
    status_code = status.HTTP_400_BAD_REQUEST
    default_detail = "따로 에러 메시지를 상세 서술하지 않으면 사용될 안내 문구 작성"
```

코드 5-49 커스텀 예외 선언 예시

그러고 나서 [코드 5-50]과 같이 사용하면 [그림 5-34]와 같은 응답 값을 얻을 수 있다.

```python
@extend_schema(summary="임시 API", request=None,tags=["example"])
@api_view(["GET"])
def example_api(request: Request, *args, **kwargs):
    raise CustomException()
```

코드 5-50 커스텀 예외 API 정의 예시

그림 5-34 커스텀 예외 API를 작성했을 때의 응답 값

DRF에서는 에러 메시지의 기본 키^{key} 값으로 detail이라는 명칭을 사용한다. 따라서 [코드 5-51] 과 같이 에러 메시지를 딕셔너리 형태로 커스터마이징하지 않는다면 [그림 5-35]처럼 기본적으로 detail을 쓴다.

```python
@extend_schema(summary="임시 API", request=None,tags=["example"])
@api_view(["GET"])
def example_api(request: Request, *args, **kwargs):
    raise CustomException("에러 문구 직접 작성")
```

코드 5-51 문자열로 에러 문구 작성 예시

Code
Details
400
Undocumented
Error: Bad Request
Response body
{
"detail": "에러문구 직접작성"
}

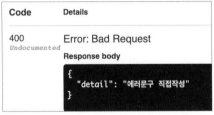

그림 5-35 문자열로 에러 문구를 작성하는 경우의 응답 값

에러 메시지를 딕셔너리 형태로 커스터마이징하려고 한다면 [코드 5-52]와 같이 작성한다. 그러면 [그림 5-36]과 같은 응답 값을 보여준다.

```
@extend_schema(summary="임시 API", request=None,tags=["example"])
@api_view(["GET"])
def example_api(request: Request, *args, **kwargs):
    raise CustomException({"message":"에러 문구 직접 작성"})
```

코드 5-52 딕셔너리 타입으로 에러 문구 작성 예시

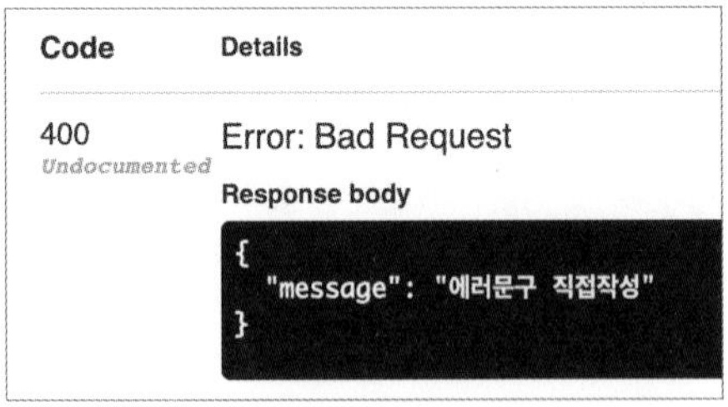

Code
Details
400
Undocumented
Error: Bad Request
Response body
{
"message": "에러문구 직접작성"
}

그림 5-36 딕셔너리 타입으로 에러 문구를 작성하는 경우의 응답 값

지금까지 다룬 내용으로 어떻게 하면 적절한 예외 처리를 할 수 있는지 알아보자. 로직상 문제가 생길 때 그 자리에서 로직을 종료할 수 있다는 장점을 활용해야 한다. [코드 5-53]과 [코드 5-54]를 살펴보자.

```
# views.py

@extend_schema(summary="임시 API2", request=None, tags=["example"])
@api_view(["GET"])
def signup_api(request: Request, *args, **kwargs):
    phone_number = request.data["phone_number"]
    username = request.data["username"]
```

```
        response: Response = something_check_about_welcome_coupon(phone_number, username)

        return response
```

[코드 5-53]의 something_check_about_welcome_coupon 함수 내부 로직은 비즈니스적으로 아무런 의미가 없다.

```
# models.py
def something_check_about_welcome_coupon(phone_number: str, username: str):
    if User.objects.filter(phone=phone_number).exists():
        return Response(
            status=status.HTTP_400_BAD_REQUEST,
            data={"message": "이미 해당 전화번호로 발급받은 아이디로 쿠폰이 발급되어 있습니다."}
        )

    if user := User.objects.filter(username=username).first():
        if user.has_welcome_coupon():
            return Response(
                status=status.HTTP_400_BAD_REQUEST,
                data={"message": "이미 해당 계정은 쿠폰을 가지고 있습니다."}
            )
        if user.is_already_use_welcome_coupon():
            return Response(
                status=status.HTTP_400_BAD_REQUEST,
                data={"message": "이미 쿠폰을 사용했습니다."}
            )
    return Response(
        status=status.HTTP_200_OK,
        data={"message": "별다른 문제가 없습니다."}
    )


class User(AbstractUser):
    ...

    def has_welcome_coupon(self) -> bool:
        # 실제 쿠폰을 가지고 있는지 확인하는 로직
        return random.choice([True,False])

    def is_already_use_welcome_coupon(self)-> bool:
        # 이미 쿠폰을 사용했는지 확인하는 로직
        return random.choice([True,False])
```

코드 5-54 모델 계층 쪽 예시 코드 작성

[코드 5-53]과 [코드 5-54]는 2가지 문제점을 가지고 있다.

1. DRF Response가 뷰 계층 바깥에서 생성되고 있다.
2. 모델 계층에서 에러가 발생한다면 이 에러를 반환해서 상위 계층으로 전달하려 하고 있다.

이 문제를 DRF APIException을 사용해서 개선해보자.

```python
# user.exceptions.py
class DomainException(APIException):
    status_code = status.HTTP_400_BAD_REQUEST
    default_detail = {"message" : "도메인 로직상 문제 발생..."}
    default_code = "invalid"
```

코드 5-55 커스텀 예외 선언

우선 [코드 5-55]와 같이 커스텀 예외 하나를 선언한다. 이후 models.py에서 부득이하게 로직을 종료시켜야 한다면 이 예외를 발생시킨다.

```python
# user.views.py
@extend_schema(summary="임시 API2", request=None, tags=["example"])
@api_view(["GET"])
def signup_api(request: Request, *args, **kwargs):
    phone_number = request.data["phone_number"]
    username = request.data["username"]

    something_check_about_welcome_coupon(phone_number, username)

    return Response(
        status=status.HTTP_200_OK,
        data={"message": "별다른 문제가 없습니다."}
    )
```

코드 5-56 뷰 계층 쪽 로직 수정 예시

```python
# user.models.py
def something_check_about_welcome_coupon(phone_number: str, username: str):
    if User.objects.filter(phone=phone_number).exists():
        raise DomainException(
            {"message": "이미 해당 전화번호로 발급받은 아이디로 쿠폰이 발급되어 있습니다."}
        )

    if user := User.objects.filter(username=username).first():
```

```
        user.has_welcome_coupon()
        user.check_already_use_welcome_coupon()


class User(AbstractUser):
    ...


    def has_welcome_coupon(self) -> None:
        if not # (실제 쿠폰을 가지고 있는지 확인하는 로직) :
            raise DomainException({"message": "이미 해당 계정은 쿠폰을 가지고 있습니다."})


    def check_already_use_welcome_coupon(self)-> bool:
        if not  # (이미 쿠폰을 사용했는지 확인하는 로직) :
            raise DomainException({"message": "이미 쿠폰을 사용했습니다."})
```

코드 5-57 모델 계층 쪽 로직 수정 예시

[코드 5-56]과 [코드 5-57]을 보면 user.models.py와 user.views.py 로직에 많은 변화가 일어난 것을 알 수 있다. 기존에는 모든 함수와 메서드의 성공 및 실패 결괏값을 반환받았던 것에 반해 새로 개선된 로직에서는 성공한 경우에는 그 결괏값을 반환하고 실패한 경우에는 DomainException을 발생시켜서 로직을 끝낸다. 이 DomainException은 DRF의 APIException을 상속받아 구현된 것으로, DRF Exceptionhandler 구현체인 rest_framework.views.exception_handler에서 거대한 try catch 문으로 에러를 처리하며 커스텀된 에러 메시지를 반환하면서 안정적으로 로직이 종료될 것이다. 이러한 방식은 복잡한 로직의 코드를 간결하게 만들어준다.

5.7 drf-spectacular: DRF API 문서 자동화

drf-spectacular는 OpenAPI Spec이라고 부르는 API 스펙 명세 표준 포맷을 DRF에서 사용할 수 있도록 연동해놓은 라이브러리다. drf-spectacular는 2020년 3월에 처음 릴리스되었고 DRF의 OpenAPI 3.0을 지원하는 유일한 오픈소스다.

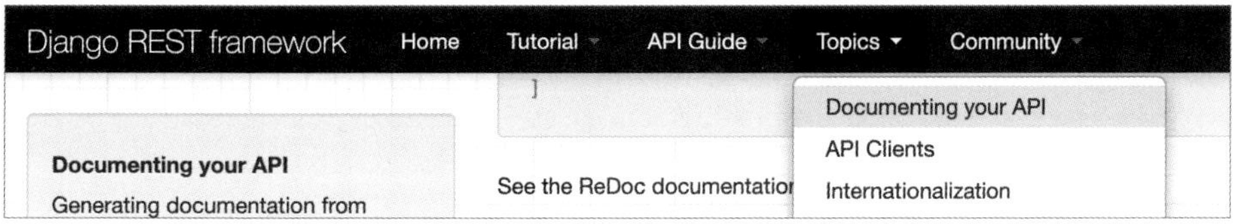

그림 5-37 DRF 공식 문서의 Documenting your API에서 API 문서화 주제를 다룸

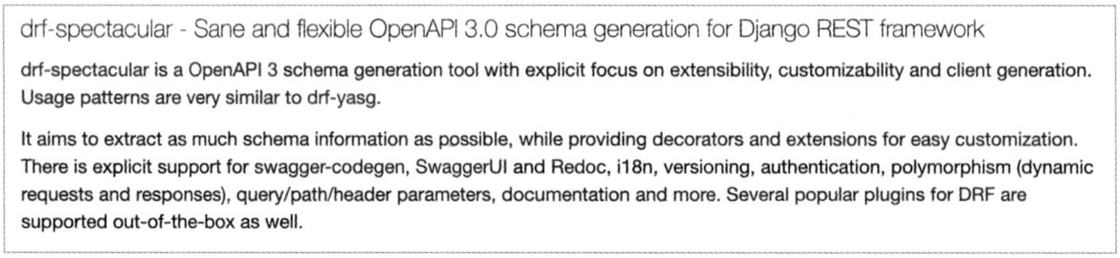

> drf-spectacular - Sane and flexible OpenAPI 3.0 schema generation for Django REST framework
>
> drf-spectacular is a OpenAPI 3 schema generation tool with explicit focus on extensibility, customizability and client generation.
> Usage patterns are very similar to drf-yasg.
>
> It aims to extract as much schema information as possible, while providing decorators and extensions for easy customization.
> There is explicit support for swagger-codegen, SwaggerUI and Redoc, i18n, versioning, authentication, polymorphism (dynamic
> requests and responses), query/path/header parameters, documentation and more. Several popular plugins for DRF are
> supported out-of-the-box as well.

그림 5-38 DRF 공식 문서에 언급되어 있는 drf-spectacular 관련 내용

drf-yasg는 DRF의 API 문서 자동화 라이브러리로 가장 많은 선택을 받고 있지만 안타깝게도 OpenAPI 3.0을 지원하지 않는다. drf-yasg의 공식 문서에도 OpenAPI 3.0을 원한다면 drf-yasg가 아닌 drf-spectacular를 사용할 것을 밝히고 있다. 따라서 이 책에서는 drf-spectacular를 사용한다. drf-spectacular를 배우기 전에 OpenAPI Spec이 무엇인지 알아보도록 하자.

OpenAPI 3.0 스펙(이하 OAS 3.0)에 대해 자세히 알면 좋지만 신입 개발자에게는 우선순위가 그리 높은 지식은 아니라고 생각한다. drf-spectacular와 같이 오픈소스에 컨트리뷰션하는 사람에게나 OAS 3.0 지식의 필요성이 체감될 뿐이라서 자세히 다루지는 않고 언제든지 찾아보고 사용할 수 있는 수준의 drf-spectacular 사용 예시를 살펴볼 것이다.

5.7.1 OpenApiParameter

API 문서의 HTTP 쿼리 파라미터를 명세하는 데 사용된다. 쿼리 파라미터란 [코드 5-58]과 같은 HTTP 요청에서 URL 물음표(?) 뒤에 붙는 문자열을 의미한다.

```
http://localhost :8000/api/users/?date_param=2020-12-18
```

코드 5-58 쿼리 파라미터

```python
from drf_spectacular.utils import extend_schema, OpenApiParameter, OpenApiExample
from drf_spectacular.types import OpenApiTypes
from drf_spectacular.utils import extend_schema
from rest_framework.request import Request
from rest_framework.response import Response
from rest_framework.viewsets import GenericViewSet
from user_management.schemas import UserDetailSchema, UserRequestBody, UserSchema


class UserViewSet(viewsets.GenericViewSet):
```

```python
        queryset = User.objects.all()
        serializer_class = UserSchema

    @extend_schema(
        operation_id="signup-api",  #
        parameters=[
            OpenApiParameter(
                name="date_param",
                type=OpenApiTypes.DATE,
                location=OpenApiParameter.QUERY,
                description="Filter by release date",
                examples=[
                    OpenApiExample(
                        "이것은 Query Parameter Example입니다.",
                        summary="날짜 예제1",
                        description="longer description",
                        value="1993-08-23",
                    ),
                    OpenApiExample(
                        "이것은 Query Parameter Example2입니다.",
                        summary="날짜 예제2",
                        description="longer description",
                        value="2020-11-23",
                    ),
                    OpenApiExample(
                        "이것은 Query Parameter Example3입니다.",
                        summary="날짜 예제3",
                        description="longer description",
                        value="2002-02-02",
                    ),
                ],
            ),
        ],
        summary="회원 가입",
        tags=["회원 관리"])
    def create(self, request: Request, *args, **kwargs):
        serializer = UserRequestBody(data=request.data)
        serializer.is_valid(raise_exception=True)
        serializer.save()
        headers = self.get_success_headers(serializer.data)
        return Response(
            serializer.data, status=status.HTTP_201_CREATED, headers=headers
        )
```

코드 5-59 OpenApiParameter 사용 예시

[코드 5-59]와 같이 선언했을 때 [그림 5-39]와 같은 API 문서를 보여준다.

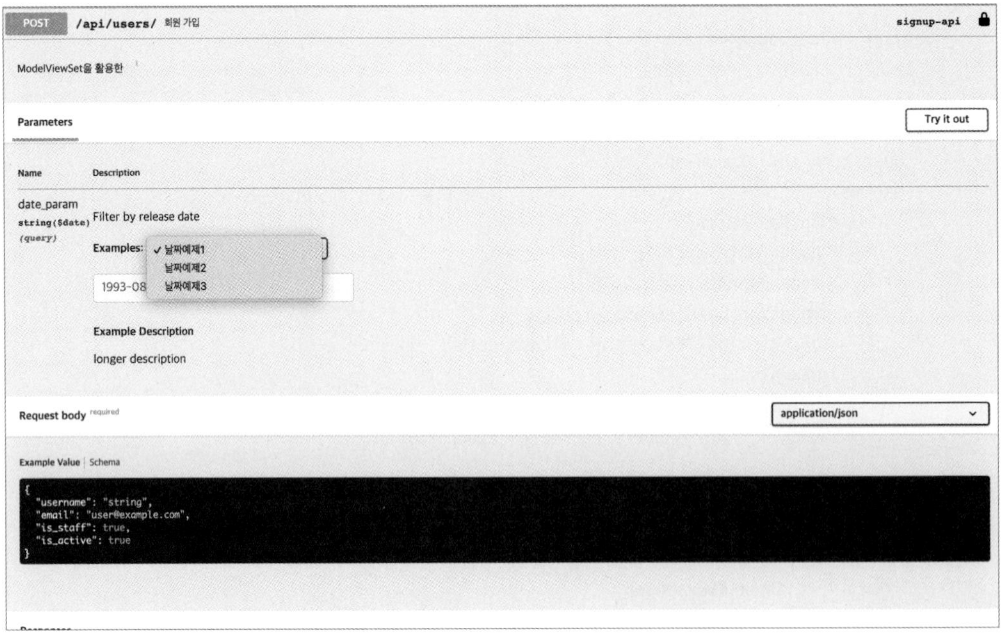

그림 5-39 OpenApiParameter 사용 시 보여주는 API 문서 결과

5.7.2 @extend_schema(request, responses)

@action 데코레이터로 커스텀 API를 선언한다면 DRF OpenAPI 문서는 해당 API의 request와 response를 알 수 없다. 따라서 개발자가 @extend_schema에 직접 request와 responses 스키마(Serializer)를 지정해줘야 한다.

```
from drf_spectacular.utils import extend_schema
from rest_framework import serializers
from rest_framework.request import Request
from rest_framework.response import Response
from rest_framework.viewsets import GenericViewSet


class CustomSchema(serializers.Serializer):
    int_data = serializers.IntegerField(help_text="숫자 데이터")
    str_data = serializers.IntegerField(help_text="문자열 데이터")
    date_data = serializers.DateField(help_text="날짜 데이터")
```

```
class CustomResponse(serializers.Serializer):
    detail = serializers.CharField(help_text="요청 결과에 대한 메시지")


class CustomErrorResponse(serializers.Serializer):
    message = serializers.CharField(help_text="400 에러가 발생한 이유를 서술합니다.")

class UserViewSet(viewsets.GenericViewSet):
    queryset = User.objects.all()
    serializer_class = UserSchema

    # ...

    @extend_schema(
        summary="커스텀 API",
        tags=["회원 관리"],
        request=CustomSchema,
        responses={
            status.HTTP_200_OK: CustomResponse,
            status.HTTP_400_BAD_REQUEST: CustomErrorResponse,
        }
    )
    @action(detail=False, methods=["POST"], url_path="custom-api", url_name="custom-api")
    def custom_action_api(self, request: Request) -> Response:
        serializer = CustomSchema(data=request.data, partial=False)
        serializer.is_valid(raise_exception=True)
        serializer.save()
        return Response(serializer.data)
```

코드 5-60 @extend_schema(request, responses) 사용 예시

[코드 5-60]과 같이 @extend_schema()에 request와 responses를 명시하면 [그림 5-40]과 같은 API 문서를 보여준다.

그림 5-40 @extend_schema(request, responses)를 명시할 때 보여주는 API 문서 결과

5.7.3 @extend_schema_serializer

API 문서에 예시 포맷을 같이 명시하고 싶다면 어떻게 해야 할까? 이럴 때에는 @extend_schema _serializer로 Serializer를 커스터마이징해 줄 수 있다.

```python
from drf_spectacular.utils import (
    OpenApiExample,
    extend_schema,
    extend_schema_serializer,
)
from rest_framework import serializers


@extend_schema_serializer(
    # many=True # 주석을 풀면 API 문서에 array 형태로 명시됩니다.
    # exclude_fields = ["int_data"] # 주석을 풀면 int_data가 API 문서에서 제외됩니다.
    examples=[
        OpenApiExample(
            "CustomSchemaEx1",
            summary="CustomSchema예제1",
            description="예시에 대한 설명",
            value={
                "int_data": 1234,
                "str_data": "커스텀 스키마 str data 예시입니다.",
                "date_data": "1997-12-19"
            },
            request_only=True,  # request 예시로만 사용 가능합니다.
            response_only=False,  # response 예시로 사용 못 하게 막습니다.
        ),
        OpenApiExample(
            "CustomSchemaEx2",
            summary="CustomSchema예제2",
            description="예시에 대한 설명2",
            value={
                "int_data": 4321,
                "str_data": "커스텀 스키마 str data 예시입니다222.",
                "date_data": "2022-11-19"
            },
            request_only=True,  # request 예시로만 사용 가능합니다.
            response_only=False,  # response 예시로 사용 못 하게 막습니다.
        ),
    ]
)
class CustomSchema(serializers.Serializer):
    int_data = serializers.IntegerField(help_text="숫자 데이터")
    str_data = serializers.IntegerField(help_text="문자열 데이터")
    date_data = serializers.DateField(help_text="날짜 데이터")
```

코드 5-61 @extend_schema_serializer

[코드 5-61]과 같이 [코드 5-60]에서 사용된 CustomSchema를 커스터마이징해주면 [그림 5-41]
과 같은 API 문서가 조회된다.

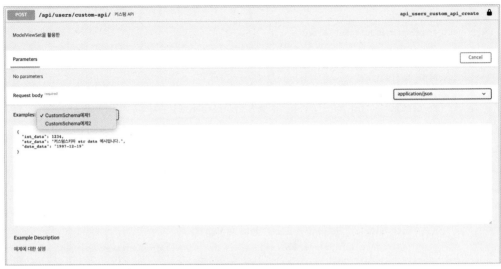

그림 5-41 @extend_schema_serializer 선언 시 보여주는 API 문서 결과

5.7.4 OpenAPI 문서 UI 설정

지금까지 언급했던 방식은 개별 API를 수정하는 내용이었다. API 문서의 UI를 수정하고 싶다면 [코
드 5-62]와 같이 장고 settings.py 파일에 SPECTACULAR_SETTINGS라는 딕셔너리를 명시하
고 필요한 옵션을 변경하면 된다.

```python
# settings.py

SPECTACULAR_SETTINGS = {
    # https://github.com/OAI/OpenAPI-Specification/blob/master/versions/3.0.3.md#openapi-
object
    "TITLE": "drf-spectacular API Document",
    "DESCRIPTION": "drf-specatular를 사용해서 만든 API 문서입니다.",

    # API 문서 책임자의 연락처를 적는 곳입니다.
    "CONTACT": {
        "name": "김성렬",
        "url": "http://www.example.com/support",
        "email": "KimSoungRyoul@gmail.com",
```

```python
    },
    # Swagger UI를 좀 더 편리하게 사용하기 위해 기본 옵션을 수정한 값입니다.
    "SWAGGER_UI_SETTINGS": {
        # https://swagger.io/docs/open-source-tools/swagger-ui/usage/configuration/
        # 위 링크에 들어가면 어떤 옵션이 있는지 알 수 있습니다.
        "dom_id": "#swagger-ui",  # required(default)
        "layout": "BaseLayout",  # required(default)

        # API를 클릭할 때마다 SwaggerUI의 url이 변경됩니다.
        # (특정 API url 공유 시 유용하기 때문에 True 설정을 사용합니다)
        "deepLinking": True,


        # True이면 SwaggerUI의 Authorize에 입력된 정보는 새로고침하더라도 초기화되지 않습니다.
        "persistAuthorization": True,

        # True이면 API의 urlId 값을 노출합니다.
        # 대체로 DRF api name들과 일치하기 때문에 api를 찾을 때 유용합니다.
        "displayOperationId": True,

        # True이면 Swagger UI에서 'Filter by Tag' 검색이 가능합니다
        "filter": True,
    },
    # API 라이선스에 대해 명시, 선택적이지만 굳이 명시하려 한다면 "name" 항목을 비우면 에러가 발생한다.
    "LICENSE": {
        "name": "MIT License",
        "url": "https://github.com/KimSoungRyoul/DjangoBackendProgramming/blob/main/
LICENSE",
    },

    "VERSION": "1.0.0",

    # OAS3 Meta 정보 API를 비노출 처리합니다.
    "SERVE_INCLUDE_SCHEMA": False,

    # https://www.npmjs.com/package/swagger-ui-dist
    # 해당 링크에서 최신 버전을 확인 후 취향에 따라 버전을 수정해서 사용하세요.
    # Swagger UI 버전을 조절할 수 있습니다.
    "SWAGGER_UI_DIST": "//unpkg.com/swagger-ui-dist@4.18.2",

}
```

코드 5-62 SPECTACULAR_SETTINGS 커스터마이징 예시

dj

[부록] 배포: Uvicorn, Gunicorn

1. 용어 정리

1.1 WSGI

WSGI^Web Server Gateway Interface[1]는 파이썬에 종속된 인터페이스, 즉 스펙^Specification이다. 파이썬이 WSGI를 지원하는 wsgiref라는 라이브러리를 제공하기 때문에 본래 스펙이지만 파이썬에 내장된 라이브러리로도 볼 수 있다.[2]

```python
# python 자체가 wsgi 스펙을 지원하는 라이브러리 wsgiref를 가지고 있다.
from wsgiref.util import setup_testing_defaults
from wsgiref.simple_server import make_server

# A relatively simple WSGI application. It's going to print out the
# environment dictionary after being updated by setup_testing_defaults
def simple_app(environ, start_response):
    setup_testing_defaults(environ)

    status = '200 OK'
    headers = [('Content-type', 'text/plain; charset=utf-8')]

    start_response(status, headers)

    ret = [("%s: %s\n" % (key, value)).encode("utf-8")
           for key, value in environ.items()]
    return ret

with make_server('', 8000, simple_app) as httpd:
    print("Serving on port 8000...")
    httpd.serve_forever()
```

[코드] 순수 파이썬 내장 라이브러리(wsgiref)만으로 만든 웹 서버

1.2 ASGI

ASGI^Async Server Gateway Interface[3]는 파이썬의 Async 웹 서버 표준 인터페이스다. WSGI와 같은 스펙이며 WSGI와 달리 기본 모듈로 내장되어 있지 않기 때문에 사용하려면 따로 설치해야 한다(pip

---

1 위스기라고 읽는다. 그런데 발음이 꼬여 위스키라고 발음할 때가 많다.

2 https://docs.python.org/ko/3/library/wsgiref.html

3 에이싱크 위스기 또는 아스기라고 읽는다.

install asgiref)⁴. 당연하게도 비동기를 지원하는 웹 프레임워크는 전부 asgiref에 의존(예: 장고, FastAPI)하고 있다. 재미있는 점은 ASGI 파이썬 표준 스펙을 지원하는 라이브러리인 asgiref를 만든 주체가 장고 팀이라는 것이다. 7년 전 장고 팀의 주도로 asgiref 라이브러리가 만들어졌지만 장고는 비교적 최근인 장고 3.0(2020년)이 되어서야 Async 뷰 계층View Layer을 제공했고 장고 4.1(2022년 초)에서 Async 쿼리셋(Async ORM)을 릴리스했다. 아이러니하게도 ASGI 표준 라이브러리를 자신들이 만들고도 장고 프레임워크 자체가 풀스택 프레임워크이다 보니 이를 지원하는 데 5~7년이 걸렸다.

asgiref 라이브러리를 직접 사용하게 될 일은 매우 드물다. 이 라이브러리는 프레임워크 개발자를 위한 모듈이기 때문이다. asgiref 공식 문서에서 언급되어 있는 것과 같이 파이썬의 모든 Async 웹 관련 라이브러리와 프레임워크는 asgiref를 사용해서 구현한 것이다.

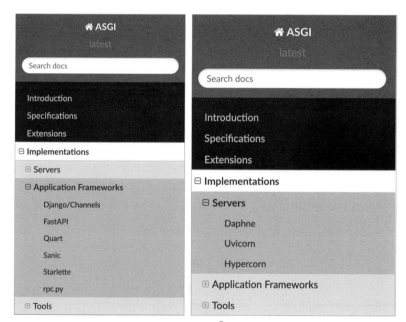

[그림] asgiref 공식 문서 메뉴에 나와있는 구현체들⁵

---

4 https://asgi.readthedocs.io/en/latest/introduction.html
5 https://asgi.readthedocs.io/en/latest/implementations.html#servers

2. 배포 시 사용하는 기술

2.1 Uvicorn: ASGI 웹 서버 구현체 라이브러리

Uvicorn이 사이썬cython으로 만들어졌다고 하는데 정확히는 uvloop라는 모듈이 사이썬으로 만들어졌다. libuv라는 C++로 만들어진 Asnyc IO 라이브러리를 사용하기 위해 Uvicorn이 탄생했는데 libuv는 Node.js에서도 사용한다. C++로 구현된 libuv 라이브러리를 사용함으로써 Uvicorn으로 배포되는 파이썬 웹 애플리케이션은 더 빠른 성능을 낼 수 있다.

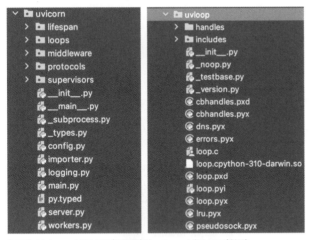

[그림] Uvicorn 내부 코드(오른쪽)와 uvloop 내부 코드(왼쪽)

앞의 그림에서 pyx(Cytrhon), *.so 파일을 확인할 수 있다. Uvicorn을 사용할 때 주의해야 할 것이 있다. 아래와 같이 설치하면 사이썬으로 성능이 최적화된 uvloop 모듈을 사용하지 못한다.

```
pip install uvicorn
```

[코드] Uvicorn 설치(uvloop 모듈을 사용할 수 없음)

다음과 같이 설치해야 uvloop 모듈이 같이 설치된다.

```
pip install "uvicorn[standard]" # production 배포 시 반드시 포함되어야 하는 install extra 옵션
```

[코드] uvloop 모듈을 사용하기 위한 Uvicorn 설치 방법

아래 그림과 같이 스탠더드([stanard]) 옵션으로 Uvicorn를 설치하면 uvloop가 같이 설치되는 것을 볼 수 있다.

```
) poetry add uvicorn
Using version ^0.20.0 for uvicorn

Updating dependencies
Resolving dependencies... (0.3s)

Writing lock file
```

```
🍎 💻 ~/workspace/i_am_python
) poetry add "uvicorn[standard]"
Using version ^0.20.0 for uvicorn

Updating dependencies
Resolving dependencies... (0.7s)

Writing lock file

Package operations: 4 installs, 0 updates, 0 removals

  • Installing httptools (0.5.0)
  • Installing python-dotenv (0.21.0)
  • Installing uvloop (0.17.0)
  • Installing websockets (10.4)
```

[그림] Uvicorn 설치 시 함께 설치되는 uvloop

2.2 gunicorn

• 프로세스 관리자 중 전통적인 강자

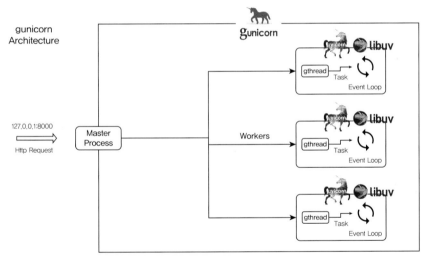

[그림] gunicorn 아키텍처 구조 예시[6]

gunciron이 어떤 worker 구현체를 쓰냐에 따라 동기식 애플리케이션일 수도 있고 비동기식 애플리케이션일 수도 있다. 앞의 그림에서는 Uvicorn (비동기)을 worker 구현체로 사용했다.

알다시피 파이썬(C파이썬)은 GIL^Global Interpreter Lock 때문에 인해 멀티스레딩 방식으로 성능을 높일 수

6 https://docs.gunicorn.org/en/stable/design.html#server-model

없다. 따라서 장고 같은 웹 프레임워크로 만든 앱을 배포할 때 프로세스를 직접 포크[fork]해서 멀티 프로세싱을 구현하지 않고 gunicorn 라이브러리에 프로세스 관리를 위임한다. 이처럼 gunicorn은 멀티 프로세스를 관리하는 역할을 하며 각각의 프로세스에는 Uvicorn이 띄워진다.

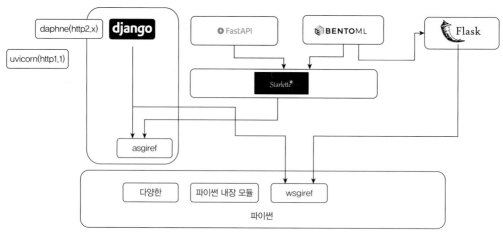

[그림] asgiref와 wsgiref에 의존하고 있는 파이썬 프레임워크

파이썬 3대 웹 프레임워크인 장고, FastAPI, 플라스크가 전부 asgiref 또는 wsgiref에 의존할 수밖에 없다.[7] BentoML은 MLOps 프레임워크인데 이런 도구를 쓰는 분야가 있다는 것 정도만 알아두자.

NOTE　**C파이썬**

C파이썬은 C 언어로 구현한 파이썬이다. C 언어로 구현된 파이썬이 표준이기 때문에 일반적으로 파이썬이라고 말하면 C파이썬을 지칭하는 것이다. 다만 자이썬[Jython](자바), PyPy(파이썬)와 같이 다른 언어로 구현된 파이썬과 구분 지어서 말하고 싶을 때는 C파이썬이라고 정확히 명시하기도 한다. 사이썬[Cython]은 파이썬 라이브러리 중 하나이므로 C파이썬과 서로 관련이 없다.

---

7 파이썬 표준이기 때문이다.

gunicorn 스레드 옵션

gunicorn 19.0부터 스레드[thread] 옵션을 지원하기 시작했는데 이때 사용하는 스레드는 우리가 알고 있는 일반적인 스레드(커널 레벨[Kernel Level])가 아닌 사용자 레벨[User Level]의 스레드다. CPU가 3개가 있다면 커널 레벨의 스레드로 수행 시 3개의 스레드가 각각 CPU 하나씩을 사용하지만 사용자 레벨 스레드는 생성되더라도 커널이 이를 알지 못한다. 따라서 1개의 코어(CPU)에서 스레드 3개를 돌린다. 어쨌든 커널 레벨의 스레드는 파이썬 GIL 때문에 사용할 수 없다. 이때 사용하는 스레드를 G 스레드[gthread] 또는 그린 스레드[green thread]라고 한다.

스레드 옵션을 사용하면 분명 유의미한 성능 향상을 보여준다. 하지만 다른 언어에서 사용하던 스레드 개수만큼 높게 부여해서는 안 된다.[8]

2.3 Uvicorn만 사용할 때와 gunicorn과 uvicorn을 함께 사용할 때의 성능 차이

다음 그래프는 Locust[9]로 서버의 응답 시간을 측정한 그래프다.[10]

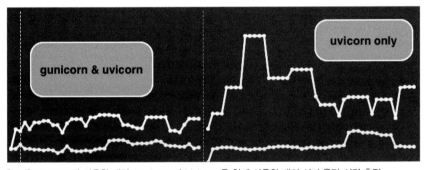

[그림] Uvicorn만 사용할 때와 gunicorn과 Uvicorn을 함께 사용할 때의 서버 응답 시간 측정

그림의 왼쪽은 아래와 같은 커맨드 라인으로 gunicorn과 Uvicorn을 함께 사용해서 서버를 배포했을 때의 서버 응답 속도를 나타낸다.

---

8 사용자 레벨 스레드이므로 커널 레벨 스레드와 동일하게 취급해서는 안 된다는 의미이다.

9 서비스 부하 테스트 시 사용하는 프레임워크이다.

10 그래프가 낮을수록 좋음(=응답 시간이 빠름).

```
gunicorn config.asgi:application -w 9 -k uvicorn.workers.UvicornWorker --bind=0.0.0.0:8000
--timeout=200 --threads=3
```

[코드] gunicorn과 Uvicorn을 함께 사용

그림의 오른쪽은 아래 같은 커맨드 라인처럼 Uvicorn만 사용해서 서버를 배포했을 때의 서버 응답
속도를 보여준다.

```
uvicorn config.asgi:application --workers=9
```

[코드] Uvicorn만 사용

보다시피 Uvicorn만 사용하는 것보다 gunicorn과 Uvicorn을 함께 사용해서 서버를 배포했을 때
성능이 훨씬 좋은 것을 볼 수 있다. gunicorn은 Uvicorn 말고도 worker 구현체로 다양한 라이브러
리를 사용할 수 있다. 하지만 굳이 Uvicorn 이외에 어떤 것들이 있는지 몰라도 될 정도로 Uvicorn
이 가장 많이 사용되고 있으며 인기도 높다.

> **NOTE 파이썬의 GIL이 풀린다?**
>
> 파이썬 표준 구현체인 C파이썬Cpython에는 GIL이 존재한다. 파이썬에서는 GIL로 인해 멀티 스레딩 연산 성능이
> 떨어지는 문제가 발생한다. 예전부터 C파이썬에서 GIL을 제거하려는 노력이 있었다. 2021년 POC[10] 목적으
> 로 GIL을 제거한 C파이썬 nogil을 메타 개발자가 구현하는 데 성공했으며 pyenv를 사용해서 설치(pyenv install
> nogil)할 수 있다. 물론 아직 POC 단계이기 때문에 기존 파이썬 라이브러리와의 호환성을 보장하지 못한다.

---

11 Proof of Concept의 약자로 개념 증명을 말한다. 주로 신기술을 도입하기 전에 프로토타입용 코드를 작성해서 검증하는 것을 의미한다.

찾아보기

찾아보기